경제금융용어 700선

2025

머 리 말

한국은행은 국민들이 경제 및 금융에 대한 이해도를 높이고 경제에 관한 합리적인 의사결정 능력을 키울 수 있도록 현장 경제교육, 온라인 경제교육, 경제교육 콘텐츠 개발 등 대국민 경제교육을 다양하게 수행해 오고 있습니다.

이의 일환으로 2018년 「경제금융용어 700선」을 발간하였는데 그간 동 책자에 대한 수요가 꾸준히 늘어남에 따라 추가 발간하게 되었습니다.

지난번 내용과 같이 통화정책, 실물경제, 금융안정, 지급결제 등 한국은행 주요 업무를 이해하는데 필요한 전문 용어와 경제 · 금융 흐름을 이해하는데 도움이 되는 시사 경제금융 용어들을 수록하였습니다. 용어해설은 개념과 도입 배경, 의미, 적용 사례 등을 담아 보다 쉽게 이해할 수 있도록 하였습니다. 또한 한국은행 홈페이지에 e-book으로도 게재하여 독자들의 편의성과 가독성을 높였습니다.

코로나 19로 이전에 경험하지 못한 경제위기를 겪으면서 경제 · 금융 현상에 대한 일반인들의 관심도가 이전에 비해 매우 높아졌습니다. 아무쪼록 이 책자가 한국은행의 주요 정책과 국내외 경제를 이해하는 데 조금이나마 도움이 되기를 바라겠습니다.

2025년 12월

한국은행 경제교육실장 **김 명 철**

한국은행
THE BANK OF KOREA

경제금융용어 700선

찾아보기

ㄱ

ㄴ

ㄷ

ㄹ

ㅁ

ㅂ

ㅅ

ㅇ

ㅈ

ㅍ

ㅎ

ABC

ㄱ

가계부실위험지수(HDRI)

가구의 소득 흐름은 물론 금융 및 실물 자산까지 종합적으로 고려하여 가계부채의 부실위험을 평가하는 지표로, 가계의 채무상환능력을 소득 측면에서 평가하는 원리금상환비율(DSR; Debt Service Ratio)과 자산 측면에서 평가하는 부채/자산비율(DTA; Debt To Asset Ratio)을 결합하여 산출한 지수이다. 가계부실위험지수는 가구의 DSR과 DTA가 각각 40%, 100%일 때 100의 값을 갖도록 설정되어 있으며, 동 지수가 100을 초과하는 가구를 '위험가구'로 분류한다. 위험가구는 소득 및 자산 측면에서 모두 취약한 '고위험가구', 자산 측면에서 취약한 '고DTA가구', 소득 측면에서 취약한 '고DSR가구'로 구분할 수 있다. 다만 위험 및 고위험 가구는 가구의 채무상환능력 취약성 정도를 평가하기 위한 것이며 이들 가구가 당장 채무상환 불이행, 즉 임계상황에 직면한 것을 의미하지 않는다.

연관검색어 : 총부채원리금상환비율(DSR)

가계수지

가정에서 일정 기간의 수입(명목소득)과 지출을 비교해서 남았는지 모자랐는지를 표시한 것을 가계수지(household's total income and expenditure)라 한다. 가계수지가 흑자를 냈다면 그 가정은 벌어들인 수입 일부만을 사용했다는 것을 의미하며, 적자를 냈다면 수입 외에 빚을 추가로 얻어 사용한 것이라고 보아야 한다. 우리나라는 통계청에서 가계의 수입과 지출을 조사하여 국민의 소득수준 및 생활실태를 파악하기 위해 표본으로 선정된 가계에 가계부를 나누어 주고 한 달간의 소득과 지출을 기록하도록 한 다음 이를 토대로 가계수지 통계를 작성하여 발표하고 있다. 가계부의 소득항목에는 근로소득·사업소득·재산소득·이전소득 항목이 있고, 비용항목에는 식료품비·주거비·수도광열비·보건의료비·교육비 항목이 있다.

연관검색어 : 경상수지, 재정수지

가계순저축률

일반적으로 저축률은 저축액을 처분가능소득으로 나눈 비율을 말한다. 마찬가지로 가계순저축률은 가계부문의 순저축액을 가계순처분가능소득과 정부로부터 받은 사회적 현물이전 금액, 연금기금의 가계순지분 증감조정액을 합계한 금액으로 나눈 비율이다. 여기서 사회적 현물이전(social transfer in kind)이란 정부 등이 가계에 현물이전의 형태로 제공하는 재화 및 서비스로서 무상교육, 보건소의 무상진료 등이 해당된다. 또한 연금기금의 가계순지분 증감조정액을 분모에 더하는 이유는 퇴직연금 등과 같이 가계가 납부한 연금부담금과 연금수취액의 차액을 반영해야 가계부문의 저축액을 정확히 구할 수 있기 때문이다. 가계순저축률은 가계부문의 저축성향을 가장 잘 나타내주는 지표라고 할 수 있다.

$$\text{가계순저축률}(\%) = \{\text{가계부문순저축} / (\text{가계순처분가능소득} + \text{사회적현물이전수취} + \text{연금기금의가계순지분증감조정})\} \times 100$$

연관검색어 : 가계처분가능소득, 저축률/총저축/평균소비성향/평균저축성향

가계신용통계

가계신용통계는 가계부문에 대한 신용공급 규모를 나타내는 통계이다. 가계신용은 금융기관뿐 아니라 정부, 판매회사 등 기타기관이 가계에 제공한 대출과 외상구매 관련

신용을 모두 포괄하는 것으로 크게 가계대출과 판매신용으로 구분된다. 현재 가계신용통계는 2002년 말 잔액부터 분기별로 제공되고 있다. 가계신용통계는 우리나라 가계부문의 부채 규모 및 변동 등을 파악하는 데 널리 활용되고 있다.

가계처분가능소득

가계처분가능소득(PDI; Personal Disposable Income)은 가계가 맘대로 소비와 저축으로 처분할 수 있는 소득을 의미한다. 흔히 국민들의 생활수준을 파악해 볼 수 있는 지표로 1인당 GNI가 널리 쓰이고 있으나 국민총소득에는 가계 뿐 아니라 기업 금융기관 정부가 벌어 들인 소득이 모두 포함되어 있다. 따라서 기업과 금융기관 등이 가계부문보다 더 많은 소득을 벌어 1인당 국민총소득(GNI)이 높아진 경우에는 가계가 느끼는 체감경기는 전체 경기와 괴리가 있게 된다. 1인당 가계총처분가능소득(PGDI; Personal Gross Disposable Income)은 가계부문의 총처분가능소득을 연앙인구로 나누어 계산한 지표로 가계의 구매력을 가장 정확히 가늠해 볼 수 있는 소득지표이다.

연관검색어 : 국민총소득(GNI)

가교은행

청산 대상 금융기관의 자산, 부채를 임시로 넘겨받아 예금, 출금 등의 업무를 대행하고 합병, 채권채무관계 조정 등 후속조치를 수행하는 은행을 말한다. 금융기관이 파산한 경우 예금보험제도는 청산, 매각, 자산부채승계, 가교은행을 통한 인수 등의 수단을 통해 부실금융기관을 처리한다. 이 중 가교은행을 통한 인수방식은 파산은행의 처리에 상당한 시간이 소요될 것으로 예상할 경우 사용되며 새로운 은행을 설립하여 자산, 부채를 포괄승계하도록 하고, 인수 희망자를 물색하는 등의 조치를 취하게 된다. 가교은행을 이용한 처리방식은 금융기관 파산에 따른 충격을 완화하고 시간적인 여유를 확보할 수 있는 것이 장점이다. 임무를 마치면 정리대상 금융기관과 마찬가지로 없어지는 한시적 기관이다.

가동률

생산능력 대비 생산실적의 백분율(생산실적/생산능력×100)로, 생산설비가 어느 정도

이용되는지를 나타내는 경제지표이다. 여기서 생산능력이란 사업체가 정상적인 설비, 인력, 조업시간 등 조업환경 하에서 생산할 때 최대 생산 가능량(적정생산능력)을 의미한다. 생산설비의 가동상황인 가동률은 경기의 단면을 보여주는 좋은 지표가 될 수 있는데 이는 기업들이 앞으로의 경기 예상에 따라 가동률을 높이거나 낮추는 방법으로 생산량을 조절하기 때문이다. 다만 가동률이 높다고 무조건 좋은 것은 아닌데, 이는 경기가 침체된 상황에서 높은 가동률은 앞으로 경기가 회복될 것이라는 희망적인 신호로 인식되지만 경기가 활황세인 상황에서 지나치게 높은 가동률은 오히려 인플레이션 우려를 크게 하기 때문이다. 우리나라의 경우 제조업 생산능력 및 가동률지수는 매월 통계청이 산출·발표하고 있는데, 이들 지수는 공급능력과 설비가동의 절대수준을 나타내는 것이 아니라 기준년도의 생산능력과 가동률을 100으로 하였을 때 비교시의 공급능력과 가동상태가 어느 수준인가를 나타낸다. 제조업 평균가동률은 제조업체의 생산설비 이용도를 보여주는 지표로서 기준연도의 제조업 평균가동률에 비교시점의 가동률지수(계절조정)를 곱하여 산출한다.

연관검색어 : 제조업평균가동률갭

가변예치의무제도

국경간 자본유출입은 기업의 자금조달 비용을 낮추어 투자를 활성화하는 긍정적인 측면도 있지만, 단기간에 대규모로 이루어질 경우 환율 또는 증권가격의 급등락을 불러와 경제 안정을 해칠 수도 있다. 이러한 부작용을 완화하기 위한 제도의 하나가 가변예치의무제도이다. 동 제도는 외국으로부터 유입된 자금에 대해 일정 비율의 예치의무를 부과함으로써 국경간 자본 유출입의 규모와 속도를 조절하는 수단이다. 우리나라는 외국환거래법에서 국제수지 및 국제금융 상 심각한 어려움에 처하는 경우와 통화정책·환율정책 및 기타 거시경제정책에 심각한 지장을 초래하는 경우에는 기획재정부장관이 해당 자본거래와 관련하여 취득하는 지급수단의 일부를 한국은행·외국환평형기금 또는 금융회사 등에 예치하도록 하는 의무를 부과할 수 있다고 규정하고 있다. 다만, 이러한 조치는 특별한 사유가 없는 한 6개월 범위 내에서만 행할 수 있고 그 조치사유가 소멸된 경우에는 즉시 해제하여야 하며 외국인직접투자에 대해서는 적용되지 않는다.

연관검색어 : 외국환평형기금

가산금리

기준금리에 신용도 등의 차이에 따라 달리 덧붙이는 금리를 가산금리(또는 스프레드, spread)라고 한다. 예를 들어 은행이 대출금리를 결정할 때 고객의 신용위험에 따라 조달금리에 추가하는 금리를 말한다. 한편 만기가 길어지면 추가로 가산되는 금리를 기간 가산금리(텀스프레드, term spread)라고 하는데 이것도 일종의 스프레드이다. 통상 신용도가 높으면 가산금리가 낮고, 신용도가 낮으면 가산금리 즉 스프레드는 커진다. 한편 채권시장에서는 비교대상이 되는 금융상품의 기준금리에 대비한 차이를 스프레드라고 한다. 보통 해외에서 채권을 발행할 때 동일한 만기의 미국 국채(Treasury Bond)나 리보(LIBOR, 런던은행간금리)가 기준금리가 되고 여기에 신용도 등에 따라 가산금리가 붙어서 발행되는게 보통이다. 실제로 우리나라는 지난 1997년 외환위기 당시에 해외에서 기채할 때 높은 가산금리를 지불한 경험이 있다. 기준금리와의 차이를 나타내는 가산금리 또는 스프레드는 보통 베이시스 포인트(bp, basis point)로 나타내는데 예를 들면 0.5%의 금리격차를 50bp로 표기하고 1%는 100bp로 표시된다.

연관검색어 : LIBOR, 신용스프레드

가상통화

가상통화(virtual currency)는 중앙은행이나 금융기관이 아닌 민간에서 블록체인을 기반기술로 하여 발행•유통되는 '가치의 전자적 표시'(digital representation of value)로서 비트코인이 가장 대표적인 가상통화이다. 비트코인 등장 이전에는 특별한 법적 근거 없이 민간기업이 발행하고 인터넷공간에서 사용되는 사이버머니(게임머니 등)나 온•오프라인에서 사용되고 있는 각종 포인트를 가상통화로 통칭하였다. 그러나 2009년 비트코인이 등장하면서 가상통화의 개념이 변화되고 있다. 비트코인은 블록체인기술을 기반으로 하여 중앙운영기관 없이 P2P(peer-to-peer) 거래가 가능한 분산형 시스템을 통해 발행•유통된다는 점에서 발행기관이 중앙에서 발행•유통을 통제하는 기존의 사이버머니나 멤버십 포인트 등과 기반이 완전히 상이하기 때문이다. 현재 비트코인 거래가 크게 늘어나고 가격도 급등한 가운데 비트코인 이외에 많은 신종코인(Alt-coin)도 출현하면서 이들 가상통화를 구분할 필요성이 발생하였다. 이에 따라 최근 IMF 등 국제기구에서는 비트코인류의 가상통화를 '암호통화'(cryptocurrency)로 부르면서 종래의 가상통화의 하위 개념으로 분류하고 있는 추세이다.

연관검색어 : 블록체인, 비트코인

가상통화공개(ICO)

가상통화(ICO; Initial Coin Offering) 공개는 주로 혁신적인 신생기업(startup)이 암호화화폐(cryptocurrency) 또는 디지털 토큰(digital token, 일종의 투자증명)을 이용하여 자금을 조달할 수 있는 크라우드펀딩(crowd funding)의 한 방식이다. 가상통화공개(ICO)에서 새로 발행된 암호화화폐는 법화(legal tender) 또는 비트코인 등 기존의 가상통화와 교환되어 투자자에게 팔린다. 이 용어는 거래소에 상장하려는 기업이 투자자에게 자기 주식을 처음 공개적으로 매도하는 기업공개(IPO; Initial Public Offering)에서 연유되었다고 볼 수 있다. 기업공개(IPO)에 참여한 투자자는 해당 기업의 소유권과 관련하여 주식을 획득한다. 반면 가상통화공개(ICO)에 참여한 투자자는 해당 신생기업의 코인(coins) 또는 토큰을 얻는데, 이는 해당 기업이 제안한 프로젝트가 나중에 성공했을 경우 평가될 수 있는 가치(value)로 볼 수 있다. ICO는 주로 블록체인플랫폼인 이더리움(Etherium)에서 이뤄지고 있다. 우리나라의 경우 현재 금지하고 있으며 앞으로 ICO에 대한 논의를 거쳐 유사수신행위 또는 증권관련 법률로 규제할 것으로 보인다.

연관검색어 : 가상통화, 블록체인, 비트코인, 빅데이터, 크라우드펀딩, 핀테크

간접금융/직접금융

경제에는 자금 잉여주체와 자금 부족주체가 존재하게 되는데 이들 사이에 은행이나 저축은행 신용협동기구 등 금융기관이 개입하여 자금을 중개하는 방식을 간접금융(indirect financing)이라고 한다. 즉 금융기관이 일반 대중으로부터 예금을 받아 이를 자신의 명의로 기업 등 다른 경제주체에게 대출해 주는 방식이다. 한편 주식, 채권 발행의 경우와 같이 자금수요자가 금융기관을 통하지 않고 금융시장에서 직접 필요자금을 조달하는 방식을 직접금융(direct financing)이라고 한다. 간접금융에서는 은행이 중추적인 기능을 하고, 직접금융에서는 주식과 채권이 거래되는 자본시장이 중요한 역할을 수행한다. 직접금융과 간접금융은 상호 경쟁적일 뿐만 아니라 보완적이기도 하므로 두 금융방식이 균형적으로 발전될 필요가 있다. 직접금융과 간접금융의 상대적 비중이 어느 정도이어야 이상적인지는 해당 국가의 경제발전단계나 경제구조에 따라 달라질 수밖에 없다. 예를 들면 중소기업의 비중이 높은 국가일수록 정보의 비대칭성 문제를 완화하기 위해 간접금융이 더 중요하고, 혁신산업에 의해 주도되는 경제일수록

동 산업 지원에 유리한 직접금융의 역할이 더 중요할 것이다. 일반적으로 금융시장이 발달함에 따라 직접금융 비중이 높아진다.

연관검색어 : 금융제도, 장기금융시장(자본시장)

간접세/직접세

조세는 납세의무자와 실제로 세금을 부담하게 되는 조세부담자가 일치하는지 여부에 따라 간접세(indirect tax)와 직접세(direct tax)로 구분된다. 납세의무자와 조세부담자가 일치하여 조세부담이 전가(轉嫁)되지 않는 조세를 직접세라고 하며, 대표적인 예로는 소득세, 법인세, 상속세, 증여세, 종합부동산세 등이 있다. 이와 달리 납세의무자와 조세부담자가 일치하지 않고 조세의 부담이 타인에게 전가되는 세금을 간접세라고 하며, 대표적인 예로는 부가가치세, 개별소비세, 주세, 인지세, 증권거래세 등이 있다. 간접세는 조세에 대한 저항이 적고 징수가 간편하여 조세수입의 확보가 용이하다는 장점이 있다. 반면, 개인의 사정을 고려할 수 없으므로 누진세율(累進稅率)을 적용하지 못하고 비례세율이 적용됨으로써 소득이 적은 자에게 상대적으로 높은 조세부담률이 적용되는 역진성(逆進性)을 띠게 되어 공평부담의 원칙에 어긋난다는 단점이 있다. 한편, 국민계정체계에서는 조세의 실질적인 부담주체를 결정하기가 쉽지 않은 점 등을 감안하여 간접세와 직접세 대신 생산 및 수입세, 소득 및 부 등에 대한 경상세, 자본세란 용어를 사용하고 있다.

감독자협의회

다국적 금융기관들에 대한 효과적인 규제·감독을 위하여 다국적 금융기관의 본점이 소재한 국가(home country)의 감독 당국과 동 기관의 지점 또는 자회사가 소재한 진출국(host country)의 감독 당국들로 구성된 정보공유 및 감독협력 협의체를 의미한다. 금융기관의 영업활동이 전 세계적으로 이루어지고 있는데 반해 규제·감독이 금융기관의 국적 또는 지역기반을 중심으로 이루어지고 있는 한계를 극복하기 위하여 설립되었다.

감응도계수

➡『전방연쇄효과』 참조 (245쪽)

갑기금(Capital A)

외국은행 국내지점의 대차대조표상 자본금계정으로 ① 외국은행 국내지점의 설치 및 영업행위를 위하여 본점이 한국은행 등에 외화자금을 매각하여 해당 지점에 공급한 원화 자금 ② 해당 외국은행 국내지점의 적립금에서 전입하는 자금 ③ 외국은행 국내지점을 추가로 설치하기 위하여 이미 국내에 설치된 외국은행 국내지점의 이월이익잉여금에서 전입하는 자금 등이 이에 해당한다. 갑기금은 금융위원회로부터 인정받은 금액에 한하여 지점별로 관리하되 각 외은지점의 갑기금은 30억원 이상이어야 한다.(「은행법 시행령」 제26조, 「은행업 감독규정」 제11조)

연관검색어 : 을기금(Capital B)

거시건전성 정책

개별 금융회사의 부실 방지를 목적으로 하는 미시건전성정책(microprudential policy)과 달리 경제전체의 금융안정을 위해 시스템 리스크(systemic risk)를 억제하는 정책을 의미한다. 구체적으로 거시건전성정책(macroprudential policy)의 목표는 시스템 리스크에 대한 선제적 대응, 과도한 금융불균형 축적 억제, 급격한 되돌림 현상(unwinding) 완화, 금융시스템의 복원력(resilience) 강화, 금융연계성 제어 등을 통해 금융위기의 발생가능성과 실물경제에 미치는 부정적인 영향(spillover effects)을 최소화하는 데 있다. 거시건전성정책은 통화정책과 재정정책 등 여러 다른 정책과 긴밀히 관련되어 있으므로, 거시건전성정책의 수립과 집행에는 여러 정책당국 간 정보 공유와 협력 및 조정이 긴요하다.

거액결제시스템

거액의 자금이체가 참가기관 간에 자기계산으로 또는 고객을 대신하여 이루어지는 자금이체시스템을 말한다. 거액결제시스템(large-value funds payment system)은 실제로 결제되는 지급지시에 최소금액이 설정된 것은 아니나 일반적으로 금융시장에서 이루어진 금융기관간 콜거래, 증권 또는 외환매매 등 거액거래에 따른 대금결제를 다루기 때문에 건당 결제금액이 매우 크다. 또한 한 나라의 금융기관간 거래자금 대부분을 결제하는 중요시스템으로서 결제시점 관리와 결제리스크 감축의 필요성이 높아 주요국의 거액결제시스템은 대부분 신용리스크를 제거할 수 있는 실시간총액결제방식을 채택하고 있으며 운영도 중앙은행이 직접 맡는 경우가 많다. 우리나라의 한은금융망(BOK-Wire+), 미국 연준의 Fedwire, 유럽중앙은행(ECB)의 TARGET2 등이 여기에 해당된다.

연관검색어 : 소액결제시스템, 지급결제시스템, 총액결제시스템

거액익스포저 규제

은행의 특정 차주 등에 대한 신용공여가 과대한 경우 해당 거래상대방의 채무불이행 등의 발생시 해당 은행의 자본건전성을 심하게 훼손할 가능성(편중리스크)이 있다. 바젤II에서는 이러한 편중리스크를 직접 규율하지 않고 각국 감독당국이 편중리스크를 점검·관리하도록 하였다. 우리나라는 은행법상 동일인·동일차주 신용공여 한도 제도를 통해 편중리스크를 관리하고 있다. 한편 금융위기 이후 금융기관간 상호연계성에 의한 시스템적 리스크를 억제하고 편중리스크의 근본적인 관리 필요성이 대두됨에 따라 바젤위원회(BCBS)는 거액익스포저 규제를 도입하였다. 동 규제는 거액익스포저를 특정 차주(개인·법인을 모두 포함하며 우리나라 은행법상 동일인에 해당, single counterparty) 또는 이와 경제적으로 연계되어 있어 신용리스크를 공유하는 자(은행법상 동일차주에 해당, group of connected counterparties)에 대한 신용 익스포저가 은행 기본자본의 10%를 초과하는 경우로 정의하고 거액익스포저 현황을 감독당국에 보고하도록 하는 한편, 거액익스포저가 기본자본의 25%를 초과하지 못하도록 하고 있다. 특히 상호연계성으로 인한 시스템적 리스크를 억제하기 위해 글로벌 시스템적 중요 은행간 익스포저에 대해서는 한층 강화된 15% 한도를 적용하도록 하고 있다. 동 규제는 2019년 3월부터 행정지도 중이다.

연관검색어 : 동일인 신용공여한도제(동일인 여신한도제)

결제

결제(settlement)는 개인이나 기업 등 경제주체가 자금거래 또는 금융자산 거래를 한 후 청산과정을 통해 최종 확정된 금액 또는 증권을 이전하여 법적인 채권·채무를 종결시키는 과정이다. 자금결제에서는 자금이체시스템을 통하여 결제은행에 개설된

예금계좌간 자금이체 방식으로 지급은행에서 수취은행으로 자금이 이동되는 것을 가리키며, 증권결제나 외환결제와 같이 금융자산과 자금 또는 이종통화간 교환이 함께 일어나는 가치교환형(exchange-of-value) 결제에서는 두 개의 결제시스템에서 자금과 금융자산의 이전이 이루어지거나 통화별로 자금 이전이 이루어진다.

연관검색어 : 지급, 청산

결제리스크

결제리스크는 예기치 못한 사정으로 인하여 결제가 예정대로 이루어지지 않을 가능성 또는 그로 인하여 야기되는 손실발생 가능성으로 정의할 수 있다. 이러한 결제리스크는 발생가능성이 낮더라도 실제 발생할 경우 큰 손실을 초래할 수 있다는 특성을 갖고 있다. 지급결제 규모가 지속적으로 늘어나는 가운데 정보통신기술의 발달 등 지급결제 환경 변화와 글로벌 금융위기의 영향 등으로 결제리스크에 대한 관심이 높아지고 있다. 특히 인터넷과 모바일을 이용한 다양한 지급서비스의 제공은 지급결제제도의 효율성을 제고시키고 있으나 다른 한편으로는 결제리스크의 증가에도 영향을 미치고 있다. 결제리스크는 거래시점과 청산·결제시점간의 차이, 청산·결제방식, 금융시장인프라 참가기관의 재무건전성 등 여러 요인에 의해 발생할 수 있다. 결제리스크의 종류에는 신용리스크(credit risk), 유동성리스크(liquidity risk), 운영리스크(operational risk), 법률리스크(legal risk), 시스템리스크(systemic risk) 등이 있다.

연관검색어 : 지급결제시스템, 지급결제제도 감시

결제부족자금 공동분담제

결제부족자금 공동분담제(loss-sharing)는 참가기관의 결제불이행에 따른 미결제채무를 여타 참가기관들이 공동분담함으로써 결제의 종료성을 확보하는 방안이다. 이는 특정기관의 결제불이행이 연쇄적으로 여타 기관의 결제불이행을 유발함으로써 발생할 수 있는 전체 지급결제시스템의 붕괴와 금융혼란을 방지하기 위한 것이다. 미결제채무의 분담기준으로는 참가기관의 규모, 시스템 이용실적, 참가기관의 신용한도액 등을 사용한다. 일반적으로 신용한도와 동시에 운용될 때는 각 참가기관이 결제불이행기관에 제공한 신용한도를 손실분담기준으로 사용하게 되며 이 경우 각 참가기관은 보다 신중하게 상대신용한도를 설정하게 되는 등 참가기관들에 대하여 리스크 감축을 위한 동기를 부여하는 효과를 기대할 수 있다. 결제부족자금 공동분담은 결제불이행 기관의 사전담보로 결제이행재원을 조달하는 채무불이행자 부담(defaulter pays)과 달리 생존기관(결제이행기관)이 결제이행재원을 분담한다는 점에서 생존자 분담(survivors pay) 방식이라고도 한다.

연관검색어 : 결제리스크, 차액결제시스템

결제완결성

지급결제시스템을 통해 이루어진 참가기관의 지급, 청산, 결제가 어떠한 상황이나 법률에 의해서도 취소되거나 무효화되지 않고 해당 지급결제시스템의 운영 규칙에 따라 무조건적으로 이루어지는 것을 의미한다. 결제완결성(settlement finality)이 보장되지 않을 경우 지급결제시스템을 통해 완료된 금융기관의 지급, 청산, 결제 행위가 사후적으로 무효화될 수 있어 금융시스템에 큰 혼란을 초래할 수 있다. 「지급결제 및 시장인프라 위원회」(CPMI)와 「국제증권감독기구」(IOSCO)가 제정한 국제기준인 「금융시장인프라에 관한 원칙」(PFMI)에서도 결제완결성 원칙이 규정되어 있어 각국 정책당국이 준수하도록 하고 있다. 우리나라는 2006년 4월 시행된 「채무자회생 및 파산에 관한 법률」에서 지급결제시스템에 대한 결제완결성 보장 제도가 도입되었다. 동 법에 따라 한국은행 총재는 금융위원회 위원장과 협의하여 결제완결성이 보장되는 지급결제시스템을 지정할 수 있으며, 지정된 지급결제시스템을 통해 이루어진 지급, 청산, 결제 등은 참가기관의 파산 등의 사유로 취소할 수 없도록 하고 있다.

겸업주의/전업주의

하나의 금융회사가 제공할 수 있는 금융서비스의 종류를 어떻게 정하느냐에 따라 겸업주의(universal banking)와 전업주의(specialized banking)로 구분된다. 겸업주의는 한 금융회사가 은행·증권·보험 등 여러 금융서비스를 취급할 수 있는 반면 전업주의는 은행·증권사·보험사 등이 각각 해당하는 고유의 서비스만을 제공하는 방식이다. 현재 세계적으로 겸업주의가 대세를 이루고 있으나 국가별로는 법적 형태면에서 차이가 있다. 독일, 네덜란드, 스위스 등 대부분의 유럽국가는 은행산업과 증권산업 간에 아무런 장벽을 두지 않고 하나의 은행이라는 법적 조직체 안에서 은행, 증권, 보험 등의 모든 서비스를 제공하는 내부겸업 시스템을 근간으로 한다. 반면에 영국 및 영연방국가, 현재의 미국에서는 은행이 자회사를 통해 증권이나 보험업무를 수행하는 외부겸업 시스템을 택하고 있다. 전업주의는 종전의 일본 및 미국의 경우처럼 은행산업과 여타 금융서비스 산업의 법적인 분리를 특징으로 한다. 우리나라는 과거에 전업주의를 채택하였으나 1980년대 이후 내부겸업을 확대하여 왔으며 2000년 「금융지주회사법」 제정으로 미국, 일본 등과 같은 외부겸업 시스템을 도입하였다. 한편 국외에서는 2008년 글로벌 금융위기의 원인 중 하나로 금융회사의 과도한 금융겸업 확대가 지목되면서 이를 우려하는 목소리가 커지고 있다. 그 결과 미국은 은행부문의 헤지펀드 및 사모펀드 운영을 제한하는 볼커룰(Volcker Rule)을 도입하였으며, 영국은 예금·대출 위주의 소매은행으로부터 리스크가 높은 증권투자업무를 분리하는 '소매은행업 격리제도(ring-fenced bank)'를 마련하였다.

연관검색어 : 볼커룰

경기

경기(business conditions)라는 단어는 일상생활에서 경제적인 형편을 뜻하는 말로 자주 사용된다. 기업들은 매출이 늘고 채산성이 좋아지면 경기가 좋다고 인식할 것이고, 가계는 임금이 인상되거나 주식, 부동산 등의 자산가격이 올라 살림이 좋아지면 경기가 좋아졌다고 느낄 것이다. 범위를 넓혀 국민경제 전체를 대상으로 볼 때, 경기가 좋다는 것은 생산, 소비, 투자 등의 경제활동이 평균 수준 이상으로 활발한 경우를 의미한다. 장기적 관점에서 경기는 항상 일정한 수준을 유지하는 것이 아니라 생산·물가·고용이 상승하는 시기와 하락하는 시기가 주기적으로 순환을 반복하는 경제활동의 상황을 의미한다. 경기는 호황기→후퇴기→불황기→회복기→호황기가 반복되면서 끊임없이 변동하며, 이렇게 경기의 일정한 움직임이 되풀이 되는 것을 경기의 순환(business cycle)이라고 한다. 이러한 경기의 순환과정은 확장국면과 수축국면이 교대로 되풀이 되는 반복성, 여러 측면의 경제활동을 포괄하는 다양성, 확장 및 수축 양상이 시차를 두고 경제 각 부문에 전달되는 파급성, 그리고 일정한 방향으로 계속 확대해 나가는 지속성 등의 특징을 갖는다. 경기를 판단하는 방법으로는 생산, 투자, 고용, 수출 등 경제 각 부문의 여러 경제지표의 움직임을 분석하는 방법, 종합경기지표로 판단하는 방법, 기업가나 소비자들의 경기판단 및 전망 설문조사 결과에 의한 방법 등이 있다.

연관검색어 : 경기종합지수, 경기동향지수(경기확산지수), 동행종합지수

경기동향지수(경기확산지수)

경기동향지수는 경기종합지수와는 달리 경기변동의 진폭이나 속도는 측정하지 않고 변화방향만을 파악하는 것으로서 경기의 국면 및 전환점을 식별하기 위한 지표로서 경기확산지수(diffusion index)라고도 한다. 경기동향지수는 경기변동이 경제의 특정부문으로부터 전체 경제로 확산, 파급되는 과정을 경제부문을 대표하는 각 지표들을 통하여 파악하기 위한 지표이다. 이때 경제지표 간의 연관관계는 고려하지 않고 변동 방향만을 종합하여 지수로 만든다. 경기종합지수와 같이 선행·동행·후행지수로 작성되며, 계절변동과 불규칙 요인이 제거된 전체 계열 중에서 전월에 비해 증가한 지표수가 차지하는 비중으로 나타낸다. 예컨대 10개의 대표 계열 중 7개의 지표가 증가하는 방향으로 움직였다면 경기확산지수는 70%로 나타난다. 만약 경기동향지수가 기준선인 50보다 크면 경기는 확장국면에, 50보다 작으면 수축국면에 있는 것으로 판단한다.

연관검색어 : 경기종합지수

경기순응성

경기순응성이란 통상 경제주체의 위험인식 및 행위, 금융의 제도 및 규제 등의 효과가 경기변동의 움직임과 같은 방향으로 움직이는 것을 의미한다. 예를 들어 은행대출의 경우 호경기에는 미래에 대한 낙관적 기대 등으로 여신심사기준도 완화되어 더 크게 증가하여 경기확장에 기여한다. 반면 불경기에는 심사기준이 강화되어 대출이 큰 폭으로 감소하여 불황을 더욱 부추기게 된다. 이러한 은행대출의 경기순응적 대출행태는 신용팽창 또는 위축을 가속시킴으로써 경기변동의 진폭을 더욱 크게 한다. 따라서 정책당국은 정책을 마련할 경우 경기순응성을 완화할 수 있는 경기대응적 정책수단을 개발하기 위해 노력하고 있다.

연관검색어 : 거시건전성 정책

경기조절정책/경제안정화정책

경기조절정책(business adjustment policy) 또는 경제안정화정책(stabilization policy)은 경기가 지나친 확장 또는 수축 현상을 보일 경우 이를 정상수준으로 되돌리기 위해 정책당국이 취하는 제반 조치를 말한다. 이는 정책당국이 경제 전체의 총수요 수준을 변동시킴으로써 경기 수위를 조절하는 데 초점을 맞추고 있다. 실제 운영에 있어서는 정부지출과 세율을 조정하는 재정정책이 이용되거나 통화량과 금리 수준을 조절하는 통화정책이 활용된다. 즉 경기가 정상수준을 큰 폭 밑도는 불황에 직면하게 될 경우 정부는 재정지출을 늘리거나 조세를 줄이는 재정정책 수단을 동원한다. 한편 중앙은행은 통화량을 늘리거나 금리를 내리는 정책수단을 활용한다. 이와는 반대로 경기가 지나치게 과열될 경우 정책당국은 재정측면에서는 정부지출을 줄이거나 조세를 늘리고, 통화측면에서는 통화량을 줄이거나 금리를 올리는 조치를 취한다.

연관검색어 : 재정정책, 통화정책

경기종합지수

산업생산지수, 소매판매액지수 등 개별 경제지표들은 경제활동의 한 측면만을 반영하고 있어 나라 경제의 전반적인 상황을 종합적으로 파악하기 어렵다. 이에 따라 개별 경제지표들을 가공·합성하여 경기종합지수(CI; Composite Index)를 작성하여 활용하고 있다. 경기종합지수는 각 부문별로 경기를 잘 나타내는 경제지표들을 선정한 다음 계절 및 불규칙 요인의 제거, 진폭의 표준화 등의 가공 과정을 거친 후 합산하여 하나의 지수로 만든 것이다. 경기종합지수는 지수의 변동 방향으로 경기변동의 방향을 가늠할 수 있고, 지수의 변동 폭으로 경기변동의 크기를 알 수 있기 때문에 경기흐름을 종합적으로 판단하는데 매우 유용하다. 한편, 경기종합지수는 경기에 대한 선·후행 관계에 따라 선행종합지수, 동행종합지수, 후행종합지수로 구분한다. 선행종합지수는 비교적 가까운 장래의 경기 동향을 예측하는 데 활용되며, 동행종합지수는 현재의 경기상태를 판단하는 데 이용되고, 후행종합지수는 경기변동을 사후에 확인하는 데 활용된다.

연관검색어 : 경기동향지수(경기확산지수)

경상수지

경상수지는 재화나 서비스를 외국과 사고파는 거래 즉 경상거래의 결과로 나타나는 수지를 말한다. 경상수지는 상품수지, 서비스수지, 본원소득수지 및 이전소득수지로 구성된다. 그런데 이 항목들은 금융계정 구성항목과 비교하면 상대적으로 안정적인 성격을 지닌 거래들로 이루어져 있기 때문에 경제발전 및 정책변화의 효과를 측정하거나 전망하는 데 널리 이용된다.

연관검색어 : 상품수지, 서비스수지, 본원소득수지, 이전소득수지

경영실태평가/은행경영실태등급평가제도

임점 검사 시 금융기관의 경영실태 전반을 점검·평가하는 제도이다. 경영상태를 부문별로 일정한 방식에 의거 등급 평가하고 이를 다시 종합적으로 평가함으로써 금융기관 경영상의 취약부문을 식별하여 적절한 시정방안을 제시함과 아울러 등급평가 결과에 따라 감독·검사 업무를 차등화함으로써 금융기관의 책임경영체제를 확립하고자 하는데 그 주된 목적이 있다. 평가방식으로는 CAMEL-R, ROCA 및 CACREL 시스템이 있는바, 은행 본점 및 현지법인에 대해서는 CAMEL-R 시스템, 외은지점 및 국내은행 국외지점에 대해서는 ROCA 시스템, 특수은행에 대해서는 CACREL 시스템으로 평가한다. CAMEL-R 방식은 경영평가부문을 자본 적정성(C), 자산 건전성(A), 경영관리의 적정성(M), 수익성(E), 유동성(L), 리스크 관리(R) 등 6개 부문으로, ROCA방식은 리스크관리(R), 경영관리 및 내부통제(O), 법규준수(C), 자산 건전성(A) 등 4개 부문으로 구분·평가한다. 특수은행에 대한 경영실태평가는 일반은행의 경영관리의 적정성(M)과 리스크 관리(R)를 법규준수(C)와 위험관리(R)로 대체하여 CACREL방식으로 평가한다.

연관검색어 : CAMEL-R시스템/ROCA시스템/CACREL시스템

경영지도비율

금융위원회는 「은행법」 제45조, 「은행업 감독규정」 제26조 및 「동 시행세칙」 제17조에 의거 금융기관 경영의 건전성 확보를 통한 신용 질서유지 및 예금자보호를 목적으로 BIS자기자본비율, 원화유동성비율 등의 경영지도비율을 정하여 운용하고 있다. 동 지도비율을 충족하지 못하는 은행에 대하여는 금융위원회가 경영개선권고, 경영개선요구 및 경영개선명령 등의 조치를 취할 수 있다.

경영평가지표

은행경영실태평가 시 이용하는 경영평가지표는 크게 계량지표와 비계량평가항목으로

구분할 수 있다. 계량지표는 은행 본점(특수은행 포함) 및 금융기관 현지법인에 대하여 4개 부문(자본적정성, 자산건전성, 수익성, 유동성) 13개 지표를 이용하며, 외은지점 및 국내은행 국외지점에 대하여는 자산건전성부문 4개 지표를 이용하고 있다. 비계량평가항목의 경우 일반은행 본점 및 금융기관 현지법인에 대하여 6개 부문(자본적정성, 자산건전성, 경영관리의 적정성, 수익성, 유동성, 리스크 관리) 29개 항목을 이용하며, 외국은행 국내지점 및 금융기관 국외지점에 대하여는 4개 부문(리스크 관리, 경영관리 및 내부통제, 법규준수, 자산건전성) 18개 지표를 이용하고 있다. 특수은행의 경우 6개부문(자본적정성, 자산건전성, 법규준수, 위험관리, 수익성, 유동성) 25개 비계량 평가항목을 이용한다.

경제성장률

경제성장률이란 일정 기간(분기 또는 연간) 중 한 나라의 경제규모, 즉 국민소득 규모가 늘어난 정도를 백분율로 표시한 것이다. 국민소득은 생산활동의 범위나 생산물의 가치평가 방법 등에 따라 여러 가지 개념으로 나뉘지만, 경제성장률을 계산하는 데 가장 일반적으로 쓰이는 국민소득은 각 경제활동부문에서 창출해낸 실질 부가가치의 합계, 즉 실질국내총생산(실질GDP)이다. 따라서 경제성장률은 대부분의 경우 실질GDP 증가율을 의미한다.

$$\text{경제성장률}(\%) = \frac{\text{금년 실질GDP} - \text{전년 실질GDP}}{\text{전년 실질GDP}} \times 100$$

한편 수 개년 동안의 연평균 경제성장률을 계산하고자 할 때에는 복리 연율의 산식을 이용하여 연평균 경제성장률을 산출한다.

연관검색어 : 잠재GDP성장률

경제심리지수

경제심리지수란 기업가 또는 소비자들의 경제에 대한 인식을 조사하여 작성한 지표이며, 대표적으로 조사대상을 기업가로 하는 기업경기실사지수(BSI; Business Survey Index)와 소비자로 하는 소비자동향지수(CSI; Consumer Survey Index)가 있다. 그런데 심리지표와 실물지표는 대체로 높은 상관관계를 보이지만 때로는 미래정보 및 기대수준의 반영 여부,

질적 통계와 양적 통계 간의 조사척도 차이 등에 따라 다소 괴리되는 움직임을 보이기도 한다. 이에 따라 한국은행은 BSI와 CSI를 합성하여 민간의 경제상황에 대한 인식을 종합적으로 평가할 수 있는 경제심리지수(ESI; Economic Sentiment Index)를 작성·발표하고 있다. ESI는 BSI와 CSI 중 경기연관성이 높은 항목을 선정하여 이들의 표준화지수를 가중평균하는 등의 과정을 거쳐 산출한다. ESI가 100을 넘으면 현재 민간의 경제심리가 과거 평균보다 낙관적임을, 100 미만이면 과거 평균보다 비관적임을 각각 나타낸다.

연관검색어 : 기업경기실사지수(BSI), 소비자동향지수(CSI)

경제협력개발기구(OECD)

제2차 세계대전 직후 유럽경제 부흥 지원을 위해 설립되었던 유럽경제협력기구(OEEC)의 18개국과 미국, 캐나다 등 총 20개 선진국이 1960년 12월에 설립한 국제기구이다. 설립목적은 상호 정책조정 및 협력을 통해 회원국의 경제성장과 금융안정을 도모함으로써 세계경제 발전에 기여하고 각국의 건전한 경제성장을 촉진하며 다자주의와 비차별 원칙에 입각하여 세계무역 확대에 기여하는 것이다. 회원 가입은 최고의사결정기구인 이사회의 초청에 의해 회원국의 만장일치로 이루어지는데 1990년대 들어 신흥시장국 및 체제전환국에 문호를 개방하면서 회원국 수가 크게 늘어나기 시작해 2022년 8월말 현재 총 38개국이 회원으로 가입해 있다. OECD(Organization for Economic Cooperation and Development)는 이사회, 전문위원회, 사무국 외에도 각종 부속기구 및 특별기구로 구성되는데 이사회의 경우 회원국 각료가 참석하는 각료이사회, OECD 주재 회원국 대사가 참여하는 상주대표이사회로 나뉜다. OECD의 활동은 주로 위원회 및 산하 작업반을 통해 이루어지는데 경제성장과 안정, 국제무역, 개발원조, 금융, 다국적기업, 투자, 통계 등 다양한 분야에서 회원국 간 정책경험을 공유하고 글로벌 현안에 대한 정책방안을 연구하는 한편 주요 사안에 대한 규범 제정에도 큰 역할을 하고 있다. 우리나라는 1995년 가입신청서 제출 이후 가입조건에 대한 협의를 거쳐 1996년 12월에 가입하였다.

경제활동인구/비경제활동인구/경제활동참가율

군인과 재소자 등을 제외한 만15세 이상 인구를 노동가능인구라하며, 이중 일할 수 있는 능력과 취업의사를 동시에 갖춘 사람을 경제활동인구라 한다. 경제활동인구는 현재 취업상태에 있는지에 따라 취업자와 실업자로 구분된다. 취업자란 매월 15일이 포함된 1주일 동안에 수입을 목적으로 1시간 이상 일한 사람과 본인 또는 가족이 소유, 경영하는 농장이나 사업체에서 주당 18시간 이상 일한 무급가족종사자를 가리킨다. 그밖에 일정한 직장이나 사업장은 가지고 있으나 일시적인 질병, 일기불순, 휴가, 노동쟁의 등의 사유로 조사기간에 일을 하지 않은 사람도 취업자로 분류된다. 실업자란 매월 15일이 포함된 1주일 동안에 적극적으로 일자리를 구해보았으나 1시간 이상 일을 하지 못한 사람으로서 즉시 취업이 가능한 사람을 말한다. 노동가능인구 중 경제활동인구에 포함되지 않은 사람, 즉 일할 능력이 없거나 일하고자하는 의사가 없는 사람은 비경제활동인구로 분류된다. 비경제활동인구에는 집안에서 가사와 육아를 도맡아 하는 가정주부, 학교에 다니는 학생, 일을 할 수 없는 연로자와 심신장애자, 구직단념자 등이 포함된다. 한편 노동가능인구에 대한 경제활동인구의 비율을 경제활동참가율이라 한다.

$$\text{경제활동참가율} = \text{경제활동인구}(\text{취업자} + \text{실업자}) / \text{생산가능인구} \times 100$$

연관검색어 : 고용보조지표, 잠재경제활동인구

경제후생지표

복지지표로서 한계성을 갖는 국민총소득(GNI)을 보완하기 위해 미국의 노드하우스(W. Nordhaus)와 토빈(J. Tobin)이 제안한 새로운 지표를 말한다. 현재 주요 지표로 활용 중인 국민총소득은 국민 복지에 영향을 미치는 많은 요인(주부의 가사노동, 여가, 공해 등)을 포괄하지 못하고 있어 국민 생활의 질적 수준 또는 복지수준을 정확히 반영하지 못하는 단점을 갖고 있다. 이를 감안하여 경제후생지표(measure of economic welfare)는 국민총소득에 후생요소를 추가하면서 비후생요소를 제외함으로써 복지수준을 정확히 반영하려는 취지로 제안되었지만, 통계작성에 있어 후생 및 비후생 요소의 수량화가 쉽지 않아 널리 사용되지는 못하고 있는 실정이다.

연관검색어 : 국민총소득(GNI)

경직적 물가지수

소비자물가지수를 구성하는 품목 중에 가격이 경직적으로 움직이는 품목과 신축적으로 움직이는 품목으로 나누어 볼 수 있는데, 그중 경직적으로 움직이는 품목들을 대상으로 만든 물가지수를 경직적 물가지수, 신축적으로 움직이는 품목을 대상으로 한 물가지수를 신축적 물가지수라 한다. 예를 들어 정부의 직·간접적인 영향을 크게 받는 공공서비스, 전기·수도, 담배, 보육·급식 가격이나 개인서비스 요금 등은 대체로 경직적 물가를 구성하는 주요 품목이다. 이러한 경직적 물가는 통화정책 관점에서 소비자물가 예측에 매우 유용한 물가지표이다. 특히 경직적 물가와 신축적 물가의 움직임에 내재된 정보가 서로 달라 향후 인플레이션 향방을 정도 있게 예측하기 위해서는 경직적 물가의 움직임을 분석하고 해석하는데 유의할 필요가 있다.

연관검색어 : 근원인플레이션율

계절변동조정시계열

경제의 움직임은 주로 일, 주, 월, 분기 또는 연간 등 일정기간을 기준으로 통계를 수집하여 파악하는데 이를 시계열이라 한다. 대부분의 경제분석은 시계열의 수준보다는 변동을 대상으로 한다. 시계열의 변동요인은 크게 추세, 순환, 계절 및 불규칙 요인의 네 가지로 구분할 수 있다. 특히 시계열에서 주기적으로 나타나는 기후나 명절 등과 같은 사회적 관습은 매년 반복되는 특성이 있는데 이를 계절변동요인이라 한다. 이러한 계절변동을 고려하지 않고 기간별로 시계열의 증감을 비교하면 올바른 인과관계를 파악하는 데 오류가 있을 수 있다. 특히 전월 또는 전분기 대비 증감은 계절변동을 조정하지 않고 계산하면 많은 왜곡이 있게 된다. 계절변동조정시계열은 원래의 시계열에서 계절요인을 여러 통계적 기법을 이용하여 제거한 것을 말한다. 이때 일반적으로 예측 가능한 불규칙요인도 함께 제거한다. 한편 계절변동요인은 연간단위로 나타나므로 연간시계열에는 적용되지 않으며, 전년동기대비는 각 기간의 계절변동요인이 같다고 판단하여 원래의 시계열을 이용한다. 특히 우리나라는 설이나 추석 등은 음력을 사용함에 따라 양력을 기준으로 한 계절성이 특이하게 나타나는 측면도 있어 계절변동조정을 하는데 있어 고려할 사항이 더 많다.

연관검색어 : 경제성장률

계좌대체

중앙예탁기관에 계좌를 설정한 계좌 설정자간의 유가증권 수수를 실물증권의 인수도 대신 계좌간 대체하는 방식으로 장부상 처리하는 것을 말한다. 주식·채권 등 증권거래의 결과 매도자의 증권을 매수자에게 이전해야 한다. 그런데 증권의 이전을 위한 실물증권의 인도 방식은 자본시장에서 이루어지는 증권의 대량거래와 잦은 소유자 변동 등을 감안하면 사실상 불가능하다. 따라서 대부분의 국가에서는 중앙예탁기관의 계좌대체 방식으로 증권의 소유권을 이전하고 있으며 우리나라도 한국예탁결제원이 계좌간 대체 방식으로 증권결제를 수행하고 있다. 계좌대체는 예탁자의 개별적 청구 또는 시장 참가자간의 사전 약정에 따른 결제기관의 청구에 의해 이루어질 수 있다. 우리나라 「상법」에서는 증권거래에 따른 증권의 소유권 이전을 위해 해당증권을 교부하도록 하고 있고, 「자본시장법」에서 예탁자계좌부에 증권의 양도를 목적으로 계좌간 대체의 기재를 한 경우 증권의 교부가 있었던 것으로 본다는 교부의제 규정을 두고 있다.

연관검색어 : 중앙예탁기관

고객확인절차(KYC)

고객확인절차(KYC; Know Your Customer)는 고객의 신원을 식별하고 확인하는(verify) 업무절차를 뜻한다. 모든 회사는 대리인·컨설턴트 등과 업무를 시작할 때에도 이 절차를 거쳐야한다. 이는 특히 은행·보험·수출금융 등 금융업무절차나 자금세탁방지(AML; Anti-Money Laundering) 규제에서 자주 거론된다. 이 절차의 목적은 주로 은행이 자금세탁행위 등의 범죄 요소로 악용되는 것을 예방하는 것이다. 은행은 고객과의 금융거래를 더 잘 이해함으로써 고객의 리스크를 더 건전하게 관리할 수 있다.

연관검색어 : 가상통화, 비트코인

고용률

고용률은 통계청에서 매월 작성하고 있는 경제활동인구조사에서 집계된 15세 이상 인구(노동가능인구)에 대해 취업자가 차지하는 비율을 말한다. 한편 실업률은 경제활동인구 중에서 실업자가 차지하는 비율을 말한다. 고용률은 실업률의 문제점을 해소할 수 있기 때문에 고용통계에서 중요한 개념이다. 즉, 고용통계에서 취업준비자와 구직단념자는 실질적인 의미에서 실업자이나 비경제활동인구로 분류되고 있음에 따라 이들이 늘어나면 실업률이 낮아질 수 있어 체감하는 실업률과 차이를 느끼게 한다. 그러나 고용률은 15세 이상 인구를 기준으로 계산되기 때문에 실업자와 비경제활동인구간의 이동 등에 따른 경제활동인구수 변동의 영향을 받지 않는다는 장점이 있다. 다만 고용률도 근로시간이 18시간 미만인 단시간근로자 및 일시휴직자 등 불완전취업자가 증가하는 경우에는 국민들이 체감하는 고용상황과 차이를 보일 수 있다.

$$\text{고용률}(\%) = \text{취업자}/\text{15세이상인구} \times 100$$

$$\text{실업률}(\%) = \text{실업자}/\text{경제활동인구} \times 100$$

연관검색어 : 고용보조지표, 실업률

고용보조지표

국제노동기구(ILO)에서는 노동공급과 노동수요가 일치하지 않아서 일하고 싶은 욕구가 있음에도 불구하고 일을 하고 있지 못하는 노동력의 크기를 나타내는 고용보조지표를 새로이 확정(2013월 10월)한 바 있다. 우리나라 통계청에서도 기존의 공식 실업률만으로는 노동시장을 제대로 반영하는데 한계가 있다고 판단하여 2014년 11월부터 새로운 고용보조지표를 발표하고 있다. 고용보조지표는 실업률을 추계하기 위한 공식적인 실업자 이외에 아르바이트 등 단기근로를 하지만 재취업을 원하는 사람(시간관련 추가취업가능자), 최근 구직활동을 안했을 뿐 취업의사가 있고 취업 가능성이 있는 사람(잠재구직자), 그리고 구직노력을 했으나 육아 등으로 당장 일을 시작하지 못하는 사람(잠재취업가능자) 등을 포함한다. 여기서 비경제활동인구에 포함된 잠재 취업가능자와 잠재 구직자를 합하여 잠재경제활동인구라고 하고, 이를 기존의 경제활동인구와 합산하여 확장경제활동인구라 한다. 현재 고용보조지표는 그 포괄범위에 따라 세 가지 형태로 작성하여 공표되고 있다. 고용보조지표1은 경제활동인구 대비 기존의 취업자 중 시간관련 추가 취업가능자와 실업자의 비율이며, 고용보조지표2는 실업자와 잠재 경재활동인구의 합을 확장경제활동인구로 나누어 구한다. 한편 고용보조지표3은 확장경제활동인구 대비 시간관련 추가취업 가능자, 실업자 및 잠재경제활동인구를 더한 수치의 비율이다. 최근 발표되고 있는 고용보조지표를 보면 기존의 공식 실업률과 상당한 차이를 보이고 있는데, 이는 단시간 근로자가 많거나 '취업을 희망하고 있지만 구직활동을 하지 않는 사람' 등이 그 만큼 많다는 것을 의미한다. 즉 현재 구직활동을 하지 않아 실업자로 분류되지 않는 사람이 많다는 것이다.

연관검색어 : 실업률, 잠재경제활동인구

고용유발효과/취업유발효과

노동유발효과는 소비, 투자, 수출 등 최종수요의 발생이 생산을 유발하고 생산이 다시 노동수요를 유발하는 파급 메커니즘에 기초하여 최종수요와 노동유발을 연결시킴으로써 분석한다. 이에 따라 노동유발효과는 노동계수와 산업연관표의 생산유발계수를 곱하여 산출한 노동유발계수를 이용한다. 노동계수란 일정기간 동안 생산활동에 투입된 노동량을 총산출액으로 나눈 계수로서 한단위(산출액 10억원)의 생산에 직접 필요한 노동량을 의미하며, 노동량의 포괄범위에 따라 피용자(임금근로자)만 포함한 고용계수와 노동량에 피용자(임금근로자)와 자영업자 및 무급가족종사자를 모두 포함한 취업계수가 있다. 한편 노동유발계수는 노동계수와 생산유발계수를 기초로 산출됨에 따라 어느 품목부문의 생산물 한 단위(산출액 10억원) 생산에 직접 필요한 노동량뿐만 아니라 생산파급과정에서 간접적으로 필요한 노동량까지 포함하는 개념인 바, 노동계수에 고용계수를 이용하면 고용유발계수, 취업계수를 이용하면 취업유발계수라 한다.

연관검색어 : 생산유발효과

고정금리

고정금리란 최초 약정한 금리가 만기때까지 그대로 유지되는 금리를 의미하며 변동금리란 일정 주기별로 시장 금리를 반영하여 약정금리가 변동하는 금리를 의미한다. 예를 들어 만기 1년, 약정금리는 4%의 고정금리라면 약정기간 1년 동안 시장금리가 어떻게 변하더라도 해당 약정금리는 4%이다. 반면 만기 1년, 변동주기 3개월, 약정금리는 CD금리+0.5%(또는 50bp)의 변동금리라면 3개월에 한번씩 변동된 CD금리에 연동하여 약정금리가 변하게 된다. 예를 들어 CD금리가 최초 약정시 3.0%, 약정 3개월후 3.2%, 6개월후 3.5%, 9개월후 4.0%라면 약정금리는 최초 약정시 3.5%, 약정 3개월후 3.7%, 6개월후

4.0%, 9개월후 4.5%가 된다. 자금 차입자 입장에서는 앞으로 시장금리가 상승할 것으로 예상하는 경우에는 고정금리를 이용하는 것이 유리하고 시장금리가 하락할 것으로 예상하는 경우에는 변동금리를 이용하는 것이 유리하다. 주요 선진국 중앙은행의 정책금리 인상, 양적완화 축소 등 글로벌 금융긴축으로의 전환이 우리나라에도 시장금리 상승을 야기하고 있는 상황에서 주택담보대출 차입자의 재무건전성을 유지하기 위해 정부가 고정금리대출을 장려하는 것도 이런 이유 때문이다. 일반적으로 동일 만기에서는 고정금리가 변동금리 보다 높은데 이는 자금 대여자(은행)에게 약정 기간중 금리 변동에 따른 위험 프리미엄이 존재하기 때문이다.

연관검색어 : 변동금리, 양도성예금증서(CD)

고정금리부채권(SB)

고정금리부채권(Straight Bond)이란 정해진 기일에 고정된 이자를 지급하고 정해진 만기에 원금을 지급하는 가장 일반적인 형태의 채권으로 전환사채(CB; Convertible Bond)의 주식전환권과 같이 특별한 조건이 없는 채권을 말한다. 회사채, 국채 등 대부분의 채권이 고정금리부로 발행된다. 이에 대비되는 채권으로 변동금리부채권(FRN; Floating Rate Note)이 있다. 이는 정해진 기일에 특정 금리(예: 국내에서는 3개월 CD금리, 해외에서는 LIBOR금리)에 연동된 금리를 지급하고 정해진 만기에 원금을 지급하는 채권이다. 고정금리부채권에 대한 투자는 향후 금리 하락이 예상될 때 유리하며 금리 상승이 예상될 때에는 변동금리부채권에 투자하는 것이 유리하다. 한편 인플레이션이 심할 때 인플레이션을 헤지하기 위한 목적으로 발행되는 채권이 물가연동채권인데 이는 원금이 물가상승률(주로 CPI 사용)에 연동하여 증가한다는 면에서 변동금리부채권과 구별된다.

연관검색어 : 변동금리부채권(FRN)

고정분류여신

금융기관은 정기적으로 차주의 채무상환능력과 금융거래 내용 등을 감안하여 보유자산 의 건전성을 5단계(정상, 요주의, 고정, 회수의문, 추정손실)로 분류하여 각각 그에 상응하는 적정 수준의 대손충당금을 적립하여야 한다. 고정분류여신은 차주 채무상환능력의 저하를 초래할 수 있는 요인이 현재화되어 채권회수에 상당한 위험이 발생한 여신 또는 3개월 이상 연체하거나 부도가 발생한 차주의 여신 중 담보처분에 의한 회수예상가액 해당 여신을 말한다. 현행 「은행업 감독규정」에서는 고정분류여신에 대한 대손충당금은 기업 및 가계 모두 20% 이상 적용하여 적립하도록 규정하고 있다. 예를 들어, 기업 여신액 100억원 중 회수가능금액이 80억원일 경우 최소 16억원 이상 대손충당금으로 적립하여야 한다.

연관검색어 : 자산건전성 분류

고정이하여신비율

은행은 보유하고 있는 여신을 자산건전성에 따라 5단계로 분류하여 관리하고 있다. 즉 자산건전성이 가장 양호한 상태인 정상에서부터 회수가 어려운 정도에 따라 단계적으로 요주의, 고정, 회수의문, 추정손실 등으로 분류한다. 이중 고정, 회수의문, 및 추정손실로 분류된 여신의 합계액을 총여신으로 나눈 비율을 고정이하여신비율이라고 한다.

연관검색어 : 고정분류여신, 회수의문, 추정손실

고정자본소모

생산활동에는 공장, 기계설비 등 고정자본(시설)이 필요한데 이들은 생산활동 과정에서 마모되기 마련이다. 이처럼 생산에 이용된 기계 등 자산의 가치 감소분을 고정자본소모(consumption of fixed capital)라고 한다. 따라서 일정 기간 중에 생산된 생산물의 순수한 가치를 평가하기 위해서는 현재의 생산능력이 저하되지 않고 그대로 유지된 상태에서 생산이 이루어지는 것으로 하여야 한다. 즉 고정자본소모만큼 조정하여야 한다.

$$\underset{(\text{순소득})}{\text{순생산액}} = \underset{(\text{총소득})}{\text{총생산액}(=\text{산출액}-\text{중간투입액})} - \text{고정자본소모}$$

자동차공장을 예를 들어보면 먼저 자동차를 만들기 위해서는 차체 등 각종 부품이 있어야 하며 또 각종 부품을 조립하는 기계가 있어야 한다. 자동차를 만들게 되면 부품도 소모되지만, 조립기계도 닳게 된다. 여기에서 총생산액은 산출액에서 부품구입액 등 중간투입액을 차감한 총부가가치를 말하고 순생산액은 총부가가치에서 고정자본소모를 뺀 순부가가치이다. 그런데 고정자본소모는 현 수준의 생산활동을 지속하기 위하여 언젠가는 지출될 부분이므로 이 공장의 측면에서 보면 총생산보다는 본래의 기계 가치를 그대로 유지하면서 새로이 생산해 낸 부가가치 즉 순생산이 더욱 의미가 있을 것이다.

연관검색어 : 총고정자본형성

고정환율제도/자유변동환율제도

환율제도는 고정환율제도(fixed exchange rate system)와 자유변동환율제도(free floating exchange rate system)를 양 극단으로 하여 이를 절충하는 다양한 형태로 분류될 수 있다. 고정환율제도는 외환의 시세 변동을 반영하지 않고 환율을 일정 수준으로 유지하는 환율제도이다. 반면 자유변동환율제도는 환율이 외환시장에서 외환의 수요와 공급에 의해 자율적으로 결정되도록 하는 환율제도를 말한다. 고정환율제도를 시행하게 되면 환율 변동에 따른 충격을 완화하고 거시경제정책의 자율성을 어느 정도 확보할 수 있다는 장점이 있다. 하지만 특정 수준의 환율을 지속적으로 유지하기 위해서는 정부나 중앙은행이 재정정책과 통화정책을 실시하는 데 있어 국제수지 균형을 먼저 고려해야하는 제약이 따르고 불가피하게 자본이동을 제한해야 한다. 또한, 경제의 기초여건(fundamentals)이 악화되거나 대외 불균형이 지속되면 환투기공격에 쉽게 노출되는 단점이 있다. 반면 자유변동환율제도하에서는 자본이동이 자유롭게 이루어지므로 국제유동성 확보가 용이하고 외부충격이 환율변동에 의해 흡수됨으로써 거시경제정책의 자율적 수행이 용이한 장점이 있다. 다만 외환시장 규모가 작고 외부충격의 흡수 능력이 미약한 개발도상국은 환율변동성이 높아짐으로써 경제의 교란요인으로 작용할 가능성이 크다. 한편 어떤 환율제도라도 ① 통화정책의 자율성 ② 자유로운 자본이동 ③ 환율 안정 등 세 가지 정책목표를 동시에 만족시키기는 현실적으로 어려우며 이를 삼불원칙(impossible trinity, trilemma)이라고 한다.

연관검색어 : 삼불원칙, 외환시장

고통지수

소비자물가상승률과 실업률을 더한 값으로 1975년 미국의 경제학자 오쿤(A. Okun)이 국민의 삶에 실업률과 물가상승률이 큰 영향을 준다는 점에 착안하여 만든 국민의 삶의 질을 측정하기 위한 지표이다. 이 수치가 높을수록 실업자는 늘고 물가는 높아져 한 나라의 국민이 느끼는 삶의 고통이 늘어남을 의미한다. 그러나 고통지수(misery index)를 절대적인 것으로 생각해 나라 간에 단순 비교하기는 어려운 측면이 있는데 이는 나라별로 소비자물가상승률과 실업률을 계산하는 기준이 다르고 빈부격차나 조사 대상에 따라서도 느끼는 고통의 정도가 상이할 수 있기 때문이다. 한편 고통지수가 발표된 이후 이를 보완한 다양한 지표들이 개발되고 있는데, 1999년 미국 하버드대 배로(R. Barrow)교수는 오쿤의 고통지수에 국민소득증가율과 이자율을 감안한 '배로고통지수'(BMI; Barrow Misery Index)를 발표한 바 있다.

연관검색어 : 소비자물가지수(CPI), 실업률

골디락스경제

골디락스경제(Goldilocks economy)는 경기과열에 따른 인플레이션과 경기침체에 따른 실업을 염려할 필요가 없는 최적 상태에 있는 건실한 경제를 가리킨다. 이는 영국의 전래동화인 골디락스와 곰 세 마리(Goldilocks and the three bears)에 등장하는 금발머리 소녀의 이름에서 유래하였다. 동화에 따르면 엄마 곰이 끓인 뜨거운 수프를 큰 접시와 중간 접시 그리고 작은 접시에 담은 후 가족이 이를 식히기 위해 산책을 나갔는데, 이 때 집에 들어온 골디락스가 아기 곰 접시에 담긴 너무 뜨겁지도 않고 너무 차지도 않은 적당한 온도의 수프를 먹고 기뻐하는 상태를 경제에 비유한 것이라 한다. 즉 경기과열이나 불황으로 인한 높은 수준의 인플레이션이나 실업률을 경험하지 않는 양호한 상태가 지속되는 경제를 지칭한다.

연관검색어 : 대안정기, 장기침체

공개시장운영

공개시장운영(open market operation)은 중앙은행이 금융시장에서 금융기관을 상대로 국공채 등 증권을 매매하여 시중유동성이나 시장금리 수준에 영향을 미치는 통화정책 수단이다. 공개시장운영은 다른 통화정책수단(지급준비제도, 여수신제도 등)에 비해 시기와 규모를 신축적으로 정할 수 있고 금융시장의 가격메커니즘에 따라 이루어지므로 시장친화적인 데다 즉각적인 매매거래만으로 신속하게 정책을 시행할 수 있다는 장점이 있어 대부분의 선진국 중앙은행들은 공개시장운영을 주된 통화정책수단으로 사용하고 있다. 우리나라의 경우 한국은행은 공개시장운영을 통해 금융기관의 지급준비금(지준) 보유 규모를 변동시킴으로써 콜금리가 기준금리에서 크게 벗어나지 않도록 조정한다. 즉 금융기관의 지준 부족(보유지준 〈 필요지준)으로 콜머니가 증가하고 콜금리 상승압력이 증대될 경우 한국은행은 RP매입 등을 통해 지준을 공급하여 콜금리의 상승을 제한하며, 반대로 지준 잉여(보유지준 〉 필요지준)로 콜론이 증가하고 콜금리 하락압력이 증대될 경우에는 RP매각, 통화안정증권 발행, 통화안정계정 예치 등을 통해 잉여 지준을 흡수하여 콜금리의 하락을 제한한다.

연관검색어 : 통화정책수단

공공재

공공재는 모든 개인이 공동으로 이용할 수 있는 재화 또는 서비스를 의미한다. 국방·경찰·소방·공원·도로 등과 같이 정부에 의해서만 공급할 수 있는 것이라든가 또는 정부에 의해서 공급되는 것이 바람직하다고 사회적으로 판단되는 재화 또는 서비스가 이에 해당한다. 공공재에는 보통 시장가격은 존재하지 않으며 수익자부담 원칙도 적용되지 않는다. 따라서 공공재 규모의 결정은 정치기구에 맡길 수밖에 없다. 공공재의 성질로는 어떤 사람의 소비가 다른 사람의 소비를 방해하지 않고 여러 사람이 동시에 편익을 받을 수 있는 비경쟁성·비선택성, 대가를 지급하지 않은 특정 개인을 소비에서 제외하지 않는 비배제성 등을 들 수 있다.

연관검색어 : 자유재

공급사용표(SUT)

산업연관표는 투입산출표(Input-Output Tables)와 공급사용표(Supply and Use Tables)로 구성되는데, 투입산출표는 상품을 기준으로, 공급사용표는 산업을 기준으로 생산내역을 나타낸 표이다. 투입산출표는 상품을 기준으로 하기 때문에 하나의 산업에서 한 상품만을 생산한다고 가정하고 있어 경제 현실이 제대로 반영되지 못하는 문제점을 갖고 있는 반면, 공급사용표는 경제 현실이 잘 반영될 뿐만 아니라 국민소득통계, 국민대차대조표 등 국민경제 통계들 간의 정합성 유지에도 중요한 역할을 한다. 공급사용표는 공급표(Supply Table)와 사용표(Use Table)로 구성된다. 공급표의 세로 방향은 각 산업에서 어떤 상품이 얼마만큼 생산(또는 공급)되는가를 기록하여 산업별 상품의 생산구조를 알려준다. 가로 방향은 각 상품이 어느 산업에서 얼마만큼 생산되어 공급되는가를 표시하여 상품의 산업별 공급구조를 나타내고 있다. 한편 사용표의 세로방향은 각 산업의 생산활동에 투입되는 중간재와 부가가치를 기록하고 있으며, 가로 방향은 공급된 상품이 중간수요 또는 최종수요로 사용된 내역을 나타낸다.

연관검색어 : 국민계정체계(SNA), 국민대차대조표

공급탄력성

공급탄력성은 가격변화에 대한 공급의 민감도를 측정하는 척도이다. 공급탄력성은 공급량의 변화율을 가격의 변화율로 나누어 측정한다(공급량의 변화율÷가격의 변화율). 만일 1%의 가격 상승이 1%보다 더 큰 공급량 증가를 가져오면 공급은 탄력적이라 하며, 1%의 가격 상승이 1%보다 더 적은 공급량 증가를 가져오면 공급은 비탄력적이라 한다. 공급량 변화율과 가격변화율이 같다면 공급탄력성은 1이고, 공급은 단위 탄력적이라 한다. 또한, 어떤 재화의 공급량이 가격변동에 전혀 영향을 받지 않는다면 공급의 가격탄력성은 영(0)이고, 이 재화의 공급은 완전 비탄력적이라 하며 이 재화의 공급곡선은 수직선의 형태를 보인다. 반대로 한 재화의 공급곡선이 수평선일 때 이 재화의 공급은 완전 탄력적이며 공급탄력성은 무한대(∞)가 된다. 공급탄력성은 가격의 상승과 하락에 따라 공급량을 조절하는 생산자의 능력에 따라 달라진다.

연관검색어 : 수요탄력성

공매도

공매도(short selling)란 없는 것을 판다는 의미로 쓰이는데 주식시장에서 공매도란 투자자가 주식을 보유하지 않은 상태에서 주가 하락을 예상하고 금융기관으로부터 주식을 빌려 먼저 매도한 후, 주가가 하락하면 시장에서 주식을 매입하여 되갚은 후 차익을 얻는 투자를 말한다. 예를 들어 투자자가 A주식을 빌려 주당 15,000원에 팔고 며칠후 그 주식이 12,000원으로 하락하였다면 12,000원에 주식을 매입하여 빌린 A주식을 되갚으면 주당 3,000원의 수익을 얻는다. 주가가 하락할 경우에는 수익을 얻지만, 예상과 달리 주가가 상승할 경우에는 큰 손실을 볼 수 있다는 점에서 공매도 투자는 매우 신중히 접근해야 한다. 특히 공매도는 주식시장이 약세장이 되었을 때 이득을 볼 수 있지만 전체 거래가 이런 분위기에 편승해 공매도에 쏠릴 경우 주식시장이 한 순간에 폭락하는 등 주식시장의 변동성을 확대시키는 측면이 있기 때문에 각국에서는 공매도에 대해 많은 규제를 하고 있다. 우리나라도 2008년 9월 금융위기 직후 주식시장 안정을 위해 모든 종류의 공매도를 금지시킨 바 있다.

관리변동환율제도

환율이 장기적으로 외환시장의 수급상황에 따라 결정되도록 하지만, 단기적으로 정부와 중앙은행이 적정하다고 판단하는 수준에서 환율을 안정시키기 위해 수시로 외환시장에 개입하여 환율수준을 관리하는 환율제도이다. 고정환율제도와 자유변동환율제도의 장점을 살린 중간 형태라 할 수 있다. 환율을 완전히 시장 자율에 맡기게 되면 환투기 차익 등을 노린 단기자본의 급격한 유출입으로 인해 환율과 외환시장이 불안정해질 수 있는바, 이러한 위험을 감소시키는데 그 목적이 있다. 1970년대 브레튼우즈체제가 무너진 이후의 국제통화제도는 환율변동 허용 정도에 따라 여러 가지가 혼재되어 있는데 대체로 주요 선진국들은 자유변동환율제도를 채택하고 개도국들은 관리변동환율제도(managed floating exchange rate system)를 채택하는 경향이 있다.

연관검색어 : 고정환율제도/자유변동환율제도, 외환시장

관리통화제도

관리통화제도는 1930년대의 대공황을 계기로 많은 나라들이 금본위제도를 포기하면서 도입된 통화제도로 일국의 통화량 증감을 중앙은행 등 정책당국이 재량으로 조절하는 제도를 말한다. 다시 말해 화폐발행량이 정책당국에 의해 관리된다는 의미이다. 금본위제도는 금의 자유로운 국제이동을 통해 환율안정을 주목적으로 하고 있으나 경기변동의 국제적인 파급을 피하기 어렵고, 또한 대외균형을 위주로 하기 때문에 대내균형의 달성이 어려워지는 등의 취약점이 있었다. 이러한 이유로 제1차 세계대전 이후 1931년 영국의 금본위제가 붕괴되고 금의 편재로 국제무역의 원활한 결제가 어렵게 되자 세계 각국은 완전고용을 도모하는 통제경제체제로 이행하면서 이 제도를 채택하게 되었다. 금본위제도가 환율안정 및 국제수지 같은 국제균형을 우선시 하는 데 비해서 관리통화제도는 성장과 고용 등 국내균형 우선의 통화제도라고 할 수 있다. 하지만 관리통화제도 하에서도 환율안정 등 대외균형을 전혀 무시할 수는 없으므로 양자를 어떻게 조화시킬 것인가가 이 제도의 과제가 되고 있다.

연관검색어 : 금본위제

교환사채(EB)

교환사채(EB; Exchangeable Bond)란 사채권자의 의사에 따라 사채를 교환사채 발행기업이 보유하고 있는 타사 주식 등 여타의 유가증권과 교환할 수 있는 선택권이 부여된 사채를 말한다. 발행하는 채권에 주식이 연계되어 있다는 점에서 발행회사의 신주를 일정한 조건으로 매수할 수 있는 신주인수권부사채(BW; Bonds with Warrant)나, 발행회사의 주식으로 전환할 수 있는 권리가 부여된 전환사채(CB; Convertible Bond) 등과 함께 주식연계증권으로 불린다. 발행회사가 보유하는 교환대상 유가증권은 상장유가증권으로 제한되고 있으며 증권예탁원에 의무적으로 예탁되어야 한다. 투자자는 미래의 주식가격 상승에 따른 시세차익을 기대할 수 있고 발행회사는 낮은 이자율로 사채를 발행하여 금융비용 부담을 덜 수 있어 회사채 발행을 통한 기업자금조달을 촉진할 수 있는 장점이 있다. 반면에 투자자의 입장에서도 비교적 안정성과 이익 가능성이 겸비되어 있어 유리한 투자수단이 된다. 교환이 이루어질 때 발행기업의 자산과 부채가 동시에 감소한다. 신규자금 유입이 없다는 점에서 신주인수권부사채(BW)와는 다르고 신주발행에 따른 자본금의 증가가 없다는 점에서 전환사채(CB)와도 다르다.

연관검색어 : 신주인수권부사채(BW), 전환사채(CB)

교환성 통화

국제적인 통용력을 가진 특정국가의 통화를 말한다. 현재는 외환시장에서 미국의 달러화와 자유로이 교환 가능한 통화라는 의미로 사용되고 있다. 현재 국제통화기금(IMF)에서는 IMF 협정에 따라 IMF 회원은 자국통화에 교환성을 부여할 의무를 부여받고 있다. 이 의무는 제8조에 규정되어 있기 때문에 이에 따라 자국통화의 교환성을 유지하는 국가를 'IMF 8조국'이라 하며 동 국가의 통화를 교환성 통화(convertible currency)로 볼 수 있다. 그러나 좁은 의미로는 SDR 가치 산정에 사용되는 바스켓 통화의 요건에 자유사용가능성(freely usable criterion)이 포함되어 있어서 2016년 10월에 바스켓 통화로 결정된 미 달러화, 유로화, 파운드화, 엔화 및 위안화를 교환성 통화로 볼 수 있다.

연관검색어 : 특별인출권(SDR), 복수통화바스켓제도

구매력평가환율

구매력평가(PPP; Purchasing Power Parity) 환율은 해당 통화의 실질 구매력을 기준으로 평가한 환율이라고 할 수 있는데, 이는 관련 당사국간 물가수준(또는 물가상승률) 차이 즉, 당사국 화폐간 실질구매력(가치)의 차이에 의해 균형 환율이 결정된다는 구매력평가이론에 근거하고 있다. 예를 들어 맥도널드 빅맥 햄버거의 가격이 우리나라에서 5,000원이고 미국에서 5달러라면 원/달러환율은 1,000원이어야 한다는 것이다. 대표적 구매력평가환율로는 각국의 맥도날드 햄버거 가격을 비교해 환율을 결정하는 '빅맥지수'를 들 수 있다. PPP 환율은 국가 간 화폐의 교환비율이라기보다는 자국화폐의 실질구매력을 나타내게 되는데, 국가 간 물가수준 차이를 고려하여 GDP 등의 통계를 국가 간에 비교하는 데 흔히 사용된다. OECD에서는 3년마다 회원국을 대상으로 GDP와 그 구성요소들의 가격과 생산물량을 기초로 국가별 구매력평가환율을 작성하고 있으며 UN과 세계은행에서도 별도로 작성하고 있다.

연관검색어 : 빅맥지수

구속성예금

금융기관이 차주에 대한 여신과 연계하여 대출금액의 일부를 차주의 의사에 반하여 예·적금 등으로 수취하거나 정당한 사유 없이 차주의 예·적금 인출 및 해약을 제한하는 행위를 말한다. 구속성예금의 종류로는 ① 여신실행일 전후 10영업일 이내에 입금된 예·적금 및 금전신탁·차주에게 매출된 유가증권(양건예금) ② 예금증서 미교부 등의 방법에 의해 사실상 해약 또는 인출이 제한된 예·적금 및 금전신탁·유가증권(견질담보형태의 예금) 등이 있다. 금융감독원은 금융기관의 구속성예금 수취행위를 대표적인 불공정 금융 관행으로 간주하여 이의 수취를 엄격히 규제하고 있다.

구인배율

노동의 수요와 공급을 나타내는 지표로 일자리수를 취업 희망자수로 나누어 구하는데 인력수급동향을 파악하는데 주로 이용된다. 예를 들어 구인배율 0.7은 취업 희망자 열 명당 일곱 개의 일자리가 있다는 의미로 수치가 높을수록 고용사정이 좋다는 것을 의미 한다. 또한 기업활동의 확대와 축소를 반영해주는 지표이기 때문에 경기상황에 따라 경제성장률이나 실업률 등에 비해 더 큰 폭으로 변동하는 것이 일반적이다. 우리나라의 경우 1986년부터 작성하여 왔다. 외환위기 이전에는 구인배율이 1을 웃돌아 일자리가 남는 경우도 있었지만, 그 이후에는 대개의 경우 구인배율이 1에 못 미치는 것이 일반적이어서 최근의 고용사정이 과거에 비해 좋지 않다는 것으로 해석된다. 구인배율은 한국고용정보원 워크넷 상의 해당 월 신규 구직자수를 해당 월 신규 구인건수로 나누어 구한다.

연관검색어 : 고용률, 실업률갭

구제금융

어떤 기업이 도산할 경우 국민경제에 미칠 부정적 영향을 우려하여 금융기관은 해당 기업에 도산방지를 위하여 정책적으로 자금을 지원해 주는데 이를 구제금융(relief loan)이라 부른다. 구제금융은 신규 자금융자이외에 기 대출금의 상환 시기 조정 등을 통해서 이루어질 수도 있다. 이를 통해 도산위기 기업에 회생기회를 부여하게 된다. 구제금융 이후 기업이 정상화되지 못하고, 구제금융자금 회수가 어려워지면 대출금융기관 역시 자금난을 겪고 부실해질 수 있다. 금융기관 및 기업이 총체적으로 부실해져 국가적 위기가 닥칠 경우 국제통화기금(IMF)에 구제요청을 하게 되는데 이를 'IMF 구제금융'이라 부른다. IMF 구제금융은 일반적으로 조건이 까다롭고 국가적 구조조정 및 개혁이 전제되어야 한다.

구조적 이익률

은행의 장기적인 생존 가능성은 충분한 이익을 창출할 수 있는 능력에 달려 있으며 은행의 이익은 금리, 대출규모, 고정이하여신비율 등의 변동에 따라 민감하게 움직인다. 이러한 은행이익은 구조적 이익과 비구조적 이익으로 구분된다. 구조적 이익은 안정적이고 경상적인 성격을 갖는 것으로 이자이익, 수수료이익, 신탁이익 합계에서 운영경비를 차감한 금액을 말한다. 구조적 이익률은 구조적 이익을 실질총자산(평잔기준)으로 나눈 비율로 은행의 지속가능한 이익창출능력을 나타내는 지표이다.

연관검색어 : 순이자마진(NIM)

국가경쟁력지수

국가경쟁력은 국제경쟁력으로 불리기도 하는데 흔히 한 나라가 사업하기 좋은 환경을 조성해 국민경제의 성장 및 국민들의 삶의 질 향상을 이끌어내는 능력을 말한다. 국가경쟁력지수는 국가경쟁력을 주요 구성요소별로 평가, 합산해 지수화한 것으로 관점에 따라 상이할 수 있는데, 현재 널리 알려진 것으로는 세계경제포럼(WEF)과 국제경영개발원(IMD)에서 편제하고 있는 두 가지가 있다. 세계경제포럼은 하버드경영대학원의 도움을 얻어 주요 국제기구와 산업계 인사들에 대한 여론조사 결과 등을 토대로 매년 세계 각국의 국제경쟁력지수를 발표하고 있다. 동 지수는 성장경쟁력과 미시경쟁력으로 구성되어 있으며 성장경쟁력은 기술수준, 공공기관, 거시경제환경 등 3개부문 8개항목으로, 미시경쟁력은 기업 전략 및 운영, 비즈니스환경의 질적 수준 등 2개 부문으로 구성되어 있다. 한편, 세계경제포럼 부설 국제경영개발원도 세계 70여개 국가의 경쟁력을 주요 통계지표와 기업인 및 연구원 대상 설문조사 결과를 근거로 평가해 국제경쟁력지수를 발표한다. 동 지수는 사회간접자본, 정부의 효율성, 경제운용성과, 기업의 경영효율성 등 4개 부문으로 구성되어 있다.

연관검색어 : 세계경제포럼(다보스포럼)

국가신용등급

국제신용평가사가 한 국가의 정부 채무 이행 능력과 의사 수준을 평가, 표시한 등급으로 국제금융시장에서 차입금리나 투자여건을 판단하는 기준이 된다. 미국의 S&P, Moody's, 영국의 Fitch 등 유명 국제신용평가기관은 해당국의 정치체제의 안정성, 국가안보상의 위험 등 정치적인 요소와 경제성장률, 외채규모, 대외 채무불이행 경험 등 경제적인 요소를 종합적으로 고려하여 국가신용등급을 평가한다. 국가신용등급(sovereign credit rating)은 정부채무의 표시통화에 따라 외화표시 채무등급과 국내통화표시 채무등급으로, 만기구성에 따라 단기채무등급과 장기채무등급으로 각각 구분된다. 또한, 신용도에 따라 크게 투자등급과 투기등급으로 구분되는데 투기등급에 해당하는 신용도를 가진 국가에 대한 투자는 그만큼 위험하다고 할 수 있다. 한편 국가신용등급은 해당국 내의 기업이나 금융기관의 개별 신용등급을 결정하는 하나의 기준이 된다. 따라서 국가신용등급이 상향조정되면 해당국의 정부는 물론 기업, 금융기관 등이 더 낮은 가산금리(위험 프리미엄)로 외화자금을 조달할 수 있어 외화차입 비용을 크게 줄일 수 있다.

연관검색어 : 무디스, 스탠더드 & 푸어스

국가채무

국가채무란 정부가 재정적자 보전 등을 목적으로 국내외로부터 자금을 차입함으로써 발생하는 채무를 말한다. 국제통화기금(IMF)과 경제협력개발기구(OECD)는 국가채무의 주체와 채무의 구체적 범위를 정하고 있으나 국가별로는 차이가 있다. 주요 선진국은 중앙정부와 지방정부를 포함하는 일반정부의 국가채무를 파악하고 있다. OECD는 유럽연합(EU)의 마스트리히트 조약 기준 총공공채무도 작성토록하고 있다. 우리나라는 「국가재정법」 제91조에서 중앙정부의 국채, 차입금 및 국고채무 부담행위를 국가채무로 규정하고 있으며 한국은행으로부터의 차입금 등은 포함하지 않는다. 일부 국가는 채무에서 채권을 차감한 순채무를 국가채무의 기준으로 삼기도 한다. 국가채무는 제2차 세계대전 이후 각국의 재정지출이 급격하고도 지속적으로 확대되면서 주목을 받기 시작하였다. 국가채무는 한 번 누적되면 새로운 재정적자가 발생하지 않더라도 기존채무에 대한 이자지급 부담으로 채무가 계속 늘어나는 자기증식의 속성을 가지고 있다. 또한 기대인플레이션이나 시장금리를 상승시키는 부작용이 있을 수 있다. 이에 따라 각국은 안정적인 자금조달 및 국채시장 유지, 자금조달의 비용최소화 등 재정의 지속가능성 유지를 위해 국가채무를 적절히 분석·관리하고 있다. 국가채무를 분석할 경우에는 주로 명목 GDP대비 비율을 사용하며 채무의 보유주체, 만기구조 등 채무의 질적 구성을 고려하기도 한다.

연관검색어 : 국채, 기대인플레이션

국고금 실시간 전자이체

국고금 실시간 전자이체란 정부가 지급할 국고금이 실시간으로 각 채권자의 예금계좌로 바로 입금되게 하는 것을 말한다. 동 전자이체 제도는 정부의 국가재정정보시스템(NAFIS)과 한국은행 및 금융기관의 전산시스템을 연결해 2003년 1월부터 시행되었다. 이렇게 됨으로써 일반 국민이나 기업들은 정부에 물품이나 용역을 제공한 후 그 대금으로 국고수표를 받는 대신 자신이 거래하는 금융기관의 계좌로 받기 때문에 예전처럼 정부 또는 지자체를 찾아가 국고수표를 받아 이를 금융기관에 다시 입금하는 수고를 덜게 되었다. 특히 이 시스템이 도입되면서 정부는 별도로 국고수표를 발행할 필요성이 없어 국고금 관리 행정업무의 효율화는 물론 국고수표 인쇄비용도 절감할 수 있게 되었다.

연관검색어 : 국고수표, 국고전산망

국고대리점

국가의 경제활동도 민간의 경제활동과 마찬가지로 금전 수수를 수반하게 되는데 이와 같은 경제활동에 수반되는 일체의 현금을 통상 국고금이라 한다. 우리나라에서는 국고금의 출납사무를 중앙은행인 한국은행이 담당하고 있다. 그러나 한국은행의 한정된 조직과 인력만으로는 전국의 국고금 납부자에게 충분한 편의를 제공하기 어렵기 때문에 인력과 시설이 확보된 점포를 대상으로 한국은행과 대리점 계약을 체결한 후 국고업무를 취급할 수 있도록 하게 하는데 이 같은 대리점계약을 체결한 금융기관 점포를 국고대리점이라고 한다. 국고대리점은 2003년 국고금 실시간 전자이체 제도의 시행으로 국고금 지급 업무를 한국은행이 전담 수행하게 됨에 따라 국고금 수납 업무만 수행하게 되었다. 국고대리점은 국고수납대리점과 국고금수납점으로 구분하는데 기능상 차이는 없으며 기관의 성격 즉 은행은 단일 법인체인 반면 비은행은 법인의 집합체인 점에 의한 계약방식의 차이에 의해서 구분된다. 국고수납대리점은 은행 영업점 및 신용협동기구의 중앙회가 이에 해당되며 국고금수납점은 신용협동기구의 중앙회 등이 당행과 「국고수납대리점 추가계약」을 체결한 후 산하 회원조합(금고)에 국고금 수납사무를 재위탁한 점포를 말한다. 2022년 8월말 현재 국고대리점은 총 16,559개(국고수납대리점 5,967개, 국고금수납점 10,592개)가 있다.

국고수표

국고금의 기본지급수단으로서 모든 국고금은 원칙적으로 지출관 또는 출납공무원이 발행하는 국고수표에 의해 지급된다. 국고수표의 종류에는 기명식과 소지인출급식의 2종류가 있는데 국고금지급에 사용된다는 점과 제시기간이 1년이라는 점 외에는 일반적인 수표와 법적권리 및 의무가 동일하다. 기명식은 특정인이 수취인으로 지정되어 있는 수표이며 소지인출급식은 수취인으로 특정인을 지정하지 않고 소지인에게 금액을 지급할 뜻을 기재한 수표이다. 기명식의 경우 양도를 하기 위해서는 반드시 배서를 하여야 한다. 그러나 2003년 1월 1일 「국고금관리법」의 시행으로 국고금 실시간 전자이체제도가 실시됨으로써 국고금 지급방식이 종전의 국고수표 사용방식에서 수취인의 예금계좌로 바로 입금되게 변경되었으므로 현재는 사용하지 않고 있다. 다만 금융기관의 전산장애 등과 같은 비상시를 위해 폐지하지 않고 있다.

연관검색어 : 국고금 실시간 전자이체, 국고전산망

국고전산망

2003년 1월 한국은행이 국고업무를 전자적으로 처리하기 위하여 구축한 전산망을 국고전산망이라고 말하며 정부(디지털예산·회계시스템(dBrain)), 한국은행, 금융기관(우정사업본부 포함) 및 금융결제원의 전산시스템을 서버접속 방식으로 연결한다. 국고전산망을 이용하여 취급하는 업무는 OLTP(On-line Real Time Transaction Processing) 방식으로 처리하는 실시간 전자이체업무와 FTP(File Transfer Protocol) 방식으로 처리하는 파일 송수신업무가 있다. 국고전산망 참가대상 기관은 기획재정부, 한국은행과 국고수납대리점계약을 체결한 금융기관 및 한국은행 이외의 국고금수납기관(체신관서, 금융결제원)으로 한정하고 있다. 국고전산망 운영시간은 오전 9시부터 오후 4시까지이다.

연관검색어 : 국고금 실시간 전자이체

국내공급물가지수

국내공급물가지수는 생산자물가지수의 국내출하품 뿐만 아니라 수출입물가지수의 수입품을 모두 포함하여 가공정도에 따라 원재료, 중간재 및 최종재로 구분하여 지수를 편제함으로써 물가 파급과정을 단계별로 파악할 수 있도록 한 지수로 기존에 작성했던 가공단계별물가지수(stage-of-processing index)를 서비스 부문까지 확장한 것이다. 생산자물가지수는 기업 간의 중간거래액을 포함한 국내출하액을 모집단으로 채택하여 조사대상 품목을 선정하고 가중치를 결정하기 때문에 원재료, 중간재 및 최종재에 해당되는 모든 품목이 포함되어 있다. 그러나 국내공급물가지수는 이러한 조사 대상품목을 각각의 가공단계에 따라 분리하여 원재료지수, 중간재지수 및 최종재지수로 나누어 작성한다. 따라서 생산자물가지수에서는 원재료, 중간재, 최종재가 구분 없이 혼재되어 있는 반면, 국내공급물가지수에서는 가공단계별로 가격변동이 중복 계산될 여지가 줄어든다. 특히 소비자물가지수와 포괄범위가 일치하는 최종소비재지수를 이용하여 소비자물가의 변동요인을 수입품과 국산품으로 구분하여 분석이 가능하고 자본재지수는 기업의 투자여건 분석에 활용 가능하다.

연관검색어 : 생산자물가지수(PPI), 수출입물가지수

국내신용

예금취급기관이 중앙정부, 지방정부 및 사회보장기구, 기업, 가계, 기타금융기관 등 여러 부문을 통해 공급한 통화를 국내신용(DC; Domestic Claims 또는 Domestic Credit)이라고 한다. 국내신용은 부문별로 대출금, 유가증권, 주식 및 기타지분 등 각각의 세부항목을 보여주므로, 각 부문을 통해 어떠한 형태로 통화가 공급되었는지 파악할 수 있다. 이처럼 통화공급경로를 주체별로 나누는 것은 통화량이 통화신용정책 이외에도 재정수지 등 다양한 요인에 따라 크게 영향을 받기 때문에 통화정책 운용시에 이와 같은 통화 등의 각 부문별 신용공급을 고려하기 위함이다. 중앙정부부문을 통한 통화공급은 정부의 재정활동의 결과인 재정수지에 따라 그 규모가 결정된다. 민간부문을 통한 통화공급은 민간신용이라고 하는데, 이는 금융기관이 기업과 가계에 대하여 대출을 해주거나 기업이 발행한 유가증권을 금융기관이 매입하는 등의 형태로 이루어진다. 우리나라가 물가안정목표제를 도입한 1998년 이전에는 한국은행 통화신용정책 수행에 있어 최종목표와 중간목표가 있었다. 최종목표는 물가안정, 경제성장 등을 의미하며, 중간목표는 이러한 최종목표를 달성하기 위해 중앙은행이 영향을 미칠 수 있는 경제변수, 즉 통화량 또는 금리 등을 말한다. 국내신용은 1970년부터 1977년까지 통화신용정책의 중간목표로 활용되었다.

국내총생산(GDP)

국내총생산(GDP; Gross Domestic Product)은 한 나라의 영역 내에서 가계, 기업, 정부 등 모든 경제 주체가 일정 기간 동안 생산활동에 참여하여 창출한 부가가치 또는 최종 생산물을 시장가격으로 평가한 합계로서 여기에는 국내에 거주하는 비거주자(외국인)에게 지급되는 소득도 포함된다. 한편 가격의 적용방법에 따라 명목GDP(Nominal GDP)와 실질GDP(Real GDP)로 구분되며, 명목GDP는 국가경제의 규모나 구조 등을 파악하는 데 사용되며 실질GDP는 경제성장, 경기변동 등 전반적인 경제활동의 흐름을 분석하는 데 이용된다.

연관검색어 : 국민총소득(GNI)

국내총투자율

국내 총투자율(gross domestic investment ratio)은 국민경제가 구매한 재화 중에서 자산의 증가로 나타난 부분이 국민총처분가능소득에서 차지하는 비율을 의미한다. 국민경제 내에서 자산의 증가에 쓰인 모든 재화는 고정자산과 재고자산으로 구분되는데 전자를 국내 총고정자본형성 또는 고정투자, 후자를 재고증감 또는 재고투자라 하며 이들의 합계를 총자본형성 또는 국내 총투자라고 부른다. 따라서 국내 총투자율은 국민총처분가능소득에 대한 총자본형성의 비율이다.

연관검색어 : 국민처분가능소득

국민계정체계(SNA)

국민계정은 국민경제의 순환과 변동을 체계적으로 기록한 사회회계로서 경제활동을 거래형태별 및 거래에 참가하는 경제주체별로 파악하여 복식부기 방식으로 기록한 것이다. 즉, 국민경제의 순환에 따른 변동을 각각의 거래형태와 거래주체 간의 상호연관하에서 체계적으로 작성한 것이다. 국민계정체계(SNA; a System of National Account)는 기존의 산업연관표, 국민소득통계, 자금순환표, 국제수지표 등 별개로 파악하고 있던 국민계정관련 통계를 통합, 각종 경제분석에 적합하도록 거래형태 및 거래주체를 경제활동의 동질성에 따라 몇 가지 부문으로 나누어 체계적으로 작성한 것이다. 즉 국민계정체계는 국민경제의 순환에 따른 변동을 실물거래와 금융거래의 활동 측면에서 파악하여 국민경제의 변동에 의한 재화와 용역의 공급과 처분내용은 생산계정에, 소득의 분배와 처분내용은 소득계정에, 자본의 조달과 축적내용은 자본조달과 축적계정에 그리고 외국과의 거래내용은 국외거래계정에 각각 기록하여 작성된다.

연관검색어 : 산업연관표(I/O Tables), 국민대차대조표

국민대차대조표

국민대차대조표(national balance sheet)는 특정 시점에서 국민경제 또는 비금융법인기업, 금융법인기업, 일반정부, 가계 및 비영리단체, 국외 등 각 경제주체가 보유하고 있는 유•무형 실물자산 및 금융자산/부채의 가액과, 자산에서 부채를 차감한 순자산을 기록한 스톡통계이다. 즉, 국민대차대조표는 경제주체별로 처분가능한 금융 및 비금융자산의 가액 등 재산상태를 나타내며 그중 순자산(net wealth)은 해당 경제주체의 재산상태를 집약한 정보라 할 수 있다. 특히 국민경제 전체의 순자산은 흔히 국부(national wealth)라 불리우며 국내경제가 보유한 비금융자산의 현재가액과 국외부문에 대한 순금융자산 청구권의 합계와 동일하다. 국민대차대조표에 기록되는 자산 항목은 크게 비금융자산과 금융자산/금융부채로 구성된다. 비금융자산의 경우 생산과정을 통해 산출된 것이냐의 여부에 따라 생산자산과 비생산자산으로 나누어지고, 비금융비생산자산에는 생산과정을 거치지 않고 자연적으로 존재하는 토지, 지하자원, 입목 등이 포함된다. 한편, 국민대차대조표는 기초대차대조표, 기말대차대조표 및 대차대조표 증감계정으로 구성되어 있어 각 경제주체의 재산이 기간 중에 어떠한 요인에 의해 변동하였는지를 몇 가지로 분해하여 보여주는 표로서 SNA 내에서 소득창출 과정 등을 기록한 플로계정과 자산의 축적상태를 기록한 스톡계정을 통합하는 기능을 수행한다. 2014년에 국민대차대조표를 신규 편제함으로써 우리나라는 SNA(A System of National Accounts) 이행의 최상위인 6단계를 달성하게 되었고 완전한 국민계정체계를 구현하게 되었다.

연관검색어 : 국민계정체계(SNA), 공급사용표(SUT)

국민부담률

국민부담률(total tax revenue as percentage of GDP)이란 조세와 사회보장기여금이

명목 국내총생산(GDP)에서 차지하는 비중(조세부담률+사회보장부담률)을 말한다. 이는 조세를 명목GDP로 나눈 조세부담률과 국민이 부담하는 사회보장기여금을 명목GDP로 나눈 사회보장부담률을 합친 개념이다. 따라서 조세부담률보다 포괄적으로 국민부담 수준을 측정하는 지표이다. 조세부담률이 국민의 조세부담을 나타내는 대표적 지표이기는 하나 국민들이 강제적으로 납부해야 하는 연금 및 사회보험의 부담은 나타내지 못한다는 한계가 있다. 이러한 점을 감안하여 OECD는 미래에 보장급부를 받을 수 있는 권한을 부여하는 모든 강제적인 납부액 즉, 사회보장기여금(social security contributions)을 일종의 조세로 분류하여 국민부담률을 산출하고 있다. 국민들은 강제성이라는 특성 때문에 국민연금 건강보험 고용보험 등의 사회보장기여금을 세금과 비슷하게 인식하는 경향이 강하므로 국민부담률이 실제 국민들이 체감하는 부담 수준을 더 정확히 나타낸다고 볼 수 있다.

연관검색어 : 조세부담률

국민소득

국민소득(NI; National Income) 이란 넓은 의미로 볼 때 한 나라 안에 있는 가계, 기업, 정부 등의 모든 경제주체가 일정 기간에 생산한 재화와 용역의 가치를 화폐단위로 평가하여 합산한 것으로 흔히 국민총소득으로 불리고 있다. 좁은 의미의 국민소득은 요소비용에 의한 국민소득으로 한 나라 국민이 제공한 생산요소에서 발생한 소득의 총액, 즉 노동에 대한 대가인 피용자보수와 자본 및 경영에 대한 대가인 영업잉여의 합계로서 고정자본소모와 순생산 및 수입세는 포함되지 않는다. 즉 한 나라 국민이 벌어들인 순수한 소득을 나타내는 지표로서 다음과 같이 산출한다.

국민소득(NI) = 국민총소득 − 감가상각 − 생산및수입세 + 보조금
= 국민순소득 − 생산및수입세 + 보조금
= 국민순소득 − 순생산및수입세
= 피용자보수 + 영업잉여
= 임금 + 지대 + 이자 + 이윤

연관검색어 : 국민총소득(GNI)

국민소득 3면 등가의 법칙

국민소득이란 한 국가에 있는 가계, 기업, 정부 등 모든 경제주체가 일정 기간(보통 1년)에 새로이 생산한 재화 및 서비스의 가치를 금액으로 평가하여 더한 총합을 의미한다. 즉, 한 국가의 국민 전체가 일정 기간에 새로 벌어들인 소득의 총합이라고 할 수 있다. 국가 경제에서 발생하는 소득의 원천은 근본적으로 기업의 생산에 있으며, 기업의 생산은 가계의 소비가 있기 때문에 가능하다. 기업은 생산한 재화와 서비스를 가계에 판매하여 소득을 획득하며 가계는 기업에 생산요소를 제공하고 소득을 얻는다. 국민소득이 가계와 기업 사이를 순환하게 되는 것인데 이와 같은 국민소득의 순환과정 중에서 어느 순간을 측정하는가에 따라 국민소득을 부르는 명칭이 약간씩 다르다. 한 국가 내에서 생산된 총생산물의 가치를 측정하면 이를 생산국민소득이라 한다. 가계의 총지출 가치를 측정하면 지출국민소득이라 하며 한 국가 내 전체 구성원의 총소득의 가치를 측정하면 분배국민소득이라 한다. 개념상 이 3가지 국민소득은 순환하고 있는 국민소득을 단지 서로 다른 순간에 측정한 것에 불과하므로 그 크기는 어디서 측정하더라도 항상 동일하다. 즉 생산국민소득 = 지출국민소득 = 분배국민소득의 관계가 성립한다. 이처럼 국민소득이 생산, 지출, 분배의 3가지 관점 중 어느 부문에서 측정하더라도 항상 동일해야 한다는 사실을 국민소득 3면 등가의 법칙이라고 한다.

국민처분가능소득

국민처분가능소득(NDI; National Disposable Income)은 국민경제 전체가 소비나 저축으로 자유로이 처분할 수 있는 소득의 규모를 나타내는 것으로 국민계정의 중요한 총량지표 중 하나이다. 국민처분가능소득은 명목 시장가격으로 평가된 국민순소득에 교포 송금 등과 같이 생산활동과는 관계없이 국외로부터의 소득(국외수취 경상이전)을 더하고 클레임 등 국외에 지급한 소득(국외지급 경상이전)을 차감한, 즉 국외순수취경상이전을 더하여 산출한다. 이를 지출 면에서 보면 최종소비지출과 저축으로 나누어진다. 한편, 이와 유사한 개념으로 국민계정에서 중요시되고 있는 국민총처분가능소득(GNDI)은 국민처분가능소득에 고정자본소모를 더한 것으로 총저축률과 총투자율을 작성하는 데 이용되고 있다.

연관검색어 : 국민소득

국민총소득(GNI)

국민총소득(GNI; Gross National Income)은 한 나라의 국민이 생산활동에 참여한 대가로 받은 소득의 합계로서 외국으로부터 국민(거주자)이 받은 소득(국외수취 요소소득)은 포함되고 국내총생산 중에서 외국인에게 지급한 소득(국외지급 요소소득)은 제외된다. 한편, 국내총생산은 국내에 거주하는 모든 생산자가 생산한 부가가치를 합산한 것이므로 국외거래에 의하여 발생하는 생산은 고려하지 않아 양자는 국외순수취요소소득 만큼의 차이가 발생하게 된다. 즉, 국민총소득은 국내총생산에서 국외순수취요소소득을 더하여 산출할 수 있다.

연관검색어 : 국내총생산(GDP)

국부펀드

국부펀드(sovereign fund)는 주로 투자수익을 목적으로 다양한 종류의 국내외 자산에 투자·운용하는 국가보유투자기금을 말한다. 국부펀드는 운용목적이나 투자자산 선택 등에서 사모펀드, 연기금 등과 유사한 면이 있으나 소유권이 민간이 아니라 국가에 있다는 점에서 근본적인 차이가 있다. 국부펀드의 종류는 재원을 조달하는 방법에 따라 상품펀드와 비 상품펀드로 나누어진다. 상품펀드의 재원은 국가기관의 원자재 수출대금 또는 민간기업의 원자재 수출소득에 대한 세금 등 정부의 외화수입으로 조달되며 비 상품펀드의 경우는 국제수지 흑자로 축적된 외환보유액, 공적연기금, 재정잉여금 등으로 조달된다. 국부펀드라는 용어가 널리 사용되기 시작한 것은 2005년경이나, 1953년 쿠웨이트투자청 등이 있었으며 대부분의 국부펀드는 1970년대 이후에 만들어 졌다. 2000년대 이후 국부펀드는 아시아와 중동을 비롯한 신흥시장국가들이 주로 조성하여 왔다. 이들은 석유수출과 경상수지 흑자를 통해 벌어들인 외환보유액을 이용하여 국부펀드를 설립하여 운용하고 있다. 우리나라는 2005년 7월 한국투자공사(KIC; Korea Investment Corporation)를 설립하였다. 이후에도 2007년 중국에서 중국투자공사(CIC; China Investment Corporation), 2008년에는 러시아에서 러시아 National Welfare Fund 등이 설립되었다.

연관검색어 : 외환보유액, 헤지펀드

국외순수취경상이전

국외순수취경상이전은 거주자와 비거주자 간에 반대급부 없이 일어나는 이전거래로 국외수취경상이전에서 국외지급경상이전을 차감하여 구하며 거래주체에 따라 민간이전과 공공이전으로 구분할 수 있다. 따라서 국외수취 경상이전은 민간이전수입과 공공이전수입으로 나눌 수 있는데 민간 이전수입은 국외근로자 및 교포 등의 국내송금 등이 포함되며 공공 이전수입에는 조세 및 공과, 군사 및 기술원조금 등이 포함된다. 또한, 국외지급경상이전 역시 민간이전지급과 공공이전지급으로 나눌 수 있으며 자세한 거래는 민간이전수입과 공공이전수입의 반대이다.

연관검색어 : 국내총생산(GDP), 국민총소득(GNI)

국외순수취요소소득

국외순수취요소소득은 한 나라의 국민이 국외에서 노동, 자본 등의 생산요소를 제공한 대가로 받은 국외수취요소소득에서 국내의 외국인이 생산활동에 참여함으로써 발생한 국외지급요소소득을 차감한 것으로 국외순수취 기업 및 재산소득과 피용자보수를 더하여 구한다. 즉, 국외순수취요소소득은 국내에서의 모든 경제주체가 생산활동에 참여한 결과 발생한 국내총생산과 한 나라의 국민이 생산활동에 참여한 결과인 국민총소득의 차이를 의미한다.

연관검색어 : 국내총생산(GDP), 국민총소득(GNI)

국외저축

개별 경제주체가 모자라는 돈을 다른 사람으로부터 조달하는 것과 마찬가지로 국민경제에서도 투자가 저축을 초과하게 되면 부족한 돈을 국외로부터 조달하게 되는데 이를 국외저축(foreign savings)이라고 한다. 국외저축은 경상수지적자와 일치하며 경상수지 적자는 순국외채무(국외채무-국외 채권)의 증가로 보전된다.

연관검색어 : 저축률/총저축/평균소비성향/평균저축성향, 투자율

국제결제은행(BIS)

BIS(BIS; Bank for International Settlements)는 1930년 헤이그협정을 모체로 설립된 세계에서 가장 오래된 국제금융기구로서 중앙은행 간 정책협력을 주요기능으로 하고 있으며 현재 60개 중앙은행이 회원은행으로 참여하고 있다. BIS는 중앙은행 간 협력체로서의 기능 수행에 중점을 두고 있으나 국제금융거래의 원활화를 위한 편의 제공, 국제결제업무와 관련한 수탁자 및 대리인으로서의 역할도 수행하고 있다. BIS는 최고의사결정기관인 총회, 운영을 담당하는 이사회, 일반업무를 관장하는 집행부로 구성되어 있으며 중앙은행 간 정보교환기능 제고를 위해 총재회의, 특별회의, 각종 산하 위원회 회의 등을 수시로 개최하고 있다. 또한, 아시아지역과 아메리카지역 중앙은행과의 관계를 증진하기 위하여 홍콩 및 멕시코시티에 지역사무소를 개설하였다. 한국은행은 1975년 연차총회에 옵서버 자격으로 참석한 이래 국제통화협력을 위해 노력한 결과 1997년 1월 14일 정식회원으로 가입하였다.

국제금융시장

국제금융시장이란 국경을 넘어 자금의 수요와 공급을 연결해 주는 시장 또는 모든 거래 메커니즘을 말하며 두 가지 의미로 사용된다. 첫째, 구체적인 장소의 개념으로 런던, 뉴욕, 도쿄 등 주요 국제금융의 중심지나 그 지역에서 운용되는 증권거래소 또는 선물옵션거래소 등을 말하며 둘째, 추상적 개념으로 국제자금의 수요와 공급을 연결해 주는 모든 거래의 형태를 말한다. 외환시장(foreign exchange market), 단기 금융시장(money market), 중장기 금융시장(capital market), 주식시장(equity market) 및 파생금융상품시장(financial derivatives market) 등을 포괄한다.

연관검색어 : 국제금융중심지

국제금융중심지

특정 국가나 지역이 국제금융시장으로 기능하기 위해서는 자국 통화의 국제통용성, 상대적으로 우월한 기초경제력, 고도로 발달된 금융시장과 다양한 장단기 금융수단의 자유로운 거래, 전 세계시장 정보의 신속 저렴한 공급, 세계적인 상품 및 서비스거래의 중심지 등의 요건을 두루 갖추어야 한다. 국제금융중심지는 이러한 국제금융시장의 요건을 갖추고 있어 세계적 금융기관들이 본점, 지점, 현지법인의 형태로 영업망을 집중시킴으로써 대량의 국제금융거래가 지속적, 반복적으로 이루어지는 장소를 말한다. 대표적인 국제금융중심지로는 뉴욕, 런던, 동경 등이 있다. 한편, 역외 국제금융중심지는 주로 비거주자로부터 자금을 조달하여 비거주자를 대상으로 운영되는 금융중개시장으로, 조세 및 금융규제 면에서 특혜를 부여하여 인위적으로 창설한 금융 중심지이며 홍콩, 싱가포르, 룩셈부르크 등이 대표적이다.

연관검색어 : 국제금융시장

국제산업연관표

국제산업연관표(International Input-Output Tables)란 국가 간 수출입을 매개로 여러 나라의 산업연관표를 연결하여 하나의 산업연관표로 작성한 것이다. 국제산업연관표에서는 한 나라 산업의 생산기술구조 및 배분구조를 국내 산업간 상호 연관관계뿐만 아니라 다른 나라 산업과의 연관관계까지 나타내고 있으므로 생산기술의 국제비교 및 국가 간 상호의존관계 분석 등에 널리 이용된다. 한국은행에서는 일본 아시아경제연구소(IDE; Institute of Developing Economies)와 공동으로 한국, 일본, 중국, 미국 등 아시아·태평양권 10개국 산업연관표를 연결한 아시아 국제산업연관표를 작성하고 있다.

연관검색어 : 산업연관표(I/O Tables)

국제수지(BOP)

일정기간 동안 한 나라의 거주자와 비거주자 간에 발생한 경제적 거래에 따른 수입과 지급의 차이를 의미한다. 국제수지(BOP; Balance Of Payments)는 크게 경상수지, 자본수지, 금융계정, 오차 및 누락 등 4개의 계정으로 구성되어 있다. 경상수지는 ① 상품 수출입의 결과인 상품수지, ② 운송, 여행, 건설 등 서비스거래의 결과인 서비스수지, ③ 급료 및 임금수지, 투자소득수지 등 본원소득수지, ④ 무상원조, 증여성 송금 등의 결과인 이전소득수지로 구분된다. 자본수지는 자산 소유권의 무상이전 등 자본이전과 브랜드네임 등 비생산·비금융자산의 취득 및 처분의 결과로 계상된다. 금융계정은 직접투자, 증권투자, 파생금융상품, 기타투자 및 준비자산으로 구분된다. 오차 및 누락은 경상수지 및 자본수지의 합계와 금융계정 금액이 같지 않을 경우 이를 조정하기 위한 항목으로 국제수지 작성에 이용되는 기초통계간 계상시점, 평가방법상의 차이 등에 기인한다.

연관검색어 : 경상수지, 국제수지표

국제수지표

일정기간 동안 한 나라의 거주자와 비거주자 간에 발생한 경제적 거래를 국제기준에 따라 체계적으로 기록한 표이다. 일정기간 동안은 국제수지표가 어느 한 시점에서의 대차상황을 기록한 잔액(stock) 통계가 아니라 일정기간 중에 발생한 거래를 집계한 플로(flow) 통계임을 의미한다. 거주자와 비거주자의 구분은 경제주체가 어디에 살고 있으며 국적이 어디인지하는 지리적 영역이나 법률상의 국적보다는 경제활동에 있어 주된 경제적 이익의 중심이 어디에 있느냐를 기준으로 한다. 거래유형은 모든 경제적 거래를 대상으로 하는데 상품, 서비스, 소득, 자본 및 금융거래뿐만 아니라 대외 원조 등 대가 없이 이루어지는 이전거래도 포함한다. 우리나라는 한국은행에서 국제수지표를 매월 작성하여 공표하고 있다.

연관검색어 : 국제수지(BOP), 경상수지

국제원유가격

원유는 전세계적으로 200여종이 거래되고 있다. 이중 국제원유시장의 대표유종은 미국서부텍사스중질유(WTI; West Texas Intermediate), 영국 브렌트유 및 아랍에미레이트(UAE) 두바이유의 세 가지이다. WTI는 북미, 브렌트유는 유럽 및 아프리카, 두바이유는 중동을 각각 대표하는 기준유가를 정하는 유종으로 사용되고 있다. 국제원유가격은 1980년대 중반까지는 석유수출국기구(OPEC; Organization of Petroleum Export Countries)의 발표가격을 기준으로 사용하였다. 그러나 석유파동 등으로 인한 국제원유가격의 변동성을 회피하기 위해 선물거래가 활성화되면서 선물가격이 실질적인 현물유가의 기준역할을 하게 되었다. 이에 따라 선물시장이 잘 발달되고 거래 역사도 길어 가격정보가 풍부한 세 가지 유종의 가격이 국제원유가격을 대표하고 있다. 특히 WTI와 브렌트유 선물시장의 일일거래량은 세계수요의 5배 내외로 거래유동성이 매우 높다. 그러나 세 유종은 생산량 축소로 세계생산에서 차지하는 비중이 0.5%에 못 미쳐 동

유가가 대표성을 상실하고 있다는 평가도 일부에서 제기되고 있다. 국제원유가격은 장기적으로 공급과 수요에 의해 결정되나 원유공급지의 지정학적 리스크와 기상, 미달러 가치, 주요국 석유재고의 변동 등 많은 요인의 영향을 받는다.

연관검색어 : 선물거래

국제통화기금(IMF)

국제통화 및 금융제도의 안정을 도모하기 위한 국제금융기구로서 미국 워싱턴에 본부를 두고 1945년 12월 설립되었다. 설립목적은 국제통화문제에 관한 협력, 국제무역의 확대와 세계경제의 균형적 성장, 외환의 안정 촉진, 다자간 결제제도 확립, 회원국의 국제수지 불균형 완화 등으로 되어 있다. 이에 따라 회원국의 환율정책 및 외환제도 관련 감시활동, 회원국에 대한 금융지원 및 기술지원, 특별인출권(SDR)의 창출과 운영관리, 저소득국 지원 등의 활동을 하고 있다. 회원국 가입에 특별한 제한을 두고 있지 않으며 안정적인 환율제도 운영, 경상지급에 대한 제한 철폐 등을 통해 국제통화문제에 협력할 의사가 있는 모든 나라에 대해 가입을 허용하고 있다. 가입 희망국은 총회에서의 가입결의안 채택후 할당된 쿼타(quota)를 납입함으로써 정식 회원국이 된다. IMF(International Monetary Fund)의 재원은 회원국의 쿼타 납입금으로 조달되며 필요한 경우 회원국 또는 민간으로부터 차입하고 있다. 조직은 총회와 이사회, 총회의 자문기구인 국제통화금융위원회, 총재를 비롯한 집행부서 등으로 구성되어 있다. 2022년 9월 현재 IMF 회원국은 190개국이며 우리나라는 1955년 8월에 가입하였다.

연관검색어 : IMF 쿼타, 특별인출권(SDR)

국제투자대조표(IIP)

국제투자대조표(IIP; International Investment Position)는 일정시점 현재 한 나라 거주자의 비거주자에 대한 금융자산(대외투자) 및 금융부채(외국인투자) 잔액을 기록한 통계표로서 국제수지의 금융계정(직접투자, 증권투자, 파생금융상품, 기타투자, 준비자산)과 포괄범위가 동일하다. 일정시점의 대외금융자산/부채 잔액은 거래일 이후 환율이나 주가변동 등으로 인한 가치평가분이 포함되어 있기 때문에 금융계정의 거래 누계액과 차이가 날 수 있다. 한편 국제투자대조표의 대외금융자산/부채에서 지분성(직접투자(지분), 증권투자(주식), 기타지분) 및 파생금융상품 등을 제외한 것은 대외채권·채무 통계와 일치한다. 국제투자대조표는 한국은행에서 매분기 작성하여 발표하고 있다.

연관검색어 : 국제수지(BOP)

국제회계기준

국제회계기준(IFRS; International Financial Reporting Standards)은 기업의 회계처리와 재무제표에 대한 국제적 정합성을 높이기 위해서 국제회계기준위원회(IASB; International Accounting Standards Board)가 제정한 회계처리기준을 말한다. 자본시장 개방 등 전세계의 글로벌화 진전 등으로 국제적으로 통일된 회계기준의 필요성이 증가한데다, 특히 2002년 발생한 엔론, 월드콤 등의 회계부정사건을 계기로 국제적으로 회계투명성에 대한 요구도 커짐에 따라 국제회계기준이 마련되었다. 국제회계기준의 핵심원칙으로는 ① 원칙중심의 기준회계 ② 연결재무제표 중심 보고 ③ 공정가치 평가 ④ 경제적 실질에 기초한 회계처리 등을 들 수 있다. 회계기준 단일화 추세에 따라 전세계 100여 개 국가에서 사용 중이며 우리나라도 국내 회계 투명성에 대한 국제적 신뢰도 저하가 코리아디스카운트를 야기할 수 있다는 우려에서 2007년 3월 「국제회계기준(IFRS) 도입 로드맵」을 발표하였으며 이후 희망기업은 2009년부터, 상장회사는 2011년부터 전면 도입되었다.

국채

국채란 정부가 다양한 목적의 재정자금을 조달하기 위해 발행하는 채권을 말한다. 국채는 자금 용도에 따라 국고채권, 재정증권, 국민주택채권 및 보상채권으로 나누어지는데 국고채권이 국채의 대부분을 차지한다. 국고채권은 주로 국가 재정에 필요한 자금(적자재정시 재원)을 조달하기 위해서 「국채법」에 의해 발행되는데 만기는 3년, 5년, 10년, 20년, 30년, 50년(안정적인 재정자금 조달, 국채만기 포트폴리오의 다양화를 목적으로 2016.10월에 도입) 등 6가지 종류로 구성되며 경쟁입찰방식으로 발행된다. 국고채권의 원활한 소화 및 시장조성을 위해 국채자기매매업무 취급금융기관(은행, 증권사, 종합금융회사)중 국고채권 인수 및 유통 실적이 우수한 금융기관을 국고채전문딜러로 선정·운영하고 있으며 미국의 primary dealer와 같은 기능을 수행한다. 재정증권은 재정부족자금의 일시 보전을 위해 「국고금관리법」에 의해 발행되는데 만기는 1년 이내지만 실제로는 3개월 이내이며 경쟁입찰방식으로 발행된다. 국민주택채권은 국민주택건설 재원조달을 위해 「주택도시기금법」에 의해 부동산 등기 및 인허가와 관련하여 의무적으로 매입하도록 하는 첨가소화방식으로 발행되며 만기는 5년이다. 보상채권은 공공용지 보상비 마련을 위하여 「공익사업을 위한 토지 등의 취득 및 보상에 관한 법률」에 의해 당사자앞 교부방식으로 발행되며 만기는 5년 이내지만 실제로는 3년 만기로 발행한다.

규모의 경제

일반적인 경우 기업이 재화 및 서비스 생산량을 늘려감에 따라 추가적으로 소요되는 평균 생산비용도 점차 늘어난다. 그런데 일부 재화 및 서비스 생산의 경우에는 생산량이 늘어날수록 평균비용이 감소하는 현상이 나타나는데 이를 규모의 경제(economies of scale)라고 한다. 이런 현상은 초기 생산단계에서 막대한 투자비용이 필요하지만 생산에는 큰 비용이 들지 않는 철도·통신·전력산업에서 나타나는데, 이들 산업은 생산이 시작된 이후 수요가 계속 늘게 되면서 평균 생산비용도 감소하는 특징을 갖고 있다. 또한 분업에 따른 전문화 이익이 존재하는 경우에도 규모의 경제가 나타난다. 예를 들어 각자 케이크를 만드는 3명의 제빵사를 생각해보자. 이들이 따로 케이크를 만들 때 보다 한 명은 반죽만, 한 명은 굽기만, 한 명은 장식만 하는 분업을 할 경우 생산량이 늘어나면서 평균 비용도 줄게 된다.

연관검색어 : 범위의 경제

규제 샌드박스

규제 샌드박스(regulatory sandbox)는 핀테크 기업이 현행 규제를 적용받지 않으면서 자신의 혁신적인 금융상품과 비즈니스모델을 시험할 수 있는 공간이나 제도를 뜻한다. 이 용어는 어린이들이 안전하고 자유롭게 놀 수 있는 놀이터의 모래구역 즉 'sandbox'를 연상시킨다. 즉 규제 샌드박스에 참여하는 소비자에게는 안전장치를 두고, 혁신적인 기업가에게는 규제를 면제하거나 완화함으로써, 핀테크 기업의 새로운 도전과 시험을 활성화하려는 규제기관의 정책의지 또는 참여한 기업·소비자의 혁신적인 활동모습을 연상시킨다. 이는 영국의 금융감독기구인 금융행위규제청(FCA)이 핀테크 전담조직

(Innovation Hub)을 설치하고 지속적으로 관련 산업을 지원하기 위해 규제 개선의 필요성을 검토하는 가운데 규제 개선을 위한 여러 방안들 중의 하나로 도입한 것이다. 규제 샌드박스의 장점은 ① 혁신적인 아이디어가 시장(market)에 접근할 수 있는 시간과 비용을 줄이고 ② 혁신기업의 자금조달을 쉽게 해주며 ③ 더 많은 혁신적인 상품이 시험되고 시장에 도입될 수 있을 뿐만 아니라 ④ 규제기관이 미리 새로운 상품 및 서비스에 대한 적절한 소비자보호 안전장치를 확보할 수 있다는 점이다.

연관검색어 : 핀테크, 로보어드바이저

그램-리치-블라일리법

1999년 11월 미국 의회가 제정한 법으로서 공식 명칭은 「금융서비스현대화법(The Financial Services Modernization Act of 1999)」이다. 공화당 상원의원인 필 그램(Phil Gramm), 공화당 하원의원인 짐 리치(Jim Leach)와 토마스 J. 블라일리(Thomas J. Bliley)가 공동으로 발의하였기 때문에 통상 「그램-리치-블라일리법(Gramm-Leach-Bliley Act)」이라 불린다. 동 법의 주된 내용은 1933년의 글래스-스티걸법 중 '상업은행의 증권 관련 자회사 보유 금지'와 '상업은행과 투자은행의 임직원 겸직 금지' 등 핵심 조항을 폐지하는 것이다. 종전의 글래스-스티걸법 '조항20'에 의하면 상업은행(연준 가입은행)은 증권의 인수와 거래를 주된 업무로 하는 자회사를 둘 수 없었으나, 그램-리치-블라일리법 제정으로 글래스-스티걸법 '조항20'은 전면 폐지되었다. 동 법은 금융산업의 경쟁력 강화를 명분으로 내세운 클린턴 행정부의 정책기조와 금융소비자의 편익증진 등을 구실로 삼은 월스트리트 상업은행들의 로비력이 맞물려 탄생되었다. 동 법 제정으로 미국에서 금융자유화의 시대가 열린 가운데 대형 상업은행들이 투자은행 업무에 뛰어들면서 경쟁이 심화되었고 이로 인해 기존 투자은행 중 일부가 무리한 투자를 일삼다가 위기에 빠진 것이 글로벌 금융위기의 단초가 된 것으로 평가되고 있다.

연관검색어 : 글래스-스티걸법, 투자은행

그린본드

그린본드는 발행대금을 기후 및 환경 관련 사업에 사용하는 것을 전제로 발행되는 특수목적 채권이다. 특징은 발행대금의 사용처(use of proceeds)에 있고 발행자가 그린본드 원칙(GBP; Green Bond Principle)에 따라 채권을 발행하는 경우 재량으로 이름을 지을 수 있다. 그린본드는 채권의 구조에 따라 ① 그린사업 채권 ② 그린사업 수익채권 ③ 그린 프로젝트 채권 ④ 그린 유동화채권으로 분류된다. 그린본드는 2007년 최초 발행(6억유로)된 이후 초기에는 주로 EIB, World Bank 등 국제기구가 글로벌 환경보호, 균형성장 등과 관련해 발행을 주도하였으나 최근에는 정부기관, 기업 및 금융기관 등으로 발행기관의 범위가 확대되어 가파른 성장세를 시현하고 있다. 그린본드의 발행자는 자본비용, 기업홍보, 사업추진 용이성 측면에서 편익을 누릴 수 있다. 그린본드는 사회적 책임 투자 기회를 제공하는 한편 여타 채권과 발행방식 및 구조가 동일하여 기존 채권 포트폴리오에 쉽게 융화가 가능한 장점이 있다. 국제자본시장협회(ICMA)는 그린본드 발행요건 명확화와 자금사용의 투명성 증대를 위해 2016년 6월 그린본드 원칙(GBP)을 재정비하였으며 그린본드를 통한 사업영역이 확대되면서 발행 프로세스가 명확해지고 정보 투명성이 증대됨에 따라 그린본드 시장에 긍정적인 영향을 미칠 것으로 전망되고 있다.

그림자 금융

집합투자기구(MMF·채권형·혼합형 펀드 등), RP 거래, 유동화기구 등과 같이 은행시스템 밖에서 신용중개기능을 수행하지만 은행 수준의 건전성 규제와 예금자보호가 적용되지 않는 기관 또는 활동을 이르는 용어이다. 그림자금융(Shadow Banking)은 은행의 전통적인 자금중개기능을 보완하는 한편 금융업의 경쟁을 촉진함으로써 효율적인 신용배분에 기여하는 순기능을 발휘한다. 그러나 글로벌 금융위기 과정에서 느슨한 규제하에 과도한 리스크 및 레버리지 축적, 은행시스템과의 직·간접적 연계성 등을 통해 시스템 리스크를 촉발·확산시킨 원인 중 하나로 지목되기도 하였다. 이에 따라 금융안정위원회(FSB), 바젤은행감독위원회(BCBS) 등 국제금융감독기준 제정기구를 중심으로 그림자금융에 대한 모니터링 체계 구축 및 규제개혁 논의가 진행되어왔다.

근원인플레이션율

근원인플레이션율(core inflation rate)은 물가변동을 초래하는 여러 요인들 가운데 일시적인 공급충격의 영향을 제외한 기조적인 물가상승률을 말한다. 대부분은 전체 소비자물가 상승률에서 농산물 가격, 국제원자재가격 등의 변동 부분을 제거하여 계산한다. 우리나라는 근원인플레이션 지표로 농산물 및 석유류제외지수를 작성해 왔으며, 2010년 기준 지수부터 OECD 방식에 의한 식료품 및 에너지제외지수를 추가로 작성하고 있다. 근원인플레이션율은 물가에 미치는 단기적 충격이나 불규칙 요인이 제외되어 기조적인 물가상승의 흐름을 포착할 수 있다는 장점을 갖고 있는 반면 일반 국민이 실제 느끼는 체감물가와 괴리될 가능성을 내포하고 있다.

연관검색어 : 기대인플레이션, 인플레이션

글래스-스티걸법

미국 의회가 제정한 법으로 공식 명칭은 「1933년 은행법(Banking Act of 1933)」이다. 민주당 상원의원 카터 글래스(Carter Glass)와 민주당 하원의원 헨리 B. 스티걸(Henry B. Steagall)이 공동으로 제안하였기 때문에 통상 「글래스-스티걸법(Glass-Steagall Act)」이라 불린다. 은행들의 고객 자산을 이용한 방만한 투자행위가 1929년의 주가폭락과 그에 이은 금융위기 및 대공황의 원인 중 하나로 지목됨에 따라 '은행개혁'과 '투기규제'를 목적으로 동 법이 제정되었다. 동 법의 핵심 내용은 기존 은행을 상업은행과 투자은행으로 구분하고 이들의 업무를 엄격하게 분리하려는 것이다. 이에 따라 상업은행은 증권의 발행 및 인수가 금지되고 증권 관련 자회사 보유도 금지되었으며, 투자은행은 일반인으로부터 예금을 받을 수 없고, 상업은행과 투자은행간에 임직원의 겸직이 금지되었다. 또한 동 법을 통해 연방예금보험공사(FDIC; Federal Deposit Insurance Corp.)를 설립하여 연방예금보험제도를 도입하고 금융에 대한 연방준비제도의 통제를 강화하였으며 연방공개시장위원회(FOMC)를 설치하였다. 동 법 시행 이후 미국에서는 상업은행과 투자은행의 영역이 엄격히 분리되어 골드만삭스·모건스탠리·메릴린치 등은 투자은행으로, JP모건·뱅크오브아메리카·시티뱅크 등은 대형 상업은행으로 성장하였다. 동 법에 대해서는 경쟁을 제한하여 금융산업의 비효율성을 초래하였다는 부정적 평가와 수십년에 걸친 미국 금융시스템의 안정에 기여하였다는 긍정적 평가가 공존하고 있다. 1999년 11월 금융산업 경쟁력 강화를 명분으로 내세운 클린턴 행정부의 정책기조와 월스트리트 상업은행들의 로비력이 맞물리면서 '상업은행의 증권 관련 자회사 보유' 및 '상업은행과 투자은행의 임직원 겸직'을 허용하는 것을 주요 내용으로 하는 그램-리치-블라일리법(Gramm-Leach-Bliley Act)이 제정됨으로써 글래스-스티걸법의 핵심 조항은 폐지되었다.

연관검색어 : 그램-리치-블라일리법, 투자은행

글로벌가치사슬(GVC)

글로벌 가치사슬(GVC; Global Value Chain)은 상품의 설계, 부품과 원재료의 조달, 생산, 유통, 판매에 이르기까지 각 세분화된 과정이 어느 한 국가가 아닌 비용면에서 우위가 있는 국가에서 이루어지면서 각 단계별로 부가가치가 창출되는 세계교역의 새로운 패러다임을 말한다. 오늘날 많은 수출기업들은 비용절감을 위해 생산시설을 해외에 두고 여러 나라들로부터 부품을 조달하여 생산하고 수출(판매)도 현지에서 이뤄진다. 이와 같이 제품의 생산과 판매를 위한 다양한 단계들이 각기 다른 국가에서 발생하면서 세계교역구조는 상호 유기적인 연계성을 갖게 되었다. 세계시장에서 경쟁력 있는 제품과 서비스를 생산하려면 기업은 각 단계를 효율적으로 분리하고 최적 국가에서 생산을 통해 부가가치를 극대화할 수 있는 역량의 확보가 무엇보다도 필요하게 되었다. GVC 접근법은 생산의 분절화와 탈집중화, 개발도상국으로의 최종시장의 중심 이동으로 인해 세계경제의 분업이 변모하고 있음을 잘 보여준다.

연관검색어 : 부가가치

글로벌금융안전망

금융위기 등으로 인하여 외화유동성이 부족해지는 경우에 대비하기 위하여 각국이 외화유동성을 인출하거나 지원받는 각종 제도적 장치들을 총칭하여 글로벌금융안전망이라고 한다. 이는 개별 국가의 외환보유액과 같은 개별국가 차원의 금융안전망, 중앙은행들의 양자간 통화스왑, CMIM과 같은 특정지역내 다자간 금융협정을 포괄하는 지역차원의 금융안전망, IMF와 같은 범세계적 통화금융기구의 자금지원제도를 포괄하는 글로벌차원의 금융안전망 등으로 구성된다. 전통적으로 각국 정부는 금융위기 등에 대비한 기본적인 금융안전망으로 외환보유액을 중시해왔다. 그러나 2008년 글로벌금융위기 대응과정에서 중앙은행간 통화스왑 등 양자간 협력의 중요성이 크게 부각되었으며 최근에는 인접국간의 경제적 협력을 통해 거시경제 및 금융의 안정을 도모하는 다자간 금융협정도 발전하고 있다. 이 밖에 IMF의 대출제도 확충 등 범세계적인 국제금융기구의 자금지원 제도도 더욱 확충되면서 글로벌 금융안전망의 중심적 역할을 담당하고 있다.

연관검색어 : 지역금융협정

금리선물

금리선물(interest rate futures)이란 기초자산인 금리를 거래대상으로 하며 현재의 시점에서 정한 가격으로 미래의 특정 시점에서 사거나 팔 것을 약정하는 계약을 말하다. 금리선물의 대표적인 상품은 기초자산별로 다양한 만기의 국채선물이다. 3년 국채선물의 주요 내용을 보면 다음과 같다. 기초자산은 최종결제일 현재 만기 3년, 액면금액 1억원, 표면금리 5%, 반기별로 이자를 지급하는 가상의 국고채권이다. 가격의 표시방법은 액면금액 1억원을 100으로 환산하여 소수점 둘째자리까지 표시한다. 최소가격 변동폭인 1tick의 크기는 0.01인데 그 가치는 가상채권 가격의 10,000원에 해당되며 국고채금리 1bp(0.01%)는 국채선물가격 3tick과 거의 동일하다. 투자자들은 금리변동위험 헤지(hedge) 및 투기적 목적으로 국채선물을 거래한다. 일반적으로 은행, 보험사 등 기관투자가들은 현물채권을 다량으로 보유하고 있으므로 향후 시장금리가 상승하면 채권가격이 하락하는 금리위험에 노출되어 있다. 이런 위험을 회피하기 위해 국채선물을 매도(시장금리 상승에 따른 보유채권의 가격 하락이 국채선물 매도에 따른 이익으로 상쇄)하게 되는데 이를 헤지거래라고 한다. 반면 보유채권 없이 국채선물가격의 방향을 예측하고 이를 바탕으로 국채선물을 매수 또는 매도하여 이익을 추구하는 거래를 할 수 있는데 이를 투기적 거래라고 한다. 국채선물의 경우 거래증거금률이 매우 낮아(3년 만기, 0.5%) 레버리지가 매우 높으므로 헤지펀드 등 외국인들이 이런 투기적 거래를 많이 이용하고 있으며 국채선물가격에 미치는 영향도 상당히 크다. 한편 금리선물시장에서의 가격 움직임을 보고 향후 시장금리가 어떤 방향으로 움직일 것인지를 예측하기도 하는데 특히 미국의 페더럴펀드금리선물(federal funds futures)은 시장참가자들에게 향후 미연준이 통화정책을 어떤 방향으로 운용할 것인지를 가늠해 볼 수 있는 지표역할을 하기도 한다.

금리스왑

금리스왑(IRS; Interest Rate Swaps)이란 금리변동위험 헤지 및 차입비용 절감 등을 위하여 거래당사자간에 원금교환 없이 정기적(3개월)으로 변동금리(91일물 CD금리)와 고정금리(IRS금리)를 교환하는 거래를 말한다. 이때 고정금리를 지급하는 대신 변동금리를 수취하는 거래를 금리스왑 pay거래라 하며 반대로 고정금리를 수취하는 대신 변동금리를 지급하는 거래를 금리스왑 receive거래라 한다. 거래단위와 만기는 제한이 없지만 통상 100억원, 만기 1~5년 거래가 주를 이룬다. 일반적으로 금리스왑은 고정금리부 자산과 고정금리부 부채의 듀레이션이 불일치함에 따라 발생하는 금리변동위험을 헤지하는데 이용된다. 예를 들어 고정금리부 자산이 고정금리부 부채보다 많은 경우 고정금리부 부채를 늘릴 필요가 있는데 이때 금리스왑거래를 통해 채권매도와 같은 효과를 내는 금리스왑 pay거래를 실시하면 금리변동위험이 감소한다. 금리스왑도 향후 금리변동에 따른 위험을 회피하기 위한 헤지거래와 향후 금리 방향을 예상하여 이익을 추구하는 투기적 거래가 있다. 앞서 제시한 예시는 헤지거래에 해당한다. 자신의 자산·부채 포지션과 관계없이 금리 하락을 예상하여 수익을 추구하는 경우에는 금리스왑 receive거래를, 금리 상승을 예상하여 수익을 추구하는 경우에는 금리스왑 pay거래를 하게 되는데 전형적인 투기적 거래에 해당한다. 금리스왑시장에서는 금리스왑 스프레드라는 용어가 자주 등장한다. 이는 동일만기 IRS금리-국고채금리(무위험채권)를 의미한다. 금리스왑 스프레드는 향후 금리전망, 거래상대방의 신용위험 등 다양한 요인에 의해 변동된다. 예를 들어 스왑딜러가 향후 시장금리가 하락할 것으로 예상하여 변동금리를 지급하는 대신 고정금리를 수취하는 금리스왑 receive거래를 하는 경우 고정금리 수취 수요가 증가함에 따라 IRS금리가 하락하면서 금리스왑 스프레드는 축소된다.

금리자유화

금리자유화란 금리규제를 철폐함으로써 금리가 시장의 자금수급에 따라 자유로이 결정될 수 있도록 하는 조치이다. 금융시장의 대표적인 가격변수인 금리를 제한하는 것은 역사적으로 보아 미국 등 다수의 국가에서 금융불안이 반복적으로 발생됨에 따라 금융안정을 도모하기 위해 도입한 금융규제의 하나이다. 이러한 구조적 금융규제로는 금리규제 이외에 업무영역규제, 진입제한 등이 있다. 그러나 1970~80년대 인플레이션이 심화되면서 은행의 자금중개가 위축되는 이른바 디스인터미디에이션(disintermediation)이 발생하는 가운데 금융규제를 우회하는 금융혁신이 진전되고 금융자유화가 추진되면서 각국은 금리규제를 단계적으로 철폐하였다. 대표적으로 미국의 경우 '레귤레이션 큐(Q)'라는 연준 규정에 의해 은행예금 최고금리가 제한되었는데, 1980년대 일련의 자유화조치 등으로 금리자유화가 진전되었다. 한국은 금융기관 간 경쟁을 촉진함으로써 금융의 효율성을 높이고 금융산업의 대외경쟁력을 강화하기 위하여 1991년 8월 수립된 "4단계 금리자유화 추진계획"에 따라 1995년 11월 제3단계 금리자유화를 완결하였다.

이어 2004년 2월부터는 요구불예금 금리도 자유화함에 따라 모든 예금의 금리상한 규제가 폐지되었다. 우리나라의 경우 금융부문 낙후의 주요 원인이 금리의 가격기능 위축에 있다는 점에서 금리자유화는 시장원리에 의한 경제운용과 통화정책의 유효성 제고를 위한 기반이 되었다.

금리평가이론

완전한 금융시장에서 즉, 국경간 자본이동에 규제가 없고 거래비용이나 세금 등을 고려하지 않은 경우, 2개국 간의 금리격차는 선물환 프리미엄(또는 스왑레이트)과 같다는 이론이다. 예를 들어 1억원을 가진 우리나라의 투자자가 1년간 미국 또는 우리나라의 채권에 투자한다고 하자. 이 경우 완전한 금융시장에서는 1년후 투자자가 받는 원리금액은 한국에 투자한 것이든 미국에 투자한 것이든 같아야 하는데, 이는 아래 식과 같이 표시할 수 있다. ₩1억(1+i) = (₩1억/S)(1+i*)F 단, i: 한국 1년물 채권금리 i*:미국 1년물 채권금리 S: 현물환율 F: 1년만기 선물환율. 위 식은 아래 식과 같이 정리할 수 있다. (F-S)/S = (i-i*) 즉, 완전한 금융시장에서 양국간 금리차는 현물환율(S)과 선물환율(F)간 차이를 현물환율로 나눈 것(흔히 스왑레이트라 한다)과 같아야 한다. 다만, 현실적으로는 거래비용 등이 있기 때문에 양자가 반드시 일치하지는 않는데, 양자간의 차이(내외금리차-스왑레이트)가 커질 경우 환위험 없이 이익을 얻을 수 있기 때문에 재정거래가 발생한다. 이에 따라 금융시장이 안정적일 경우 양자간 차이는 일정범위 내에서 유지된다.

연관검색어 : 스왑레이트

금본위제

금본위제란 각국의 통화가치를 순금의 일정한 중량으로 정해 놓고 금화의 자유로운 주조와 수출입을 허용하며 이를 지폐나 예금통화 등과 교환할 수 있도록 하는 제도이다. 금본위제하에서 각국 통화는 금의 중량을 기준으로 그 가치가 정해져 있으므로 통화간 교환비율은 금을 통하여 고정되며 따라서 금본위제는 전형적인 고정환율제도이다. 1800년대 영국의 금본위제 도입을 시작으로 독일, 네덜란드, 노르웨이, 스웨덴, 덴마크, 프랑스, 일본 등 주요 국가들이 금본위제를 채택하였다. 금본위제는 금의 국제수지 및 국내물가 자동 조절기능을 통해 국제금융 및 세계경제의 발전에 공헌하였으나 1차 세계대전 이후 주요국들이 과다한 전비지출로 말미암은 인플레이션과 정치적 불안 등의 문제에 직면하면서 이들 국가를 중심으로 제도의 유용성에 대한 의문이 높아졌다. 특히, 전후 영국이 과대평가된 파운드화의 가치로 인한 막대한 실업과 수출산업의 침체를 겪고 이어서 독일의 초인플레이션, 세계 대공황 등이 발생함에 따라 영국은 1931년 금본위제를 포기하고 파운드화의 평가절하를 단행하였다. 이후 주요 선진국들도 금본위제를 포기하고 변동환율체제로 전환하면서 금본위제는 결국 붕괴하였다.

연관검색어 : 고정환율제도/자유변동환율제도

금산분리

산업자본이 은행지분을 일정한도 이상 소유하지 못하도록 하는 것을 금산분리라고 한다. 은행업 등 금융산업은 예금이나 채권 등을 통하여 조달된 자금을 재원으로 하여 영업활동을 해서 자기자본비율이 낮은 특징이 있다. 이 때문에 금융산업의 소유구조는 다른 산업에 비해 취약한 편이며 산업자본의 지배하에 놓일 수 있는 위험이 존재한다. 이러한 이유로 은행법을 통해 산업자본이 보유할 수 있는 은행지분을 4% 한도로 제한하고 있다.

금융 하부구조

지급결제시스템, 신용평가제도, 주식시장, 선물시장 등과 같이 금융거래가 원활하게 이루어질 수 있도록 지원하는 각종 제도적 장치 및 기관을 의미한다. 이는 도로, 항만시설 등과 같이 실물경제에서 생산에 직접 기여하지는 않으나 생산활동에 없어서는 안 되는 사회간접자본에 비유할 수 있다. 금융 하부구조(financial infrastructure)가 잘 갖춰지면 금융거래가 투명해지고 금융기관이 각종 위험을 회피할 수 있을 뿐만 아니라 금융 중개비용을 절감할 수 있게 됨으로써 금융의 효율성이 증진되는 효과가 있다.

금융EDI

EDI(Electronic Data Interchange)는 기업 상호 간에 접속된 컴퓨터를 이용하여 재화와 용역의 거래정보를 표준화된 양식으로 교환하여 상거래를 처리함으로써 각종 서류작성 및 거래 정보의 컴퓨터 중복입력 등을 생략하고 업무처리의 정확성 및 효율성을 높이기 위해 개발된 시스템이다. 표준화된 형태의 정보이므로 수신한 기업이나 조직에서는 새로이 입력할 필요 없이 전송받은 그대로 업무에 활용할 수 있어서 작성상의 오류를 방지하고 업무처리 시간을 크게 단축함은 물론 인력 및 재고량의 감축, 대고객 서비스 향상 등을 기할 수 있다. EDI 표준은 용도에 따라 전자문서표준, 메시지표준, 통신표준 등으로 구분된다. 한편 이와 같은 상거래 과정에 은행이 개입하여 기업의 거래정보뿐만 아니라 기업과 거래은행 간의 지급결제를 포함한 거래정보까지도 전자적으로 처리함으로써 모든 거래를 신속히 종결시키는 시스템을 금융EDI라고 한다.

연관검색어 : 전자금융

금융공황

금융공황(banking panic)은 일부 금융기관이 실물경제 침체 등으로 인한 대출 부실화로 심각한 경영난에 빠졌을 때 예금인출사태(bank run)가 해당 금융기관만이 아닌 다른 금융기관에까지 급속하게 확산되어 금융시장 전체가 신용경색 사태에 직면하는 현상을 말한다. 이 때 금융기관의 자산가치가 급격히 하락하면서 경기침체도 가속화된다. 금융공황은 증시 폭락, 금융자산 버블 붕괴, 통화위기, 국가부도 등을 동반하기도 한다. 예를 들어, 1907년 미국에서 발생한 금융공황을 보면, 뉴욕증권거래소 주가가 전년도 최고치에 비해 절반 수준까지 폭락하면서 다수의 은행에서 예금인출사태가 일어났다. 뉴욕에서 시작된 위기가 곧 미국 전역에 확산되면서 많은 은행과 기업이 파산하고 실업자 수는 400만명에 달하였다. 예금인출사태가 발생한 것은 뉴욕의 금융기관에 유동성이 부족했던 데다 예금자의 불신이 커졌던 데 기인한다. 당시 중앙은행이 존재하지 않았던 미국은 금융공황을 극복하기 위하여 1913년 12월 윌슨 대통령이 중앙은행 설립 관련 법안에 서명하고 연방준비제도(Federal Reserve System)를 설립하였다.

연관검색어 : 뱅크런, 연방준비제도(FRS)/연방준비은행(FRB)

금융사이클

경제주체의 위험추구 성향, 신용담보로 제공되는 실물자산의 가치변동 등이 상호작용하면서 나타나는 금융변수들의 종합적인 순환변동을 의미한다. 금융사이클을 측정하기 위해 사용한 금융지표로는 BIS(국제결제은행)에서 제시하고 있는 실질 민간신용총량,

민간신용/명목GDP 비율, 비핵심부채(예금은행 총부채 - 원화예수금) 비중 등을 활용하고 있다. 한국은행에서 우리나라 금융사이클을 1986년부터 2014년까지 분기단위로 측정해 본 결과 5차례의 금융사이클을 경험하였으며 금융사이클의 평균주기는 5.8년(23분기)으로 실물사이클(4.1년)에 비해 더 긴 것으로 분석되었다. 금융사이클과 실물사이클간 동조화현상은 2000년 들어 크게 강화되었으나, 2008년 글로벌 금융위기 이후에는 동조화 현상이 약화된 것으로 나타났다.

금융시스템 상호연계성

금융불안을 초래할 수 있는 시스템 리스크는 시계열 차원뿐만 아니라 특정 시점에서 종합적으로 파악할 필요가 있는데, 특정 시점에서 시스템 리스크를 초래할 수 있는 핵심 요인인 상호연계성은 해당 금융업권(기관)이 영업활동 과정에서 여타 금융업권(기관)과 밀접하게 연결된 정도를 의미한다. 금융시스템 상호연계 구조는 금융기관 간 자금의 조달 및 운용을 통한 실제 상호거래 또는 금융기관의 주가, 금리 등 금융시장 가격변수의 상관관계 등을 이용하여 분석한다.

연관검색어 : 시스템 리스크

금융안정

금융회사들이 정상적인 자금중개기능을 수행하고, 금융시장 참가자들의 신뢰가 유지되는 가운데 금융인프라가 잘 구비되어 있어 금융시스템이 원활히 작동하는 상태를 의미한다. 금융안정은 지속가능한 경제발전을 위해 물가안정이나 경제성장과 함께 반드시 달성되어야 하는 정책목표의 하나로서, 각국의 정책당국은 이를 이루기 위해 정책적 노력을 경주하고 있다. 금융안정의 개념이 본격적으로 관심의 대상이 된 것은 1980년대 이후이다. 금융자유화, 국제화 등 세계적인 금융혁신의 확대와 금리·주가·환율의 변동성 증대, 금융기관간 경쟁 심화 등으로 특정 금융기관 및 금융시장의 불안이 전체 금융시스템의 불안으로 확산될 수 있는 위험성이 높아지게 되면서 금융안정의 중요성이 부각되었다. 1990년대 초 북유럽 3국의 금융불안, 1994년 멕시코, 1997년 아시아의 금융위기, 1998년 러시아의 모라토리엄 선언 등 국제적인 금융시스템 불안 사례가 연이어 발생하고 이러한 불안이 다른 국가로 확산되는 국제적 전염효과까지 나타나면서 금융안정은 정책당국의 주요 관심사가 되었다. 2007년 미국의 서브프라임 모기지 사태와 2008년 9월 리먼브라더스 파산으로 촉발된 글로벌 금융위기는 세계적인 금융불안과 실물경제 침체라는 전례가 드문 충격을 가져오면서 각국 정책당국과 시장참가자에게 금융안정의 중요성과 정책수단의 개발 필요성을 재인식하는 계기가 되었다. 2011년 9월 「한국은행법」 개정으로 한국은행은 금융안정 책무를 명시적으로 부여받았다.

연관검색어 : 시스템 리스크

금융안정위원회(FSB)

기존 금융안정포럼(FSF)의 국제금융시장 안정 기능을 보다 강화하기 위하여 동 포럼의 참여 대상, 책무, 권한 등을 확대·개편하여 2009년 4월 금융안정위원회(FSB; Financial Stability Board)가 설립되었다. 현재 25개국의 금융당국(중앙은행, 재무부 및 감독기관)과 10개 국제기구 대표가 회원으로 활동하고 있으며 우리나라에서는 한국은행과 금융위원회가 참여하고 있다. 최고의사결정기구는 총회(Plenary)로서 통상 1년에 두 번 개최되며, 총회를 효과적으로 보좌할 수 있도록 산하에 운영위원회를 설치·운영하고 있다. 아울러 FSB의 책무 수행을 지원하기 위하여 취약성평가 상임위(SCAV), 감독·규제협력 상임위(SRC), 기준이행 상임위(SCSI), 예산·재원 상임위(SCBR) 등 4개의 상임위원회를 두고 있다.

금융안정지수

금융안정 상황을 나타내는 금융 및 실물 6개 부문(은행, 금융시장, 대외, 실물경제, 가계, 기업)의 20개 월별 지표를 표준화하여 산출한 지수이다. 동 지수는 0(안정)에서 100(불안정) 사이의 값을 가지며 금융안정 상황을 정상, 주의, 위기 단계로 구분한다. 주의 단계는 대내외 충격이 영향을 미치고 있으나 심각하지 않은 경우를, 위기 단계는 대내외 충격이 우리나라에 심각한 영향을 미치는 경우를 나타낸다.

연관검색어 : 금융안정

금융연관비율(골드스미스비율)

금융연관비율(financial interrelations ratio)은 한 나라의 금융자산 잔액을 유형자산(실물자산 또는 국부 = 유형자산 + 순 대외자산) 잔액으로 나눈 비율로 골드스미스

(R.W.Goldsmith)가 사용하기 시작하였다. 이는 실물 면의 자본축적 잔액에 대한 금융 면의 금융자산 잔액의 비율로서 유형고정자산의 증대를 위한 금융조직의 발달 정도, 즉 금융구조의 고도화 또는 금융자산축적의 정도를 나타내는 지표라 할 수 있다. 그러나 한 나라의 유형자산 규모를 파악하는 것이 쉽지 않아 유형자산 대신 명목 GNI를 이용하기도 한다. 일반적으로 금융연관비율은 경제의 발전에 따라 증대되는 경향이 있다.

금융의 증권화

금융의 증권화(securitization)란 금융시장에서 거래가 용이한 유가증권을 이용하여 자금을조달하거나 운용하는 방식이 확대되는 현상을 말한다. 즉, 자금조달이 은행대출을 통한 간접금융방식에서 주식, 채권, 어음 발행 등 직접금융방식으로의 전환을 의미한다. 금융시장이 발달하기 전에는 기업은 주로 은행대출, 즉 간접금융방식으로 자금을 조달하게 되나 금융시장(단기금융시장, 자본시장)이 발달하게 되면 기업은 유가증권 발행, 즉 직접금융방식으로 자금을 조달하는 것을 더 선호하게 되는데 이는 주식, 채권 등 유가증권은 시장에서 자유롭게 거래가 이루어지므로 저렴한 비용으로 용이하게 자금을 조달할 수 있기 때문이다. 한편 협의로는 금융기관이 보유하고 있는 대출채권(loan claim) 등 유동성이 낮은 자산을 매매 가능한 유가증권 형태로 전환하는 자산유동화를 지칭한다. 자산유동화(ABS; Asset-Backed Securities)는 기초자산을 자산보유자로부터 분리·집합(pooling)하여 현금흐름 등을 조정하는 구조화 과정과 신용보강을 거쳐 유동화 증권을 발행·매각하는 형태로 이루어진다. 자산유동화증권은 법적 성격 및 기초자산의 종류에 따라 다양한 명칭이 붙는데, 모기지대출을 기초자산으로 유동화한 증권을 주택저당증권(MBS), 대출채권을 기초자산으로 유동화한 증권을 CLO(Collateralized Loan Obligation), 회사채를 기초자산으로 유동화한 증권을 CBO(Collateralized Bond Obligation), 자동차할부금융을 기초자산으로 유동화한 증권을 auto loan ABS라고 부른다.

금융의 탈중개화

핀테크의 발달에 따라 금융업의 분화 현상이 심화됨으로써 금융서비스가 탈중개화(disintermediation)되고 탈집중화(decentralization)되는 경향을 보인다. 이를 통해 금융서비스가 기존 금융시스템과 분리되는 움직임이 가속화할 전망이다. 여기서 금융의 탈중개화는 블록체인을 통한 송금, P2P대출처럼 금융중개기관을 거치지 않고 거래가 당사자 간에 직접 이뤄지는 현상을 말한다. 이러한 금융의 탈중개화는 금융중개기관에 대한 수요를 감소시키는 반면, 금융서비스 공급자의 수를 증가시키는 방향으로 작용한다.

연관검색어 : 핀테크, 금융의 탈집중화, 블록체인, P2P대출

금융의 탈집중화

금융의 탈집중화(decentralization)는 금융시장을 지배하고 있는 기존의 대형 금융회사들이 시너지효과를 창출하기 위해 고객에게 예금·대출·송금·결제·보험·투자 등 여러 분야의 금융서비스를 종합적으로 제공해오던 '집중화' 추세가 혁신적인 정보통신기술을 활용하여 분야별 금융시장에 새로 진입한 핀테크업체들의 파괴적인 경쟁력 때문에 오히려 금융 분야별로 더 세분화되는(unbundling) 현상을 말한다. 예를 들면, 대출 분야의 경우 지점을 갖지 않는 인터넷전문은행이 인터넷(모바일) 금융서비스 분야에 새로 진입하여 획기적으로 단기간에 대규모 고객을 확보함에 따라, 기존 대형 은행들이 대출금리 하향 조정 압력을 받게 됨은 물론 은행 내부에서 인터넷(모바일)뱅킹사업 분야의 조직이나 인원을 별도로 강화할 수밖에 없게 되었다. 해외송금 분야에서는 블록체인·모바일네트워크 등을 활용해서 금융중개기관을 거치지 않고 더 싼 수수료로 직접 수신자에게 송금하는 핀테크업체가 등장함에 따라 기존 대형 금융기관들이 그 수수료를 낮추거나 핀테크를 활용하여 더 혁신적인 해외송금 방식을 모색하는 계기가 되었다. 또한 투자자문 분야에서도 로보어드바이저로 더 싸고 효율적인 투자자문을 실행할 수 있게 됨에 따라, 대형 투자금융회사로 투자자문업이 집중화되는 추세가 완화됨은 물론 그 투자금융회사 내부에서도 로보어드바이저 관련 인공지능 전문 인원 및 조직을 확대하게 되는 것이다. 이처럼 금융의 탈집중화는 결국 금융 분야별로 서비스 공급자의 수를 증가시킨다. 하지만 '금융의 탈중개화'(disintermediation)는 블록체인을 통한 송금, P2P대출처럼 금융 중개를 거치지 않고 거래가 당사자 간에 직접 이뤄지기 때문에 금융중개기관에 대한 수요를 감소시킨다. 결론적으로 핀테크의 발달은 금융업의 분화 현상을 더 심화시키고 금융서비스의 탈집중화 및 탈중개화 경향을 촉진함으로써 금융서비스가 기존 금융시스템과 분리되는 움직임을 가속화시킬 전망이다.

연관검색어 : 핀테크, P2P대출, 블록체인, 블록체인과 탈중앙화

금융제도

금융거래에 관한 체계와 규범을 총칭하는 개념으로 금융시장, 금융기관, 금융기반구조(infra-structure)로 구분된다. 금융시장은 자금의 수요자와 공급자간에 금융거래가 조직적으로 이루어지는 장소로서 정보시스템 등 추상적 공간을 포함하는 개념이다. 금융시장은 은행 등 금융중개기관을 통하여 예금, 대출 등의 형태로 자금이전이 이루어지는 간접금융시장과 주식, 채권 등 증권을 통해 자금의 수요자와 공급자간에 직접적인 자금이전이 이루어지는 직접금융시장으로 구분된다. 금융기관은 자금의 공급자와 수요자간에 거래를 성립시켜 주는 것을 목적으로 하는 사업체로서 우리나라의 경우 은행, 비은행예금취급기관, 금융투자업자, 보험회사 및 기타 금융기관으로 구분된다. 금융기반구조는 금융기관의 인가 및 경영, 재산권 보호 등을 규정하는 법령과 금융시장의 거래준칙, 금융거래 및 금융기관 업무를 지원하고 감시하는 각종 기구를 포함한다. 기반구조를 이루는 주요 기구로는 중앙은행, 지급결제기구, 금융감독기구, 예금보험기구 등이 있다.

금융중개지원대출제도

한국은행의 금융중개지원대출 제도는 은행의 중소기업 등에 대한 대출 확대를 유도하기 위해 동 대출 취급실적에 비례하여 한국은행이 은행에 낮은 금리로 자금을 공급하는 대출제도를 말한다. 금융통화위원회가 정한 한도 이내에서 세부 지원목적에 따라 5개의 프로그램으로 구분하여 운용된다. 신성장·일자리지원 프로그램은 우수기술을 보유하거나 일자리창출에 기여하는 창업기업 대상 운전자금대출에 대해 지원한다. 무역금융지원 프로그램은 수출금융 지원을 위해 무역금융 취급실적에 대해 지원한다. 영세자영업자지원 프로그램은 영세자영업자 전환대출실적에 대해 지원한다. 지방중소기업지원 프로그램은 지역 경제사정 등에 부합하는 지방중소기업 대상 대출에 대해 지원한다. 중소기업대출안정화 프로그램은 중소기업 신용의 변동성 완화 등을 위해 필요시 운영한다. 또한, 신규지원이 종료된 설비투자지원 프로그램 잔액에 대해서도 지원한다. 지원조건을 보면, 대출금리는 프로그램별로 연 0.50~0.75%이다. 대출기간은 1개월이며, 월중 취급실적 변동을 반영하기 위해 월단위로 갱신한다. 대출금액은 은행별 취급실적에 비례한다. 지원방식을 보면, 한국은행이 사전에 지원대상 대출의 요건을 정하고, 은행은 개별 기업을 심사하여 대출실행 여부 및 대출조건을 자율적으로 결정한다. 은행이 자체자금으로 지원대상 대출을 취급한 후, 한국은행이 동 취급실적에 따라 사후에 자금을 지원하게 된다.

금융지주회사

금융지주회사(financial holding company)는 지분 보유를 통해 은행 증권 보험 자산관리 등의 금융업을 영위하는 자회사들을 소유하여 경영하는 모회사를 말한다. 미국의 경우 여러 금융자회사의 지분을 보유한 일종의 페이퍼 컴퍼니(paper company)로서 금융지주회사를 설립하는 형태인데 비해서 유럽의 경우 유니버셜 뱅킹을 주축으로 하는 모은행이 바로 지주회사가 되어 여타 금융업을 하는 별도 법인의 금융회사를 자회사로 보유하는 형태가 보통이다. 금융지주회사 제도는 금융의 대형화 및 겸업화를 통해 금융산업의 경쟁력을 높일 수 있는 장점이 있으나 대형 금융기관의 시장지배력 증대와 은행과 증권업의 분리 등 금융안정을 위한 방화벽(fire wall)의 약화가 단점으로 지적된다. 우리나라에서는 자본시장의 발달과 금융의 대형화 추세, 금융기관의 업무영역 확대 노력 등을 반영하여 2000년 10월 금융지주회사법이 제정되었다. 동 금융지주회사법에 의하면 주식 또는 지분의 소유를 통하여 하나 이상의 금융기관을 지배하는 것을 주된 사업으로 영위하는 회사로 여기에서 주된 사업이라 함은 금융지주회사가 보유하는 자회사 주식총액이 금융지주회사 자산의 50% 이상인 경우를 말한다.

금융채

금융채는 은행, 금융투자회사, 리스회사, 신용카드회사 등 금융기관이 장기적으로 안정적인 자금을 조달하기 위하여 발행하는 채권을 말한다. 예를 들면, 은행채는 은행법에 근거하여 은행이 자기자본의 5배 이내에서 발행할 수 있으며, 산업금융채권의 경우 한국산업은행법에 근거하여 한국산업은행이 자본금 및 적립금의 30배 이내에서 발행할 수 있다. 중소기업금융채권은 기업은행이 중소기업은행법에 근거하여 자본금 및 적립금의 20배 이내에서 발행할 수 있다. 금융채는 채권의 성격에 따라 일반채권, 후순위채권, 하이브리드채권(신종자본증권), 기타 주식관련 사채, 옵션부채권 등으로 구분된다. 금융기관은 금융채를 발행하여 조달한 자금을 주로 장기 산업자금으로 대출한다. 금융채는 은행의 대출금리와도 관련이 있다. 자금조달비용지수(COFIX; Cost of Funds Index)는 은행의 자금조달비용을 반영한 주택담보대출 기준금리로서 2010년 2월 도입되었다. COFIX는 원화예금, 금융채, CD 등 은행자금조달 상품의 가중평균금리이다.

연관검색어 : 자금조달비용지수(COFIX)

금융통화위원회

금융통화위원회(monetary policy board)는 통화신용정책 수립 및 한국은행 운영에 관한 최고 의사결정기구로서 7명의 위원으로 구성된다. 한국은행 총재와 부총재는 금융통화위원회의 당연직 위원이 되고, 총재는 의장을 겸임한다. 총재는 국무회의 심의와 국회 인사청문을 거쳐 대통령이 임명하고, 부총재는 총재의 추천으로 대통령이 임명한다. 임명직 위원들은 각 추천기관(기획재정부, 한국은행, 금융위원회, 대한상공회의소, 전국은행연합회)의 추천을 받아 대통령이 임명한다. 원칙적으로 매월 둘째, 넷째 목요일에 정기회의를 개최하고 필요한 경우 수시로 임시회의를 개최한다. 통화정책방향(기준금리 포함) 의결을 위한 정기회의는 종전의 매년 12회(매월)에서 2017년부터 매년 8회(1, 2, 4, 5, 7, 8, 10, 11월)로 변경되었다.

연관검색어 : 한국은행

금전신탁

금전신탁이란 수탁자가 금전을 신탁재산으로 위탁받아 이를 대출, 채권 등 적절한 투자대상에 운용하여 얻은 이익을 수익자에게 금전 등의 형태로 되돌려 주는 제도이다. 신탁은 재산(금전, 부동산 등)을 잘 운용하기 어려운 사람들을 위해 전문가에게 재산을 맡겨 잘 운용하여 경제적 이득을 얻는데 그 의의가 있다. 금전신탁은 수익자가 신탁재산의 운용을 지정하느냐 여부에 따라 특정금전신탁(지정)과 불특정금전신탁(비지정)으로 구분되며, 불특정 금전신탁에는 단위 금전신탁, 추가 금전신탁, 가계 금전신탁, 기업 금전신탁 등이 있다. 한편, 은행에서 취급하고 있는 금전신탁과 예금과의 차이점을 살펴보면 운용방법에서는 금전신탁은 신탁법 및 신탁계약에서 정해진 것에 국한한 반면 예금은 은행법 등에서 정한 범위 내에서 자유롭게 운용할 수 있다. 이익분배에 있어서는 금전신탁은 실적배당, 예금은 확정이율을 원칙으로 한다.

기대인플레이션

기대인플레이션은 향후 물가상승률에 대한 경제주체의 주관적인 전망을 나타내는 개념으로 물가안정을 추구하는 중앙은행이 관심을 기울이고 안정적으로 관리해야 하는 핵심지표중 하나이다. 기대인플레이션은 임금협상, 가격설정, 투자결정 등 경제주체의 의사결정에 반영되면서 최종적으로 실제 인플레이션에 영향을 미친다. 구체적인 경로를 살펴보면 기대인플레이션 상승 시 가계는 구매력 하락을 우려하여 명목임금 상승을 요구하게 되며, 이는 상품의 생산비용 증가로 이어진다. 또한 기업은 재화 및 서비스 가격을 올리더라도 수요가 유지될 것으로 예상하면서 실제로 가격 인상을 추진하게 된다. 또한 기대인플레이션 상승은 실질금리를 하락시켜 부동산, 주식 등의 자산에 대한 투자를 증가시킨다. 마지막으로 인플레이션 상승이 예상되는 경우 소비를 앞당기고자 하는 유인이 커져 가수요가 증가하면서 실제 물가가 상승하게 된다. 따라서 물가안정을 추구하는 중앙은행으로서는 기대인플레이션의 안정적 관리가 필수적이라고 할 수 있다.

연관검색어 : 인플레이션

기본자본(Tier 1)

BIS 자기자본비율의 분자를 구성하는 자기자본 중 보통주자본(CET1; Common Equity Tier 1)과 기타기본자본(AT1; Additional Tier 1)을 함께 일컫는 말이다. 바젤II 규제에서 자기자본은 기본자본, 보완자본과 단기후순위채무로 구성되어 있었으나 바젤III에서는 손실흡수력이 높은 보통주자본 중심으로 규제자본을 개편하면서 요건을 강화하였다. 즉, 단기후순위채권을 규제자본에서 제외하고 기본자본 요건을 보통주자본과 기타기본자본으로 세분화하였다. 바젤III에서는 기본자본비율이 위험가중자산의 6.0% 이상이 되도록 규정하고 있다.

연관검색어 : BIS 자기자본비율, 보완자본(Tier 2)

기업·개인간(B2C) 지급결제시스템

기업·개인간(B2C) 지급결제시스템은 기업간(B2B) 지급결제시스템과는 달리 특정 지급결제시스템을 지칭하는 것이 아니라 인터넷쇼핑몰 등의 전자상거래에서 이루어지는 판매자 및 구매자간의 소액결제에 이용되는 지급결제시스템을 통칭하는 용어이다. B2C 결제시스템은 전자지급결제대행서비스(PG서비스)를 통하여 이루어지는 것이 일반적인데, PG서비스는 인터넷쇼핑몰 등의 전자상거래에서 구매자로부터 대금을 수취하여 가맹점(판매자)에게 최종적으로 지급될 수 있도록 결제에 필요한 정보를 중계하고 그

대가의 정산을 대행하거나 매개하는 서비스를 말한다. PG서비스는 사용되는 지급수단을 기준으로 크게 신용카드 PG, 계좌이체 PG, 통신과금서비스로(유·무선전화결제) 구분되며, 이 외에도 다양한 PG서비스가 있다. PG서비스는 온라인상의 결제에 사용되므로 원칙적으로 연중무휴 24시간 이용할 수 있다.

연관검색어 : 소액결제시스템, 기업간(B2B) 지급결제시스템

기업간(B2B) 지급결제시스템

기업간(B2B) 지급결제시스템은 전자외상매출채권(전자채권)의 발행과 만기시 결제를 처리하는 시스템으로 2002년 3월 가동되었다. B2B 결제시스템으로 이용할 수 있는 서비스는 기업간 상거래로 발생한 채무를 기반으로 구매기업이 거래은행(발행은행)을 통하여 전자채권을 발행하고, 전자채권의 만기일에 판매기업이 거래은행(전자채권 보관은행)으로부터 구매기업이 결제한 전자채권대금을 회수하는 서비스이다. 채권의 만기일은 발행일로부터 3영업일 이후부터 180일 이내이다. B2B 결제시스템의 이용 가능시간은 기본적으로 영업일 08시부터 22시까지이며, 전자채권 발행 및 취급과 관련한 수수료는 각 은행이 자율적으로 정한다.

연관검색어 : 소액결제시스템, 기업·개인간(B2C) 지급결제시스템

기업경기실사지수(BSI)

한 나라의 전체 경기는 기업과 소비자들이 느끼는 경기를 종합한 것이라고 할 수 있다. 따라서 전반적인 경기상황을 판단하는데 도움을 얻고자 기업 및 소비자들을 대상으로 경제에 대한 인식을 조사한다. 이를 경제심리지수라 하며, 기업가를 대상으로 하는 기업경기실사지수(BSI; Business Survey Index)와 소비자를 대상으로 하는 소비자동향지수(CSI; Consumer Survey Index) 등이 있다. 기업경기실사지수는 국내외 경기동향에 대한 기업가들의 판단, 예측, 계획의 변화추이를 조사하여 작성되며, 단기적인 경기분석 및 전망에 활용되고 있다. 한국은행의 기업경기실사지수는 OECD의 기업경기조사 통일기준에 의거 긍정, 보통, 부정 등의 3점 척도를 사용하고 있으며, 긍정(증가, 호전)적인 응답비중과 부정(감소, 악화)적인 응답비중의 차이로 산출된다. 이와 같이 산출된 BSI는 0~200의 값을 가지는데, 100을 넘어서면 긍정적으로 응답한 업체수가

부정적으로 응답한 업체수보다 많음을 나타낸다. 즉 경기를 좋게 보고 있는 업체수가 상대적으로 많음을 의미한다.

$$BSI = [(\text{긍정적 응답업체 수} - \text{부정적 응답업체 수})/\text{전체 응답업체 수}] \times 100 + 100$$

연관검색어 : 경제심리지수, 소비자동향지수(CSI)

기업공개

기업공개(IPO; Initial Public Offering)란 넓은 의미로는 기업의 전반적 경영내용을 공개하는 것을 의미하며 좁은 의미로는 주식을 다수의 투자자들에게 분산 매각하는 것을 말한다. 즉 주식회사가 신규 발행 주식을 다수의 투자자로부터 모집하거나 이미 개인이나 소수 주주에게 발행되어 소유구조가 폐쇄적인 기업이 일반에 주식을 분산 매출하고 증권거래소에 상장하여 거래되도록 하는 것을 말한다. 기업공개는 주주의 분산투자 촉진 및 소유분산, 자금조달능력의 향상, 주식가치의 공정한 결정, 세제상 혜택 등의 장점을 가지고 있다. 공개절차를 간단히 살펴보면 기업공개를 추진하는 기업은 먼저 금융위원회에 등록하고 증권선물위원회가 지정하는 감사인에게 최근 사업연도 재무제표에 대한 회계감사를 받아야 한다. 그리고 대표주관회사를 선정하고 수권주식수, 1주의 액면가액 등과 관련한 정관개정 및 우리사주조합 결성 등의 절차를 진행한다. 이후 금융위원회에 증권신고서 제출, 청약·배정·주금납입, 자본금 변경 등기, 금융위원회에 증권 발행실적 보고서 제출 등의 절차를 거쳐 한국거래소에 상장신청을 마치면 공개절차가 마무리된다.

연관검색어 : 모집

기업어음(CP)

기업어음(CP; Commercial Paper)은 신용상태가 양호한 기업이 상거래와 관계없이 운전자금 등 단기자금을 조달하기 위하여 자기신용을 바탕으로 발행하는 융통어음을 의미한다. 따라서 상거래에 수반되어 발행되는 상업어음(commercial bill, 진성어음)과는 성격이 다르지만, 법적으로는 상업어음과 같은 약속어음으로 분류된다. CP는 발행절차가 간편하고 통상 담보없이 신용으로 발행되는 데다 대출대비 금리메리트도 있어 기업의 자금조달 수단으로 유용하게 활용되고 있다. CP 발행은 민간기업, 공기업, 증권사, 카드사, 특수목적회사(SPC) 등이 담당한다. CP의 할인 및 매출은 주로 증권회사와 종합금융회사가 담당한다. 한편, 은행, 자산운용회사 및 보험회사 등의 CP 할인은 활발하지 않다. 은행의 경우 CP 할인이 대출로 간주되어 동일인 여신한도의 제한(자기자본의 20%)을 받는 데다 당좌대출, 상업어음할인 등 다양한 형태로 기업에 단기자금을 공급할 수 있기 때문이다. CP의 주요 매입주체는 자산운용회사의 MMF, 종합금융회사, 은행신탁, 증권신탁 등이다.

연관검색어 : 진성어음/융통어음

기저효과

기저효과(base effect)는 경제지표 증가율을 해석할 때 기준시점과 비교시점의 상대적인 위치에 따라서 경제상황에 대한 평가가 실제보다 위축되거나 부풀려지는 등의 왜곡이 일어나는 것을 말한다. 즉 호황기의 경제 상황을 기준시점으로 현재의 경제 상황을 비교할 경우 경제지표는 실제보다 위축된 모습을 보이는 반면, 불황기의 경제 상황을 기준시점으로 비교하면 경제지표가 실제보다 부풀려져 나타날 수 있다. 기저효과는 물가상승률을 설명할 때도 자주 이용된다. 예를 들어 지난해 여름에 태풍 피해로 농산물가격이 급등하였다면, 전년동기대비로 계산한 올해 여름의 농산물가격 상승률은 상대적으로 낮게 나타날 것이다. 반대로 지난해 가을 기상여건 호조에 따른 공급과잉으로 과일가격이 폭락하였다면 올해 가을의 과일가격 상승률은 높은 수준을 보일 가능성이 크다. 따라서 경제지표를 보다 정확히 해석하기 위해서는 기준시점에 특수한 상황이 발생했는지 살펴보고, 그로 인해 비교시점의 지표가 어떤 영향을 받고 있는지 고려할 필요가 있다.

연관검색어 : 계절변동조정시계열

기준금리

한국은행 금융통화위원회에서 결정하는 정책금리를 말한다. 한국은행과 금융기관 간에 환매조건부채권매매(RP)와 대기성 여수신 등의 자금거래를 할 때 기준으로 적용된다. 2008년 3월부터 한국은행은 정책금리의 실체를 종전의 '익일물 콜금리 목표'에서

'기준금리(base rate)'로 변경하였다. 콜금리는 대표적인 시장금리 중 하나로 초단기 금융시장의 자금상황을 반영하는 금리이다. 그러나 1999년 콜금리목표제를 도입한 이후 콜금리가 자금수급사정에 관계없이 목표수준에서 고정되면서 콜금리의 시장신호 전달 및 자금배분 기능이 약화되었고, 단기자금거래가 콜시장에 과도하게 집중되어 금융기관 간 RP 등 기일물 단기자금시장의 발달이 저해되는 부작용이 발생하였다. 한국은행이 정책금리의 실체를 '기준금리'로 변경한 것은 이러한 문제를 해소하는 한편 통화정책 파급경로(정책금리 변경→단기 및 장기 시장금리 변동)의 원활한 작동을 도모한 것이다.

연관검색어 : 환매조건부매매/RP/Repo

기준순환일

기준순환일이란 경기변동의 과정에서 국면전환이 이루어진 일자를 의미한다. 즉 경기가 확장국면에서 수축국면으로 전환하는 경기정점 또는 수축국면에서 확장국면으로 전환하는 경기저점의 구체적인 일자를 말한다. 경기변동은 이론적이고 추상적인 개념이기 때문에 현실적으로는 생산, 소비, 투자, 고용 등 경기변동 상황을 비교적 잘 반영하는 여러 지표를 통계적으로 가공한 후 그 움직임을 파악하여 판단한다. 그러나 이러한 경기변동의 실증적 연구는 여러 방법에 따라 결과가 다양하게 나올 수밖에 없는 한계가 있다. 이러한 점을 고려하여 각국은 통계당국이 공식적인 하나의 기준순환일을 정하고 있다. 우리나라는 통계청에서 기준순환일을 월단위로 발표하고 있다. 이와 같이 기준순환일은 경기변동이라는 추상적 개념을 현실적인 경제의 움직임과 구체적으로 연결시켜 주는 매우 중요한 고리의 역할을 한다. 기준순환일이란 용어가 언제부터 쓰이게 되었는지는 분명하지 않으나 문헌상으로는 1940~50년대 전미경제연구소(NBER; National Bureau of Economic Research)에서 발간한 경기변동관련 연구로부터 유래한 것으로 추정된다.

연관검색어 : 경기, 경기종합지수, 동행종합지수

기준환율

기준환율이란 일반적으로 "자국 통화와 여러 외국 통화간의 환율결정에서 다른 외국 통화 환율 결정의 기준이 되는 환율"을 의미한다. 우리나라의 경우 원/달러 환율이 바로 기준환율이며 원/엔, 원/유로, 원/파운드 등 여타 각국의 통화의 환율은 원/달러 환율을 기초로 하여 자동적으로 산출(재정환율)된다. 또한 기준환율이라 하면 외국환은행이 고객과 원화를 대가로 미달러화를 매매할 때 기준이 되는 환율(매매기준율)을 의미하기도 하는데, 매매기준율은 외국환중개회사를 통해 전 영업일 거래된 은행 간 원/달러 현물거래 중 익일물(value spot)의 거래환율을 거래량으로 가중평균하여 결정되며, 현재 서울외국환중개회사가 원/달러 및 원/위안 기준환율과 41개 재정환율을 매일 아침 고시하고 있다. 한편, 각 은행, 환전상 등이 고객에게 자국통화와 외국통화를 매입/매도하는 거래에서 적용하는 대고객환율은 기준환율에다 외환 환전업무에 소요되는 리스크, 업무처리비용, 수익 등을 종합적으로 반영하여 자체적으로 정하게 되므로 기관마다 조금씩 다르게 된다.

연관검색어 : 재정환율

기초가격

기초가격(basic price)은 일정기간 동안 경제주체가 생산한 생산물을 가격으로 평가함에 있어 생산자가격에서 부가가치세와 같은 생산물세(production tax)를 제외하고 정부에서 주는 보조금(subsidy)을 더한 가격을 의미하며, 순수하게 생산자(주로 기업)가 갖게 되는 몫을 말한다. 일반적으로 생산물을 최종 소비하는 소비자가 지불하는 가격 즉, 구매자가격에는 생산물세와 보조금, 운수비용, 거래마진 등이 모두 포함되어 있으며 생산자가격은 기초가격에다 생산물세를 더하고 보조금을 차감한 가격을 의미한다. 예를 들어 정부가 국민 건강증진과 함께 축산농가를 지원하기 위해 우유 1병에 50원의 보조금을 주고 100원의 생산물세와 200원의 거래마진을 붙여 상점에서 1,000원에 판매되고 있다고 가정하자. 이 경우 구매자가격은 소비자가 지불하는 가격 1,000원이며, 생산자가격은 구매자가격 1,000원에서 유통업자의 몫인 거래마진 200원을 뺀 800원이고, 기초가격은 생산자가격 800원에서 정부에 납부하는 세금 100원을 차감하고 정부로부터 받은 보조금 50원을 더한 750원이 된다. GDP를 추계할 때 생산물의 가격평가는 기초가격으로 하는 것을 원칙으로 하는 데, 그 이유는 생산성 분석 등에 세금 등으로 인해 초래되는 분석결과의 왜곡을 피하기 위해서다.

연관검색어 : 국내총생산(GDP)

기축통화

기축통화란 여러 국가의 암묵적인 동의하에 국제거래에서 중심적인 역할을 하는 통화를 지칭한다. 구체적으로는 ① 국제무역결제에 사용되는 통화 ② 환율 평가 시의 지표가 되는 통화 ③ 대외준비자산으로 보유되는 통화 등의 의미를 포함한다. 그러므로 어떤 나라의 통화가 기축통화가 되기 위해서는 세계적으로 원활히 유통될 수 있도록 유동성이 풍부하여야 하고 거래당사자들이 믿고 사용할 수 있도록 신뢰성을 갖추어야 하며, 국제적으로 경제력은 물론 정치력·군사력까지 인정받는 국가의 통화여야 한다. 20세기 초반까지는 세계 금융경제의 중심이었던 영국의 파운드화가 기축통화로서 국제거래에 주로 이용되었으며, 2차 세계대전 이후에는 전 세계 외환거래 및 외환보유액의 상당 부분을 차지하는 미국 달러화가 기축통화로 인정받고 있다. 한편, 현재 국제거래에서 비교적 자주 사용되는 통화로는 미국 달러화이외에도 유로화, 영국 파운드화, 일본 엔화, 스위스 프랑화 등이 있는데 이들은 흔히 교환성통화라 한다.

연관검색어 : 교환성 통화

기타기본자본(Additional Tier 1)

기타기본자본(AT1; Additional Tier 1)은 요건을 충족하는 기타기본자본증권 및 이와 관련된 자본잉여금, 자회사가 발행한 기타기본자본증권의 제3자 보유분 중 일부 금액 등으로 구성된다. 기타기본자본증권으로 인정받기 위해서는 예금자, 일반채권자 및 후순위채권보다 후순위, 영구적, 배당 및 이자지급의 임의성, 중도상환 유인이 없을 것 등 총 14개 요건을 충족해야 한다.

기펜재

일반적으로 재화는 수요의 법칙에 따라 가격이 하락하면 수요량이 늘어난다. 그러나 예외적으로 재화의 가격이 하락할 때 수요량이 감소하는 현상을 관찰할 수 있다. 이렇게 가격이 하락할 경우 수요의 법칙에 위배되는 재화를 이를 처음 관찰한 학자의 이름을 따서 기펜재라고 부른다. 기펜재는 열등재의 일종이다. 즉 소득이 증가함에 따라 수요가 감소하는 재화를 열등재라 하는데, 열등재 중에서도 열등성이 매우 커서 소득효과가 가격하락에 따른 수요량 증가의 대체효과를 초과하여, 결과적으로 가격의 하락이 수요량의 감소를 가져오는 것으로 분석할 수 있다. 가격이 상승할 경우에는 반대의 방향으로 설명할 수 있다.

연관검색어 : 밴드웨건효과, 베블런효과

기회비용

인간의 욕구에 비해 자원이 부족한 현상을 희소성이라고 한다. 희소한 자원을 가지고 인간의 모든 욕구를 충족시킬 수 없기 때문에 인간은 누구든지 부족한 자원을 어느 곳에 우선으로 활용할 것인가를 결정하는 선택을 해야 한다. 즉 다양한 욕구의 대상들 가운데서 하나를 고를 수밖에 없다는 뜻이다. 이때 포기해 버린 선택의 욕구들로부터 예상되는 유·무형의 이익 중 최선의 이익을 기회비용(opportunity cost)이라고 한다. 자원의 희소성이 존재하는 한 기회비용은 반드시 발생하게 되어 있고 이는 경제문제를 발생시키는 근본요인이 된다. 기업은 기업가가 투자를 선택할 경우 포기한 나머지 선택의 가치인 투자금액의 은행예금 이자 등이 기회비용이 된다.

연관검색어 : 한계비용

긴급수입제한조치

긴급수입제한조치 즉, 세이프가드(safeguard)란 특정 품목의 수입이 급증하여 국내 업체에 심각한 피해가 발생하거나 그럴 우려가 있을 경우, 수입국이 관세 인상이나 수입량 제한 등을 통해 수입품에 대한 규제를 할 수 있는 제도이며 무역장벽의 하나라고 볼 수 있다. 현재 세계무역기구(WTO; World Trade Organization)도 가입국들이 세이프가드 조처를 할 권리를 인정하고 있다. 수입 물품에 대한 수량제한, 관세율 조정 및 국내산업의 구조조정을 촉진하기 위한 지원정책 등이 세이프가드로 동원될 수 있다. 그러나 세계무역기구의 세이프가드 협정은 제한적으로 취해져야 하고 세이프가드 조처를 하는 수입국은 해당 물품의 수출국에 적절한 보상을 해줄 것을 권고하고 있다.

연관검색어 : 상계관세, 슈퍼301조

긴축정책

경기과열 우려가 있는 경우에 재정 또는 통화정책으로 국민의 소득을 감소시켜 재화 및 서비스에 대한 수요를 위축시키고 경기의 과열을 방지하려는 정책을 긴축정책(contractionary policy)이라고 한다. 경기가 과열되어 물가급등에 대한 염려가 커지면 정부나 지방자치단체는 예산을 편성·실행함에 있어서 지출을 삭감·억제함과 동시에 공채의 정리 및 신규 모집을 하지 않는 정책을 취한다. 세입 일부를 다음 연도로 이월하거나 공정이율의 인상을 중심으로 하는 금융긴축 조치 등도 시행된다. 한편, 중앙은행은 물가급등에 대한 우려가 커지면 시중에 유통되는 통화량을 줄이거나 금리를 인상한다. 이렇게 되면 두 경우 모두 국민의 소득을 줄이게 되고 소득이 줄어든 국민은 재화 및 서비스에 대한 소비를 줄이게 되어 물가가 하락하게 된다.

연관검색어 : 경기조절정책/경제안정화정책, 재정정책, 통화정책

꼬리위험

경제에 미치는 충격의 확률분포곡선이 종(鐘) 모양이라고 가정한다면 양극단 꼬리부분의 발생 가능성은 매우 낮지만 일단 발생하면 경제 전체에 지대한 영향을 줄 수 있는 위험이다. 주가, 환율 등 시장데이터에서 분포의 꼬리 부분이 두터워지는 경우(fat tail)가 발생할 수 있는데 이를 제대로 인식하지 못하면 꼬리위험을 과소평가(tail risk)하게 된다.

ㄴ

낙수효과

정부가 경제정책으로 대기업과 고소득층 또는 부유층의 소득과 부를 먼저 늘려주게 되면 이들의 소비와 투자 증가를 통해 전체 경제활동이 활발해지면서 결국에는 중소기업과 저소득층도 혜택을 볼 수 있다는 주장이다. 이러한 주장은 분배와 형평성보다는 성장과 효율성을 중시하는 논리에 근거한다. 실제로 미국에서는 제41대 대통령인 부시가 1989년부터 1992년까지 낙수효과(trickle-down effect)에 기반을 둔 경제정책을 채택하기도 했다. 그러나 1993년 1월 당선된 클린턴 행정부는 이를 뒷받침하는 근거가 없다는 이유를 들어 이전의 정책을 포기한 바 있다. 2015년 국제통화기금(IMF)은 선진국, 신흥국 및 개발도상국을 대상으로 한 연구("Causes and Consequences of Income Inequality : A Global Perspective", IMF 2015년 6월)를 통해 상위소득 20% 계층의 비중이 커질수록 경제성장률이 낮아진다는 실증분석 결과를 발표하였는데, 이는 낙수효과가 현실에서 작동하지 않을 수 있음을 시사한다.

연관검색어 : 분수효과

낙인효과

범죄학의 낙인이론에 따르면 일탈 또는 범죄행동은 관련 주체의 독자적 행동에 의해서도 발생하지만, 해당 행동에 대한 사회적 평가 또는 해당 행동을 한 주체의 사회적 소외의 결과로도 발생할 수 있다. 어떤 사람이 실수나 불가피한 상황에 의해 사회적으로 바람직하지 못한 행위를 한 번 저지르고 이로 인해 나쁜 사람으로 낙인 찍히면 그 사람에 대한 부정적 인식이 형성되고 이 인식은 쉽게 사라지지 않는다. 이로 인해 추후 어떤 상황이 발생했을 때 해당 사람에 대한 부정적 사회인식 때문에 유독 그 사람에게 상황이 부정적으로 전개되어 실제로 일탈 또는 범죄행위가 저질러지는 현상을 낳는바, 이를 낙인효과라고 한다. 경제 분야에서도 이러한 현상이 발생한다. 예를 들어, 과거에 한 번 부도를 일으킨 기업이나 국가의 경우 이후 건전성을 회복했다 하더라도 시장의 충분한 신뢰를 얻기 어려워지며, 나아가 신용위기가 발생할 경우 투자자들이 다른 기업이나 국가보다 해당 기업이나 국가를 덜 신뢰하여 투자자금을 더 빨리 회수하고 이로 인해 실제로 해당 기업이나 국가가 위기에 빠질 수 있다.

난외거래

은행의 권리·의무가 확정되지 않아 재무상태표상(on-balance sheet) 자산·부채로 기록되지 않는 거래를 의미한다. 대표적인 난외(off balance sheet)거래로는 신용 대체거래(예 : 채무보증), 특정 거래 관련 우발채무(예 : 계약이행보증, 입찰보증, 환급보증 등), 무역금융(예 : 신용장), 증권인수보증(NIF; Note Issuance Facility), 금리 및 외환 관련 파생상품거래의 신용리스크 상당액 등을 들 수 있다. 이러한 난외거래는 보증료 등을 통해 은행의 수익성에 기여하고 효율적인 리스크 이전을 가능하게 해주는 등의 장점이 있지만 복잡한 거래구조 등으로 인하여 방만하게 취급될 경우 리스크 요인으로 작용할 수 있다. 따라서 감독당국은 최근 난외거래에 대한 감독을 강화하고 있으며 바젤은행감독위원회(BCBS)도 자기자본비율 규제시 난외자산을 위험가중자산에 포함시켜 적절한 자기자본을 유지하도록 하고 있다.

납부자자동이체

납부자자동이체(standing order)는 은행지로 업무의 한 형태로 고객이 거래은행이 아닌 다른 은행에 대출원리금, 정기적금 등을 정기적으로 납부할 때 거래은행의 본인계좌에서 다른 은행으로 자동 이체시켜 주는 업무로서 1994년 4월부터 실시되었다. 납부자자동이체는 주로 대출원리금, 적금 납입금, 신탁적립금, 기타 정기납부금(각종회비, 기부금, 임차료) 등 정기적인 은행납입금 납부시 이용되고 있다.

연관검색어 : 지로(GIRO), 출금이체

내국신용장

국내 외국환은행이 수출업자의 의뢰에 따라 수출업자 앞 국제 신용장(Master L/C)을 담보로 하는 등의 방식으로 국내 제조업자 또는 공급업자 앞으로 발행하는 신용장을 말한다. 수출업자가 수출용 수입원자재와 국내에서 생산된 수출용 원자재 또는 수출용 완제품을 구매하는 경우에 외국환은행이 동 물품대금의 지급을 보증하는 지급보증서의 일종이다. 국제간에 이용되는 신용장과 유사하나 내국신용장은 국내거래에만 사용 가능하며 거래 시 수출용임이 입증되어야 한다. 거래당사자로는 개설의뢰인(물품수요자), 수혜자(물품공급자), 개설은행 및 매입은행 등이 있다. 내국신용장에 의한 거래는 물품공급대금의 조기회수, 무역금융 융자수혜, 부가가치세 영세율(零稅率) 적용, 무역금융융자 대상 수출실적 인정, 관세환급 등의 장점이 있다. 내국 신용장을 받은 물품공급자는 물품공급 후 판매대금추심의뢰서를 발행하고 관련 서류를 첨부하여 거래은행에 판매대금 추심을 의뢰함으로써 일반 상업어음보다는 물품대금을 조기에 회수하게 된다.

내부등급법

바젤 자본규제에서 정하고 있는 최소 요건(신용평가 시스템의 신뢰도 확보를 위해 갖추어야 할 최소한의 양적·질적 요건)을 충족하여 감독당국의 승인을 받은 은행이 자산군별로 리스크 측정 요소(부도율, 부도시 손실률, 부도시 익스포저 등)를 자체 측정모형을 통해 추정하고 이를 바젤위원회(BCBS)가 정한 내부등급법 산식에 대입하여 신용리스크에 대한 위험가중자산을 산출하는 방법을 말한다. 내부등급법은 부도율에 대해서만 자체 추정을 허용하고 나머지 요소들은 감독당국이 정한 값을 사용하도록 하는 기본내부등급법과 모든 리스크 측정 요소의 자체 추정을 허용하는 고급내부등급법으로 구분된다. 내부등급법은 바젤II부터 자본규제 체계의 리스크 민감도를 높이고 은행의 리스크 관리기법 개선을 촉진할 목적으로 도입되었다. 그러나 리스크 측정모형과 관련된 불확실성으로 인해 위험가중자산이 잘못 산출될 가능성(모형 리스크)이 존재하는 데다 내부모형의 차이로 인해 은행간·국가간 위험가중자산의 편차가 과도하게 확대되어 자기자본비율 규제의 신뢰성을 저하시키는 요인이 되었다. 이에 따라 바젤Ⅲ에서는 객관적 리스크 측정이 어렵거나 자료가 부족하여 은행 자체 모형의 검증이 어려운 자산군에 대해서는 내부등급법 사용을 제한하는 등 위험가중자산의 편차를 축소하기 위한 조치를 취하였다.

내부자금

기업은 투자에 필요한 자금을 기업내부 또는 기업외부에서 조달하는데, 기업이 투자 재원을 내부유보, 감가상각충당금 등에서 조달한 것을 내부자금이라고 한다. 그리고 금융기관 차입, 유가증권 발행, 해외차입 등을 통해 조달한 것을 외부자금이라고 한다. 한편 내부유보란 기업의 손익거래의 결과로 나타난 잉여금 중 사외유출분을 제외하고 사내에 유보된 이익잉여금 등을 말하고, 감가상각충당금이란 기계와 같은 유형자산의 대체를 위해 기업이익 중 일부를 비축하는 것을 말하는데 이것이 필요한 이유는 기계와 같은 유형자산이 생산과정에서의 사용, 시간의 경과 등에 따라 노후화되므로 언젠가는 새로운 자산으로 대체하여야 하기 때문이다. 내부자금은 조달비용도 들지 않고, 이자나 배당을 지급할 필요도 없는 유리한 자금이다. 통상 고정투자가 활발하지 않을 경우 외부자금 수요가 줄어들면서 기업들의 내부자금 조달 비중이 상대적으로 높아지는 경향을 보인다.

연관검색어 : 외부자금

노동생산성/노동생산성지수

노동자 1인이 일정 기간 동안 산출해 내는 생산량으로 정의된다. 생산활동이 활발하면 노동생산성 증가율도 높아지는 비례적 관계가 있으므로 동 지수의 동향은 생산활동의 흐름을 파악하는 주요 지표로 이용되고 있다. 또한 임금이 노동생산성보다 더 빠르게 상승하면 단위노동비용이 증가함으로써 기업은 제품가격의 상승 압력을 받게 되고 그 결과 제품의 가격경쟁력이 떨어질 수 있다. 다시 말해 나라 전체로는 물가상승 압력이 커지면서 수출제품의 가격경쟁력이 낮아지게 된다.

$$\text{노동생산성지수} = \text{산출량지수}/\text{노동투입량지수} \times 100$$

연관검색어 : 단위노동비용

노동소득분배율

한 나라 국민의 생산활동으로 발생한 소득은 노동, 자본, 경영 등의 생산요소를 제공한 경제주체에 나누어진다. 이 중에서 노동을 제공한 대가로 가계에 분배되는 것을 급여 즉, 피용자보수라 하고 생산 활동을 주관한 생산주체의 몫을 영업잉여라고 한다. 여기에서 피용자보수를 좁은 의미의 국민소득(NI) 즉 피용자보수와 영업잉여의 합계로 나누어 얻어지는 값을 백분율로 나타낸 것이 노동소득분배율(ratio of compensation of employees to NI)이다. 노동소득분배율은 노동의 가격이 자본의 가격보다 높을수록, 그리고 한 나라의 산업이 노동집약적일수록 그 값이 커지게 된다.

연관검색어 : 소득주도성장, 영업잉여, 피용자보수

녹색GDP

일반적으로 녹색GDP(Green GDP)는 한나라의 국내총생산(GDP)에서 생산활동 중 발생하는 자연자원의 감소나 환경피해 등의 손실액을 공제한 것으로 이해된다. 이는 기존의 GDP가 재화와 서비스를 많이 생산할수록 커지는 반면, 생산활동 과정에서 발생하는 자원고갈, 환경오염 등으로 인해 국민의 후생이 떨어지는 부정적인 효과를 전혀 반영하지 못하는데서 대안으로 나온 것이다. 경제와 환경을 아우르는 지속가능한 발전의 개념이 처음 등장한 것은 1970년대이나 본격적으로 공론화되기 시작한 것은 1990년대 초반부터로, 2012년 UN은 환경과 경제를 통합적인 관점에서 정량적으로 분석할 수 있는 틀인 환경경제통합계정(SEEA; System of integrated Environmental and Economic Accounts)을 표준으로 채택하고 각국에 이의 작성을 권고한 바 있다. 현재 우리나라는 통계청을 중심으로 SEEA(2012)에 따라 2014~2022년중 3단계에 걸쳐 관련 계정을 개발하기 위한 계획이 진행 중인데, 환경경제통합계정이 작성 공표되면 녹색GDP의 파악이 가능해짐으로써 환경비용을 고려한 경제의 후생수준 평가, 지속 가능한 성장을 위한 환경정책 수립 등이 가능하게 된다.

녹색기후기금(GCF)

개도국의 온실가스 감축과 기후변화 대응을 지원하기 위하여 만들어진 UN 산하의 국제금융기구이다. 유엔기후변화협약(UNFCCC)에 따라 운용되고 있는 기존의 지구환경기금(GEF; Global Environment Facility)과 적응기금(AF; Adaptation Fund)의 경우 기금 규모가 개도국의 수요를 충족하지 못하는 데다 기후변화뿐 아니라 생물 다양성, 수자원 보호 등에도 지원해야 하는 등의 한계가 있었다. 이에 따라 2010년 12월 멕시코 칸쿤에서 개최된 제16차 기후변화 당사국 총회(COP; Conference of the Parties)에서 녹색기후기금(GCF; Green Climate Fund)을 새로 설립하기로 합의하였다. 2012년 카타르 도하에서 열린 제18차 총회에서 한국의 인천 송도국제도시에 사무국을 설치하기로 확정하고 2013년 12월에 공식 출범하였다. 2025년까지 매년 1,000억달러의 기금 조성을 목표로 하고 있으나 큰 진전을 보이지 못하고 있으며 2021년말 현재 회원국으로부터 총 124억달러의 기금을 조성하였다. 녹색기후기금의 운영을 담당하는 이사회는 24개국으로 구성되며 선진국과 개발도상국이 동수로 참여하고 있다.

ㄷ

단기금융시장

단기금융시장(money market)은 금융기관, 기업 등 경제주체들이 단기적인 자금수급 불균형을 조절하기 위하여 통상 만기 1년 이내의 단기 금융상품을 거래하는 시장이다. 이 시장은 기업의 시설 자금이나 장기운전자금 조달을 목적으로 발행되는 주식, 채권 등이 거래되는 자본시장에 대응하여 자금시장이라고도 불린다. 현재 우리나라 단기금융시장에는 콜시장, 기업어음(CP)시장, 양도성예금증서(CD)시장, 환매조건부채권매매(RP)시장, 전자단기사채시장, 통화안정증권시장(만기 1년 이내) 등이 있다. 이 시장은 중앙은행의 통화정책이 파급되는 시발점이 되는 시장이기 때문에 매우 중요한 시장이다. 중앙은행의 정책금리 변경은 단기금융시장 금리 변화를 통해 장기금리 및 금융기관 예금·대출금리에 영향을 미치고 궁극적으로 생산, 물가 등 실물경제에 영향을 미친다. 일반적으로 단기금융시장이 발달되어 있으면 활발한 재정거래를 통해 통화정책의 파급효과가 원활히 이루어진다. 이외에도 단기금융시장은 단기자금을 손쉽게 조달하거나 운용할 수 있으므로 경제주체들에게 일시적인 단기자금 수급 불균형에 따른 유동성 관리를 용이하게 해주며, 단기금융상품은 만기가 짧아 장기금융상품에 비하여 금리변동위험이 크지 않고 유동성도 높으므로 금융상품 보유에 따른 위험을 관리할 수 있는 수단을 제공하기도 한다.

연관검색어 : 장기금융시장(자본시장)

단리/복리

단리(simple interest)는 원금에 대해서만 약정된 이율과 기간을 곱하여 이자를 산출하는 방식이다. 예를 들어 1억원을 만기 2년, 연 3%에 단리로 정기예금을 하는 경우 2년후 원리금은 106백만원[100백만원(1+3%x2)]이다. 이때 실효수익률은 연 3%(6%/2)로 표면금리와 동일하다. 반면 복리(compound interest)는 일정 기간마다 발생한 이자를 원금에 합산한 후 그 합산금액에 대한 이자를 다시 계산하는 방식이다. 예를 들어 1억원을 만기 2년, 연 3%에 6개월 복리(6개월마다 이자를 원금에 가산)로 정기예금을 하는 경우 2년후 원리금은 106.14백만원[100백만원$(1+3\%/2)^4$]이다. 이 경우 실효수익률은 연 3.07%(6.14%/2)이다. 위 예에서는 복리로 예금했을 때 단리보다 14만원의 이자를 더 받게 된다. 복리효과는 간단히 말해 이자가 이자를 낳는 원리이기 때문에 시간이 지날수록 추가되는 이자부분이 커지면서 전체 저축 원리금이 기하급수적으로 늘어나는 원리이다. 따라서 저축기간이 짧으면 복리효과가 크지 않은 반면 저축기간이 길면 길수록 약간의 금리 차이(복리가 단리보다 높으므로)에도 이자금액이 크게 벌어지게 된다. 복리에서는 72법칙이라는 것이 있다. 이자가 복리로 붙을 경우 원리금이 커지기 때문에 원리금이 두 배(100%)로 불어나는데 필요한 저축기간과 수익률의 곱이 100%가 아니라 72%만 되면 된다는 것이다. 위 예에서 보면 1억원을 2억원으로 불리는데 걸리는 기간은 단리의 경우 약 33년(100백만원/3백만원)이 소요되는 반면 복리의 경우 24년(72%/3%)이 소요되어 1억원을 2억원으로 불리는데 걸리는 기간이 복리가 단리보다 9년이나 짧다. 우리가 꾸준한 저축을 강조하는 이유는 저축의 경제적 성과 뒤에는 복리효과가 숨어있기 때문이다.

단위노동비용

단위노동비용이란 산출물 한 단위를 생산하는데 소요되는 노동비용을 말한다. 일반적으로 단위노동비용은 상품의 국제경쟁력을 비교하는 데 있어 중요한 지표가 된다. 즉 국제경쟁력은 가격경쟁력과 기술수준이나 브랜드 등 비가격경쟁력으로 구성되나, 단기적으로는 수출상품의 가격경쟁력이 바로 해당 상품의 국제경쟁력을 결정한다고 볼 수 있다. 한편 단위노동비용은 임금과 노동생산성의 밀접한 관계로 표시할 수 있는데, 이는 다음을 보면 쉽게 알 수 있다.

$$단위노동비용 = \frac{노동비용}{총산출량} = \frac{시간당\ 노동비용 \times 총노동시간}{총산출량}$$
$$= \frac{시간당\ 노동비용}{\frac{총산출량}{총노동시간}} = \frac{시간당\ 노동비용}{노동생산성}$$

이 관계로부터 시간당 노동비용(임금)의 상승 또는 노동생산성의 악화는 단위노동비용을 증가시키며, 반대로 임금의 하락 또는 노동생산성의 개선은 단위노동비용을 감소시키는 효과를 갖는다는 것을 알 수 있다.

연관검색어 : 노동생산성/노동생산성지수, 총산출

단일금리방식/복수금리방식

경쟁입찰에 따른 발행금리 결정방식에는 복수금리(conventional)방식과 단일금리(dutch)방식이 있다. 복수금리(가격)방식은 각 낙찰자가 입찰시 제시한 금리(가격)를 발행금리(발행가격)로 하는 방식이며, 단일금리(단일가격)방식은 각 낙찰자가 입찰시 제시한 금리(가격) 중 최고금리(최저가격)를 발행금리(발행가격)로 하는 방식이다. 유동성 흡수 시에는 금융기관의 자금운용을 제약한다는 점을 고려하여 금융기관에 유리하게 단일금리방식을 적용하는 반면 유동성 지원 시에는 금융기관의 입찰독려를 위해 유인을 제공할 필요가 없으므로 복수금리결정방식을 적용하는 경향이 있다. 현재 통화안정증권 발행 시 입찰시행 전에 발행금리 결정방식을 공고하고 있으며 입찰참가자에게 더욱 유리한 단일금리방식을 주로 사용한다. 그리고 공개시장조작의 하나로 운용하고 있는 환매조건부채권(RP) 매각 시에는 단일금리방식을, 매입 시에는 복수금리방식을 주로 사용하고 있다.

연관검색어 : 통화안정증권

담보인정비율(LTV)

자산의 담보가치에 대한 대출 비율을 의미하며, 우리나라에서는 주택가격에 대한 대출 비율로 많이 알려져 있다. 예를 들어 아파트 감정가격이 5억원이고 담보인정비율이 70%이면 금융기관으로부터 3억 5천만원의 주택담보대출을 받을 수 있다. 「은행업 감독

업무시행세칙」에서는 주택담보대출의 담보인정비율 산정방식을 다음과 같이 제시하고 있다. 담보인정비율 = (주택담보대출 + 선순위채권 + 임차보증금 및 최우선변제 소액임차보증금) / 담보가치 × 100. 여기서 담보가치는 ① 국세청 기준시가 ② 한국감정원 등 전문감정기관의 감정평가액 ③ 한국감정원의 층별·호별 격차율 지수로 산정한 가격 ④ KB부동산시세의 일반거래가격 중 금융기관 자율로 선택하여 적용한다. 당초 LTV(Loan to Value ratio) 규제는 은행권을 중심으로 내규에 반영하여 자율적으로 시행해 오다가 금융기관의 경영 안정성 유지, 주택가격 안정화 등을 위한 주택담보대출 규모의 관리 필요성이 제기되면서 감독규제 수단으로 도입되었다. 최근에는 가계부채 증가 억제 및 부동산경기 조절 등 거시건전성정책 수단으로 활용되고 있으며, 금융기관별, 지역별로 세분화하여 차등 적용되고 있다. 한편, 금융기관은 담보인정비율(LTV)과 차주의 부채상환능력을 나타내는 총부채상환비율(DTI)을 함께 고려하여 대출규모를 결정한다.

연관검색어 : 총부채상환비율(DTI), 총부채원리금상환비율(DSR)

당일결제/익일결제/익익일결제

현물환거래의 결제는 거래당사자 상호간에 신용위험을 회피하기 위하여 거래계약일과 동일한 날짜에 결제가 이루어지는 것을 원칙으로 하고 있다. 그런데 외환거래의 경우 결제되는 은행의 소재 국가가 서로 다르고 각 국가의 영업일도 다를 수 있기 때문에 결제일의 조정이 필요하게 된다. 이에 따라, 현물환거래는 계약을 체결한 시점과 계약한 외환 및 동 대금의 인수·인도가 이루어지는 시점이 상이할 수 있으며, 결제시점에 따라 거래방식을 다음 세 가지로 분류할 수 있다. 당일결제(value today)는 거래계약일에 외환의 인수·인도와 관련대금의 결제가 이루어지는 현물환 거래방식이다. 익영업일결제(value tomorrow)는 거래계약 후 1영업일에 결제가 이루어지고, 익익영업일결제(value spot)는 거래계약 후 2영업일에 결제가 이루어지는 거래방식이다. 한편, 2영업일 경과 후 결제가 이루어지는 외환거래는 현물환거래가 아니라 선물환거래가 된다.

연관검색어 : 선물환거래

대기성 여수신제도

대기성 여수신제도(standing facilities)는 주요국 중앙은행에서 대출제도로 운용되고 있다. 대기성 여신제도는 중앙은행이 차입기관의 자금사정이나 자금용도 등에 대한 제한 없이 단기자금을 제공하되 시장금리보다 높은 벌칙성 금리로 제공하는 담보대출제도를 말한다. 차입은행이 기본적인 자산건전성 등의 요건을 충족하는 한 차입수요에 따라 제한 없이 자금을 공급한다는 점에서 금융기관의 단기 유동성 부족을 해소하는 안전판 기능을 수행한다. 따라서 대기성 여신제도 하에서 단기시장금리는 대기성 여신금리보다 높아지기 어렵기 때문에 대기성 여신금리가 단기시장금리의 상한기능을 수행한다. 이에 비해 대기성 수신제도는 중앙은행이 은행의 여유자금을 금액 제한 없이 수신하여 정책금리보다 낮은 금리를 지급하는 제도로서 대기성 수신금리는 단기시장금리의 하한기능을 수행한다. 선진국 중앙은행 중 대기성 여수신제도를 모두 운용하는 나라는 유로지역, 영국, 캐나다, 호주, 일본 등이다. 미 연준은 대기성 여신제도를 운용하고 있지만 대기성 수신제도는 운용하고 있지 않다. 다만 미 연준은 초과 지급준비금에 지급하는 금리(IOER)가 금리 하한기능을 수행하도록 함으로써 단기시장금리가 일정 범위 내에서 움직이도록 유도하고 있다.

연관검색어 : 중앙은행 여수신제도

대량지급

대량지급(direct credit)은 은행지로 업무의 한 유형으로서 급여, 연금, 배당금 등과 같이 일시 또는 정기적으로 발생하는 대량지급 거래를 위하여 공공기관이나 대기업 등 이용기관의 예금계좌에서 다수의 수취인 예금계좌로 지정된 날짜에 자금을 이체하는 업무이다. 이를 이용하면 하나의 거래은행을 통해서도 전국 모든 은행의 수취인 예금계좌로 자금을 이체할 수 있다.

연관검색어 : 지로(GIRO), 입금이체

대손충당금적립비율

기업이 보유하는 채권 중에서 거래상대방의 부도 등으로 받기 어려워 손실이 발생할 수 있는데, 이러한 손실을 충당하기 위해 미리 비용으로 처리해서 사내에 유보해둔 자금을 대손충당금이라고 한다. 「은행업 감독규정」에서는 은행들에게 차주의 채무상환 능력 등을 감안하여 자산건전성을 분류하고 이에 따라 대손충당금을 적립하도록 하고 있다. 은행이 적립한 대손충당금을 고정이하여신 금액으로 나눈 비율을 대손충당금 적립비율이라고 한다.

연관검색어 : 고정이하여신비율, 고정분류여신, 회수의문, 추정손실

대안정기

2002년 4월 전미경제연구소(NBER; National Bureau of Economic Research) 연례 세미나에서 미국 하버드대 스톡(J. Stock) 교수와 프린스턴대 왓슨(M. Watson) 교수가 주요국의 경기순환이 달라졌음을 설명하면서 처음 사용한 용어이다. 1980년대 중반이후 2007년 금융위기 이전까지 약 20년간 일본을 제외한 주요 선진국에서 산출량, 인플레이션 등 거시변수의 변동성이 크게 감소하면서 경제가 안정을 누린 기간을 지칭한다. 대안정기(great moderation)는 다양한 원인에서 비롯된 것으로 분석되고 있는데, 2004년 미국 연준의 버냉키 의장은 대안정기라는 제목의 연설에서 "경제제도, 기술, 사업관행, 경제의 구조적인 특징 변화가 경제의 충격을 흡수하는 능력을 향상시켰고, 주요국 중앙은행들이 인플레이션을 잘 통제하는 등 통화정책의 성과로 경제적 안정이 증대되었으며 경제에 타격을 주는 충격이 적었던 행운도 따랐기 때문"이라고 지적한 바 있다. 한편 2014년 들어서는 대안정기 2.0 (Great Moderation 2.0)이라는 용어도 등장했는데, 이는 세계경제의 거시 변동성이 2008년의 글로벌 금융위기 이전 수준으로 다시 낮아져 세계경제가 안정적인 국면으로 회귀하였음을 가리킨다.

연관검색어 : 골디락스경제

대외의존도/수출입의존도/무역의존도

국민경제가 가계, 기업, 정부 이외에 국외부문과의 상호작용에 의해서도 영향을 받게 되는 경제체제를 개방경제체제라고 한다. 대외의존도란 개방경제체제 하의 국민경제에서 국외부문과의 거래가 차지하는 크기를 측정하는 지표이다. 구체적으로 대외의존도는 국민소득에서 수출과 수입이 차지하는 비중으로 계산 된다. 이때 국민소득 지표로 우리나라는 공식적으로 국민총소득(GNI)을 이용하나 분석 목적에 따라 국내총생산(GDP)을 쓰기도 한다. 대외의존도가 높으면 높을수록 국외부문의 여건변화가 한 국가의 국민경제에 미치는 영향이 커지게 됨을 의미한다. 세계화 시대에서 경제의 대외의존도 확대는

불가피한 측면이 있으나 지나치게 높은 대외의존도는 궁극적으로 국민경제의 구조적 불안정 요인으로 작용할 수 있는 위험 또한 포함하고 있다.

연관검색어 : 국내총생산(GDP), 국민총소득(GNI)

대외지급준비자산

대외지급준비자산이란 일반적으로 한 나라의 통화 당국이 국민 경제 또는 통화신용에 커다란 영향을 미치지 않고 언제든지 대외 지급에 충당할 수 있도록 보유하고 있는 준비자산 즉 금, SDR, IMF position 및 보유외화를 말한다. 이러한 대외지급준비자산은 외국의 경제단위가 채무의 상쇄 수단으로 받아들일 수 있는 수용성, 외국화폐단위로서 표현될 수 있는 가치의 확실성 및 당해 국 통화 당국이 즉각 활용할 수 있는 유동성을 갖추어야 한다. 한편 중앙은행이나 정부가 국제수지 불균형 보전이나 외환시장 안정을 위해 언제든지 사용할 수 있도록 보유하고 있는 대외지급준비자산을 외환보유액이라고 한다. 외환보유액은 긴급 시 국민경제의 안전판일 뿐만 아니라 환율을 안정시키고 국가 신인도를 높이는데 기여한다. 외환보유액을 산출하는 방식은 국가별로 상이한데 대체로 우리나라와 대다수 선진국에서는 공적 외환당국이 보유한 순외화자산만을 계상하고 있다.

연관검색어 : 외환보유액, IMF 포지션, 특별인출권(SDR)

대체비용리스크

미래 특정일자에 종료될 거래의 상대방이 거래 취소 또는 파산 등으로 결제일 전에 결제를 이행하지 못할 것으로 예상하여 다른 거래로 대체하는 과정에서 발생할 비용리스크를 의미한다. 결제가 가능한 거래자는 상대방의 거래 취소 또는 부도 등으로 자신의 포지션을 헤지하지 못하거나 현재 포지션에서 발생하는 미실현 이익을 얻지 못할 수 있으며 이에 따른 리스크 노출액은 현행 시장가격으로 원거래를 대체하는데 드는 비용을 뜻한다. 한 예로 외환거래의 최종결제 이전에 거래상대방이 거래를 취소하거나 파산할 경우 해당 거래를 다른 거래로 대체하는 과정에서 불리한 환율 변동으로 비용이 발생할 수 있는 리스크를 들 수 있다. 다른 예를 들면, A은행이 B은행과 금리파생상품을 계약하고 동 거래를 헤지하기 위해 C은행과 다른 금리파생상품을 계약하였다가, 결제일 전에 C은행이 파산으로 결제불이행이 발생할 경우 A은행은 대체비용리스크(replacement cost risk)에 직면하게 된다. 2008년 9월 리먼브라더스사가 파산하면서 결제불이행 사태가 대량으로 발생했던 것이 대표적인 사례이다. 이와 같이 대체비용리스크는 거래상대방의 거래 취소 또는 부도 등에 의해 외환거래, 파생상품 거래 등에서 주로 발생한다.

연관검색어 : 외환결제리스크, 증권결제리스크

대체재

비슷한 만족을 얻을 수 있어 서로 경쟁 관계에 있는 재화 또는 서비스를 말한다. 핫도그와 햄버거, 스웨터와 셔츠처럼 어느 한 제품이 다른 제품을 대신하여 사용할 수 있을 때 이 두 제품은 서로 대체관계에 있다고 한다. 또한 두 제품 중 어느 한 제품의 가격상승이 다른 재화의 수요증가를 초래할 때 이 두 제품은 서로 대체관계에 있다고 한다. 비싸진 삼겹살 대신 닭고기를 구매 했다면 이들 두상품은 서로 대체재이다. 다만, 이 같은 구분은 사람들의 평균적인 소비행태에 기초한 것이므로 사람에 따라서는 다르게 느낄 수도 있다.

연관검색어 : 보완재

대출금 출자전환

금융기관이 차주기업에 대한 대출채권을 동 기업의 주식과 교환하는 것으로서 금융기관의 차주기업에 대한 관계가 채권자에서 주주로 변하게 된다. 금융기관은 기업에 대한 경영감시기능을 높여 경영정상화 후 배당을 받거나 주식매각을 통한 시세차익을 획득할 수 있으며, 기업은 부채비율 하락과 원리금 상환부담 감소로 경영정상화를 도모할 수 있다. 반면 출자전환 기업이 도산할 경우 출자금 회수가 불가능하게 되어 오히려 금융기관의 부실화가 가속화 될 수 있을 뿐만 아니라 부실기업의 도산위험이 금융기관에 전가되어 금융기관의 신인도가 저하될 수 있다는 부정적 측면도 있다.

대출채권 분할매각

대출채권 유동화 방법의 하나로서, 대출을 취급한 금융기관이 대출채권의 전부 또는 일부를 타인(참가자)에게 매각하는 것을 말한다. 금융기관이 차주와의 채권 채무관계를 유지한 채 원리금 수취권만을 양도하게 되어 있어 참가자가 대출채권에 대한 위험을 부담하게 된다. 즉 금융기관이 채무자로부터 원리금을 회수하는 경우에 한하여 원리금을 수취할 수 있게 된다. 동 거래는 채권을 처분한 대출 금융기관이 여전히 계약상의 채권자로 남아 있어, 채무자에게 대출채권 분할매각 사실을 통지하지 않아도 되는 장점이 있다.

더블딥

경기가 두 번(double) 떨어진다(dip)는 뜻으로, 경기침체가 발생한 후 잠시 경기가 회복되다가 다시 경기침체로 접어드는 연속적인 침체 현상을 의미한다. 더블딥(double dip)은 2001년 미국 모건스탠리사의 이코노미스트였던 로치(S. Roach)가 미국경제를 진단하면서 처음 사용한 용어로, 경기순환의 모습이 영문자 "W"를 닮았다 해서 "W자형 경기변동"(또는 "W자형 불황")이라고도 한다. 일반적으로 경기침체는 2분기 연속 마이너스 성장을 보이는 경우를 말하므로 더블딥은 경기침체가 발생하고 잠시 회복 기미가 관측되다 다시 2분기 연속 마이너스 성장에 빠지는 것으로, 1980년대 초 있었던 미국의 경기침체는 더블딥의 예로 자주 거론된다. 당시 미국경제는 석유파동의 영향 등으로 1980년 1월부터 7월까지 침체에 빠졌으나 이후 1981년 1/4분기까지 빠르게 성장하였는데, 연준이 인플레이션을 제압하기 위하여 금리를 빠르게 올림에 따라 1981년 7월부터 1982년 11월까지 다시 불황에 빠지는 경기침체를 경험한 바 있다.

연관검색어 : 경기, 경기동향지수(경기확산지수)

도덕적 해이

도덕적 해이는 거래당사자의 한쪽이 상대보다 양질의 정보를 더 많이 가지고 있는 상태(정보의 비대칭성)에서 계약이 이루어진 후에 나타날 수 있는 문제이다. 예를 들면 주주와 전문경영인, 은행과 차입자간의 계약을 들 수 있다. 전문경영인은 회사의 경영상황에 대해 주주보다 더 많은 정보를 가지고 주주가 아닌 자신의 이익을 극대화하는 경우가 있을 수 있다. 이를 전문경영인의 도덕적 해이라 한다. 또한 은행으로부터 대출을 받은 차입자가 계약대로 차입금을 적절한 투자에 사용하는지를 은행이 정확히 확인할 수 없기 때문에 발생하는 문제도 도덕적 해이에 해당한다. 도덕적 해이를 해결하기 위해서는 정보의 비대칭성을 완화하거나, 전문경영인이나 차입자(대리인)의 이해를 주주나 은행(주인)의 이해와 일치시키는 장치를 마련하는 게 중요하다. 여기서 주인과 대리인의 이해가 일치하지 않아 발생하는 문제를 주인-대리인 문제 또는 대리인 문제라고 한다. 한편 정보의 비대칭성 상태에서 계약이 이루어지기 전에 나타날 수 있는 문제로는 역선택이 있다.

연관검색어 : 역선택, 정보의 비대칭성

도드-프랭크법

동 법은 미국에서 2008년의 글로벌 금융위기가 발생한 이후 이러한 위기의 재발을 방지하기 위해 오바마 정부가 제안한 내용을 반영하여 2010년 7월에 제정되었으며 1930년대 대공황기의 금융개혁 이후 가장 광범위한 개혁방안을 담고 있다. 동 법의 공식 명칭은 「도드-프랭크 월가 개혁 및 소비자보호법(Dodd-Frank Wall Street Reform and Consumer Protection Act)」이다. 동 법안을 입안한 미상원 은행위원회 위원장 크리스 도드(Chris Dodd)와 미하원 금융서비스위원회 위원장 바니 프랭크(Barney Frank)의 이름을 따서 명명되었다. 동 법은 금융시스템리스크 예방을 위한 금융안정감시위원회(Financial Stability Oversight Council) 신설, 금융회사 정리절차 개선, 대마불사(大馬不死) 관행을 막기 위한 대형 은행의 자본확충 의무화, 금융감독기구별 역할 정비, 금융소비자 보호 강화를 위한 소비자금융보호국(Bureau of Consumer Financial Protection) 신설, 장외파생금융상품 등에 대한 규제·감독 강화 등 매우 광범위한 금융규제방안을 담고 있으며, 특히 은행의 자기계정투자(proprietary trading)를 금지하는 볼커룰(Volcker Rule)을 포함하고 있어 1930년대 글래스-스티걸법의 부활이라는 평가를 받고 있다.

연관검색어 : 볼커룰

독점/과점

독점(monopoly)은 완전경쟁의 정반대인 시장형태로 어느 기업이 시장의 유일한 공급자로 그 기업이 공급하는 상품에 밀접한 대체재가 존재하지 않는 경우를 말한다. 독점이 생기는 이유는 생산요소 독점, 정부규제, 생산기술 문제 등으로 시장에 진입장벽이 존재하기 때문이다. 독점기업은 시장의 유일한 공급자이기 때문에 시장가격이 한계수입보다 높은 수준에 형성되므로 소비자는 결과적으로 비싼 가격을 지불해야 한다. 독점기업은 소비자의 지불용의에 따라 같은 재화에 다른 가격을 부과하여 이윤을 증가시킬 수도 있다. 한편, 독점은 아니나 라면, 아이스크림, 가전제품 시장 등과 같이 시장에 유사하거나 동일한 상품을 공급하는 공급자가 소수에 불과할 때에는 과점(oligcpoly)이라고 부른다. 과점시장은 기업들의 의사결정 과정이 서로 연결된 상호의존 관계를 가지는 특징이 있다. 과점시장은 시장에 존재하는 기업의 수, 기업 간 관계의 밀접 정도에 따라 독점시장처럼 될 수도 있고 완전경쟁시장처럼 될 수도 있다. 독점기업이나 과점기업은 마음대로 가격을 올리거나 생산량을 줄여 소비자들에게 피해를 줄 수 있기 때문에 세계 각국에서는 독점이나 과점을 막기 위해 노력하고 있다. 우리나라에서도 "독점규제 및 공정거래에 관한 법률"을 통하여 기업들이 시장에서 소비자에 대하여 힘을 남용하고 불공정한 거래행위를 하는 것을 규제하여 경제 전반의 공정하고 자유로운 경쟁을 촉진하고 있다.

연관검색어 : 죄수의 딜레마, 카르텔

동남아시아국가연합(ASEAN)

동남아시아의 지역협력기구로서 아세안(ASEAN; Association of South-East Asian Nations)이라고도 부른다. 동남아시아 지역협력의 촉진, 외국의 간섭 배제 및 역내 국가의 평화와 안정 수호, 경제·사회·문화·기술 등 각 분야에서의 상호원조를 설립목적으로 하고 있다. 회원국은 1967년 8월 창설 당시 필리핀, 말레이시아, 싱가포르, 인도네시아, 태국 등 5개국이었으나 1984년 브루나이, 1995년 베트남, 1997년 라오스와 미얀마, 1999년 캄보디아가 차례로 가입하면서 총 10개국으로 늘어났다. 주요 기구로는 정상회의, 외교장관회의, 상임위원회와 함께 상설 사무국을 인도네시아 자카르타에 두고 있다. 1997년 창설 30주년을 맞아 공동의 비전으로 ASEAN Vision 2020을 도입하였고 이에 따라 아세안정치보안공동체, 아세안경제공동체, 아세안사회문화공동체를 축으로 하는 역내 통합을 추구하고 있으며 2015년 12월 아세안경제공동체를 출범시킴으로써 단일시장 구축을 추진하고 있다. 이와 함께 역외 국가들과도 대화 관계를 수립해 경제·안보·문화 등의 영역에서 협력을 도모하고 있는데 이러한 대화상대국은 한국을 비롯하여 미국, 일본, 중국, 러시아, 캐나다, 호주, 뉴질랜드, 인도, EU 등이다.

연관검색어 : 동남아시아국가연합+한·중·일(ASEAN+3)

동남아시아국가연합+한·중·일(ASEAN+3)

한국, 중국, 일본 및 ASEAN 10개국이 합의하여 1999년 출범한 국제회의체이다. 동아시아 외환위기를 배경으로 위기 극복 및 재발 방지를 위한 통화·금융협력을 증진하고 경제, 사회·인적자원, 과학·기술, 문화 등 각 분야에서의 협력관계를 강화하는 데 목적을 두고 있다. 현재 추진하고 있는 주요 과제는 치앙마이 이니셔티브(CMI)에 의한 역내 금융지원체제의 설립과 역내 감시체제 강화, 아시아채권시장 육성(ABMI), 중장기과제 연구 및 미래우선협력과제 발굴 등이다. ASEAN+3 산하의 역내 금융지원체제로는 CMI에 의거 한·중·일 상호간, 그리고 ASEAN 각국과 한·중·일 3국간 양자 통화스왑계약이 체결된 데 이어 2010년 3월에는 위기대응능력 강화를 위해 기존 양자간 스왑계약체제를 단일계약에 의한 다자간 스왑체제로 전환하는 CMI 다자화 협정(CMIM)의 체결이 이루어졌다. 역내 감시체제로는 경제동향 검토 및 정책협의(ERPD) 개최, ASEAN+3 거시경제조사기구(AMRO)의 설립(2011년 4월)이 이루어졌고, 아시아채권시장 육성은 역내통화표시 채권의 발행과 수요를 활성화하고 역내 채권시장 인프라를 개선하는 방향으로 추진되고 있다. ASEAN+3는 정상회의를 정점으로 각 분야별 장관회의, 차관회의 및 실무회의에서 합의사항을 도출하고 이를 각국이 이행하는 방식으로 운영된다.

연관검색어 : 치앙마이 이니셔티브(CMI)

동남아중앙은행기구(SEACEN)

회원간 정보 및 의견교환, 공동 관심분야에 대한 조사연구 및 연수활동을 주요 기능으로 하는 동남아 중앙은행들의 협력체로서 1966년 2월 동남아 7개국 주도로 출범하였다. 초기에는 국제통화기금(IMF), 국제부흥개발은행(IBRD), 아시아개발은행(ADB) 등 국제금융기구에서 회원국의 이익을 대변하는데 역점을 두었으나 1982년 SEACEN(South East Asian Central Banks) Centre 협정문을 채택한 이후 회원국 간 교류협력 증진과 조사연구 및 연수활동에 치중하고 있다. 회원은 출범 당시의 7개국에서 2022년 9월 현재 19개국 중앙은행으로 확대되었다. 조직은 총재회의, 집행위원회, 금융안정담당 임원회의, 이사회, 국장급 회의와 SEACEN Centre로 구성되어 있다. 말레이시아 쿠알라룸프르에 있는 SEACEN Centre는 금융경제 이슈에 관한 조사연구, 연수프로그램 수립 및 집행, 회원에 대한 기술지원 및 자문 기능 외에 사무국 역할도 수행하고 있으며 동 센터의 운영경비는 회원국 균등분담을 원칙으로 하고 있다. 한국은행은 1990년 1월에 가입한 이후 SEACEN 관련 행사 개최, 직원의 SEACEN Centre 파견 등을 통해 적극 참여하고 있다.

연관검색어 : 국제통화기금(IMF), 아시아개발은행(ADB)

동아시아 외환위기

1997년 태국을 시작으로 인도네시아, 말레이시아, 필리핀, 한국 등 동아시아 국가들에서 발생한 외환위기를 말한다. 1997년 중반 이후 태국의 바트(baht)화 가치가 고정환율제도 포기의 영향으로 폭락하고 그 여파로 인도네시아, 필리핀, 말레이시아의 통화가치가 급락한 데 이어 11월에는 한국이 환율 급등 및 외화유동성 부족에 직면하는 등 동아시아 국가들은 외환시장 마비, 급격한 자본유출 등으로 큰 어려움을 겪었다. 이들 국가별 외환위기의 원인 및 정책대응은 각국 여건에 따라 상이하기 때문에 일률적으로 규정하기는 어렵다. 다만 한국을 비롯하여 태국, 인도네시아, 필리핀은 위기극복 과정에서 국제통화기금(IMF)으로부터 자금지원을 받는 대신 IMF의 정책권고에 따른 데 비해 말레이시아는 IMF 지원을 받지 않고 독자적으로 극복정책을 추진하였다. 이들 국가는 1998년 중반 이후 경기가 점차 회복되면서 1999년에는 대체로 위기상황으로부터 벗어났다. 한국의 경우 대기업의 연쇄부도, 경상수지 적자 확대, 단기외채 급증 등의 대내적 요인 외에 개도국 시장에 대한 불안감 확산으로 인한 해외 채권자들의 자금회수 등 대외적 요인이 겹치면서 외화유동성이 크게 부족해지자 1997년 12월 IMF에 구제금융을 신청하여 IMF로부터 195억 달러, 세계은행(IBRD)과 아시아개발은행(ADB)으로부터 각각 70억 달러와 37억 달러를 지원받았다.

연관검색어 : 국제통화기금(IMF), 아시아개발은행(ADB)

동아시아·태평양중앙은행기구(EMEAP)

EMEAP(Executives' Meeting of East Asia and Pacific Central Banks)는 동아시아, 태평양 지역내 중앙은행 간의 협력을 증진하고 회원국의 금융·경제에 관한 정보교환을 위해 1991년 설립된 중앙은행간 협력체이다. 회원은 한국, 호주, 중국, 홍콩, 인도네시아, 일본, 말레이시아, 뉴질랜드, 필리핀, 싱가포르, 태국 등 11개국의 중앙은행이다. 초기에는 임원회의 중심의 비공식적 모임이었으나 급변하는 세계 금융환경 하에서 금융위기의 사전예방과 확산방지를 위해 중앙은행 간 긴밀한 정책협조가 필요하다는 공감대가 형성됨에 따라 실질적인 정책협의체로 발전하고 있다. 주요 활동으로는 역내 금융·경제동향을 모니터링하고 현안에 대해 공동 연구하는 가운데 통화금융안정위원회를 통해 위기관리체제를 운영하고 있으며, 회원 중앙은행이 출연하여 역내 채권시장에 투자하는 아시아채권펀드(ABF)를 조성함으로써 역내 채권시장 육성에도 힘쓰고 있다. 조직은 총재회의, 임원회의, 통화금융안정위원회, ABF 감시위원회, 아시아채권지수펀드(PAIF) 감독위원회 및 실무협의체로 구성된다. 한국은행은 창설회원으로서 모든 회의에 적극 참여하고 있다.

동일인 신용공여한도제(동일인 여신한도제)

특정인에 대한 금융기관의 여신 편중을 억제하기 위한 규제로 우리나라의 경우 은행법에 관련 내용이 규정되어 있다. 은행법 제35조는 동일인(개인·법인 포함) 및 동일차주(동일인 및 이와 신용리스크를 공유하는 개인·법인)에 대한 신용공여가 각각 해당 은행 자기자본의 20% 및 25%를 초과할 수 없도록 규율하고 있다. 또한 은행 자기자본의 10%를 초과하는 동일인·동일차주에 대한 신용공여의 합계가 자기자본의 500%를 초과하지 못하도록 규정하고 있다. 다만 국민경제를 위하여 또는 은행 채권 확보의 실효성을 높이기 위해 필요한 경우, 은행의 자기자본, 동일차주 구성, 환율 등의 변동, 신용공여를 받은 개별 기업간 합병 또는 영업 양도·양수 등으로 추가 신용공여 없이 한도 초과가 발생하는 경우, 경제여건 급변 등 은행의 귀책사유가 없는 불가피한 사유로 추가 신용공여가 필요한 경우 등에 대해서는 신용공여 한도 적용의 예외를 인정하고 있다. 동일인 등에 대한 신용공여한도 제도는 금융위기 이후 바젤위원회(BCBS)가 도입하여 2019년 3월부터 행정 지도 중인 거액익스포저 규제와 사실상 동일한 제도이다.

연관검색어 : 거액익스포저 규제

동일인/특수관계인

은행법상 각종 규제 적용에 있어 1인으로 보는 범위를 말한다. 동일인이란 본인 및 본인과 특수관계에 있는 자(특수관계인)를 말한다. 특수관계인의 범위는 일정 범위의 친족, 지분 보유, 고용, 의결권의 공동 행사 등을 요소로 하여 정해지며, 구체적인 내용은 「은행법 시행령」 제1조의 4에 규정되어 있다.

동태적 대손충당금 제도

발생주의 대손충당금 회계기준(incurred-loss model)은 원리금 연체 등 신용손실이 객관적으로 입증되는 경우에만 은행 대출에 대한 대손충당금을 적립하도록 하였다. 동 회계기준 하에서 은행은 경기 호황기에는 연체율이 하락함에 따라 대손충당금 적립액이 감소하고 순이익 및 자본이 증가하는 등 대출여력이 확대되어 대출과 경기가 더욱 확대되는 반면 불황기에는 반대로 대출여력이 축소되면서 대출과 경기를 더욱 위축시킬 수 있다. 동태적 대손충당금(DP; Dynamic Provisioning)은 발생손실 기준 대손충당금 회계기준 하에서 나타나는 은행 대출의 경기순응성을 완화하기 위해 2000년 7월 스페인을 비롯하여 다수 남미 국가에서 도입된 거시건전성 정책이다. 대손충당금은 대출채권의 연체 등 구체적 손실사건(loss event)에 근거하여 적립되는 특정충당금(specific provisions)과 은행 포트폴리오의 잠재손실 등을 고려하여 결정되는 일반충당금(general provisions)으로 구분된다. 동태적 충당금 제도는 은행 대출의 경기순응성을 완화하고 대내외 충격에 대한 은행의 복원력을 제고하기 위해 일반충당금을 경기대응적으로 적립하는 방식으로 운영된다. 즉, 경기 호황기에 연체율이 하락하여 특정충당금 규모가 감소하면 일반충당금 규모가 증가하고 불황기에는 반대로 특정충당금 규모가 증가하면 일반충당금 적립 규모가 감소하도록 설계되어 있다. 이에 따라 호황기에 발생손실을 초과하는 대손충당금을 적립하도록 함으로써 미래손실에 대한 복원력을 확충하는 한편 급격한 신용팽창을 억제하고, 불황기에는 미리 적립한 대손충당금을 손실 보전 등에 활용토록 함으로써 급격한 신용공급의 위축을 완화할 수 있다.

연관검색어 : 경기순응성

동행종합지수

개별 경제지표로는 파악하기 어려운 국민경제의 총체적인 경기수준을 파악하기 위하여 경기종합지수를 작성한다. 경기종합지수는 선행종합지수, 동행종합지수, 후행종합지수 3개가 작성되고 있으며, 기준년도 수치가 100이 되도록 하여 산출하고 있다. 동행종합지수는 공급측면의 광공업생산지수, 도소매업을 제외한 서비스업생산지수, 실질가격기준 수입액, 비농림어업취업자수 등과 수요측면의 소매판매액지수, 내수출하지수, 건설기성액 등과 같이 경기순환과 함께 변동하는 개별지표를 가공•종합하여 만든 지수로 현재 경기상황의 판단에 이용된다.

연관검색어 : 경기종합지수, 후행종합지수

듀레이션

듀레이션(duration)이란 채권에서 발생하는 현금흐름의 가중평균만기로 투자자금의 평균회수기간을 의미한다. 듀레이션은 채권의 현금흐름 발생기간(t)에 각 시점 현금흐름의 현재가치가 채권가격에서 차지하는 비중을 가중치로 곱하여 산출한다. 채권의 발행만기는 최종 현금흐름 시점을 나타내는 데 비해 듀레이션은 만기 이전에 발생하는 모든 현금흐름을 감안한 평균회수기간이기 때문에 만기 이전에 현금흐름이 발생하는 이표채권의 듀레이션은 항상 채권의 발행만기보다 짧다. 할인채의 경우 현금흐름이 만기시점에 한번만 존재하므로 듀레이션과 만기가 같다. 듀레이션은 채권의 만기, 표면금리, 만기수익률 등에 따라 결정된다. 먼저 듀레이션은 일종의 만기 개념이므로 만기에 비례하여 길어진다. 또한 채권의 표면금리가 높을수록 초기에 많은 금액이 회수되므로 듀레이션은 짧아진다. 마지막으로 현금흐름의 현재가치를 산정하는 할인율로 쓰이는 만기수익률이 높을수록 만기에 가까운 현금흐름의 가중치가 상대적으로 작아져 듀레이션은 짧아진다. 한편 듀레이션은 채권가격의 이자율탄력성을 나타낸다. 즉 듀레이션(D), 채권가격(p), 만기수익률(r) 사이에는 (dp/p) = - 〔dr/(1+r)〕 × D의 관계가 성립한다. 따라서 듀레이션은 채권투자에 따른 이자율위험(시장이자율 변동에 따른 채권가격의 변동률)을 나타내는 척도이자 중요한 리스크 관리수단으로 활용되고 있다.

등록발행

등록발행이란 채권을 실물발행(physical issue) 하지 않고 한국예탁결제원 등 등록기관이 관리하는 채권등록부에 채권자의 성명, 주소, 채권금액 등 권리내역을 등록(book-entry)함으로써 증서의 점유 없이도 채권자의 법적 권리를 보장하는 것을 말한다. 채권자는 등록절차를 마침으로써 채권자로서의 권리가 확보되며, 채권의 매매, 질권 및 담보권의 설정, 신탁재산의 표시 등은 채권등록부 기재를 통하여 해당 채권의 발행자 및 제3자에게 대항할 수 있다. 채권 발행자 입장에서는 실물 발행비용이 절감되고, 원리금을 지급할 때 실물 확인절차를 생략할 수 있는 등 업무처리가 간편해지는 이점이 있다. 채권자의 입장에서도 실물보관에 따른 위험부담이 없고 보관비용이 절감되는 이점이 있다. 현재 대부분의 채권은 실물발행 없이 등록발행 되고 있다. 대부분의 국채와 통화안정증권은 한국은행이, 지방채, 금융채, 회사채 등 공사채와 국민주택채권은 한국예탁결제원이 각각 등록업무를 담당하고 있다. CD의 경우 2006년 6월부터 CD 등록발행제가 시행됨에 따라 은행들이 금융기관을 대상으로 CD를 발행하는 경우 대부분 CD를 실물발행하지 않고 한국예탁결제원을 통해 등록발행하고 있다.

디레버리징

디레버리징(deleveraging)은 부채를 축소하는 것을 말한다. 미시경제 측면에서 보면, 가계나 기업 등 개별 경제주체의 대차대조표에서 부채의 비중을 낮추는 것을 의미한다. 경기가 호황일 때는 상대적으로 낮은 금리로 자금을 차입하여 수익성이 높은 곳에 투자해 빚을 상환하고도 수익을 많이 낼 수 있는 레버리지(leverage)가 효과적인 투자기법이 된다. 그러나 경기가 불황일 때는 자산가치가 급격히 하락하여 수익성이 낮아지고 금리가 상대적으로 높아지게 되므로 부채를 상환, 정리, 감축하는 디레버리징이 효과적인 투자기법이 된다. 디레버리징을 위해서는 경제주체는 자산을 매각하거나 증자를 하거나 해서 자금을 조달해야 한다. 디레버리징은 자금난을 겪고 있는 민간부문에게는 고통스러운 과정인데, 이는 자산을 할인가격에 매각하는 것 자체가 심각한 손실로 귀결되기 때문이다. 거시경제 측면에서 보면, 경제 전체의 디레버리징은 민간과 정부 등 여러 부문에서의 동시다발적인 부채 수준의 감축을 뜻한다. 통상 국민계정에서 GDP 대비 총부채 비율의 하락으로 측정된다. 2008년 글로벌 금융위기 이후 세계 각국에서 나타난 경제 전체의 디레버리징은 거시경제 전반에 심대한 영향을 미쳤으며, 종종 경기불황으로 이어졌다. 민간부문의 디레버리징을 상쇄하는 과정에서 정부부채가 증가하는 현상이 많은 나라에서 관찰되었다.

연관검색어 : 레버리지 효과

디스인플레이션

물가수준이 지속적으로 높아지고 있으나 물가상승률은 둔화되는 현상을 말한다. 예를 들어 소비자물가상승률이 2015년에는 5.0%이었으나 2016년에는 3.5%, 2017년에는 2.0% 등으로 낮아지는 경우 매년 물가상승률이 0보다 크기 때문에 상품과 서비스의 가격 수준은 지속적으로 상승하고 있지만, 상승률은 5.0%→3.5%→2.0%로 로 낮아진 바 있는데 바로 이러한 현상을 디스인플레이션(disinflation)이라 한다. 디스인플레이션은 단기간에 그치면 크게 걱정할 일은 아니다. 예를 들어 에너지가격 하락이나 생산성 증대 등 공급요인으로 인한 일시적인 물가상승률의 둔화는 경제에 이로울 수 있다. 그러나 디스인플레이션이 계속돼 물가상승률의 추가적인 하락이 전망되는 경우에는 가계와 기업이 소비와 투자를 미룸으로써 수요의 위축을 초래하여 디플레이션 압력을 보다 크게 할 수도 있다. 이 같은 상황에서는 경제주체들의 물가상승률 예상치가 더 낮아지지 않도록 사전에 통화·재정정책 면에서 적극적으로 대응하는 것이 중요하다.

연관검색어 : 디플레이션, 통화정책

디커플링/커플링

디커플링(decoupling)이란 탈동조화라고 번역할 수 있는데, 어떤 나라나 지역의 경제가 인접한 다른 국가나 전반적인 세계 경제의 흐름과는 다른 모습을 보이는 현상을 말한다. 최근의 디커플링의 예로는 금융위기 이후 신흥국가나 유로지역 국가 등이 특히 미국 경제와 다른 모습을 보이는 것을 들 수 있다. 이외에도 주가나 금리, 환율 등 일부 경제 변수의 흐름이 국가 간 또는 특정국가내에서 서로 다른 흐름을 보이는 현상도 디커플링이라고 할 수 있다. 국가 간의 경우 미국의 주가와 한국의 주가가 다른 방향으로 움직이거나, 한 국가 내에서의 경우 주가가 하락함에도 해당국 통화가 강세 현상을 보이는 경우 등을 말한다. 반대로 한 나라 또는 지역의 경제가 인접한 다른 국가나 세계경제 흐름과 유사한 흐름을 보이는 것을 커플링(동조화·coupling)이라 한다.

디플레이션

물가가 지속적으로 하락하는 현상을 말한다. 디플레이션(deflation) 하에서는 물가상승률이 마이너스로 하락하는 인플레이션이 나타난다. 디플레이션이 발생하는 원인은 생산물의 과잉공급, 자산거품의 붕괴, 과도한 통화 긴축정책, 생산성 향상 등 다양하다. 그러나 궁극적으로는 유통되는 통화의 양이 재화 및 서비스의 양보다 적기 때문에 화폐가치는 상승하고 반대로 물가는 하락하는 디플레이션이 발생한다는 점에 이견이 없다. 디플레이션이 발생하면 통화의 가치는 상승하고 실물자산의 가치는 하락함에 따라 인플레이션과 반대 방향으로 소득 및 부의 비자발적 재분배가 발생한다. 이외에도 실질금리 상승에 따른 총수요 감소, 실질임금 상승에 따른 고용 및 생산 감소, 소비지출 연기에 따른 경제활동 위축, 부채디플레이션에 따른 총수요 감소, 통화정책 및 재정정책 등 정책적 대응 제약, 디플레이션 악순환 가능성 등의 문제를 일으킬 수 있다.

연관검색어 : 인플레이션, 피셔효과

ㄹ

래퍼곡선

미국의 경제학자 래퍼(A. Laffer)가 제시한 조세수입과 세율 간의 관계를 나타낸 곡선을 말한다. 래퍼는 세율이 0%에서 100%로 증가할 때 조세수입은 상승하다가 정점에 이른 후 다시 하강한다면서, 세율(t)을 수평축에 조세수입(T)을 수직축에 놓고 이들의 관계를 그려보면 아래 그림과 같이 "역 U자 모양의 곡선"이 된다고 주장하였다. 래퍼곡선(Laffer curve)에 따르면 세율이 높아지면 초기에는 세수가 늘어나나 일정 수준(t*)이 넘으면 오히려 감소하므로 현재의 세율이 세수가 가장 많은 수준(t*)을 넘지 않았다면 세수증대를 위해서는 세율을 올려야 하며 반대로 현재의 세율이 세수가 가장 많은 수준을 넘었다면 감세가 세수증대에 도움이 된다. 래퍼곡선은 미국 레이건 정권의 감세 정책을 뒷받침한 이론적 근거로 널리 이용되었으나 조세수입을 극대화시키는 최적세율이 어느 정도 수준인지는 정확하게 제시하지 못한다는 한계가 있다.

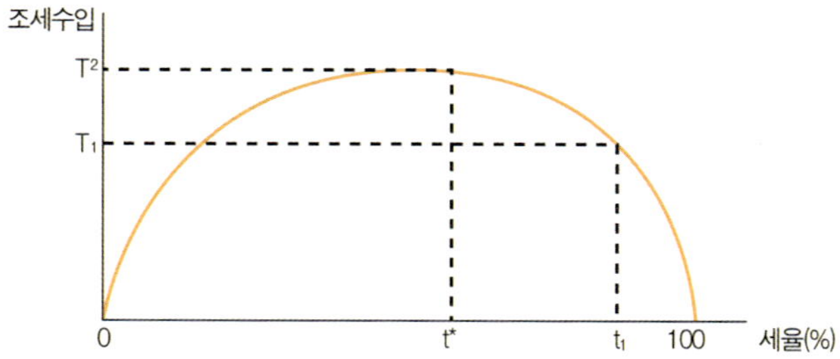

연관검색어 : 조세부담률

레그테크

레그테크(RT; RegTech, Regulatory Technology)는 금융업 등 산업 전반에 걸쳐 혁신 정보기술(IT)과 규제를 결합하여 규제관련 요구사항 및 절차를 향상시키는 기술 또는 회사를 뜻한다. 이는 금융서비스 산업의 새 영역이자 일종의 핀테크(FinTech)이다. 레그테크회사들은 수작업의 자동화, 분석·보고절차의 연결, 데이터 품질 개선, 데이터에 대한 전체적인 시각의 창출, 절차관련 앱(application)에 의한 데이터 자동 분석, 핵심 사업에 대한 의사결정 및 규제당국 앞 송부용 보고서 생산에 초점을 맞춘다. 레그테크의 핵심 특징은 ① 민첩성(잡다하게 얽힌 데이터 세트의 분리 및 조직화) ② 속도(speed, 신속한 보고대상의 인식 및 산출) ③ 통합(단기간에 해결책 확보 및 운영) ④ 분석('빅데이터'의 채굴 및 그 진정한 잠재력 파악을 위한 분석 도구의 활용) 등이다.

연관검색어 : 핀테크, 고객확인절차(KYC), 블록체인, 분산원장기술, 비트코인, 규제 샌드박스, 빅데이터

레버리지 효과

안정성을 추구하는 저축과 달리 투자에서는 종종 레버리지 효과(leverage effect)가 발생한다. 금융에서는 실제 가격변동률보다 몇 배 많은 투자수익률이 발생하는 현상을 지렛대에 비유하여 레버리지로 표현한다. 투자에서 가격변동률보다 몇 배 많은 투자수익률이 발생하려면, 즉 레버리지 효과가 나타나려면, 투자액의 일부가 부채로 조달되어야

한다. 레버리지 효과는 총투자액 중에서 부채의 비중이 커지면(자기자본의 비중이 작아지면) 증가하게 된다. 원천적으로 레버리지가 내재한 투자의 예로, 전세를 끼고 주택을 매입한 경우를 상정하자. 10억원인 아파트를 8억원의 전세를 끼고 자기자본 2억원으로 매입하였다면, 투자 레버리지(=총투자액/자기자본)는 5배(=10억원/2억원)가 된다. 이후 집값이 10% 상승하여 11억원이 되면 자기자본 2억원에 대한 투자수익률은 실제 가격변동률(10%)의 5배인 50%가 된다. 만일 집값이 30% 하락하여 7억원이 되면 투자수익률은 실제 가격변동률(-30%)의 5배인 -150%가 되어 집값이 전세값에도 못 미치는 소위 '깡통전세'로 전락하게 된다. 이와 같이 레버리지에 의해 손익이 확대되는 효과가 발생하므로 레버리지는 '양날의 칼'에 비유되기도 한다. 1997년말 한국에 외환위기가 닥쳤을 때 많은 사업자와 기업이 파산하게 된 원인 중 하나가 높은 부채비율로 인한 레버리지였다. 그러므로 투자를 할 때는 감내할 만한 수준 이내로 부채를 적절하게 사용하는 것이 바람직하다.

연관검색어 : 디레버리징

레버리지비율

레버리지비율은 '기본자본(Tier 1) / 총익스포저(난외자산 포함) × 100'으로 정의된다. 분자의 자본은 바젤III 기준 기본자본(Tier 1)을 사용하며 분모의 총익스포저는 위험가중자산 기반의 자기자본비율과 달리 명목가액을 기준으로 하여 산출한다. 자기자본비율 규제 하에서 은행은 호황기에 보유자산의 위험가중치를 낮게 설정함으로써 외형상 높은 자기자본 수준을 유지하면서 레버리지를 확대할 수 있었다. 이 경우 위기 발생시 급격한 디레버리징(자산처분, 부채상환)이 발생하여 위기가 증폭되는 악순환이 발생할 수 있는데, 레버리지비율 규제는 이러한 자기자본비율 규제의 문제점을 보완한다고 할 수 있다. 바젤은행감독위원회(BCBS)는 2015년 1월부터 레버리지비율 공시를 의무화하였으며 은행들은 2018년 1월부터 최저 레버리지비율(3%)도 준수해야 한다. 이 밖에도 글로벌 시스템적 중요 은행(G-SIB)에는 2022년 1월부터 시스템적 중요도에 따라 추가 레버리지비율이 부과될 예정이다. 이는 위험가중자산 기반 자기자본비율 규제에서 G-SIB에 대해 부과하고 있는 추가자본 규제와의 일관성을 갖추기 위한 것으로 G-SIB은 자기자본비율 규제상 부과되는 추가자본의 50%만큼 상향 조정된 레버리지비율을 준수해야 한다. 예컨대 2%의 추가자본이 부과된 G-SIB이 준수해야 할 레버리지비율은 최저 레버리지비율 3%에 추가자본의 50%에 해당하는 1%가 가산된 4%가 된다. 동 레버리지비율을 준수하지 못하는 경우 이익처분이 제한되는 것은 G-SIB 추가자본의 미준수시와 동일하다.

연관검색어 : 기본자본(Tier 1), 익스포저, 디레버리징

로렌츠곡선

1905년 미국의 통계학자인 로렌츠(M. Lorenz)가 소득의 불평등 정도를 측정하기 위해 제안한 것으로, 인구의 누적비율을 가로축에 소득의 누적점유율을 세로축에 놓고 이들의 관계를 그림으로 표시한 곡선을 말한다. 모든 사람의 소득이 일정하다면 인구가 누적되어도 소득 누적액이 일정할 것이므로 로렌츠 곡선(Lorenz Curve)은 아래 그림의 OO′선과 같은 대각선이 된다. 반면 소득이 불평등하다면 처음에는 소득이 적은 사람들의 누적액이 더해져 그래프의 기울기가 완만하다가 뒤로 갈수록 소득이 많은 사람들의 누적액이 더해지면서 가파른 모양의 아래로 늘어진 곡선이 되며, 한 사람이 모든 소득을 다 가지고 있는 경우에는 OTO′선과 같은 모양이 된다. 따라서 로렌츠 곡선이 OO′선에 가까워질수록 분배상태가 평등하고, OTO′선에 가까워질수록 불평등 정도가 높다고 판단할 수 있다. 로렌츠 곡선은 한 나라의 소득분배 상태를 그림으로 볼 수 있다는 장점이 있으나 그 정도를 정량적으로 표시할 수 없다는 단점이 있는데, 소득분배 상태를 정량적으로 파악하기 위해서는 지니계수를 이용하여야 한다. 지니계수는 아래 그림의 대각선과 로렌츠곡선 사이의 면적을 대각선 아래 삼각형 면적 전체로 나눈 것으로, 소득분배가 완전히 평등하다면 대각선과 로렌츠곡선 사이의 면적이 0이 되어 지니계수는 0이 된다. 반대로 소득분배가 완전히 불평등하다면 대각선과 로렌츠곡선 아래의 면적이 대각선 아래 전체 면적과 같게 되므로 지니계수는 1이 된다.

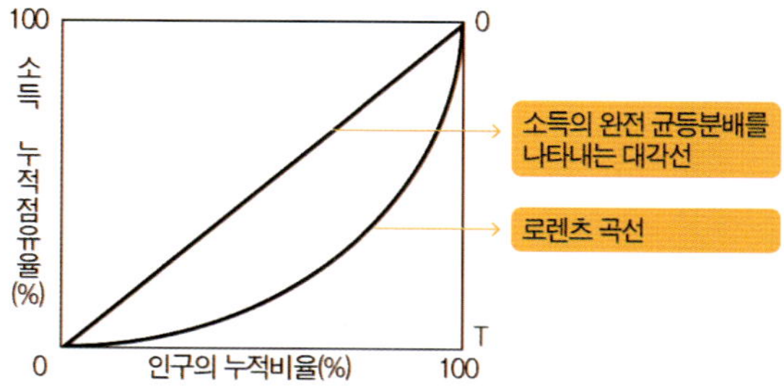

연관검색어 : 지니계수

로보어드바이저

로보어드바이저(robo-advisor)는 로봇(robot)과 자문가(advisor)의 합성어이다. 이는 인공지능 알고리즘, 빅데이터 등을 활용하여 투자자의 투자성향·리스크선호도·목표수익률 등을 분석하고 그 결과를 바탕으로 투자자문·자산운용 등 온라인 자산관리서비스를 제공하는 것이다. 서비스 제공 과정에서 비용으로 작용하는 사람의 개입을 최소화함으로써 기존 자산관리서비스보다 더 낮은 최소투자금액과 더 싼 수수료로 소액 자산을 가진 일반 개인도 더 쉽게 접근할 수 있게 되었다. 로보어드바이저 서비스는 금융회사의 자문 또는 운용인력이 로보어드바이저의 자산배분 결과를 활용하여 고객에게 자문(자문형)하거나 고객 자산을 직접 운용(일임형)하는 형태나, 로보어드바이저가 고객에게 자문하거나 고객 자산을 직접 운용하는 형태로 이뤄진다. 로보어드바이저 시장에서는 미국이 가장 앞서 나가고 있다. 우리나라의 경우 2021년 3월 현재, 코스콤(KOSCOM)의 테스트베드센터 심사를 통과한 14군데의 금융기관(은행, 증권사 및 투자자문사 등)이 로보어드바이저 서비스를 제공하고 있다.

연관검색어 : 빅데이터, 상장지수펀드(ETF)

리디노미네이션

리디노미네이션(redenomination) 또는 '화폐단위 변경'이란 구매력이 다른 새로운 화폐단위를 만들어 현재의 화폐단위로 표시된 가격, 증권의 액면가, 예금·채권·채무 등 일체의 금액을 법정비율(교환비율)에 따라 일률적으로 조정하여 새로운 화폐단위로 표기 및 호칭하는 것을 의미한다. 보통 리디노미네이션은 지속적인 인플레이션으로 인해 재화와 서비스의 교환가치를 화폐로 나타내는 숫자가 많아서 초래되는 계산 및 회계기장 등의 불편을 해소할 목적으로 시행된다. 또한 자국 통화의 대외적 위상을 높일 목적으로 시행되기도 한다. 우리나라에서는 1953년의 제1차 통화조치에 따라 100원(圓)이 1환(圜)으로, 1962년의 제2차 통화조치에 따라 10환(圜)이 1원으로 변경된 사례가 있다.

마샬의 k

마샬의 k(Marshallian k)는 경제 전체의 명목소득 대비 통화량 보유 비율을 의미한다. 어떤 경제에서 일정기간 동안 명목국민소득이 PY이고 화폐의 유통속도가 V일 경우 실물거래를 위해 필요한 화폐의 양, 즉 화폐의 수요는 다음과 같이 구할 수 있다. 거래수량설 방정식 MV=PY에 따르면 M=1/V×PY=kPY의 관계가 도출된다. 따라서 마샬의 k는 화폐 유통속도의 역수와 동일한 값을 갖는 상수에 해당한다. 이 이론은 화폐의 유통속도가 일정함을 전제로 하고 있다. 그러나 화폐의 유통속도는 결제 수단의 발전 등 여러 가지 제도적 요인에 의해 결정될 뿐만 아니라 단기적으로도 매우 변동이 심하게 나타난다. 경기가 호황일 때에는 유통속도가 빨라지고 불황일 때는 늦어지는 경기순응적 움직임을 보인다. 한편 마샬의 k는 $M^S=M^d=kPY$에 의거 한 나라의 경제규모 대비 통화공급의 적정 수준을 판단하는 지표로 사용되기도 한다. 그러나 현실적으로 통화량이 다양하게 정의(현금통화, M1, M2, Lf 등)될 뿐만 아니라 금융제도의 혁신 등으로 유통속도도 단기적으로 많이 변하기 때문에 마샬의 k의 적정 수준을 사전적으로 정하는 것은 매우 어려운 일이다.

마스트리히트조약

EC(유럽공동체)가 시장 통합을 넘어 정치·경제적 통합체로 결합하는 토대가 된 조약이다. 1991년 12월 EC의 12개국(벨기에, 덴마크, 독일, 그리스, 스페인, 프랑스, 아일랜드, 룩셈부르크, 이탈리아, 네덜란드, 포르투갈, 영국)이 네덜란드의 마스트리히트에서 새로운 유럽연합(EU) 설립에 합의하고 1992년 2월의 EC 외무장관회의 조인 및 각국의 비준을 거쳐 1993년 11월에 발효되었으며 정식명칭은 유럽연합조약(Treaty on European Union)이다. 이 조약은 유럽중앙은행 창설 및 단일통화 사용의 경제통화동맹(EMU) 달성, 공동방위정책 형성, 유럽연합 시민권제도 도입, 사법 및 치안에 관한 협력 등을 핵심내용으로 하고 있다. 이에 따라 유럽공동체(EC)는 명칭을 유럽연합(EU)으로 변경하여 새롭게 출범하면서 단일통화를 단계적으로 도입하기로 하였다. 아울러 유럽경찰 창설에 합의하고 회원국들간의 격차를 해소하기 위한 결속기금 조성을 추진하는 한편 유럽의회의 역할도 조사권, 청원권, 협력절차 도입을 통해 강화하였다.

연관검색어 : 유럽연합(EU), 유럽중앙은행(ECB)

마이크로 크레디트

마이크로 크레디트(microcredit)란 은행 같은 전통적인 금융기관으로부터 금융서비스를 받을 수 없는 빈곤계층에 소액의 대출과 여타의 지원 활동을 제공함으로써 이들이 빈곤에서 벗어날 수 있도록 돕는 소액대출사업을 말한다. 이 제도는 방글라데시 치타공대학교(Chittagong University) 경제학 교수인 무하마드 유누스(Muhammad Yunus)가 1976년 마이크로 크레디트 전담은행인 그라민 은행(Grameen Bank)을 설립한 데서 비롯되었다. 유누스 교수는 치타공대학 인근의 조브라 마을을 조사하던 중 농촌지역의 빈민층이 게으르기보다는 소액의 초기자금이 부족하여 열심히 일하고도 빈곤의 악순환에서 벗어나지 못하고 있음을 발견하였다. 또한 조브라 마을 전체 가구 중 42가구가 빈곤에서 벗어나는데 단지 856타카(약 27,000원)만이 필요하다는 사실을 알고 사재를 털어 자금을 지원하였는데 이것이 마이크로 크레디트의 시초가 되었다. 그라민 은행은 실업자와 빈곤계층의 빈곤 탈출을 목적으로 하며, 대출자의 현재 채무상환 능력을 중시하는 기존 은행과 달리 채무자의 미래 채무상환 능력을 고려하여 담보를 받지 않는다. 국제연합(UN)이 2005년을 '세계 마이크로 크레디트의 해'로 지정한 이후 세계적으로

마이크로 크레디트에 대한 관심이 증가하고 있는데, 국내에서도 사회연대은행, 신나는 조합, 아름다운 가게 등이 마이크로 크레디트 활동을 하고 있다.

마찰적 실업

마찰적 실업 또는 탐색적 실업이란 새로운 일자리를 탐색하거나 이직을 하는 과정에서 일시적으로 발생하는 실업을 의미한다. 새로운 일자리를 탐색한다는 것은 구직자와 구인자 사이에 서로의 요구조건이 일치하지 않는 일종의 마찰이 생겼기 때문으로 볼 수 있다. 마찰적 실업은 경기침체로 인해 발생한 비자발적 실업이 아닌 자발적 실업이며 이는 경기 변동 과정에서 발생하는 경기적 실업이나 특정 산업의 침체 등으로 발생하는 구조적 실업과는 구분된다. 노동시장에서 사람들은 탐색으로 인한 이익이 탐색비용을 초과하는 경우 탐색행위를 지속하게 된다. 예를 들어 구인자와 구직자 간에 고려하고 있는 의중임금의 차이가 크거나 구직자가 높은 임금이 기대된다면 실업기간이 길어지더라도 구직행위를 지속하게 된다. 또한 구직자들의 노동의 질이 같지 않고, 구인자들이 제공하는 일자리 역시 동질적이지 않기 때문에 구인자들은 좀 더 나은 인재를 찾기 위해, 구직자들은 좀 더 나은 일자리를 찾기 위해 탐색행위를 하게 된다. 구직자와 구인자 사이에 정보의 비대칭 문제가 사라지지 않고 지속됨에 따라 노동의 수요와 공급의 불일치가 발생하게 되고, 이러한 탐색 및 마찰로 인해 실업이 발생하게 된다. 따라서 이런 형태의 실업은 언제나 발생할 수 있고, 경기가 좋은 경우에도 발생할 수 있다. 마찰적 실업을 줄이기 위해서는 일자리에 관한 정보를 알려주는 서비스를 대폭 개선하여 노동수요자와 노동공급자 사이에 원활한 정보교환이 이뤄지도록 하는 것이 중요하다.

연관검색어 : 실망실업자, 자발적 실업

만기수익률

현실적으로 다양한 종류의 채권이 발행되고 있으나 일정한 시기마다, 예컨대 3개월마다, 이자를 지급하는 이표채(coupon bond)가 가장 보편적인 것이라고 할 수 있겠다. 이표채는 할인채와 달리 만기 이전에 일정 간격을 두고 이자를 받기 때문에 그 현금흐름만큼 실제 투자자금의 상환기간이 단축되는 효과를 가진다. 이러한 이표채에 투자할 경우, 만기 이전 중간에 받는 이자를 재투자한다고 가정하고, 채권을 만기까지 보유할 경우 받게 되는 모든 수익이 투자원금에 대하여 1년당 어느 정도의 수익을 얻는가를 나타내는 예상수익률을 만기수익률(YTM; Yield To Maturity)이라고 한다. 즉 만기수익률은 채권에 투자한 후부터 만기 상환일까지 기간 동안에 그 채권으로부터 유입되는 모든 현금흐름의 현재가치와 그 채권을 매입하는 시점의 매입가격을 일치시키는 할인율이라고도 정의된다. 일반적으로 채권수익률은 만기수익률을 말하는데, 발행시장에서 처음 매출될 때 형성되는 발행수익률이나 일단 발행된 채권이 유통시장에서 매매되는 과정에서 형성되는 유통수익률은 모두 만기수익률로 표시된다. 통상 채권매매 수익률은 만기수익률을 지칭하고 표면이율은 채권이자지급이나 과세기준이 된다. 표면이율이 낮은 채권일수록 매매수익률 대비 높은 세후수익률을 얻을 수 있는 게 보통이다.

연관검색어 : 이표채

매매보호 서비스(escrow)

판매자와 구매자 사이의 신용관계가 불확실한 전자상거래 시 신뢰할 수 있는 중립적인 제삼자가 중개역할을 하여 상거래가 원활히 이루어질 수 있도록 하는 서비스를 말한다. 구체적으로는 전자상거래 시 소비자가 물품을 구매한 후 대금을 제삼자에게 보관하고, 판매자는 제삼자에게 입금 사실을 확인하고 구매자에게 물품을 발송한다. 구매자는 물품 확인 후 제삼자에게 물품의 도착 및 구매 여부를 알리고, 제삼자는 판매자에게 대금을 송금하는 절차로 이루어진다. 중개하는 제삼자는 수수료를 수익으로 얻는다. 에스크로(escrow) 서비스는 구매자의 인터넷 사기 피해나 판매자의 채권추심 비용 등 전자상거래 피해를 줄여주는 효과가 있다.

매몰비용

이미 지급되어 다시는 회수할 수 없는 비용을 말한다. 기회비용은 어떤 것을 선택할 때 포기하여야 하는 비용을 말하지만, 매몰비용(sunk cost)은 무엇을 선택하는가에 상관없이 지급할 수밖에 없는 비용이다. 이미 지급된 매몰비용에 대해서는 더 이상 아무것도 할 수 없고 이로 인해 현재 시점에서 아무것도 포기할 필요가 없기 때문에 매몰비용과 관련된 기회비용은 영(0)이다. 따라서 어떤 선택을 할 때에는 선택에 따른 편익은 극대화하고 비용은 최소화하되 이미 지출된 매몰비용은 무시해야 한다. 의사결정을 할 때 매몰비용에 집착하면 의사결정을 제대로 할 수 없게 되는데, 이미 투입한 비용과 노력이 아까워 경제성이 없는 프로젝트를 중단하지 않고 지속함으로써 결국 손실을 키우는 경우를 매몰비용 오류(sunk cost fallacy)라고 한다.

연관검색어 : 기회비용

매입외환/환가료

매입외환은 외국환은행이 고객의 요청에 따라 매입한 외국통화로 표시된 수출환어음, 외화표시 내국신용장어음, 외화수표, 약속어음 등의 자산을 말한다. 외국환은행이 수출환어음 등의 외국환을 매입하면 원화 대금은 즉시 고객에게 지급되나 외화자금은 추심 후 당방계정에 입금됨으로써 자금화되므로 동 기간만큼 은행은 고객에게 사실상 자금을 대출해주는 효과가 발생한다. 이와 같이 외국환은행이 고객으로부터 수출환어음 등을 매입하는 경우, 고객에게 원화 대금을 지급한 시점과 어음 등의 발행자로부터 외화자금을 상환받는 시점 사이에 은행이 부담하는 어음금액에 대한 이자와 환차손 등을 고객으로부터 받게 되는데, 이러한 수수료를 환가료라고 한다. 따라서 환가료가 징수되는 거래는 은행이 고객으로부터 어음 등을 매입한 후 그 대금을 외화자금으로 수취하는 거래이다. 만약 원화로 대금을 수취할 경우에는 원달러환율 등이 적용되고 이 환율에 수수료가 포함되기 때문에 환가료를 따로 징수하지 않는 것이 보통이다.

연관검색어 : 내국신용장

매출액영업이익률

기업의 주된 영업활동의 효율성을 측정하는 지표로 제조 및 판매활동에 의해 창출된 영업손익을 매출액으로 나누어 산출한다. 매출액영업이익률은 다시 생산효율성(매출총손익/매출액)과 관리효율성(영업손익/매출총손익)으로 분리하여 이의 변동요인을 찾아낼 수도 있다. 매출액영업이익률은 정상적인 경우 높을수록 좋으나 어떠한 표준치가 있을 수 없으므로 경쟁관계에 있는 기업이나 동종 업종의 평균치 또는 그 기업의 과거실적과 비교해서 좋고 나쁨을 판단하게 된다.

$$\text{매출액영업이익률} = \frac{\text{영업손익}}{\text{매출액}} \times 100 = \left(\frac{\text{매출총손익}^{*}}{\text{매출액}} \times \frac{\text{영업손익}^{**}}{\text{매출총손익}}\right) \times 100$$

* 매출총손익 = 매출액–매출원가

** 영업손익 = 매출총손익 – 판매비와관리비

머니마켓펀드(MMF)

머니마켓펀드(MMF; Money Market Fund)는 고객의 일시적인 여유자금을 금리위험과 신용위험이 적은 국공채, 어음 등에 운용하고 동 운용에서 발생하는 수익을 배당하는 펀드의 일종으로써 대표적인 단기금융상품이다. MMF로 들어온 자금은 주로 부도 위험이 거의 없는 국채, 통화안정증권 등의 채권, 우량 CP, CD 및 예금 등으로 운용하며 만기는 짧아 가중평균 잔존만기가 75일 이내로 제한된다. 편입자산의 신용등급은 취득시점을 기준으로 상위 2개 등급 이내(채권 AA이상, CP A2 이상)여야 하며 주식과 관련이 있는 채권(전환사채 등)이나 사모발행채권 등은 운용대상 자산에서 제외된다. 일반적으로 주식형펀드나 채권형펀드는 편입자산의 시장가격을 매일 기준가격에 반영하는 시가평가를 하고 있으나 MMF는 편입자산의 만기가 매우 짧은 데다 신용도도 매우 우량하여 장부가로 평가하고 있다. 특히 당일 입금 및 당일 환매가 이루어짐에 따라 다른 펀드에 비해 유동성이 높은 편이다. 한편 자산의 운용은 자산운용사가, 판매는 은행, 증권사가 하고 있다.

연관검색어 : 단기금융시장, 채권시가평가, 펀드

명목GDP목표제

명목GDP목표제란 명목GDP가 사전에 정한 목표수준을 따라가는 것을 목표로 하는 통화정책 운영체제이다. 이는 글로벌 금융위기 이후 저인플레이션, 저성장, 저금리 현상이 지속됨에 따라 물가안정목표제의 대안으로 일부 학계를 중심으로 제시된 방안이다. 명목GDP목표제에서는 물가와 실물경제에 동일한 가중치를 부여하기 때문에 경기부진에 보다 적극적으로 대응하는 것이 가능하다. 또한 유가급등과 같은 공급충격으로 물가상승과 생산감소가 동시에 발생하는 경우 어느 정도의 물가상승을 허용하여 생산감소폭을 축소시키는 유연한 정책대응이 가능하다는 장점도 있다. 그러나 명목 GDP목표제의 경우 물가안정에 대한 중앙은행의 신뢰성을 확보하기 어렵고 현실 적합성이 크게 떨어진다는 단점이 있다. 물가와 경기를 동시에 고려하기 때문에 명목기준지표로서의 명료성이 떨어지고 기대 인플레이션을 안정적으로 관리하기 어렵다. 또한 목표대상지표의 포괄범위도 넓어 중앙은행의 통제가능성도 낮다. 이러한 한계로 현재 명목GDP목표제를 실제로 채택한 사례는 아직 없는 상황이다.

연관검색어 : 물가안정목표제, 제로금리정책, 양적완화정책

명목국내총생산/실질국내총생산

명목국내총생산(Nominal GDP)은 한 나라 안에서 생산된 최종생산물의 가치를 그 생산물이 생산된 기간의 가격을 적용하여 계산한 것으로 경상GDP(GDP valued at current prices)라고도 불린다. 명목GDP의 변동분에는 최종생산물의 수량과 가격변동분이 혼재되어 있다. 명목GDP는 경제규모 등의 파악에 이용된다. 반면 실질국내총생산(Real GDP)은 한 나라 안에서 생산된 최종생산물의 가치를 기준년도의 가격으로 측정한 것으로 불변가격GDP(GDP valued at constant prices)라고도 불린다. 실질GDP는 우리나라를 비롯한 많은 국가에서 UN이 권고한 국제기준인 국민계정체제에 따라 연쇄가중법에 의해 추계되고 있다. 연쇄가중법은 기준연도의 가격이나 가중치를 계속 적용하지 않고 기준연도의 명목금액에 연쇄물량지수를 곱하여 실질GDP를 산출한다. 실질GDP는 경제성장, 경기변동 등 전반적인 경제활동의 흐름을 분석하는데 이용된다.

연관검색어 : 연쇄가중법, 계절변동조정시계열, 경제성장률

명목금리/실질금리

금리는 돈의 가치 즉 물가변동을 고려하느냐의 여부를 기준으로 명목금리와 실질금리로 구분할 수 있다. 명목금리는 돈의 가치 변동을 고려하지 않고 외부로 표현된 표면상의 금리를 말한다. 이에 반하여 실질금리는 물가상승률을 고려한 금리를 의미한다. 예컨대 금년 중 1년 만기 정기예금의 명목금리가 3%이고 물가상승률이 1%일 경우 명목금리는 3%이지만 실질금리는 2%(=3%-1%)가 된다. 한편 금리와 물가의 관계를 설명하는 피셔효과(Fisher)란 금융거래시 명목금리는 실질금리에 예상 물가상승률을 더해서 결정되는 것을 말한다. 예를 들어 통화정책으로 금리를 조정할 때 시장참가자들은 미래의 인플레

이션율을 합리적으로 예상하여 실질금리에 덧붙이는 형태로 금리를 결정한다면 실질금리는 변하지 않게 되고 결국 명목금리만 조정된다는 것이다. 경험적으로 1970~80년대 두 자릿수의 인플레이션 시대에 명목금리에서 물가상승률을 차감한 사후적(ex post) 실질금리가 마이너스로 나타나는 사례도 있어 장기적으로 실질금리가 불변한다는 견해에 대해서는 논란이 있다.

연관검색어 : 피셔효과

명목소득/실질소득

명목소득(Nominal income)은 대상 경제주체의 소득이 발생할 당시의 통화금액으로 측정된 소득을 말하며, 실질소득(Real income)은 통화가치의 변동을 감안하여 명목소득을 기준시점에 맞춰 조정한 것을 말한다. 예를 들어 2015년에 A씨의 연간 소득을 당시 통화가치로 측정한 금액이 3,000만원 이라면 명목소득은 3,000만원에 해당한다. 그런데 2017년 측정된 A씨의 명목소득이 3,500만원이라면, 2년 동안 A씨의 명목소득은 500만원 증가한 셈이다. 이 경우 A씨의 경제형편이 나아졌는지를 판단하기 위해서는 보다 정확한 정보를 반영하고 있는 실질소득의 변화 여부를 확인해 보아야 한다. 만약 2015~2017년중 인플레이션율(물가상승률)이 15%라면 같은 기간중 통화가치는 15% 하락한 것으로 볼 수 있다. 이 경우 A씨의 2017년 명목소득 3,500만원은 실질소득 기준으로 3,043만원 (3500/ (1+0.15))이 된다. 따라서 2015~2017년중 통화가치 변동을 감안할 경우 A씨의 실질소득은 43만원 증가한 것이 된다. 통화의 가치는 인플레이션 등으로 인해 시간이 지날수록 하락하므로 수시로 발표되는 다양한 경제지표를 정확하게 이해하기 위해서는 명목(nominal)과 실질(real)의 개념으로 구분해서 살펴보아야 한다. 국내총생산에 대한 명목GDP·실질GDP, 임금에 대한 명목임금·실질임금, 이자율에 대한 명목이자율·실질이자율 등은 명목지표와 실질지표를 구분하는 한 예라 하겠다.

연관검색어 : 실질임금

모기지대출

모기지대출(mortgage loan)은 은행이 대출 실행 시 담보물인 주택 등 부동산에 주택저당채권(mortgage)을 설정하고 이를 근거로 하는 증권을 발행, 유통시켜 대출자금을 회수하는 것을 말한다. 주택저당채권은 주택의 구입 또는 건축에 소요되는 대출자금 등에 대한 채권으로서 당해 주택에 설정된 저당권에 의하여 담보된 채권을 지칭한다. 주택저당증권(MBS; Mortgage-Backed Securities)은 주택저당채권(mortgage)을 기초로 발행되는 자산유동화증권(ABS; Asset-Backed Securities)이다. MBS시장은 1차 시장, 2차 시장 및 자본시장으로 구성된다. 1차 시장은 모기지 차입자와 상업은행 등 모기지 대출기관 사이에 모기지대출(주택담보대출)이 이루어지는 시장이다. 2차 시장은 모기지 대출기관이 보유하고 있는 주택저당채권을 유동화(증권화)하는 시장이다. 자본시장은 유동화된 주택저당증권이 기관투자자들에게 매각되고 유통되는 시장을 말한다. 우리나라에서 MBS는 주로 한국주택금융공사가 발행하고 있으며, 주택저당채권을 가지고 있는 일부 금융기관도 유동화전문회사(SPC; Special Purpose Company)를 설립하여 발행하고 있다.

연관검색어 : 주택저당증권(MBS), 자산유동화

모바일뱅킹

모바일뱅킹 서비스는 고객이 휴대전화 등 모바일기기를 수단으로 무선인터넷을 통하여 금융기관에 접속하여 이용할 수 있는 금융서비스이다. 동 서비스는 은행이 이동통신회사의 무선인터넷망을 통해 고객의 자금이체 및 계좌조회 등 금융거래과정 전반을 관리하는 것을 기본구조로 하고 있다. 1999년 농협은행 등이 제공하기 시작한 국내 모바일뱅킹 서비스는 2009년 스마트폰기반 모바일뱅킹 서비스가 개시된 이후에는 주로 스마트폰을 통해 제공되고 있다. 모바일뱅킹을 통해 제공되고 있는 서비스에는 예금조회, 거래명세조회, 자금이체 등이 있으며, 일부 은행에서는 현금서비스, 대출, 환율조회, 수표조회, 사고신고 등의 서비스까지 제공하고 있다. 모바일뱅킹 서비스는 수출입은행을 제외한 대부분의 국내은행 및 우체국, 신용협동조합 및 새마을금고중앙회 등에서 제공되고 있다.

연관검색어 : 인터넷뱅킹, 텔레뱅킹(폰뱅킹)

모집

자본시장에서 불특정 다수로부터 동일한 조건으로 유가증권 취득의 청약을 권유하는 것을 말한다. 금융시장은 크게 은행의 예대업무를 중심으로 한 간접금융시장과 유가증권의 발행 유통을 위주로 하는 직접금융시장으로 대별된다. 이때 간접금융시장의 경우 고객이 맡기는 예금과 대출의 운용은 그 연결 관계가 직접적이지 않은 게 보통이다. 모집은 자본시장에서 자금을 모으는 행위로서, 일반고객들로부터 예금을 조달하는 은행의 수신 행위와 대응되는 면도 있지만 동 자금의 차입자가 이미 확정되어 있다는 측면에서는 차이가 있는 자금조달 방법이다. 다시 말해 모집과 은행수신은 각각 금융시장에서의 자금조달이라는 공통점이 있으나 자금조달 기법과 운용 기법에서 차이가 크다. 은행의 예금은 자금 수요자를 특정하지 않고 은행 자체의 신용으로 자금을 수입하는 상대형 거래인데 비해 모집은 자금수요자(흔히 증권을 발행하는 기업 등)가 특정되어 있고 총자금 공여액을 맞추기 위해 주요 투자가들에게 할당되는 전형적인 시장형 거래라는 점에서 뚜렷한 대조를 보인다. 이러한 유가증권의 모집은 불특정 다수로부터 공개모집하는 공모(public offering)가 보다 일반적이고 일부 제한된 수(50인 미만)를 대상으로 하는 사모(private offering)도 있다.

연관검색어 : 간접금융/직접금융

무디스

1909년 출판업자인 미국의 John Moody가 창업하였으며 1909년 채권신용 평가업무를 개시하였다. 1929년 세계 대공황 때 무디스가 '투자적격'으로 평가한 기업들이 채무를 100% 이행하게 되면서 높은 신뢰와 명성을 획득한 이후 세계적인 투자자문회사로 성장하였으며 S&P, Fitch와 함께 세계 3대 국제신용평가기관으로 인정받고 있다. 무디스는 일반적으로 채권의 신용등급을 신용리스크 수준에 따라 Aaa(최우량), Aa, A, Baa, Ba, B, Caa, Ca, C(최저)의 순으로 매기며, Aa에서 Caa까지는 숫자 1, 2, 3을 추가하여 등급을 세분한다. 무디스가 신용을 평가하는 국가 수는 1975년 3개국(미국, 캐나다, 오스트레일리아)에서 1990년 33개국(주로 선진국), 2000년에 108국(신흥시장국 포함)으로 확대되었고 현재는 전 세계 신용평가 시장의 40%이상을 점유하고 있다. 무디스의 평가원칙은 정량분석(quantitative)을 강조하고 있으며, 주요 평가항목은 공채와 우선주식, 정부의 부채상환 능력, 장단기 채무 이행능력, 은행감독정도, 자본시장 구조, 재무상의 투명성 및 규제환경, 채무 감당능력, 유동성 등 시장리스크, 기업의 재정 및 리스크 경영과 통제 등이다

연관검색어 : 스탠더드 & 푸어스

무역지수

일반적으로 거래금액의 변동은 가격이 변하거나 물량이 변하거나 또는 가격과 물량이 동시에 변하기 때문이다. 무역지수는 경제성장, 고용 등과 밀접한 관계를 갖고 있는 수출액 또는 수입액의 변동요인을 가격요인과 물량요인으로 나누어 분석하기 위해 한국은행에서 작성하고 있다. 무역지수에는 수출입금액지수, 수출입물가지수, 수출입물량지수가 있다. 이러한 무역지수통계를 이용하여 한 나라의 교역조건을 측정한다. 수출입금액지수는 수출입 품목의 비교시점 수출입금액을 기준시점 수출입금액으로 나눈 후 100을 곱하여 산출한다. 수출입물량지수는 먼저 계산한 수출입금액지수를 수출입물가지수로 나눈 후 100을 곱하여 산출하는데, 이때 수출입물가지수는 수출입 계약과 통관 간의 시차를 조정하여 이용한다. 예를 들어 승용차 수출의 경우 계약부터 실제 통관까지 평균 2개월이 소요된다면 무역지수 작성에 적용되는 자동차 수출물가지수는 2개월 전의 자동차의 수출물가지수가 된다.

연관검색어 : 순상품교역조건, 수출입물량지수

물가안정목표제

물가안정목표제(inflation targeting)란 중앙은행이 명시적인 중간목표(intermediate target) 없이 일정기간 동안 또는 중장기적으로 달성해야 할 물가상승률 목표치를 미리 제시하고 이에 맞추어 통화정책을 운영하는 방식이다. 즉 중앙은행은 통화량, 금리, 환율 등 다양한 정보변수를 활용하여 장래의 인플레이션을 예측하고 실제 물가상승률이 목표치에 수렴할 수 있도록 통화정책을 운영하며 이후 그 성과를 평가하고 시장의 기대와 반응을 반영하면서 정책방향을 수정해 나간다. 물가안정목표제는 다음과 같은 핵심 요소를 포함하는 것으로 이해되고 있다. 첫째로 물가안정목표의 구체적인 수치가 제시되어야 하고, 둘째로 통화정책의 목표 중에서 물가안정이 가장 중요한 목표가 되어야 하며, 셋째로 제시된 목표의 달성에 대한 책임성이 확보되어야 한다는 점이다. 물가안정목표제는 1990년 뉴질랜드에서 처음 도입되었으며 이후 캐나다, 영국, 스웨덴, 호주 등 일부 선진국과 다수의 신흥시장국으로 확산되었다. 우리나라는 1998년부터 물가안정목표제를 도입하여 시행하고 있다.

연관검색어 : 통화정책 운영체제(monetary policy regime)

물가지수

시장에서 거래되는 여러 가지 상품과 서비스의 가격을 경제생활에서 차지하는 중요도를 고려하여 평균한 종합적인 가격수준을 물가라고 하는데, 이 같은 물가의 변화를 한 눈에 알아볼 수 있도록 기준연도의 물가수준을 100으로 놓고 비교되는 다른 시점의 물가를 지수의 형태로 나타낸 것을 말한다. 물가지수(PI; Price Index)는 경제성장, 국제수지 등과 함께 한 나라 거시경제의 움직임을 나타내는 중요한 경제지표로, 물가지수를 이용하면 일정기간 동안의 생계비 또는 화폐가치의 변화를 측정할 수 있고 명목금액으로부터 실질금액을 산출할 수 있으며 물가수준을 통해 경기변동에 대해 어느 정도 가늠할 수 있다. 물가는 경제 전체의 총공급과 총수요의 영향을 받아 변동하는데, 총수요에 영향을 끼치는 대표적인 요인으로는 통화량과 가계소득을 들 수 있다. 임금 및 국제원자재가격 등 생산요소 가격은 총공급을 변화시키는 요인이며 기대인플레이션은 총수요와 총공급 모두에 영향을 준다. 우리나라의 대표적인 물가지수로는 생산자물가지수, 소비자물가지수, 수출입물가지수, 농가판매 및 구매가격지수 등을 들 수 있다.

연관검색어 : 국내공급물가지수, 근원인플레이션율

뮤추얼펀드

투자자들이 자금을 모아 투자 회사를 설립해 주식이나 채권 파생상품 등에 투자한 후 그 운용수익을 투자자 즉 주주들에게 배당금의 형태로 나누어주는 투자신탁의 하나이다. 이때 투자자는 유가증권을 자신이 직접 매매하는 것이 아니라 전문 펀드매니저가 운용하는 간접 투자방식이다. 제도적으로 회사형과 계약형으로 나눌 수 있고, 주요 투자대상에 따라 단기금융시장, 채권형(또는 고정수입), 주식형(또는 순자산), 혼합형(하이브리드) 등으로 분류된다. 미국의 경우 뮤추얼펀드 이전의 간접투자 제도로는 1868년 투자조합 형태로 설립된 Foreign Colonial Government Trust가 최초이고 1924년 신탁형태로 보스톤에 설립된 Massachusetts Investors Trust가 있었다. 1940년 투자회사법(Investment Company Act 1940)의 제정으로 법적 기반이 정비되었다. 한편 단기금융시장에 투자하는 MMF(Money Market Mutual Funds)는 지난 1970년대 금리가 규제되고 있던 시대에 혁신적인 금융상품의 하나로 발전하면서 미국 금융시장에서 금리규제 철폐와 금융자유화를 가속화하는데 중요한 역할을 한 대표적인 금융혁신 상품으로 평가된다.

우리나라는 1998년 9월 증권투자회사법이 제정되어 국제적 형태의 뮤추얼펀드가 도입되었고, 자본시장통합법에 따라 집합투자기구와 집합투자증권이란 명칭으로 규정되어 있다.

연관검색어 : 펀드

미달러화 지수

미달러화 지수(US dollar Index)는 주요국 통화 대비 미 달러화의 평균적인 가치를 나타내는 지표이다. 브레튼우즈 체제 붕괴로 주요국이 변동환율제로 이행하면서 1973년 미 연준이 교역규모를 반영한 달러환율의 움직임을 나타내기 위해 만들었다. 미달러화 지수는 미 달러화와 교역상대국 통화 간 환율을 교역량 가중치로 평균하여 산출한 것으로, 동 지수가 100보다 높으면 미 달러화가 기준시점(1973년 3월)보다 고평가되어 있음을 의미하는데, 교역량 가중치는 매년 갱신된다. 예를 들어, 달러화 지수가 1973년 3월에 100인데, 2017년 11월 현재 95라고 하면 주요국 통화 대비 달러화의 가치가 73년도에 비해 약 5% 정도 하락했다는 것을 의미한다. 이외에도 Intercontinental Exchange에서는 6개 주요 통화(유로화, 엔화, 파운드화, 캐나다 달러화, 스웨덴 크로나화, 스위스 프랑화)에 대한 미 달러화의 가치를 나타내는 지수를 별도로 산출하고 있으며, 이를 기초로 한 선물, 옵션 등 파생상품도 거래소에서 거래되고 있다.

연관검색어 : 브레튼우즈체제

미달러화페그제도

페그제도란 자국통화를 외국의 단일통화나 복수의 통화바스켓에 연동시켜 고정환율을 유지하는 제도이다. 따라서 미달러화페그제도는 자국 통화의 미국 달러화에 대한 환율은 고정시켜 둔 채 자국 통화의 기타 통화에 대한 환율은 미국 달러화 대 기타통화의 환율 변동에 따라 자동으로 결정되게 하는 환율제도를 말한다. 통상 외환당국은 직접 및 간접 개입을 통해서 자국통화의 대미달러화에 대한 시장환율이 기준환율을 중심으로 좁은 범위(± 1% 이내 또는 최소 6개월간 최대-최소 환율간 차이가 2% 이내)에서 변동하도록 관리한다. 페그제도를 채택하면 환율변동에 대한 불확실성이 제거됨으로써 국경간 교역 및 자본유출입의 원활화를 도모하는 데 유리하지만, 미국 달러화의 가치변동에 따라 자국 통화의 가치가 수동적으로 변동하게 됨으로써 통화의 가치가 자국의 경제상황 또는 수출경쟁력을 적절히 반영되지 못하는 문제점이 발생할 수 있다.

연관검색어 : 고정환율제도/자유변동환율제도, 복수통화바스켓제도

미발행화폐

미발행화폐란 한국은행이 보유하고 있는 은행권과 주화 중 사용하기에 적합하지 아니하여 폐기(잘게 썰거나, 분쇄 또는 녹이는 등의 방법으로 소각)하기로 결정한 화폐를 제외한 모든 은행권과 주화를 말한다. 한국은행은 미발행화폐를 필요한 곳에 제때 공급하기 위하여 한국은행 본부와 각 지역본부에 분산하여 보관하고 있으며 동 화폐의 대부분은 한국조폐공사로부터 제조하여 납품받은 새화폐와 금융기관들이 지급준비금 불입 등을 위해 입금한 화폐가 대부분이다. 그리고 한국은행은 미발행화폐를 한국은행 본부 또는 지역본부가 아닌 특정 금융기관에 보관케하는 미발행화폐 임치제도를 운용할 수 있다. 이는 한국은행 본부 및 지역본부로부터 원격지에 위치하여 교통여건이 열악한 지역의 화폐수급 애로를 해소하기 위하여 동 지역소재 금융기관 1개 점포를 지정하여 한국은행의 미발행화폐를 보관케하고 한국은행의 입회, 지시, 감독하에 화폐의 입·출업무를 수행하게 하는 제도이다. 이 제도는 1996년 가장 많은 23개 점포를 지정·운영하였으나 현재는 교통여건 개선 등으로 한 곳도 운용하지 않고 있다.

ㅂ

바이오인증

바이오인증(Biometric Authentication, biometrics)은 개인을 식별하거나 인증하기 위해 각 개인마다 구별해서 측정할 수 있는 고유 생체정보를 자동화된 장치로 추출하여 보관하고 인증하는 기술이다. 생체정보는 크게 지문·홍채·정맥·안면·DNA·심장박동 등 신체적 특성과 음성·서명·걸음걸이·자판입력 등 행동적 특성으로 분류된다. 바이오인증은 별도의 보관 및 암기가 불필요하고, 분실우려가 적으며, 도용·양도가 어렵다는 장점을 지닌다. 이런 특징을 바탕으로 바이오인증은 정보통신기술의 발달과 함께 금융거래에서도 본인을 인증하기 위해 사용되는 기존의 비밀번호·공인인증서 등 여러 인증수단을 대체하고 있다. 또한 공항 등 주요 보안시설이나 사무실 건물에의 출입 통제절차에서는 물론 사물인터넷 기술이 적용된 스마트홈 기기 접근 등 일상생활에서도 신분증·출입카드·비밀번호 등의 대안으로서 그 활용 폭을 넓혀가고 있다.

바젤은행감독위원회/바젤위원회(BCBS)

1974년 독일의 헤르슈타트 은행(Bankhaus Herstatt)의 도산이 국제외환시장 및 은행시스템에 심각한 영향을 미치면서 글로벌 은행감독기준 마련을 위한 공조 필요성이 대두되었다. 그 결과 1974년말 G10 국가 중앙은행 총재회의 결의로 바젤은행감독위원회(BCBS; Basel Committee on Banking Supervision)가 설립되었다. BCBS는 은행 건전성을 규율하기 위한 국제기준 등을 제정하고 은행감독 관련 사안들에 대한 국제협력의 장을 제공해 왔다. 글로벌 금융위기 이후 BCBS가 은행 규제체계 개혁을 추진하는 과정에서 G10 이외 국가에 문호를 개방하면서 은행 규제·감독 관련 국제기준 제정기구로서의 중요성은 더욱 커지게 되었다. 2022년 8월 말 현재 G20 국가를 포함한 28개국(EU 포함)의 45개 중앙은행 및 은행감독기관이 회원으로, 非회원국 중앙은행, 감독기관 협의체, 국제기구 등 9개 기관이 초청기관 자격으로 참여하고 있다. 우리나라는 2009년 3월 한국은행과 금융감독원이 BCBS에 가입하였다.

발행시장

발행시장(primary market)이란 주식이나 채권 등의 유가증권을 신규로 발행하는 시장을 말한다. 발행시장 내에서는 자금을 필요로 하는 기업, 금융기관, 정부, 지방공공단체 등(발행주체)이 유가증권을 최초로 발행하여 자금공급자인 가계나 기관투자가 등(투자주체)에게 제공하고 소정의 자금을 조달하는 일련의 과정이 발생한다. 발행시장 참여자에는 이러한 발행주체와 투자주체 외에 인수기관이 있다. 인수기관은 발행주체를 대신하여 증권발행에 수반되는 사무 절차를 처리하고 유가증권 인수업무 등을 수행한다. 이중 주식 발행은 기업공개, 유상증자, 무상증자 및 주식배당 등의 형태로 이루어진다. 기업공개란 주식회사가 신규발행 주식을 다수의 투자자로부터 모집을 하거나 이미 발행되어 대주주 등이 소유하고 있는 주식(구주)을 매출하여 주식을 분산시키는 것을 말하며, 유상증자란 기업재무구조 개선 등을 목적으로 회사가 신주를 발행하여 자본금을 증가시키는 것을 말하며, 무상증자란 주금의 납입 없이 이사회의 결의로 준비금 또는 자산재평가적립금을 자본에 전입하고 전입액만큼 발행한 신주를 기존 주주에게 소유 주식수에 비례하여 무상으로 교부하는 것을 말하며, 주식배당이란 현금대신 주식으로 배당함으로써 이익을 자본으로 전입하는 것을 말한다.

연관검색어 : 유통시장

발행중지화폐/유통정지화폐

발행중지화폐는 발권기관인 한국은행이 화폐의 원활한 유통 등을 위해 발행을 중지하기로 한 화폐이다. 발행중지화폐는 비록 화폐 발행은 중단되지만 화폐로서의 강제통용력도 있고 지급결제수단으로 사용도 가능하다. 또한 발행중지화폐는 한국은행 및 금융기관에서 현행 사용하고 있는 화폐와 '액면가'로 교환할 수 있다. 이에 반해 유통정지화폐는 화폐 발행을 중단할 뿐만 아니라 시중에서의 사용도 정지된 화폐이다. 즉 화폐로서의 강제통용력이 상실되어 지급결제수단으로 사용할 수 없다. 현재 우리나라 화폐 중 1962년 제2차 통화조치 이전에 발행된 화폐들은 화폐로서의 효력이 상실된 유통정지화폐이고 1962년 제2차 통화조치 이후에 발행된 화폐 중 현재 사용하고 있는 은행권 4종류(오만원권, 만원권, 오천원권, 천원권)와 주화 6종류(오백원화, 백원화, 오십원화, 십원화, 오원화, 일원화)를 제외한 모든 화폐는 발행중지화폐이다.

연관검색어 : 제1차 통화조치, 제2차 통화조치

방카슈랑스

방카슈랑스(Bancassurance)라는 말은 유럽에서 만들어지고 발전된 개념으로 은행을 의미하는 프랑스어 Banque와 보험을 의미하는 Assurance의 합성어이다. 은행과 보험회사가 서로 연결되어 일반 개인에게 폭넓은 금융서비스를 제공하는 시스템을 말하는데 좁게는 보험회사가 은행 지점을 보험상품의 판매 대리점으로 이용하여 은행원이 직접 보험상품을 파는 것을 말한다. 최근에는 금융권역의 장벽이 낮아지는 추세에 있어 은행뿐만 아니라 저축은행, 카드사 등과 같은 비은행 금융기관에서도 보험을 판매하는 사례가 늘고 있다. 또한 방카슈랑스가 좁은 의미로는 보험 상품의 판매에 국한되지만 넓은 의미로는 은행과 보험사 간의 공동 상품개발이나 종합적인 업무제휴도 포함한다. 고객은 금융기관 방문으로 더욱 다양한 금융서비스를 제공받을 수 있고 은행을 통해 저렴하게 보험상품을 구입할 수 있게 되었으며, 은행과 보험상품을 조합해 효율적으로 리스크를 관리할 수 있다는 장점이 있다. 유럽에서는 지난 1980년대 중반부터 점차 확대되었고, 일본은 2001년부터 자회사의 일부 보험상품에 한해 판매제휴를 허용하였으며, 우리나라는 2003년 8월부터 시행되었다. 이론적으로 어떤 상품을 따로 만들 때 보다 함께 생산할 때 평균비용을 절감할 수 있고 시너지 효과를 얻는 것을 범위의 경제(economy of scope)라고 하는데 은행과 보험의 제휴도 이러한 사례에 속한다. 그동안의 운용경험으로 보아 은행과 증권의 겸업에 비해서는 시장충격이 크지 않았던 것으로 평가되는데 이는 그만큼 보험업의 고유성격이 강하여 은행상품과의 경합관계가 높지 않은데 기인한 것으로 보인다.

연관검색어 : 범위의 경제

배당할인모형

배당할인모형(dividend discount model)은 주식투자에 따라 발생하는 미래의 현금흐름을 적절한 할인율을 적용하여 현재가치로 전환함으로써 주식의 현재가치를 평가하는 모형이다. 주식투자에 따른 현금흐름은 보유기간 중의 배당금과 매도할 경우의 주식가격으로 구성되는데 만일 보유기간이 매우 길다면 매도할 주식가격의 현재가치는 0에 수렴하게 된다. 일반적으로 주식은 만기가 없는 영구적인 증권이므로 보유기간을 무한대로 상정할 수 있다. 따라서 주식의 가치는 각 기별 배당금을 적절한 할인율(주식투자의 요구수익률이라고 함)로 할인한 현재가치의 합으로 볼 수 있다. 배당할인모형은 주식가치 평가모형 중 가장 기본적인 모델로서 주식가격 형성에 있어서 핵심 요인이 무엇인지를 보여준다. 그러나 기업경영 및 이익에 관한 수많은 불확실성 등으로 인해 먼 미래의 배당금을 추정하는 것은 불가능에 가깝다. 이러한 문제점을 극복하기 위해 Myron Gordon은 배당금이 일정률로 성장한다는 가정을 기초로 정률성장배당할인모형(Constant Growth Dividend Discount Model)을 제시하였다. Gordon의 모형에 따르면 현재 주식의 가치(P_0), 최근 예상배당(D_1), 주식투자의 요구수익률(r), 배당성장률(g) 간에는 $P_0=D_1/(r-g)$의 관계가 성립한다.

밴드웨건효과

소비자가 대중적으로 유행하는 정보를 좇아 상품을 구매하는 현상을 말한다. 악대차(band wagon)는 악단을 선도하며 요란한 연주로 사람들을 끌어 모은다. 이 밴드웨건을 우르르 좇아가는 사람들의 모습에서 유래됐다. 밴드웨건효과(Bandwagon effect)는 결국 유행에 동조함으로써 타인들과의 관계에서 소외되지 않으려는 비이성적인 심리에서 비롯된다. 주식시장이나 부동산시장의 거품형성과 붕괴 현상도 밴드웨건효과로 설명할 수 있다.

연관검색어 : 속물효과(스놉효과), 베블런효과

뱅크런

은행의 대규모 예금인출사태를 가리키는 말이다. 금융시장 상황이 불안하거나 은행의 경영 및 건전성 등에 문제가 발생하면 예금자들은 은행에 맡긴 돈을 보장받을 수 없을 것이라는 불안감에 저축한 돈을 인출하게 되고 은행은 지급할 수 있는 자금이 부족하게 되어 패닉 상태에 빠질 수 있다. 이를 뱅크런(bank run)이라 부르며 예금보험공사는 뱅크런과 이로 인한 금융불안정을 방지하기 위해 예금자보호법에 의해 5,000만 원까지의 예금을 보호해주고 있다.

연관검색어 : 예금보험제도

범위의 경제

한 기업이 여러 제품을 같이 생산할 경우가 개별 기업이 한 종류의 제품만을 생산하는 경우보다 평균 생산비용이 적게 들 때 범위의 경제(economies of scope)가 존재한다고 말한다. 승용차와 트럭을 같이 생산하는 기업의 경우 소재부품이나 조립라인 등의 생산시설을 공동으로 사용할 수 있는 이점을 갖게 된다. 이러한 현상은 동일한 생산요소를 사용하거나 기업 운영 및 마케팅 활동을 함께 하거나 생산물이 가진 특성 때문에도 나타날 수 있다. 연구개발·판매·생산은 공동으로 하면서 제품의 종류만 달리할 경우 비용이 절감될 수 있다. 또한 기존 산업과 비슷한 산업에 진출할 경우 시너지효과를 기대할 수 있는데, 구체적인 예로는 은행이 보험 상품을 판매하는 방카슈랑스를 들 수 있다.

연관검색어 : 규모의 경제

법률리스크

각종 법률 위반이나 법률 제정·개정 등에 대한 인식 부족, 부적절하거나 부정확한 법률 자문 및 서류 작성, 미흡한 법률체계 또는 법적 불확실성 등으로 인해 발생하는 리스크를 말한다. 특히 자국이외의 국가에서 경영활동을 할 때 현지국가의 법률이나 법률체계를 정확히 알지 못해 동 리스크에 직면할 가능성이 커진다.

연관검색어 : 외환결제리스크

베블런효과

가격이 상승하면 수요량이 감소하는 수요의 법칙에 반하는 재화를 베블런재라 부른다. 사치재 또는 명품 등이 이에 해당하는데 이러한 재화는 가격이 비쌀수록 소비가 증가하는 경향이 있다. 이러한 과시 욕구를 반영한 소비현상을 베블런효과(Veblen's effect)라고 부른다. 베블런은 이러한 현상을 처음으로 관찰한 학자의 이름이다.

연관검색어 : 기펜재, 밴드웨건효과

변동금리

변동금리란 시장금리를 반영하여 일정 주기별로 약정금리가 변하는 금리를 의미하며 고정금리란 최초 약정한 금리가 만기때까지 그대로 유지되는 금리를 의미한다. 예를 들어 만기 1년, 약정금리는 4% 고정금리라면 약정기간 1년 동안 시장금리가 어떻게 변하더라도 해당 약정금리는 4%이다. 반면 만기 1년, 변동주기 3개월, 약정금리는 CD금리+0.5%(또는 50bp)의 변동금리라면 3개월에 한번씩 변동된 CD금리에 연동하여 약정금리가 변하게 된다. 예를 들어 CD금리가 최초 약정시 3.0%, 약정 3개월후 3.2%, 6개월후 3.5%, 9개월후 4.0%라면 약정금리는 최초 약정시 3.5%, 약정 3개월후 3.7%, 6개월후 4.0%, 9개월후 4.5%가 된다. 자금 차입자 입장에서는 앞으로 시장금리가 상승할 것으로 예상하는 경우에는 고정금리를 이용하는 것이 유리하고 시장금리가 하락할 것으로 예상하는 경우에는 변동금리를 이용하는 것이 유리하다. 일반적으로 동일 만기에서는 고정금리가 변동금리 보다 높은데 이는 자금 대여자(은행)에게 약정 기간중 금리 변동에 따른 위험 프리미엄이 존재하기 때문이다. 한편 변동금리의 준거가 되는 금리는 CD금리가 주로 활용되었으나 지금은 COFIX와 은행채 금리도 많이 활용되고 있다.

연관검색어 : 고정금리, 자금조달비용지수(COFIX)

변동금리부채권(FRN)

채권은 지급이자 변동 여부에 따라 고정금리부채권과 변동금리부채권(FRN; Floating Rate Note)으로 구분된다. 변동금리부채권은 지급이자율이 시장실세금리에 연동하여 이자지급기간마다 변동되는 채권을 말한다. 변동금리부채권은 금융시장의 불확실성 확대로 금리에 대한 장기예측이 어려울 때 금리변동 위험을 최소화하기 위해 발행된다. 통상 금리 하락기에는 발행자에게 유리하고, 금리 상승기에는 투자자에게 유리한 측면이 있다. 변동금리부채권의 지급이자율은 기준금리에 가산금리를 더하는 방식으로 결정된다. 기준금리는 시장실세금리에 연동하며, 가산금리는 변동금리채 발행자의 신용위험과 기준금리 발행자의 신용위험 차이에 의해 결정된다. 채권발행자는 금리상승 가능성이 높아 고정금리부채권 발행이 어려울 경우 변동금리부채권 발행을 통해 자금을 조달할 수 있고, 단저장고(短低長高)의 수익률곡선 하에서 장기자금을 낮은 단기금리로 조달하는 효과를 얻을 수 있다. 한편, 투자자는 변동금리부채권 투자를 통해 금리변동위험을 회피할 수 있다.

연관검색어 : 고정금리부채권(SB)

보기화폐(견양화폐)

보기화폐는 은행권 및 주화의 모양, 크기, 손상 정도, 위·변조 판단, 전시 및 연구실험 등을 위해 별도 제조하거나 사용중인 화폐에서 채취한 화폐를 말한다. 보기화폐에는 현용보기화폐, 연구·시험용보기화폐, 외국보기화폐 및 고화폐류 등이 있다. 먼저 "현용보기화폐"는 신종화폐나 현용화폐중에서 한국은행이 보관, 전시, 대여, 배부 등을 목적으로 보기용으로 제조하거나 한국은행이 보유하고 있는 화폐에서 보기용으로 채취한 화폐이다. "연구·시험용보기화폐"는 화폐의 제조, 정·감사, 위조 및 변조화폐의 판별 등을 위하여 시험용으로 제조하거나 한국은행이 보유하고 있는 화폐에서 채취한 완제품 또는 반제품 상태의 화폐, 연구목적 등으로 채취한 위조 또는 변조화폐 및 품질불량 화폐이다. "외국보기화폐"는 외국화폐 또는 외국보기화폐를 보기용으로 한국은행이 입수한 화폐이며 "고화폐류"는 국내외에서 사용된 화폐로서 그 통용력이 상실되거나 사실상 유통되지 않는 화폐 및 화폐유사품 등을 말한다.

보완자본(Tier 2)

보완자본은 요건을 충족하는 보완자본증권 및 이와 관련된 자본잉여금, 자회사가 발행한 보완자본증권의 일부 제3자 보유분, 특정 요건을 충족하는 대손충당금 등으로 구성된다. 해당 은행이 발행한 증권이 보완자본증권으로 인정받기 위해서는 예금자·일반채권자보다 후순위, 최저만기 5년, 금리 상향조정을 비롯한 중도상환 유인이 없을 것 등 총 9개 요건을 충족해야 한다. 신용리스크 측정시 표준방법을 사용하는 은행이 설정한 일반 대손충당금(general provisions)과 내부등급법 사용 은행이 예상손실을 초과하여 적립한 적격 대손충당금은 규제자본과 동일하게 예상외 손실을 흡수하는 데 사용할 수 있다고 간주하여 일정 범위(각각 총위험가중자산의 1.25% 및 신용 위험가중자산의 0.6%) 내에서 보완자본(supplementary capital)에 가산할 수 있다.

연관검색어 : 기본자본

보완재

두 가지 이상의 재화가 함께 사용됨으로써 효용을 얻을 수 있는 재화로, 한 재화의 가격이 하락함에 따라 다른 한 재화의 수요가 증가하는 관계에 있는 재화를 말한다. 소비자 효용의 관점에서 볼 때, 소비자는 보완재 관계에 있는 두 재화를 따로 소비할 때의 효용이 함께 소비할 때의 효용보다 줄어든다. 승용차와 휘발유, 컴퓨터와 소프트웨어 등은 보완재의 예이다.

연관검색어 : 대체재

보통주자본(Common Equity Tier 1)

보통주자본(CET1; Common Equity Tier 1)은 보통주, 자본잉여금, 이익잉여금, 기타포괄손익누계액 등으로 구성된다. 특정 증권이 보통주로 인정받기 위해서는 청산시 최후순위, 영구적, 청산시를 제외하고는 상환불가, 재매입, 상환 또는 발행취소에 대한 기대가 없을 것 등 총 14개 요건을 충족해야 한다. 바젤III에서는 보통주자본비율을 위험가중자산의 4.5% 이상이 되도록 규정하고 있다.

보호무역주의

보호무역주의는 국가간 무역을 제한하는 경제정책이다. 주된 수단으로는 수입금지나 수입할당과 같은 직접적인 방법과 수입상품에 부과하는 관세율 인상과 같은 간접적인 방법 이외에도 덤핑 규제, 보조금 지급, 지적재산권 보호 강화, 환율조작 등 기타 다양한 정부의 규제 등이 있다. 보호무역주의의 목적은 수입으로 경쟁이 유발되는 산업의 생산, 유통, 고용 등에 손해가 발생하지 않도록 하는 것이다. 한편 보호무역주의는 동 정책을 실행하는 국가와 상대국의 소비자와 수출부문의 생산, 고용 등에는 부정적 영향을 미친다. 보호무역주의의 순효과는 경제의 성장이나 발전에 부정적이라는 견해가 지배적이어서 선진국의 주도하에 세계적으로 자유무역과 무역장벽을 낮추는 추세를 보여 왔다. 그러나 일부에서 무역수지 흑자국과 적자국이 뚜렷이 구분·지속되고 수지폭도 점점 커지면서 단기적으로 적자국 수입경쟁 부문의 고용이 심각한 불균형을 보이는 등 부작용도 확대되었다. 이러한 부작용은 특히 2008년 발생한 글로벌 금융위기의 한 원인으로 지적되면서 미국 등 일부 국가는 자유무역을 더 이상 확대하는 정책을 제한하고 있으나 G20의 대부분 국가는 보호무역주의의 확산을 경계하고 있다.

연관검색어 : 긴급수입제한조치, 슈퍼301조

복수통화바스켓제도

복수통화바스켓제도란 자국과 교역비중이 큰 복수국가의 통화를 선택하여 통화군(basket)을 구성하고 동 basket을 구성하는 통화들의 가치가 변동할 경우 각 통화별 교역가중치에 따라 자국통화의 환율에 반영하는 환율 제도를 말한다. 우리나라는 1980년 2월부터 복수통화바스켓제도를 시행한 바 있으며, 당시 원/달러환율은 SDR의 대미달러화환율인 SDR바스켓과 우리나라의 주요 교역상대국인 미국, 일본, 서독, 영국, 프랑스 통화의 미달러화에 대한 환율변동을 가중평균한 독자바스켓, 그리고 정책조정변수인 실세반영장치의 세 가지 요소에 의해 결정되었다. 이 제도를 통해 우리나라는 원화의 가치가 달러화 같은 특정 외국통화에 고정되는 것이 아니라 바스켓에 포함된 여러 통화의 가치 변화에 따라 변동하게 할 수 있었고, 이를 통해 환율의 상대적 안정을 도모하는 동시에 주요 교역상대국과의 경쟁력을 종합적으로 반영하여 환율을 실세화할 수 있었다. 그러나, 정책당국의 영향력 때문에 환율이 외환수급을 적절히 반영하지 못할 수 있다는 우려가 커짐에 따라, 1990년 3월 정부는 환율결정에 시장원리를 보다 폭넓게 반영하기 위하여 시장평균환율제도로 이행하였다.

연관검색어 : 고정환율제도/자유변동환율제도, 미달러화페그제도

본원소득

국민순소득(NNI; Net National Income)이라고도 한다. 제도단위(비금융법인, 금융법인, 일반정부, 가계)가 생산과정에 참여하거나 생산을 위해 제공된 자산을 소유함에 따라 발생하는 소득으로, 이는 생산에 의해 창출된 부가가치에서 지급된다. 구체적으로 본원소득은 피용자보수에 영업잉여, 순생산 및 수입세, 순재산소득을 더하여 계산한다.

$$\text{본원소득} = \text{피용자보수} + \text{영업잉여} + \text{순생산및수입세} + \text{순재산소득}$$

연관검색어 : 영업잉여, 피용자보수

본원소득수지

본원소득수지는 급료 및 임금과 투자소득으로 구분된다. 급료 및 임금은 외국인 근로자에게 지급되거나 내국인 해외근로자가 수취하는 금액의 차이를 의미한다. 투자소득은 대외 금융자산과 부채의 보유에 의해 발생하는 배당금과 이자 등의 수입과 지급의 차이를 말하는데, 투자 형태에 따라 직접투자소득, 증권투자소득, 기타투자소득으로 세분된다.

본원통화

통화는 일차적으로 중앙은행의 창구를 통하여 공급되는데, 이를 통화량의 원천이 되는 통화라 하여 본원통화(RB; Reserve Base)라고 한다. 본원통화는 민간보유현금과 금융기관의 지급준비금의 합계인데, 이는 중앙은행 대차대조표상의 화폐발행액과 금융기관의 지급준비예치금의 합계와 같다. 중앙은행이 증권을 매입하거나 금융기관에 대출을 실시하면 금융기관의 지급준비금이 늘어나 본원통화가 증가하게 된다. 중앙은행이 보유하고 있는 정부예금을 정부가 필요에 따라 인출하는 경우에도 본원통화가 공급된다. 이렇게 공급된 통화의 일부는 민간의 현금보유성향에 따라 민간보유로 남게 되며, 나머지는 대부분 금융기관의 예금에 대한 지급준비금이 된다. 그런데 금융기관은 지급준비금 가운데 중앙은행에서 정하는 필요지급준비금을 제외한 나머지 자금을 대출 등으로 민간에 공급한다. 민간에 공급된 자금은 상당부분이 금융기관에 예금 등으로 다시 유입되고, 금융기관은 그 가운데 필요 지급준비금을 제외한 나머지를 또다시 민간에 공급한다. 이러한 과정이 반복됨으로써 금융기관은 본원통화의 여러 배(통화승수)에 해당되는 파생통화를 시중에 공급하게 된다. 이러한 과정을 수식화하면 '통화량=통화승수×본원통화'가 된다.

연관검색어 : 통화승수

볼커룰

2010년 7월 미국 의회가 제정한 「금융개혁법(Dodd-Frank Wall Street Reform and Consumer Protection Act)」의 제 619조로 이 법의 핵심이자 가장 큰 논란을 불러왔던 조항이다. 전 연방준비제도이사회 의장이자 오바마 정부의 백악관 경제회복자문위원회(ERAB) 위원장인 폴 볼커(Paul Volcker)의 제안이 대폭 반영되어 볼커룰(Volcker Rule)이라 부른다. 이 조항의 골자는 은행의 자기계정투자(proprietary trading)를 금지하고, 헤지펀드 및 사모펀드에 대한 투자를 제한(개별 펀드 순자산가치의 3%, 총투자는 해당 은행 tier1 자본의 3% 이내)하는 것이다. 볼커룰과 관련한 논란의 핵심은 금지되는 자기계정투자의 범위를 명쾌하게 확정짓기 어렵다는 점이다. 자기계정투자에는 수익을 얻기 위한 적극적 또는 투기적 거래도 있지만 고객을 위한 시장조성이나 위험을 회피하기 위한 헤지 목적의 거래도 섞여 있는데 이를 일괄적으로 금지하면 시장의 유동성과 효율성이 크게 저하된다는 우려가 많았다. 이러한 의견을 반영한 최종안에 따르면 은행은 트레이딩계정에 주식, 채권 등을 보유할 수 있지만 그 규모는 '합리적으로 예측할 수 있는 고객의 단기적인 수요'에 국한되어야 하며, 헤지 목적의 거래는 '구체적이고 식별 가능한 리스크'와 연계되어 있을 때만 허용된다. 볼커룰은 연방준비제도이사회(FRB), 연방예금보험공사(FDIC), 증권거래위원회(SEC), 상품선물거래위원회(CFTC), 통화감독청(OCC) 등 5개 금융감독기관의 승인을 거쳐 2013년 12월 10일 최종안이 확정되었고 2014년 4월 1일 시행 예정이었으나 미 연준은 은행들의 적응기간이 필요할 것으로 판단하여 2015년 7월 21일부터 시행토록 하였다.

연관검색어 : 도드-프랭크법

부가가치

부가가치(value added)는 일정 기간 동안에 경제활동주체가 생산활동에 참여하여 새로이 창출한 가치를 말하는데, 총산출에서 중간투입(소비)을 차감하여 구할 수 있다. 국민소득계정에서는 부가가치라는 용어를 대신하여 국내총생산으로 기록하고 있으며, 구체적으로는 피용자보수, 영업잉여, 고정자본소모, 생산 및 수입세, 보조금으로 구성되어 있다.

연관검색어 : 총산출, 글로벌가치사슬(GVC)

부가가치기준 무역(TiVA)

부가가치기준 무역(TiVA; Trade in Value Added)은 새로운 무역통계 지표로서 최근 글로벌 생산네트워크의 확산으로 교역 총액에서 중간재가 차지하는 비중이 증가하면서 국제사회에서 관심이 증대되고 있다. 과거 국가 간 교역을 총액(gross value)으로 기록하는 기존 무역통계는 중간재 거래액이 중복계상(double-counting)되기 때문에 국가 간 교역이 각 국의 경제에 미치는 영향을 분석하는데 한계가 있다는 지적이 줄곧 제기되어 왔다. 국가 간 부가가치기준의 무역(TiVA)은 특정국가의 최종수요를 위하여 국가 간 생산 및 수출입을 통해 창출되는 부가가치의 크기를 말하며, 국가 간 총액 기준으로 측정되는 기존의 수출입액과 달리 상대국 최종수요로 인해 자국에서 창출되는 부가가치의 이입액(VA-in: 무역통계의 수출과 대응)과 자국의 최종수요로 인해 상대국에서 창출되는 부가가치의 이출액(VA-out: 무역통계의 수입과 대응)으로 정의한다. 국가 간 부가가치 기준의 무역은 산업간 거래관계를 통해 상호 의존관계를 분석하는 산업연관분석의 원리를 국제산업연관표에 적용하여 측정할 수 있다

연관검색어 : 산업연관표(I/O Tables)

부가가치유발계수/부가가치계수

소비, 투자, 수출 등 최종수요의 발생이 국내생산을 유발하고 생산 활동에 의해서 부가가치가 창출되므로 최종수요의 발생은 부가가치 창출의 원천이 된다. 산업연관표를 이용하면 최종수요와 부가가치와의 기능적 관계를 파악할 수 있는 바, 최종수요가 한 단위 발생할 경우 국민경제 전체에서 직·간접으로 유발되는 부가가치 단위를 보여주는 계수가 부가가치유발계수(value added inducement coefficients)이다. 예를 들어 농림수산품의 부가가치계수가 0.9라는 것은 농림수산품에 대한 최종수요가 한 단위 발생할 경우 직·간접으로 유발되는 부가가치가 0.9단위임을 의미한다. 한편, 각 산업별 부가가치유발계수와 수입유발계수의 합은 항상 1이 된다. 이에 대한 의미를 국민경제 전체적으

로 보면 최종수요 총액에서 수입을 차감하여 나타낸 지출국민소득이 생산국민소득인 부가가치 총액과 항상 일치하고 있는 점과 그 원리를 같이 하고 있다.

연관검색어 : 생산유발효과

부동화/무권화

증권의 부동화(immobilization)란 실물증권을 중앙예탁기관에 집중 보관하여 매매거래 또는 담보거래 등에 따른 증권의 권리이전을 계좌대체 방식으로 처리함으로써 증권의 실물인도의 필요성을 제거하는 것을 말한다. 증권실물은 이동하지 않고 예탁기관의 장부상 대차기재에 의하여 증권에 대한 권리가 이전됨으로써 실물증권 이동에 따른 분실·도난의 위험성, 사무처리의 번잡성 등의 문제점을 해결할 수 있다. 한편 증권의 무권화(dematerialization)란 유가증권에 대한 권리를 표시하는 실물증권을 발행하지 않고 증권에 대한 권리가 오로지 장부(발행기관 및 중앙예탁기관의 계좌)상에 전자기록 형태로 존재하도록 하여 신주발행 및 증권유통에 따른 권리를 이전하는 것을 말한다.

연관검색어 : 중앙예탁기관

부실채권정리기금

「금융회사 부실자산 등의 효율적 처리 및 한국자산관리공사의 설립에 관한 법률」('97.8.22일 제정) 제38조에 의거 금융기관이 보유하고 있는 부실채권의 효율적인 정리를 위하여 한국자산관리공사에 한시적(5년)으로 설치·운용하였다. 2013.2.22일자로 종료되었다.

부채담보부증권(CDO)

CDO(Collateralized Debt Obligation)란 회사채나 대출채권 등으로 구성된 pool을 기초자산으로 하여 AAA등급에서 equity(non-rated)까지의 다양한 신용등급으로 발행된 수 종의 선, 후순위 채권을 말하며 기초자산의 종류에 따라 회사채를 기초자산으로 하는 회사채 담보부증권(CBO; Collateralized Bond Obligation), 대출채권을 기초자산으로 하는 대출채권 담보부증권(CLO; Collateralized Loan Obligation)으로 분류된다. 그리고 발행목적에 따라 주로 은행 등의 금융기관이 대차대조표 상에서 위험자산을 제거하기 위하여 발행하는 Balance Sheet CDO와 고수익의 원자산인 대출금, 회사채 등과 선, 후순위 채권간의 이자차익을 얻기 위해 발행하는 Arbitrage CDO 등이 있다. 미국의 모기지 전문 대출기관들은 2000년대 초중반 부동산 활황을 틈타 대출자금을 조달하기 위하여 모기지 채권이나 주택저당증권(MBS)을 대량으로 발행하였고, 투자은행들이 이를 사들여 합성한 뒤 발행한 채권이 바로 CDO였다. 2007년 주택담보대출 연체율이 높아지면서 이른바 서브프라임 모기지론 사태가 벌어져 채권 가격이 폭락함으로써 주요 금융회사 등 투자자들이 큰 손실을 입고 글로벌 금융위기로 이어진바 있다.

연관검색어 : CMO

부채비율

부채를 자기자본으로 나눈 비율로 타인자본(부채)과 자기자본간의 관계를 나타내는 대표적인 안전성 지표이다. 이 비율이 낮을수록 재무구조가 건전하다고 판단할 수 있다. 부채비율은 자기자본비율과 역(逆)의 관계에 있어 자기자본비율이 높을수록 부채비율은 낮아지게 된다. 타인자본은 차입금, 회사채, 매입채무, 미지급금, 부채성충당금 등의 부채를 말하며 1년 이내에 지급기일이 도래하는 부채는 유동부채, 1년 이후에 지급기일이 도래하는 부채는 비유동부채이다. 경영자 입장에서는 단기채무 상환의 압박을 받지 않고 투자수익률이 이자율을 상회하는 한 타인자본을 계속 이용하는 것이 유리하다. 그러나 채권회수의 안전성을 중시하는 채권자는 부정적일 수 있는데 기업의 부채비율이 지나치게 높을 경우 추가로 부채를 조달하는 것이 어려울 뿐 아니라 과다한 이자비용의 지급으로 수익성도 악화되어 지급불능 상태에 직면할 가능성이 높아지기 때문이다.

부채비율 = (유동부채 + 비유동부채)/자기자본 × 100

북미자유무역협정(NAFTA)

미국·캐나다·멕시코 등 북미 3개국 간의 자유무역을 추진하기 위해 체결된 협정으로서 1994년 1월 1일 공식 발효되었다. 주요 내용은 미국, 캐나다, 멕시코 등 3국 사이의 재화 및 서비스 이동에 대한 각종 관세 및 비관세장벽을 향후 15년간 단계적으로 철폐한다는 것이다. 미국과 캐나다 사이에는 1989년 1월에 자유무역협정이 발효된 바 있는데 멕시코가 포함된 NAFTA(North American Free Trade Agreement)는 지적재산권, 투자,

운송서비스 등과 관련된 규정이 추가됨으로써 적용범위가 훨씬 넓어졌다. 즉 시장접근 및 원산지 규정 등 상품교역과 관련된 사항, 투자 및 서비스 관련사항, 지적재산권 등을 상세하게 규정하고 있으며 환경에 관한 사항도 명문화하고 있다. 이 협정에 대해서는 미국의 자본과 기술, 캐나다의 자원, 멕시코의 노동력이 결합되어 지역경제를 발전시켰다는 평가와 함께 시장보호와 블록경제화를 초래하여 역외국에 대한 무역장벽으로 작용한다는 비판도 있다.

연관검색어 : 자유무역협정(FTA)

분리결제

분리결제(free of payment)는 증권결제에서 증권인도와 대금지급이 동시에 이루어지지 않고 개별적으로 이루어지는 방식이다. 증권인도와 대금지급이 동시에 이루어지는 동시결제(DVP)와는 달리 증권인도와 대금지급간에 시차가 발생하므로 동 방식으로 결제를 수행할 경우 거래당사자 일방에게 결제리스크가 발생할 수 있다. 이에 따라 주요국에서는 증권결제기관과 자금결제기관을 연계한 증권대금동시결제방식을 이용하고 있으며 「지급결제 및 시장인프라위원회」(CPMI)와 「국제증권감독기구」(IOSCO)에서 제정한 국제기준인 「금융시장인프라에 관한 원칙」(PFMI)에서도 분리결제보다는 동시결제방식을 권고하고 있다.

연관검색어 : 증권대금동시결제(DVP)

분산원장기술

분산원장기술(DLT; Distributed Ledger Technology)은 거래정보가 기록된 원장을 특정기관의 중앙 서버가 아닌 공유(P2P; Peer-to-Peer) 네트워크에 분산하여 참가자가 공동으로 기록·관리하는 기술이다. 전통적 금융시스템의 근간을 이루고 있는 중앙집중형(centralized) 시스템은 원장을 집중·관리하는 '제3의 기관'(TTP; Trusted Third Party)을 설립하고 해당 기관에 대한 신뢰를 확보하는 방식으로 발전해 왔다. 예컨대 투자자들이 증권회사를 통해 거래하는 주식을 집중·관리하는 '한국예탁결제원'(KSD)이 곧 제3의 기관이다. 반면 분산원장기술에서는 다수 참여자가 거래내역이 기록된 원장 전체를 각각 분산보관(decentralized)하고, 거래할 때마다 이를 검증하며 갱신하는 작업을 공동으로 수행한다. 분산원장기술은 가상통화 발행처럼 누구나 접근 가능하고 거래의 기록 및 관리에도 참여할 수 있는 개방형(public, permissionless)과 기업내부 또는 금융회사간 시스템처럼 허가받은 경우에만 접근할 수 있는 폐쇄형(private, permissioned)으로 나눌 수 있다. 분산원장기술은 당초 비트코인·이더리움 등 가상통화(virtual currency)의 기반 기술로 개발되었으나, 현재는 동 기술을 다양한 금융서비스에 활용하기 위한 방안을 모색중이다.

연관검색어 : P2P대출, 블록체인, 블록체인과 탈중앙화, 비트코인, 가상통화

분수효과

분수효과(trickle-up effect, fountain effect)란 정부가 경제정책으로 저소득층과 중산층의 소득을 먼저 늘려주면 이들의 소비 확대가 생산과 투자로 이어지면서 전체 경제활동이 되살아나고 이로 인해 고소득층의 소득도 늘어날 수 있다는 주장이다. 즉 분수에서 물이 아래에서 위로 솟아나는 것처럼 저소득층에서 시작된 소득과 소비 증대의 효과가 점차 상위 계층으로 확산되면서 전체 경제도 좋아질 수 있다는 것이다. 이러한 주장은 영국의 경제학자인 케인즈(J. Keynes)가 경제 활성화에 긴요한 총수요 진작을 위해서는 상대적으로 한계소비성향이 높은 저소득층과 중산층에 초점을 맞추어 정부지출을 늘리고 세금을 줄여야 한다는 논리에 근거하고 있다. 따라서 이는 분배보다는 성장에, 그리고 저소득층보다는 고소득층에 중점을 두어 경제정책을 운용해야 한다는 낙수효과와는 상반되는 개념이다.

연관검색어 : 낙수효과

불완전경쟁시장

시장에 의한 가격결정에 어떠한 영향도 미칠 수 없는 상태를 완전경쟁이라 한다. 이는 경제주체의 자유로운 시장 진입과 퇴출, 다수의 공급자와 수요자 존재, 거래되는 재화 및 서비스의 동질성, 정보의 완전성이 충족되는 경우에만 존재 가능하다. 현실에서는 이러한 요건이 충족되기 어려워 독점시장, 과점시장과 독점적 경쟁시장과 같은 형태의 불완전경쟁시장이 나타나게 된다. 하나의 공급자가 존재하여 재화 및 서비스의 가격을 결정하는 시장을 독점시장이라고 한다. 두 개 이상의 소수 공급자만이 서로 경쟁하는 시장을 과점시장이라고 하는데, 이러한 예로는 국내의 이동통신서비스, 자동차 시장 등을

들 수 있다. 마지막으로 독점적 경쟁시장에서는 다수의 공급자가 각기 특화된 재화 및 서비스를 생산함으로써 독자적으로 가격을 결정할 수 있는 시장지배력을 행사할 수 있다.

연관검색어 : 독점/과점, 자연독점

불태화정책

수출입거래나 국경간 자본유출입거래는 국내은행을 통해 국내통화로 전환되며 이에 따라 국내통화량이 변동하게 된다. 이러한 통화량의 변동은 금리와 물가에 영향을 미칠 가능성이 있다. 불태화정책(sterilization policy)이란 이처럼 해외부문으로부터의 외화유입으로 인해 본원통화가 증가하고 그 결과로 금리나 물가가 중앙은행이 목표한 바와 다르게 변동할 우려가 발생할 경우, 중앙은행이 공개시장 조작이나 지급준비율 조정 등을 통해 본원통화의 증가를 상쇄시키는 정책을 말한다. 따라서 불태화정책의 수단은 일반 통화정책과 같지만 그 목적이 해외부문에서 비롯된 통화량 증가를 억제하기 위한 것이란 점에서 다르다. 불태화정책은 중앙은행 등의 외환시장 개입과 연관되어 이루어지는 경우도 있다. 중앙은행이 환율 안정을 위해 외환시장에서 외환을 매입할 경우 그 반대급부로 원화대금이 거래 상대방에 지급되고 이에 따라 국내 통화량이 증가하게 되는데, 이 경우 중앙은행은 공개시장 조작 등을 통해 증가분을 회수(불태화)함으로써 통화량을 개입 전 수준으로 유지할 수 있다.

연관검색어 : 외환시장, 스무딩오퍼레이션

브레튼우즈체제

1944년 7월 미국의 뉴햄프셔주 브레튼우즈에서 44개 연합국 대표들이 새로운 국제통화제도 구축을 위해 체결한 협정에 따라 발족한 국제통화체제를 말한다. 이 협정을 체결하게 된 배경은 1930년대 대공황의 여파로 인한 금본위제도 붕괴, 무역규제 확대, 환율 불안정에 이어 1940년대 국제유동성 부족, 외환규제 확산 등으로 국제통화질서가 위기에 직면하게 되었기 때문이다. 브레튼우즈체제는 국제통화제도의 본질적인 기능인 유동성 공급과 국제수지 조정 메커니즘을 미 달러화를 기축통화로 하는 금환본위제도와 조정가능 고정환율제도를 통해서 해결하고자 하였다. 즉 각국은 달러를 대외준비자산으로 보유하고 미국은 다른 나라가 보유한 달러에 대해 금태환을 보장하며, 각국의 고정환율에 조정이 필요한 경우 국제통화기금(IMF)과 협의하여 변경할 수 있도록 하였다. 이를 뒷받침하기 위하여 설립된 국제기구가 IMF와 국제부흥개발은행(IBRD)이다. 1960년대 들어 국제유동성 수준이 미국의 국제수지 상태에 따라 결정되고 환율 변경을 통한 불균형 개선이 쉽지 않은 등의 구조적인 문제가 대두되는 가운데 1971년 미국이 달러화의 금태환을 정지하고 뒤이어 선진국들이 변동환율제도로 이행함에 따라 브레튼우즈체제는 사실상 붕괴하였다.

연관검색어 : 국제통화기금(IMF), 금본위제, 고정환율제도/자유변동환율제도

브렉시트(Brexit)

영국(Britain)과 탈퇴(Exit)의 합성어로 영국의 유럽연합(EU) 탈퇴를 뜻한다. 영국은 2016년 6월 23일 유럽연합(EU) 탈퇴 여부에 대한 국민투표 실시를 통해 51.9%의 찬성으로 EU 탈퇴를 결정하였다. 영국 국민들이 EU 탈퇴를 찬성하게 된 배경에는 2008년 글로벌 금융위기 이후 남유럽국가 구제금융 지원, EU의 난민 포용정책 등으로 영국의 재정부담이 가중되는 가운데 회원국 노동자의 영국 이주에 따라 영국 고용시장이 악화되는 데 대한 불만이 크게 작용하였다. 영국의 EU 탈퇴는 EU의 헌법이라 할 수 있는 EU조약에 의거 2017년 3월 영국 정부가 EU 정상회의(European Council)에 탈퇴 의사를 공식 통보함으로써 개시되었다.

연관검색어 : 유럽연합(EU)

브릭스

2000년대를 전후하여 빠른 경제성장세를 보인 브라질, 러시아, 인도, 중국, 남아프리카공화국 등 5개국을 지칭하는 용어이다. 2001년 미국의 투자회사인 골드만삭스의 보고서에서 처음 사용된 용어(BRICs)로서 세계의 생산과 인구에서 큰 비중을 차지하는 브라질(Brazil), 러시아(Russia), 인도(India), 중국(China)을 지칭하기 위해 4개국 영문국명의 첫 글자를 합성하여 만든 것이다. 이들 4개국은 2006년부터 비공식적인 외무장관회의를 시작한 데 이어 2009년 첫 번째 정상회의를 개최한 이후 지속적으로 모임을 갖고 있다. 2011년 남아프리카공화국이 포함되면서 이들을 가리키는 용어가 기존의 BRICs에서 BRICS로 바뀌었으며 이에 따라 브릭스의 지정학적 대표성이 부각되는 한편 이들 5개국

간 대화의 깊이와 폭도 더욱 넓어지고 있다. 브릭스는 현재의 경제성장 속도와 앞으로의 발전 전망에 비추어 신흥 경제대국으로 발돋움할 가능성이 높은 나라들을 하나의 경제권으로 묶은 개념으로 볼 수 있는데, 실제로도 브릭스 국가들은 공통적으로 거대한 영토와 노동력, 풍부한 지하자원 등 경제대국으로 성장할 수 있는 잠재력을 갖춘 것으로 평가되고 있다.

블록체인

블록체인(block chain)은 ① 일정 시간 동안 발생한 모든 거래정보를 블록(block) 단위로 기록하여 ② 모든 구성원들에게 전송하고 ③ 블록의 유효성이 확보될 경우 이 새 블록을 ④ 기존의 블록에 추가 연결(chain)하여 보관하는 방식의 알고리즘이다. 각 블록은 이전 블록에 대한 연결자인 해시포인터(a hash pointer, 위변조 점검 수단), 시간표시 및 거래데이터를 포함한다. 블록체인은 효율적이고 검증 가능한 방식으로 거래를 기록할 수 있는 개방된 분산원장 즉, 데이터베이스 역할을 한다. 이는 참여자간 공유(peer to peer) 네트워크가 집단적으로 새 블록을 검증하기 위한 프로토콜에 따라 관리된다. 그래서 만약 누군가 거래기록을 조작하려면 참여자간 연결된 모든 블록을 새 블록 생성 이전에 조작해야한다. 즉 일정 시간 안에 수많은 블록을 모두 조작해야하는데, 이는 사실상 불가능하므로 보안성이 높은 것이다. 이 블록체인 덕분에 새로운 단위가치의 거래가 오직 한번만 이뤄짐으로써, 사기행위와 같은 이중 지급(double spending) 문제를 해결할 수 있게 되었다. 또한 블록체인에서는 '제3의 기관'이 필요 없는 탈중앙화와 중개기관을 거치지 않는 탈중개화가 이뤄지기 때문에 거래비용이 획기적으로 낮아진다. 그래서 블록체인은 비트코인·이더리움(Etherium) 등 가상통화 운용의 기반이 될 뿐만 아니라 스마트계약, 증권 발행 및 거래, 해외송금 및 자금이체, 무역금융, 부동산 등기, 고가품(예: 다이아몬드)의 정품 인증, 디지털 ID 관리, 전자투표, 개인건강기록 관리 등 여러 분야에서 무한한 혁신 잠재력을 지니고 있다.

연관검색어 : 분산원장기술, 스마트계약, 비트코인, 금융의 탈집중화, 금융의 탈중개화

블록체인과 탈중앙화

블록체인은 공유 네트워크를 통해 데이터를 저장함으로써 데이터의 중앙 집중 보관에 따르는 리스크를 제거한다. 탈중앙화(decentralization)된 블록체인은 계획되지 않은

임시(ad-hoc) 메시지를 송부하고 분산된 네트워크를 활용한다. 이 네트워크에는 데이터의 중앙 집중에 따른 컴퓨터 범죄자(cracker)가 악용할 수 있는 취약점이 거의 없다. 블록체인은 보안방식으로서 공개키 암호방식(public-key cryptography)을 이용한다. 이 공개키는 '긴 무작위 숫자 띠'로서 블록체인의 주소를 뜻한다. 이 탈중앙화 시스템에서 모든 참여자(node 또는 miner)는 각 블록체인의 사본을 가진다. 데이터 품질은 대량 데이터베이스의 복제와 컴퓨터처리에 의한 신뢰로 유지된다. 중앙에 집중된 '공식적인' 사본은 없으며 어떤 사용자도 다른 사용자보다 더 신뢰받지 않는다. 즉 거래내용은 소프트웨어가 활용된 네트워크로 송부되고, 메시지는 차별 없이 전달되며, 채굴자는 거래를 검증해서 기존 블록에 추가한 후 다른 채굴자에게 완성 블록을 송부한다. 블록체인은 변경사항을 연속적으로 등재하기 위해 작업증명(proof-of-work)·지분증명(proof-of-stake) 등 시간인증(time-stamping) 수단을 활용한다. 이처럼 블록체인 덕분에 탈중앙화가 이루어지지만, 블록체인을 통해 더 큰 데이터를 운용하려면 더 비싼 컴퓨터자원이 필요하기 때문에, 역설적으로 탈중앙화된 블록체인은 대규모 설비를 갖춘 채굴자(node)에게 더 큰 힘이 집중되는 중앙화 리스크를 수반한다.

연관검색어 : 블록체인, 작업증명

비관측경제(NOE)

비관측경제(NOE; Non-observed Economy)란 합법적이건 불법적이건 모든 경제적 거래에서 발생한 소득을 포함해야 하는 국내총생산(GDP)의 추계시 이용되는 기초자료와 행정자료가 지하경제나 불법생산 등을 반영하기가 어려워 누락된 경제활동을 의미한다. 이러한 비관측경제는 일반적으로 문제영역(problem areas)에 속하는 활동 때문에 발생한다. 그 대표적인 경우가 흔히 지하경제(underground economy)나 은닉경제(hidden economy)로 표현되는 경제활동이다. 이는 조세나 사회적 의무의 회피, 근로안전이나 소비자보호 등 법적·행정적 규제에 따른 비용의 회피를 위하여 은밀하게 이루어진다. 이러한 거래는 세무·통계당국에 축소 보고되기도 하고 현금거래로만 행해져 아예 누락되기도 한다. 또한 마약, 장물거래, 성매매 등과 같이 재화 및 서비스 등 생산물의 내용이 불법적인 경우에도 거래내역을 포착하기 힘들다. 불법생산(illegal production)은 판매나 소유자체가 법에 의해 금지되어 있으나 GDP를 계산할 때에는 포함해야 한다는 것이 국제적으로 합의된 원칙이다. 이밖에도 "통계적 지하(statistical underground)"라고 불리는 소규모 기업이나 자영업자 등에 대한 미흡한 기초통계 자료 등에 의해서도 비관측경제가 존재하게 된다.

연관검색어 : 국내총생산(GDP)

비교우위

국가 간 무역이 발생하게 되는 원리를 설명한 이론으로 자국 상품의 생산비용이 외국 상품과 비교해 우위를 가질 경우 이러한 상품, 즉 비교우위를 가진 상품의 생산에 특화하여 다른 국가와 무역을 하는 것이 유리하다는 것이다. 이는 고전경제학파 경제학자인 리카르도(D. Ricardo)에 의해 자유무역이 교역 대상국 모두에게 유리하다는 국제분업 및 무역에 관한 이론적 기반을 제공하였다. 그러나 노동가치설에 근거하여 노동투입에 따른 요소비용만을 고려하였고 두 나라 간에 두 가지 재화 생산만이 가능하다는 제한적인 가정에 근거하고 있다. 오늘날에는 상품의 종류가 세분되고 또한 같은 품질과 특성을 지닌 상품이 다수 생산되고 있어 생산비용의 상대적 차이만으로 무역의 발생 원인을 설명하는 데는 한계가 있는 것으로 보인다.

연관검색어 : 현시비교우위지수(RCA)

비용인상 인플레이션

재화나 서비스의 생산과 관련하여 투입요소의 비용 상승에 의해 물가가 지속적으로 상승하게 되는 것을 비용인상 인플레이션(cost-push inflation)이라고 한다. 생산의 주요 투입요소인 노동, 자본 등의 비용이 상승하면 기업은 증가한 생산비용을 가격에 반영시키므로 최종 재화의 가격이 상승하게 되는 것이다. 비용인상 인플레이션은 경제 내의 생산을 위축시키면서 유발되므로 사람들의 소득 수준이 악화될 가능성이 크다. 실제로 1970년대 발생한 2차례의 오일쇼크(석유가격이 급등하여 재화 및 서비스의 생산비가 크게 상승했음)로 인해 유발된 비용인상 인플레이션은 이러한 가능성을 보여주고 있다. 당시 유가 상승으로 인해 생산비가 증가하면서 생산활동이 위축되고 이로 인해 경기가 둔화되었다.

연관검색어 : 수요견인 인플레이션

비트코인

비트코인(bitcoin)은 가상통화(암호통화)이자 디지털 지급시스템이다. 비트코인 시스템은 중앙 저장소 또는 단일 관리자가 없기 때문에 최초의 탈중앙화된 디지털통화라고 불린다. 이는 사토시 나카모토라는 사람(집단)에 의해 만들어져서 2009년 개방형 소프트웨어로 배포되었다. 이 시스템은 공유형(peer-to-peer)이며, 거래는 중개자 없이 블록체인 소프트웨어를 이용하는 참여자(nodes) 사이에 직접 이뤄진다. 이런 거래들은 공유(P2P) 네트워크상 참여자의 작업증명(proof-of-work)을 통해 검증되고 공개된 분산원장인 블록체인에 기록된다. 승인된 거래의 새 그룹인 한 블록은 대략 10분에 한 번씩 만들어져서 블록체인에 추가되고 신속하게 모든 참여자에게 보내어진다. 비트코인은 대규모 전기를 사용하는 컴퓨터 처리 능력(power)을 활용해서 이뤄지는 기록보관 서비스인 채굴(mining)에 대한 보상으로 발행되고 있으며 다른 통화·상품·용역 등과 교환되어가고 있다. 중앙은행이 발행한 법정화폐가 아닌 비트코인은 비트코인 플랫폼에서 거래되며 투자대상으로서도 관심을 받고 있다. 하지만 급등한 가격 및 심한 변동 폭으로 거품논란이 크다. 또한 익명성으로 자금세탁 등 불법거래에 악용될 소지가 많아 중국 등 일부 국가에서 비트코인 등 가상통화의 거래를 규제하고 있다. 일본의 경우 비트코인의 거래이익에 대해 세금을 부과한다. 비트코인은 추가되는 한 블록당 새로 6.25비트코인을 보상하는데(2020.5월 현재), 21만개가 채굴될 때(대략 4년)마다 그 보상이 반으로 줄어든다. 비트코인의 총량은 21백만개이며 2140년경 모두 채굴될 것으로 전망된다. 비트코인은 그 시스템의 설계시 그 수량을 한정시켜 놓았기 때문에 원칙적으로 인플레이션에 의해 가치가 떨어질 수 있는 화폐와 다른 속성을 지닌다. 한편 2017년 8월 1일 비트코인(classic bitcoin)에서 '비트코인캐시'(BCH)가, 10월 25일 '비트코인골드'(BTG)가 하드포크(hard-fork)되어 별도로 거래되고 있다.

연관검색어 : 가상통화, 작업증명, 블록체인

빅데이터

빅데이터(big data)란 복잡하고 다양한 대규모 데이터세트 자체는 물론 이 데이터세트로부터 정보를 추출하고 결과를 분석하여 더 큰 가치를 창출하는 기술을 뜻한다. 수치데이터 등 기존의 정형화된 정보뿐 아니라 텍스트·이미지·오디오·로그기록 등 여러 형태의 비정형 정보가 데이터로 활용된다. 최근 모바일기기와 SNS 이용 보편화, 사물인터넷 확산 등으로 데이터의 양이 기하급수적으로 늘어나고 있다. 하지만 저장매체의 가격 하락 등으로 데이터 관리비용이 감소하고, 클라우드 컴퓨팅 등으로 데이터 처리·분석 기술도 발전하면서 빅데이터 활용 여건은 계속 개선되어가고 있다. 빅데이터 관련 기술은 데이터를 수집·저장하는 데이터 '처리기술'과 데이터를 분석·시각화하는 데이터 '분석기술'로 구성된다. 데이터 처리기술의 발달은 저가의 서버와 하드디스크를 여러 대 연결하여 대용량 데이터를 분산 처리함으로써 기존의 고비용 데이터 분석 솔루션을 대체하였다. 데이터 분석기술의 발달은 기존 데이터 분석에서는 불가능했던 비선형적 상관관계 규명, 감성분석 등 비정형화된 분석도 가능하게 만들었다. 여기서 감성분석은 텍스트 채굴(text mining) 기술의 하나로 텍스트(예 : 상품 품평)에 나타난 사람들의 태도·의견·성향 등 주관적인 속성을 지닌 데이터 추출·분석기법이다. 이처럼 빅데이터는 대량(high-volume), 초고속(high-velocity), 고다양성(high-variety), 고가변성(high-variability)의 특성을 지니며 고정확성(high-veracity)을 확보해야하는 정보 자산이다.

연관검색어 : 로보어드바이저

빅맥지수

빅맥(Big Mac)지수는 각국 통화의 구매력 정도 또는 환율 수준을 측정하기 위해 일물일가의 법칙을 햄버거 가격에 적용한 것으로 영국에서 발행되는 주간 경제전문지 이코노미스트지(The Economist)에서 1986년 이래 매년 전 세계적으로 판매되고 있는 맥도날드의 빅맥가격을 비교·분석해서 발표하고 있다. 맥도날도의 빅맥은 전 세계 120개국에서 동일한 재화로 판매되고 있으므로, 이 빅맥지수를 이용하여 일물일가의 법칙 또는 절대적 구매력평가를 간단하게 검증할 수 있는 기회를 독자들에게 제공한다는 취지이다. 만약 일물일가의 법칙이 완전하게 성립한다면 세계 모든 나라에서 빅맥의 미달러화 가격이 동일하여야 하므로 실제 환율과는 다른 구매력평가환율을 산정해 볼 수 있다. 예를 들어 어느 기준시점의 우리나라 빅맥 햄버거가격이 4,300원이고 미국에서의 가격은 4.79달러라 하면, 구매력평가이론의 일물일가의 법칙이 성립한다면 원/달러환율은 897.7원(=4,300원/4.79달러)이 되어야 한다. 그런데 그 시점의 실제 환율이 1,143.5원이라면 빅맥지수로 볼 때 원화는 약 22% 저평가되어 있다고 볼 수 있다.

연관검색어 : 구매력평가환율, 일물일가의 법칙

ㅅ

사이버리스크

정보통신기술의 발달로 기업경영활동에서 디지털화가 가속화되고 상호 연결이 확대되어감에 따라 전자상거래나 정보통신기술을 이용하여 이루어지는 활동 중 사이버 상에서 발생하는 예기치 못한 사고로 인해 기업이 부담하게 될 유·무형의 비용이 증가하는 위험을 말한다. 사이버리스크 발생에 따른 유형의 비용에는 자금 분실, 컴퓨터시스템 손상 또는 악성코드 감염, 네트워크 폐쇄에 따른 조업중단, 고객정보 및 디지털자산의 분실, 정보유출에 따른 법적 및 피해자 보상 등이 있으며, 무형의 비용으로는 고객 이탈, 기업 신뢰도 하락, 브랜드 이미지 손상, 핵심기술 유출에 따른 경쟁우위 훼손 등을 들 수 있다. 사이버리스크에 대한 대책으로는 사전 대응(secure)과 지속적 경계(vigilant) 및 신속한 복구능력(resilient) 확보가 제시되고 있다. 한편 디지털 정보량의 증대와 클라우드 컴퓨팅 이용 기업의 증가세를 감안할 때 향후 사이버리스크에 대한 노출은 더욱 늘어날 것으로 예상된다.

사전담보제

사전담보제(collateral requirements)는 지급결제시스템의 참가자로 하여금 시스템 전체에 대한 순채무를 결제하기에 충분한 담보를 사전에 제공토록 하여 결제불이행이 실제로 발생하였을 때 결제불이행 기관의 담보를 처분하여 결제의 종료를 보장하는 방법이다. 이는 참가기관간 결제차액만을 지정시점에 결제하는 이연차액결제시스템에서 일부 기관의 결제불이행이 연쇄적인 결제불이행으로 이어지지 않도록 하는 리스크 관리기법의 하나다. 예치 담보로는 중앙은행 예치금이나 국채 등 유동성이 높은 증권이 주로 이용되고 있다. 만약 각 참가기관이 자신의 순채무한도 전액에 해당하는 담보를 예치한다면 차액결제시스템은 결제불이행 기관의 수에 관계없이 나머지 참가기관에 어떠한 손실도 주지 않고 결제를 종료시킬 수 있다. 우리나라의 경우에도 차액결제시스템에 참가하는 금융기관은 국채, 정부보증채, 통화안정증권 등을 차액결제 이행을 위한 담보로 제공하도록 되어 있다.

연관검색어 : 결제리스크, 차액결제시스템

사전적 정책방향 제시(forward guidance)

사전적 정책방향 제시는 향후 통화정책 방향에 대해 중앙은행이 명시적으로 시그널을 전달하는 것으로 새로운 정책은 아니다. 그러나 글로벌 금융위기 이후 정책금리의 추가 인하가 어렵고 경제여건의 불확실성이 높은 상황에서 주요국 중앙은행이 적극적으로 그 방식을 다양화하여 활용하였다는 점에서 비전통적 통화정책의 일종으로 분류되고 있다. 중앙은행이 정책금리를 상당 기간 낮은 수준으로 유지할 것이라는 사전적 정책방향을 명확히 제시할 경우 단기시장금리의 미래 기대경로를 낮추고 정책금리 경로 관련 불확실성이 줄어들어 기간프리미엄도 축소되면서 장기금리의 하락에 기여할 수 있다. 또한 중앙은행이 당면한 정책목표 간의 상충관계에 대한 견해를 제시하여 정책목표의 우선순위를 명확히 전달할 수도 있다. 사전적 정책방향 제시는 미래에 대한 예고이기 때문에 정책적으로 유효하기 위해서는 경제주체들의 중앙은행에 대한 신뢰가 긴요하다. 경제·금융 여건이 예상과 다르게 변화하여 중앙은행이 당초 공표한 정책방향을 변경하게 되면 상황에 따라서는 금융시장의 변동성이 오히려 확대되고 중앙은행의 신뢰성에 부정적인 영향을 줄 가능성이 있다. 또한 사전적 정책방향의 제시내용이 지나치게 복잡하고 이해하기 어려울 경우 오히려 정책운영 방식의 명료성을 제약하고 정책 불확실성이 다시 높아지는 문제가 발생할 수도 있다.

연관검색어 : 양적완화정책, 제로금리정책, 통화정책 커뮤니케이션

4차 산업혁명

4차 산업혁명(4IR; Fourth Industrial Revolution)은 18세기초 산업혁명 이후 진행되어 온 4차 주요 산업시대로서, 2010년대부터 물리적, 디지털 및 생물학적 세계가 융합되어 모든 학문·경제·산업 등에 전반적으로 충격을 주게 된 새로운 기술영역의 등장을 뜻한다. 이는 클라우스 슈밥(Klaus Schwab)이 자신이 주도하는 2016년 세계경제포럼(WEF)에서 경제에 대한 디지털화 및 인공지능(AI)의 영향으로 4차 산업혁명을 '제2 기계시대'와 연관시키고, 여기에 생물학적 기술의 진전을 위한 광범위한 역할을 추가한 자신의 통찰을 부각시키면서 사용한 용어이다. 또한 그는 「4차 산업혁명」이라는 자신의 저서에서 인공지능(AI)·로봇·사물인터넷·3D프린팅·자율자동차·양자컴퓨팅·나노테크 등과 같은 영역에서 이뤄질 기술 혁신(breakthroughs)을 4차 산업혁명의 특징으로 보았다. 4차 산업혁명은 종전의 산업혁명과 달리 2010년대에 시작된 사물인터넷·인공지능·클라우드컴퓨팅·빅데이터의 발달로 초연결성(hyperconnectivity), 초지능(superintelligence), 더 빠른 속도(velocity), 더 많은 데이터 처리능력(volume), 더 넓은 파급 범위(scope) 등의 특성을 지니는 '초연결지능 혁명'으로 볼 수 있다. 하지만 인공지능의 작업 대체로 일자리 감소, 인간과 로봇(인공지능)의 공존, 개인정보 및 사생활 보호, 유전자 조작에 따른 생명윤리 등 여러 과제를 지니고 있다.

연관검색어 : 빅데이터

사회보장제도

사회보장제도는 사회 불평등 현상을 해결하기 위해 도입된 것으로 개인이 어떠한 불행을 당하더라도 국가가 최소한의 인간다운 생활을 보장할 수 있도록 하는 제도이며 사회보험과 공공부조, 사회복지서비스가 대표적이다. 사회보험(社會保險)은 산업재해, 실업, 질병 등으로 인하여 소득이 상실되었을 때를 대비한 보험으로 산업재해보험, 국민연금, 고용보험, 건강보험이 있다. 이때 보험료는 혜택을 받는 개인과 고용주 또는 국가가 나누어 부담하는데, 소득이 높을수록 부담이 높아진다. 한편 공공부조(公共扶助)는 비용전부를 국가가 부담하며 생활능력이 없는 사람의 최저한의 생활보호를 위해 마련된 제도로 기초생활보장제도가 대표적인 예이다. 마지막으로 사회복지서비스는 국가적인 보호가 필요한 취약 계층을 대상으로 이들이 정상적인 생활을 할 수 있도록

도와주는 여러 비경제적인 지원제도를 의미한다. 주로 아동, 노인, 장애인을 위한 복지제도가 여기에 포함된다.

연관검색어 : 사회보험, 상대적 빈곤율

사회보험

사회보험(social insurance)이란 국민에게 발생 가능한 각종 사회적 위험에 보험방식을 통해 대처함으로써 국민의 생활, 건강, 소득 등을 보장하려는 제도를 가리킨다. 구체적으로는 ① 산업재해보험(업무상 재해를 입었을 경우 신속한 보상 및 복귀 지원) ② 건강보험(질병, 상해, 사망 등의 사고가 발생할 경우 의료서비스를 제공) ③ 국민연금(퇴직, 노령, 사망 등에 따른 당사자 및 유족의 생활보장) ④ 고용보험(실직자의 생활 안정 및 재취업 지원)으로 구분된다. 이들 제도는 사회보장정책을 수행하기 위한 주요 수단으로 활용되며 특히 노동자와 그 가족을 발생 가능한 각종 위험으로부터 보호하기 위한 목적으로 시행된다. 사회보험은 반드시 개인의 자유의사에 의하여 가입하는 것은 아니며 보험료는 국가, 기업 및 개인이 분담하되 개인이 받을 위험 정도가 아닌 소득 수준에 비례하여 산정된다.

연관검색어 : 에너지바우처제도, 사회보장제도

산업연관표(I/O Tables)

일정기간(보통1년) 동안 국민경제 내에서 발생하는 재화와 서비스의 생산 및 처분과 관련 된 모든 거래내역을 일정한 원칙과 형식에 따라 기록한 종합적인 통계표이다. 이 표의 세로 방향은 각 산업에서 생산활동을 위해 사용한 중간재, 노동, 자본 등 생산요소의 내역을 나타내는 투입 구조를, 가로방향은 각 산업에서 생산된 산출물의 처분내역을 나타내는 배분구조를 의미한다. 이 표를 통해 산업간에 그물같이 복잡하게 얽혀있는 상호연관관계를 파악할 수 있다. 산업연관표는 1930년대 초 레온티에프(W. Leontief) 교수가 처음으로 작성 발표한 이래 선진국은 물론 개발도상국에 이르기까지 많은 나라에서 작성되고 있다. 산업연관표는 경제구조 및 정책효과 분석에 많이 이용되고 있으며 국가 간 산업연관관계나 지역경제 분석 및 환경, 에너지 분야 등에까지 다양하게 활용되고 있다. 우리나라에서는 한국은행이 「1960년 산업연관표」를 처음 작성한 이후 매

5년 마다(끝이 0과 5인 연도) 실측표를 작성하고 있으며 2006년부터는 매년 산업연관표를 작성하여 공표하고 있다.

연관검색어 : 고용유발효과/취업유발효과, 생산유발효과

삼불원칙

환율제도는 고정환율제도와 자유변동환율제도를 양 극단으로 하여 이를 절충하는 다양한 형태로 분류할 수 있다. 고정환율제도하에서는 환율변동에 따른 충격을 완화하고 거시경제정책의 자율성을 어느 정도 확보할 수 있다는 장점이 있으나 이를 위해서는 자본이동의 제약이 불가피하여 결과적으로 국제유동성이 부족해 질 수 있다는 단점이 있고, 자유변동환율제도하에서는 자본이동이 자유롭게 이루어지므로 국제유동성 확보가 용이하고 외부충격이 환율변동에 의해 흡수됨으로써 거시경제정책의 자율적인 수행이 용이한 장점이 있는 반면 환율변동성이 높아짐으로써 경제의 교란요인으로 작용할 가능성이 크다는 단점이 있다. 이밖에 통화위원회 제도의 경우 국내통화를 미 달러화 등에 일정비율로 고정시킴으로써 유동성을 확보하고 환위험을 방지할 수 있다. 그러나 외환의 공급에 비례하여 국내통화가 자동적으로 공급됨으로써 통화정책의 자율성이 크게 제약을 받는 단점이 있다. 이와 같이 어떤 환율제도의 경우라도 ① 통화정책의 자율성 ② 자본 자유화 ③ 환율의 안정 등 세 가지 정책목표를 동시에 만족시키기는 현실적으로 어려운데 이를 삼불원칙(impossible trinity, trilemma)이라고 한다.

연관검색어 : 고정환율제도/자유변동환율제도

상계관세

상계관세(countervailing duties)는 수출국이 수출기업에 보조금이나 장려금을 지급하여 지나치게 낮은 가격을 책정할 경우 수입국이 이로 인한 경쟁력 저하를 상쇄하기 위해 부과하는 것을 말한다. 즉 수출국 정부의 보조를 받아 가격·품질 면에서 우위를 갖게 된 수입품으로 인해 국내 산업이 피해를 입거나 피해를 입을 우려가 있는 경우 수입국이 그 효과를 상쇄할 목적으로 정규관세 이외에 부과하게 된다. 이러한 점에서 상계관세는 국내산업의 경쟁력을 유지하기 위한 일종의 차별관세라 할 수 있다. 우리나라에서는 관세법 제57조에 국내산업을 보호할 필요가 있다고 인정되는 경우 상계관세를 부과할 수 있다고 규정하고 있다.

연관검색어 : 긴급수입제한조치, 슈퍼301조

상대적 빈곤율

상대적 빈곤율은 세금과 이전소득을 모두 감안한 처분가능소득이 중위소득(소득이 많은 순서대로 세웠을 때 정확히 중간인 사람의 소득)의 50%를 밑도는 계층이 전체 인구에서 차지하는 비율을 말한다. 이는 소득을 기준으로 한 빈곤선(50%)에 의거해 국민이 겪는 빈곤의 정도를 측정하는데 활용된다. 우리나라는 2018년 기준으로 상대적 빈곤율이 16.7%를 기록하였는데 노르웨이, 프랑스, 스웨덴 및 독일은 각각 8.4%, 8.5%, 8.9% 및 9.8%로 상대적으로 낮은 수준이며 일본 및 미국은 각각 15.7%, 18.1%로 상대적으로 높았다. 우리나라의 경우 상대적 빈곤율이 2019년에는 16.3%로 2018년보다는 다소 낮아졌다. 이를 연령층 기준으로 살펴보면 근로연령인구(18~65세)는 11.1%(2018년 11.8%)인 반면 은퇴연령인구(66세 이상)는 43.2%(2018년 43.4%)의 매우 높은 수준을 나타내어 고령층이 소득 부족에 따른 빈곤에 더 큰 영향을 받고 있음을 알 수 있다

연관검색어 : 지니계수, 사회보장제도

상시감시제도/상시감시전담데스크

상시감시는 감독당국이 평상시 은행의 영업실적 및 재무상태에 관한 보고서를 징구, 분석하는 등 전반적인 은행의 경영상황을 파악하기 위한 감독수단의 하나이다. 상시감시제도는 은행수가 많고 은행도산이 빈발하는 미국에서 문제은행의 조기식별 수단으로 발달된 제도로 금융의 개방화·국제화 등으로 각종 리스크가 증대되는 금융환경하에서 그 중요성은 더욱 커지고 있다. 금융감독원은 금융기관별로 상시감시체제 강화를 위하여 상시감시전담데스크를 설치·운영하고 있으며 동 데스크는 업무보고서 심사 및 기타 수집정보의 분석 등으로 문제금융기관 또는 경영상의 취약부문을 조기에 포착하고 수집정보를 임점검사반에 제공하며 수시로 금융기관 업무전반에 대한 문제점 등을 확인 지도함으로써 감독·검사정책 개발을 지원하는 기능을 수행한다.

상장지수펀드(ETF)

주식, 채권, 통화, 원자재 등의 가격지수를 추종하는 것이 목표인 인덱스펀드의 지분을 거래소에 상장하여 일반주식처럼 거래토록 한 금융상품이다. 최초의 ETF(Exchange Traded Fund)는 S&P500지수 펀드로 1993년 1월에 뉴욕증권거래소에서 매매되기 시작하였고, 국내에서는 2002년 10월 KOSPI 200을 추종하는 KODEX 200과 KOSEF 200 ETF의 매매가 개시되었다. 국내에서 ETF는 설정을 원하는 기관투자자가 지정참가회사(증권사)를 통해 설정에 필요한 주식바스켓을 집합투자업자(자산운용사)에 납입함으로써 발행된다. 이렇게 발행된 ETF가 거래소에 상장되면 일반주식과 동일한 방식으로 거래된다. 유통시장에서는 지정참가회사 중 1개사 이상이 유동성공급자로 지정되어 ETF의 원활한 거래를 돕는다. ETF는 통상적인 펀드와 달리 개인 주식거래계좌를 통해 손쉽게 거래할 수 있는 데다 증권거래세 면제 등으로 거래비용이 낮고 소액으로도 분산투자가 가능하다는 장점을 가지고 있다. 우리나라의 ETF는 처음에는 국내 주가지수를 추종하는 상품이 대부분이었으나 현재는 국내외 주식 및 채권, 파생상품, 통화, 원자재 등의 가격지수를 활용한 상품으로 영역이 넓어졌다. 또한 수익률이 지수의 일정배율에 연동되는 레버리지 ETF, 지수변동의 반대방향으로 수익률이 정해지는 Inverse ETF 등 다양한 구조의 상품들이 있다.

상품공동기금(CFC)

1989년 7월 설립된 상품공동기금(CFC; Common Fund for Commodities)은 1차산품의 수급 안정을 위한 국제협력 증진과 국제상품협정 체결 촉진 및 기능 활성화를 목적으로 하고 있다. 주요 기능으로는 국제상품협정에 따른 완충재고 유지를 위한 금융지원, 1차산품의 개발 촉진 및 교역조건 개선을 위한 연구개발 지원, 1차산품에 관한 가맹국간 정보교환 및 정책협의 촉진 등을 들 수 있다. 2021년말 현재 가맹국은 101개국과 9개 기구(EC, AU, COMESA 등)로 납입자본금은 139.5백만 달러(약정액 기준)이며 출연금은 175.4백만 달러이다. 우리나라는 1989년 7월 설립과 함께 가입하였으며 2021년말 현재 1,051.8천 달러를 출자하였다.

연관검색어 : 세계무역기구(WTO)

상품수지

거주자와 비거주자 간의 상품 수출입 거래를 계상한 것으로, 경상수지의 한 부분이다. 수출이 수입보다 많으면 흑자, 수출보다 수입이 많으면 적자로 표시한다. 상품수지의 수출입은 관세청에서 통관기준으로 작성하는 무역수지의 수출입과 일치하지 않는 경우가 많다. 이는 관세청에서는 상품이 우리나라의 관세선을 통과하면 수출입으로 계상하는 반면, 국제수지의 상품수지에서는 상품의 소유권이 이전되어야 수출입으로 간주하는 소유권이전(change of ownership) 기준을 따르기 때문이다. 또한 무역수지에서 수출은 FOB가격, 수입은 운임 및 보험이 포함되어 있는 CIF가격으로 평가하지만, 상품수지에서는 수출과 수입 모두 FOB가격으로 평가한다는 차이점도 있다.

연관검색어 : 경상수지

생산세

현재 국민계정 작성기준인 국민계정체계(SNA)에서는 조세를 크게 종전 간접세에 해당하는 생산세(taxes on production)와 소득·부 등에 대한 경상세, 자본세로 분류하고 있다. 여기서 다시 생산세는 생산물세(taxes on products)와 기타 생산세(other taxes on products)로 분류되는데, 생산물세는 생산자가 재화 및 서비스를 생산, 배달, 판매, 이전 또는 기타 용도로 사용하였을 때 동 재화 및 서비스에 대해 부과되는 조세를 말한다. 생산물세에는 재화의 수입이나 비거주자의 거주자에 대한 서비스 공급 등에 부과되는 수입세 및 관세가 포함된다. 한편, 기타 생산세는 기업이 생산에 참여한 결과 부과되는 조세 중 생산물세를 제외한 모든 조세를 말한다. 여기에는 주로 생산에 이용된 토지, 고정자산, 노동 또는 특정거래나 활동에 대한 조세가 포함된다.

생산유발효과

한 나라에서 각 산업의 생산활동은 소비, 투자, 수출 등 최종수요의 크기에 따라 결정되는데, 최종수요의 변화가 생산에 미치는 영향을 생산유발효과라 한다. 예를 들어, 자동차 수출이 1대 증가할 경우 엔진, 타이어와 같은 수많은 중간재가 생산되어야 하고 다시 이들 중간재의 생산을 위해서 냉간압연강재 같은 철강제품, 고무, 타이어코드 등 다른 원료의 생산이 필요하게 된다. 이와 같이 자동차의 생산은 아무 관련이 없는 것처럼 보이는 많은 산업에 까지 영향을 주게 되는데 이러한 생산유발효과는 산업간의 수급균형이 이루어질 때까지 무한히 계속된다. 생산유발효과는 생산유발계수의 크기로 측정할 수 있는데, 생산유발계수는 최종수요가 한 단위 발생하였을 때 이를 충족시키기 위하여 각 산업부문에서 직·간접적으로 유발되는 생산액의 수준을 의미하는 것으로 생산유발계수가 클수록 국내 생산에 미치는 영향이 크다고 해석할 수 있다. 생산유발계수를 이용하여 소비, 투자, 수출 등 최종수요의 변동이 국내 각 산업의 산출, 부가가치, 고용 등 생산활동에 미치는 파급효과를 계량적으로 분석할 수 있다.

연관검색어 : 고용유발효과/취업유발효과

생산자물가지수(PPI)

국내시장의 제1차 거래단계에서 기업 상호간에 거래되는 상품과 서비스의 평균적인 가격변동을 측정하기 위하여 작성되는 물가지수로서 그 대상품목의 포괄범위가 넓어 전반적인 상품과 서비스의 수급 동향이 반영된 일반적인 물가수준의 변동을 측정할 수 있기 때문에 일반목적지수로서의 성격을 갖는다. 지수작성에 이용되는 가격은 제1차 거래단계의 가격 즉, 생산자가 제품 한 단위당 실제로 수취하는 기초가격이다. 생산자물가지수는 1910년부터 한국은행에서 작성해 오고 있다.

연관검색어 : 소비자물가지수(CPI), 기초가격

생산자제품재고지수

현실 경제에서는 경기의 좋고 나쁨에 따라 재고의 증가 또는 감소 현상이 필연적으로 나타나게 마련이다. 기업은 이에 효율적으로 대처하고자 재고를 비축하거나 처분하는 과정에서 생산을 조정하기 때문에 재고수준의 변동은 단기적인 경기순환을 나타내는 중요한 지표로 인식된다. 생산자제품재고지수는 생산자가 보유하고 있는 원재료, 반제품, 재공품을 제외한 완제품 재고의 변동을 파악하기 위한 것으로서 월말 재고수준을 나타내는 경기후행지표이다. 통계청은 매월 광업·제조업 동향조사를 통하여 534개 품목을 조사하여 생산제품재고지수를 작성하여 공표하고 있다.

연관검색어 : 경기종합지수

생산자제품출하지수/생산자출하지수

생산자제품출하지수는 생산자의 판매활동과 광업, 제조업, 전기·가스업 및 수도사업 제품의 출하 동향을 나타내는 지표이다. 여기서 제품 출하란 생산된 제품을 판매 등의 목적으로 공장 관할 밖의 외부로 출고하는 것을 의미한다. 따라서 보관만을 위하여 공장 내 창고, 타 지역에 있는 자기창고나 타인창고로 이송하는 것은 출하로 보지 않는다. 출하지수는 물건을 생산한 공장에서 물건이 팔려나가는 수준을 나타내며 생산자의 판매활동과 광공업 제품의 수급 동태를 나타내는 실물경제 지표로서 단기 경제동향 분석을 위한 지표로 널리 이용되고 있다. 출하지수는 출하내역에 따라 내수출하지수와 수출출하지수로 구분된다. 이 중 내수용만 집계한 내수출하지수는 현재의 경기상황이 잘 반영되어 경기동행종합지수의 구성 지표로 활용되고 있다.

연관검색어 : 경기종합지수

생활물가지수

생활물가지수(CPI for living necessaries)는 체감물가를 파악하기 위해 일상생활에서 구입 빈도가 높고 지출비중이 높아 가격변동을 민감하게 느끼는 생활필수품을 대상으로 작성한 소비자물가지수의 보조지표이다. 일반소비자들이 느끼는 물가는 개인이 구입하는 품목이나 구입 빈도에 따라 각각 달라 소비지출비중이 큰 460개 품목의 가격변동을 평균하여 작성하는 소비자물가지수와는 차이가 있다. 통계청은 이러한 지수물가와 체감물가와의 차이를 설명하기 위하여 일반소비자들이 자주 구입하는 품목과 기본생필품(쌀, 달걀, 배추, 소주 등)을 중심으로 141개 품목을 선정하여 생활물가지수를 작성하고 있다.

연관검색어 : 물가지수, 소비자물가지수(CPI)

서비스수지

국제수지표에서 서비스수지란 외국과의 서비스거래 결과 벌어들인 돈과 지급한 돈의 차이를 말한다. 서비스거래는 가공, 운송, 여행, 건설, 보험, 금융, 통신, 지식재산권, 유지보수, 정부서비스, 기타사업서비스 등의 항목으로 이루어진다. 서비스수지는 거래항목별로 수입과 지급으로 나누어 계상한다. 예를 들어 우리나라의 선박이나 항공기가 상품을 나르고 외국으로부터 받은 운임, 외국관광객이 쓰고 간 외화, 무역대리점의 수출입 알선수수료 수입 등이 서비스 수입으로 기록된다. 반대로 우리나라가 외국에 지급한 선박과 항공기의 운항경비, 해외여행 경비, 기술용역 대가 등은 모두 서비스 지급으로 나타난다. 서비스수지는 상품수지, 본원소득수지, 이전소득수지와 함께 경상수지를 구성한다.

연관검색어 : 경상수지

서킷브레이커

과열된 전기회로를 차단하는 안전장치에서 유래된 용어로 주식시장에서 주가의 급등락 시 주식거래를 일시 정지시켜 시장에 미치는 충격을 완화하기 위해 도입된 제도이다. 서킷브레이커(circuit breakers)는 1987년 10월 미국 증권시장 사상 최악의 주가 대폭락 사태를 기록한 '블랙 먼데이' 이후 뉴욕증권거래소를 시발로 각국 증시에 시장 안전장치의 하나로 활용되고 있다. 우리나라에서는 1998년 12월 주식 가격제한폭이 상하 12%에서 15%로 확대되면서 손실을 볼 위험이 커진 주식투자자를 보호하기 위해서 유가증권시장에 도입되었고, 2001년에는 코스닥시장으로 적용범위가 확대되었다. 우리나라 한국거래소에서는 주식시장의 대표지수인 종합주가지수 또는 코스닥지수의 하락폭 정도에 따라 3단계로 구분하여 서킷브레이크(시장 일시중단제)를 시행하고 있으며 전일 대비 8%, 15%, 20% 이상 하락하여 1분간 지속되는 경우 발동된다. 유가증권시장과 코스닥시장에서 주가지수가 전일 대비 8% 이상 하락한 경우 1단계 매매거래 중단이 발동되며, 1단계 발동 이후 주가지수가 전일대비 15% 이상 하락하고 1단계 발동지수 대비 1% 이상 추가 하락한 경우 2단계 매매거래 중단이 발동된다. 1단계와 2단계 서킷브레이커가 발동되면 각각 20분간 매매를 중단한 후 재개된다. 각 단계별로 발동은 1일 1회로 한정하고 당일 종가 결정시간 확보를 위해 장종료 40분 전 이후에는 중단하지 않는다. 한편, 2단계 매매거래 중단 발동이후 주가지수가 전일 대비 20% 이상 하락하고 2단계 발동지수 대비 1% 이상 추가 하락한 경우 당일 발동시점을 기준으로 주식시장의 모든 매매를 종료하게 된다. 3단계 매매거래 중단은 장종료 40분전 이후에도 발동이 가능하다.

선물거래

선물거래(futures transactions)란 공인된 거래소에서 품질, 규격 등이 표준화된 상품의 매매계약을 체결하고 일정기간이 경과한 후에 상품의 인수도와 결제가 이루어지는 거래로서 매매계약의 성립과 동시에 상품의 인수도와 결제가 이루어지는 현물거래와 구분된다. 선물거래와 유사한 개념으로 선도계약(forward contracts)이 있다. 선도계약과 선물거래는 기초 상품을 미래의 특정시점에 특정가격으로 사고 팔기로 약정한 계약이라는 점에서 동일한 성격을 가지나 일반적으로 선도계약은 장외시장에서 거래당사자간에 직접 거래되거나 딜러나 브로커를 통해 거래가 이루어지는 반면 선물거래는 정형화된 거래소를 통해 거래가 이루어진다는데 차이가 있다. 선물거래대상이 되는 상품에는 곡물, 귀금속, 원유 등 일반상품과 통화, 채권, 주식 등 금융상품이 있다. 선물거래의 특징으로는 ① 거래소에서 정한 표준화된 조건으로 거래가 이루어지므로 거래의 유동성이 높고, ② 모든 거래자는 거래 이행을 보증하기 위해 청산소(clearing house)에 일정 수준 이상의 증거금(margin)을 예치하여야 하며, ③ 거래소에서 거래가 이루어지면 별도의 조직인 청산소가 거래의 결제 및 이행을 보증하므로 계약불이행 위험(default risk)이 거의 없으며, ④ 최종선물가격을 기준으로 가격변동에 따른 당일 손익을 매일 정산한다.

연관검색어 : 옵션, 스왑

선물환거래

선물환거래란 계약일로부터 통상 2영업일 경과 후 특정일에 외환의 인수도와 결제가 이루어지는 거래를 말한다. 선물환거래는 현재시점에서 약정한 가격으로 미래시점에 결제하게 되므로 선물환계약을 체결하면 약정된 결제일까지 매매 쌍방의 결제가 이연된다는 점에서 현물환거래와 구별된다. 선물환거래는 주로 환리스크를 헤지하기 위한 목적으로 이용되는데 예를 들어 6개월 이후에 달러로 대금을 수령할 예정인 수출 기업은 은행과 6개월 후 달러를 매각하는 대신 원화를 수령하는 선물환계약을 체결함으로써 원/달러 환율변동에 따른 환리스크를 헤지(hedge)할 수 있다. 이외에도 선물환거래는 금리차익(arbitrage) 획득과 투기적 목적 등으로도 이용되고 있다. 선물환거래는 일방적인 선물환 매입 또는 매도 거래만 발생하는 Outright Forward거래와 선물환거래가 스왑거래의 일부분으로써 현물환거래와 함께 일어나는 Swap Forward거래로 구분되며 Outright Forward거래는 다시 만기시점에 실물의 인수도가 일어나는 일반 선물환거래와 만기시점에 실물의 인수도 없이 차액만을 정산하는 차액결제선물환(NDF; Non-Deliverable Forward)거래로 나눌 수 있다.

연관검색어 : 차액결제선물환(NDF) 거래

선불카드/선불전자지급수단

선불형카드는 이용고객이 전자적 또는 자기적 방법으로 일정금액을 저장한 카드를 카드발행자로부터 구입하여 상품구매 또는 서비스 이용시마다 대금이 자동으로 차감지급되도록 한 카드로서 사용범위에 따라 범용 선불형카드와 단일목적 선불형카드로 구분된다. 범용 선불형카드는 광범위한 지역에서 상품 또는 서비스 대금의 지급에 사용될 수 있는 반면 단일목적 선불형카드는 일정지역 또는 특정목적으로만 사용될 수 있다. 선불형카드는 신용카드사가 발행하는 선불카드와 은행 등 금융기관이 발행하는 전자화폐, 전자금융업자가 발행하는 선불전자지급수단으로 구분된다. 대부분의 신용카드사들은 사용한도가 미리 정해져 있어 그 범위내에서 일반 신용카드처럼 물건이나 서비스를 구매할 수 있고 재충전도 가능한 기명 선불카드 또는 무기명 선불카드(기프트카드)를 발행하고 있다. 선불전자지급수단은 IC카드형과 네트워크형으로 분류할 수 있는데 IC카드형은 주로 교통부문을 중심으로 이용되고 있으며 네트워크형은 사이버쇼핑몰 등의 대금결제에 주로 사용되고 있다.

연관검색어 : 지급수단, 직불카드, 전자화폐

선행종합지수

개별 경제지표로는 파악하기 어려운 국민경제의 총체적인 경기수준을 파악하기 위하여 경기종합지수를 작성한다. 경기종합지수는 선행종합지수, 동행종합지수, 후행종합지수 3개가 작성되고 있으며, 기준년도 수치가 100이 되도록 하여 산출하고 있다. 선행종합지수는 제조업 재고순환지표, 기계류내수출하지수, 국제원자재가격지수, 수출입물가비율, 코스피지수, 장단기금리차, 구인구직비율, 건설주수액, 소비자기대지수 등의 지표처럼 실제 경기순환에 앞서 변동하는 개별지표를 가공, 종합하여 만든 지수로 향후 경기변동의 단기 예측에 이용된다.

연관검색어 : 경기종합지수, 후행종합지수

성장기여도

성장기여도는 특정 경제부문(예: 산업 X_1)이 전체 경제성장(예: ΣX_n, 산업 X_1, …

산업 X_n,)에 어느 정도 기여했는가를 보여주는 지표로 구체적으로는 아래 산식에 의해서 산출된다.

- X_1의 성장기여도(%p) = X_1의 성장기여율 × ΣX_n의 증감률
- X_1의 성장기여율(%) = (X_1의 증감액/ΣX_n의 증감액) × 100

한편 성장기여율은 합계(또는 평균값)의 증감에 대하여 그 구성 항목이 전체를 증가시키는데 얼마나 공헌했는지를 나타내는 지표로서, 위의 산식에서와 같이 각 항목의 변화 크기를 전체의 증감에 대한 백분율로 나타낸다. 이때 부문별 성장기여율의 합은 100이 되며, 부문별 성장기여도의 합은 전체 성장률과 같게 된다. 성장기여율과 성장기여도의 개념을 알고 있으면 여러 구성항목으로 이루어진 통계의 증감을 분석하는데 유용하다. 예를 들어 국내총생산(GDP)에서 제조업, 건설업, 서비스업 등 산업별로 어떤 산업이 경제성장에 가장 큰 기여를 했는지 알 수 있고 물가상승 시 어떤 품목이 가장 큰 영향을 끼쳤는지도 파악할 수 있다. 다만, 연쇄가중법에 의해 추계하는 실질GDP의 경우에는 가법성이 성립하지 않기 때문에 위와는 다른 방법으로 성장기여도를 계산해야 한다.

연관검색어 : 국내총생산(GDP), 연쇄가중법

세계경제포럼(다보스포럼)

저명한 기업인, 경제학자, 언론인, 정치인들이 모여 세계 경제를 개선하기 위한 과제를 토론하고 연구하는 회의체이다. 본부는 스위스 제네바에 있으나 매년 1~2월경 스위스 동부의 다보스에서 연차총회가 개최되기 때문에 다보스포럼(Davos Forum)이라고도 불린다. 1971년 클라우스 슈바브(Klaus Schwab) 교수에 의해 창설되어 비영리재단 형태로 운영되고 있다. 당초에는 유럽의 기업경영자들이 참석하는 유럽경영포럼(European Management Forum)으로 출발하였으나 1973년부터 참석대상을 전 세계로 확대한 데 이어 1974년에는 정치지도자를 처음으로 초청하였다. 1976년에 회원기준을 세계의 1,000개 선도 기업으로 하는 회원제도를 도입하였고 1987년에는 명칭을 세계경제포럼(WEF; World Economic Forum)으로 변경하였다. WEF는 초청된 인사들에게만 참석을 허용하고 초청받지 않은 참석자는 적지 않은 참석비를 내야 하는 등 배타적인 모임의 성격을 갖고 있다. WEF는 연차총회 외에 지역별, 산업별 회의를 운영하고 있는데

2004년 한국에서 지역별 회의가 개최된 바 있다. WEF가 매년 발간하는 주요 보고서로는 글로벌 경쟁력 보고서, 글로벌 성별격차 보고서, 글로벌 인적자본 보고서 등이 있다.

세계무역기구(WTO)

국제무역 확대, 회원국간의 통상분쟁 해결, 세계교역 및 새로운 통상 논점에 관한 연구를 위하여 설립된 국제기구로서 본부는 스위스 제네바에 있다. 기존 GATT 체제의 문제점 해결을 위한 우루과이라운드 협상을 거쳐 1995년 1월 1일 출범하였다. 설립 이전 회원국들의 GATT 의무 이행이 미흡했던 점을 감안하여 WTO(World Trade Organization)는 GATT에 없던 세계무역분쟁 조정, 관세인하 요구, 반덤핑규제 등 준사법적 권한과 구속력을 행사할 수 있는 기능을 갖추고 있다. 또한 협정 형태이던 GATT와 달리 WTO는 여러 하위 기구를 갖춘 국제기구로서 GATT 체제에서 제외되었던 서비스, 지적재산권을 포괄하는 등 국제 무역규범의 적용범위를 크게 확대하였다. WTO는 각료회의, 일반이사회, 사무국 등의 조직으로 구성되어 있다. 모든 회원국의 대표로 구성되는 각료회의는 2년마다 최소 1회 이상 개최되고, 일반이사회는 각료회의 비회기 중 각료회의의 기능을 수행함과 아울러 분쟁해결기구, 무역정책검토기구로서의 기능도 수행한다. 우리나라는 1995년 출범 당시 가입하였고 2022년 9월말 현재 WTO 회원국은 164개국이다.

세계은행(World Bank)

세계은행그룹(World Bank Group)을 구성하는 기구 중에서 국제부흥개발은행(IBRD)과 국제개발협회(IDA)를 합쳐서 부르는 명칭이다. IBRD는 제2차 세계대전으로 인한 재해 복구 및 개발도상국의 경제개발을 위한 장기개발자금 지원을 목적으로 1945년 12월 설립되었으며 미국 워싱턴에 본부를 두고 있다. IBRD와 IDA는 별개의 법인체지만 IBRD의 임원이 IDA의 임원을 겸임하고 있으며 실무 집행부서도 별도의 구분 없이 세계은행으로 통합되어 운영되고 있다. 설립 초기에는 전쟁복구 지원에 주력하였으나 이후 저소득 개도국의 경제·사회 개발을 위한 장기자금 융자 등 지원분야를 확대하였다. IBRD 가입자격은 국제통화기금(IMF) 회원국에게만 부여되고 가입시 출자금을 납입하여야 한다. 2022년 9월 현재 회원국은 189개국이며 우리나라는 1955년 8월에 가입하였다. IDA는 1950년대 후반 최빈개도국 지원 필요성이 부각됨에 따라 저소득 회원국의 경제개발 촉진 및 생활수준 향상을 위한 자금 지원을 목적으로 1960년 9월 발족하였다. IDA 가입자격은 IBRD 회원국에게만 부여되며 가입시 출자금을 납입하여야 한다. 2022년 9월 현재 회원국은 174개국이며 우리나라는 1961년 5월에 가입하였다.

연관검색어 : 국제통화기금(IMF)

소득5분위배율

소득분배의 불평등도를 나타내는 지표의 하나로 전체 가구를 소득수준의 순서에 따라 20%씩 5등분으로 나눈 다음, 소득 상위 20%(5분위) 계층의 평균소득을 소득 하위 20%(1분위) 계층의 평균소득으로 나눈 값이다. 소득 5분위 배율 값이 커질수록 고소득층과 저소득층 간의 소득분배가 악화하였음을 의미한다.

연관검색어 : 상대적 빈곤율, 지니계수

소득교역조건/소득교역조건지수

소득교역조건지수는 순상품교역조건에 수출물량지수를 곱하여 {(수출단가지수/수입단가지수)×수출물량지수} 산출하는 것으로서 수출 금액으로 수입을 늘릴 수 있는 능력을 측정하는 지표이다. 소득교역조건지수가 상승하였다면 금기의 수출총액으로 수입할 수 있는 능력(수량)이 좋아졌다는 것을 의미한다.

연관검색어 : 순상품교역조건

소득주도성장

소득주도성장(income-led growth)을 주장하는 학자들은 소득분배를 간과해 온 기존의 경제모델을 비판하면서 소득의 형평성이 경제의 성장과 안정성에 긴요하다는 점을 중시한다. 이에 따르면 임금을 포괄하는 노동소득의 증대를 통한 노동소득분배율의 상승 또는 안정적인 유지가 경제성장을 촉진하는 데에 매우 중요하다. 전통적인 경제성장이론에서는 일반적으로 노동소득분배율이 일정하다고 가정함으로써 암묵적으로 동 비율 변화가 성장에 영향을 미치지 않는다고 간주된다. 그러나 노동소득분배율은 1980년대 이래 전 세계적으로 하락추세를 보이고 있으며, 동 비율의 하락이 총수요에 부정적인 영향을 미쳐 성장을 제약할 수 있다는 주장이 이론적·실증적인 연구에 의해 힘을 얻고 있다. 이를 배경으로 포스트케인지안들은 노동소득분배율 변화가 경제성장과 정(+)의 관계를 가지면 임금주도경제(wage-led growth)라 하고, 그 반대의 경우는 이윤주도경제(profit-led growth)라고 부른다.("소득주도성장: 이론적 가능성과 정책적 함의", 사회경제평론 제43호, 2014)

연관검색어 : 노동소득분배율, 영업잉여, 피용자보수

소비의 비가역성

소비행태를 설명하는 상대소득가설은 소비가 현재소득 이외에도 과거의 최고 소득수준 또는 타인의 소비수준과 같은 상대적인 요인에 의해서도 영향을 받을 수 있다는 가능성을 고려한다. 이 가설에 따르면 현재소득이 과거의 최고 소득수준에 비해 작아지더라도 소비자는 소비를 소득감소에 비례하여 줄이지 않고 이보다 작은 폭으로 줄이게 되는 소비의 비가역성이 발생하게 된다. 이러한 소비의 비가역성으로 인해 발생하는 톱니효과(Ratchet effect)는 단기적으로 소득이 변동할 경우 한계소비성향은 일정하지만 평균소비성향은 낮아지는 소비행태를 설명하는 핵심요소로 작용한다. 아울러 장기적으로 소득이 늘어날 경우 평균 및 한계 소비성향이 같아지는 장기소비 행태도 설명 가능하다. 참고로 상대소득가설에서 타인의 소비수준에 영향을 받는 현상인 전시효과(Demonstration effect)도 장단기 소비행태를 설명하는데 유용한 개념이라 하겠다.

연관검색어 : 한계소비성향

소비자동향지수(CSI)

소비자의 경기나 생활형편 등에 대한 주관적인 판단과 전망, 미래의 소비지출계획 등을 설문조사를 통해 지수화한 것으로, 기업들의 경제를 보는 시각이 반영된 기업경기실사지수(BSI; Business Survey Index)와 함께 대표적인 경제심리지수중 하나이다. 우리나라의 소비자동향지수(CSI; Consumer Survey Index)는 한국은행이 매월 15일을 전후한 일주일에 걸쳐 전국의 2,200여 가구를 대상으로 5부문 17개 항목을 조사한 후 하순경 발표하고 있다. 동 CSI는 5점 척도로 이루어져 있고 아래와 같이 항목별로 가중치를 부여하여 작성되며 지수의 기준치는 100으로 지수는 최저 0에서 200까지의 값을 갖는다.

지수가 100보다 큰 경우 경제상황을 긍정적으로 보는 소비자가 부정적으로 보는 소비자보다 더 많다는 것을 의미하며 100보다 작은 경우는 그 반대를 나타낸다. 지수가 0이면 모든 소비자가 경제상황을 부정적으로 본다는 뜻이고 지수가 200이면 모두 긍정적으로 본다는 의미가 된다.

$$CSI = \frac{(\text{매우긍정} \times 1.0 + \text{다소긍정} \times 0.5 - \text{다소부정} \times 0.5 - \text{매우부정} \times 1.0)}{\text{전체 응답 가구수}} \times 100 + 100$$

CSI는 소비자들의 경제심리를 조사함으로써 경제에서 큰 비중을 차지하고 있는 민간소비지출의 변화를 예상해 볼 수 있게 하고 소비자들의 물가 전망을 조사하여 통화정책 수립에 중요한 기초정보를 제공한다는 점에서 유용한 경제지표이다.

연관검색어 : 경제심리지수, 기업경기실사지수(BSI)

소비자물가지수(CPI)

일반 가구가 소비생활을 유지하기 위하여 구입하는 각종 상품과 서비스의 가격변동을 종합적으로 파악하기 위하여 작성되는 물가지표이다. 우리나라의 소비자물가지수는 통계청에서 작성하고 있으며 기준년을 100으로 하여 작성된다. 조사대상 상품 및 서비스의 구성과 가중치도 경제상황에 맞게 주기적으로 조정된다. 현재는 40여개 가계의 총소비지출에서 구입비중이 큰 500여개의 상품 및 서비스 품목을 대상으로 조사된 소비자 구입가격을 기준으로 하고 있다. 소비자물가지수는 소비자가 일정한 생활수준을 유지하는 데 필요한 소득내지 소비금액의 변동을 나타내기 때문에 소비자의 구매력과 생계비 등의 측정에 사용된다. 또한 소비자물가지수의 상승은 실질임금의 하락을 의미하므로 이를 보전하기 위한 임금인상의 기초자료로 널리 이용되고 있다.

연관검색어 : 생산자물가지수(PPI), 인플레이션

소비자심리지수

소비자를 대상으로 경기에 대한 판단이나 전망 등을 조사하여 지수화한 경제심리지표를 말한다. 이는 경제주체들의 경기에 대한 판단, 전망 등이 국민경제에 영향을 미친다는 사실에 근거하여 경기상황을 판단하고 미래의 경기를 예측하는 방법이다. 한국은행은

2005년 1/4분기부터 소비자심리지수(CCSI; Composite Consumer Sentiment Index)를 작성하여 발표하고 있다. 소비자심리지수는 소비자들의 경제에 대한 전반적인 인식을 종합적으로 파악할 수 있는 종합지수로서, 개별 소비자동향지수(CSI) 가운데 관련 경제지표와 연관성이 높은 생활형편지수, 경제상황지수, 가계수입 및 소비지출 전망 등의 지표를 표준화하고 합성하여 산출한다. 따라서 기존의 경제지표가 포착하기 어려운 경제주체의 심리적 변화를 측정할 수 있어 유용하고, 경기 변화를 신속하게 포착할 수 있으며 양적인 통계에서 입수하기 어려운 정보도 조사할 수 있는 특징이 있다. 지수의 기준치는 100이며 100을 초과할 경우 소비자들이 현재의 경기를 과거 평균 수준보다 좋아진 것으로 평가하고 있음을 의미하고, 100 미만은 현재의 경기가 과거 평균적인 경기상황보다 좋지 않음을 나타낸다.

연관검색어 : 경제심리지수, 기업경기실사지수(BSI)

소액결제시스템

소액결제시스템(retail payment system)은 주로 기업이나 개인의 소액거래를 처리하는 자금결제시스템으로서 주로 계좌이체나 지급카드, 수표, 지로 등과 관련된 결제가 소액결제시스템으로 처리된다. 소액결제시스템은 거래 대상이 광범위하고 결제건수가 매우 많아 결제건수와 결제유동성을 줄일 수 있는 차액결제방식을 이용하는 것이 일반적이며 참가기관의 차액결제 불이행 사태에 대비하여 순신용한도 설정, 사전담보 제공, 손실공동분담제 등과 같은 리스크 관리제도를 두는 경우가 많다. 우리나라의 소액결제시스템은 금융결제원이 운영하고 있으며 이에는 어음교환시스템, 지로시스템, 금융공동망(CD공동망, 타행환공동망, 직불카드공동망, CMS공동망, 지방은행공동망, 전자금융공동망, 전자화폐공동망, 국가간ATM공동망)과 전자상거래 결제시스템 등이 있다.

연관검색어 : 거액결제시스템, 지급결제시스템, 전자화폐

속물효과(스놉효과)

개성을 추구하는 사람들은 단지 다른 사람들이 많이 구입한다는 이유만으로 특정 물품을 구입하지 않거나 심지어 자신의 옷과 똑같은 옷을 입은 사람을 보면 그 옷을 더 이상 입지 않는다. 명품브랜드 소비에서 흔히 일어나는 현상인데 이를 속물효과 또는 스놉효과(Snob effect)라고 한다. 즉 특정 상품을 소비하는 사람이 많아질수록 그

상품에 대한 수요는 줄어들고 값이 오르면 오히려 수요가 늘어난다. 이 용어는 1950년 레이번슈타인(H. Leibenstein)에 의해 스놉(재산과 지위로 거만을 떠는 속물)이 선호하는 브랜드 물품이 일반 구매층까지 영향을 미치는 현상을 지칭하는 데 처음 사용되었다. 이와는 반대로 전시효과는 상품을 소비하는 사람이 많아질수록 수요도 증가하는 경우를 가리킨다.

연관검색어 : 기펜재, 밴드웨건효과, 베블런효과

수요견인 인플레이션

수요견인 인플레이션(demand-pull inflation)이란 경기과열 등으로 인해 개인들의 재화나 서비스에 대한 수요가 크게 늘면서 상대적으로 부족해진 재화 및 서비스의 물가가 지속적으로 상승하게 되는 것을 말한다. 이러한 수요견인 인플레이션은 생산요소시장과 생산물시장 모두에서 초과수요가 발생할 때 특히 분명하게 나타난다. 확대재정정책, 과도한 통화량 증가, 민간소비나 투자의 갑작스러운 변동에 따른 수요충격 등은 총수요를 증가시켜 수요견인 인플레이션을 발생시킨다. 예컨대 정부가 침체에 빠진 경기를 부양하기 위해서 정부지출을 확대하고 세율을 인하하는 등의 급격한 확대 재정정책을 시행하였다면 총수요가 증가하여 수요견인 인플레이션이 발생할 수 있다.

연관검색어 : 비용인상 인플레이션

수요탄력성

상품의 가격 변화비율에 대한 수요량의 변화비율을 수요의 가격탄력성(price elasticity of demand)이라 한다. 탄력성은 반응의 크기를 분석하는 데 의미가 있다. 충격을 주는 쪽과 반응하는 쪽의 변화율을 비교하여 같은 경우를 단위 탄력적이라고 하고, 반응하는 쪽의 변화율이 더 높으면 탄력적, 작으면 비탄력적이라고 한다. 수요의 가격탄력성의 경우, 한 상품의 가격의 변화비율과 수요량의 변화비율이 동일할 경우 수요의 가격탄력성은 1이 되며, 이 경우 수요가 단위 탄력적이라고 한다. 수요량의 변화비율이 가격의 변화비율보다 작아서 수요의 가격탄력성이 1보다 작으면 수요가 비탄력적이라고 한다. 반면 수요량의 변화비율이 가격의 변화비율보다 높아서 수요의 가격탄력성이 1보다 크게 되면 수요가 탄력적이라고 한다.

연관검색어 : 공급탄력성

수입유발계수

최종수요가 한 단위 증가할 때 각 산업부문에서 직·간접으로 유발되는 수입액 단위를 말하는 것으로 형태에 따라 산업별 수입유발계수와 최종수요항목별 수입유발계수로 나뉜다. 산업별 수입유발계수는 수입투입계수표에 생산유발계수표를 곱하여 구하고 최종수요 항목별 수입유발계수는 소비, 투자, 수출 등 항목별 최종수요에 의한 수입유발액을 최종수요액으로 나누어 산출한다.

연관검색어 : 생산유발효과

수입징수관/지출관

국고금의 수입과 지출은 일정한 요식행위인 국가기관의 명령행위에 의하여 이루어지는데, 이러한 국고금의 수입과 지출행위를 결정(명령)하는 국가회계기관은 국고금의 종류에 따라 다양하나 크게 수입을 담당하는 수입징수관과 지출을 담당하는 지출관으로 구분한다. 이들 수입징수관과 지출관을 명령기관이라 하며 명령기관의 명령행위에 따라 국고금의 실질적인 출납에 관한 사무를 담당하는 출납공무원 및 한국은행이 이를 수행한다. 수입징수관은 각 중앙관서의 장으로부터 수입징수에 관한 사무를 위임받은 공무원으로서 관련법령의 규정에 따라 수입금을 조사·결정하여 납입고지를 할 수 있는 권한을 가진다. 지출관은 각 중앙관서의 장이 소속 공무원 중 국고금 지출과 관련하여 임명한 회계직공무원으로서, 국고금 지출원인이 되는 계약 등의 지출원인행위를 하는 공무원인 재무관으로부터 지출원인행위 관계서류를 송부 받아 국고금 지출행위를 수행한다. 따라서 지출관은 재무관을 겸직할 수 없다.

수출경합도지수

특정 국가(Z)에 상품을 수출하는 두 국가(X와 Y)의 수출구조가 비슷할수록 경쟁도가 커진다는 가정 하에서 이들 국가가 Z국 시장에서 직면하는 경쟁의 정도를 측정하는 지표이다. 동 지수는 X국과 Y국의 특정 상품이 각각의 총수출에서 차지하는 비중을 비교하여 작은 값을 선택하되 모든 상품에 대해 합산한 후 100을 곱하여 계산한다. 따라서 수출경합도지수(ESI; Export Similarity Index)가 100으로 두 국가의 수출구조가 완전히 일치하면 경쟁도가 가장 높은 상황에 있음을, 반대로 지수가 0으로 두 국가의 수출구조가 완전히 다르면 경쟁도가 가장 낮은 상태에 있음을 각각 의미하게 된다.

연관검색어 : 현시비교우위지수(RCA)

수출보험

상품수출 시 수출업자가 수입업자의 신용위험, 수입국의 정치상황 등으로 수출대금을 회수하지 못할 위험으로부터 수출업자를 보호하기 위한 보험이다. 수출보험의 운영을 위해 한국무역보험공사내에 정부 등으로부터 자금을 출연받아 수출보험기금을 설치하였다. 수출보험은 ① 수입국의 수입금지 또는 제한, ② 외국에서의 외환거래 제한 또는 금지, ③ 외국에서의 전쟁 또는 내란으로 인한 금융거래 불능, ④ 수입국의 전쟁 또는 내란으로 인한 수출 불가능, ⑤ 국외에서 발생한 사유로 인한 운송 불능 등으로 인해 수출업자가 피해를 입을 경우 이를 보상해 주기 위해 운영되는 금융제도이다.

수출입물가지수

수출입 물가지수는 수출 및 수입상품의 가격변동을 측정하는 지표로서 동 지수는 대외의존도가 높은 우리나라의 경우 수출입 상품의 가격변동이 국내물가, 생산활동 및 대외 경쟁 등에 미치는 효과를 사전에 측정하기 위해 작성되며 주로 수출입관련업체들의 수출채산성 변동이나 수입원가 부담 등을 파악하는 한편 수출입물가지수의 상호비교를 통하여 가격측면에서의 교역조건 등을 측정하는 데에 이용된다. 2022년 7월 기준으로 조사대상품목이 수출물가지수는 212개, 수입물가지수는 234개이며, 조사되는 가격기준은 수출 FOB, 수입 CIF를 원칙으로 하고 있다.

연관검색어 : 수출입물량지수

수출입물량지수

무역지수중 수출입물량의 변동을 나타내 주는 것으로 수출입금액지수를 수출입물가지수로 나누어 사후적으로 산출되는데 이러한 방식으로 산출되는 것은 수출입금액이 단가요인과 물량요인의 합과 일치한다는 점에서 타당성을 가진다고 할 수 있다. 수출입물량지수는 원유 등의 가격이 변화함에 따라 수출입액이 큰 폭의 변동을 보이는 경우 동 가격요인을 제외한 물량기준으로 우리나라의 수출입상황을 파악하는데 활용되는 지표이다.

연관검색어 : 수출입물가지수

수쿠크

수쿠크(sukuk)란 샤리아(Sharia) 율법을 지키기 위해 투자자들에게 이자수익 대신 배당금 혹은 리스료 형태로 수익을 배분하는 채권을 말한다. 1970년대 이후의 고유가로 자금을 축적한 이슬람 산유국들의 금융수요가 확대되면서 수쿠크가 본격적으로 발달하였고 2008년 금융위기 이후 이슬람금융이 전통금융에 비해 보다 안전한 금융수단으로 인식되면서 성장세가 더욱 확대되었다. 샤리아 율법은 금전거래를 통해 이자를 수취하는 것을 부당이득으로 간주하기 때문에 수쿠크는 특정 자산으로부터 취득할 수 있는 수익(실물자산에 대한 전매차익, 임대료 등)을 배당금 등의 형태로 배분한다는 점에서 일반채권과 다르다. 수쿠크의 거래는 거래소를 통한 장내거래와 장외거래가 모두 가능하며 수쿠크 발행은 주로 장외거래를 통해 이루어진다. 2020년말 현재 글로벌 수쿠크 시장의 총 발행액은 약 1,398억 달러 수준으로 말레이시아가 발행비중의 32%를 차지하고 있다. 수쿠크 발행이 높은 성장세를 보인 이유는 ① 무슬림들의 수요 증가 ② 비 이슬람권 투자자들의 이슬람 금융상품 인지도 상승 ③ 이슬람권 국가들의 이슬람 자본시장 육성 정책 시행 ④ 수쿠크 구조의 표준화 추진 등을 들 수 있다.

연관검색어 : 이슬람금융

수확체감의 법칙

어떤 생산물을 만드는 데 필요한 자본·노동·토지 등의 생산요소 가운데 자본과 토지는 일정하게 유지하고 노동의 투입량을 증가시킬 경우, 생산물 전체는 증가하지만 추가로 투입되는 노동량 1단위당 생산물의 증가는 차차 감소한다는 법칙이다. 수확체감의 법칙(law of diminishing returns)은 원래 농지에서 작업하는 노동자 수의 증가에 대한 1인당 수확량의 증가와 관련된 것이었으나 이후 모든 산업부문에서 특정 생산요소의 투입량이 고정된 단기에 발생하는 현상으로 확장되었고 "한계생산력 체감의 법칙"으로 일반화되었다.

연관검색어 : 한계비용

순상품교역조건

순상품교역조건이란 수출 1단위로 수입할 수 있는 상품의 수량을 나타내며, 무역지수 통계에서 작성된 수출가격지수를 수입가격지수로 나누어 산출한다. 순상품교역조건지수가 상승했다는 것은 수출물가가 수입물가보다 더 많이 올랐다거나 수출물가가 수입물가보다 덜 하락했다는 것을 의미한다. 따라서 순상품교역조건지수가 상승하면 1단위 상품을 수출해서 받은 외화로 이전보다 더 많은 수량의 상품을 수입할 수 있게 된다. 반대로 순상품교역조건지수가 하락했다는 것은 1단위 상품을 수출함으로써 수입할 수 있는 상품의 수량이 그 이전에 비해 줄어들었음을 의미하며 이처럼 교역조건이 악화되면 국민경제의 실질구매력이 떨어져 실질소득이 감소하고 경상수지가 악화될 수 있다.

연관검색어 : 무역지수, 수출입물가지수

순안정자금조달비율

2008년 글로벌 금융위기시 신용경색으로 금융시장 기능이 마비되면서 자금조달이나 만기연장이 어려워짐에 따라 많은 은행들이 만기불일치 등에 따른 유동성 위기를 경험하였고 이는 금융시스템 전체의 유동성 경색을 유발하였다. 이에 따라 바젤위원회(BCBS)는 유동성 위기에 대한 대응 및 금융복원력 강화를 위해 단기 유동성 규제인 유동성커버리지비율과 함께 중장기 유동성 규제인 순안정자금조달비율(NSFR; Net Stable Funding Ratio)을 도입하였다. 순안정자금조달비율은 유동성을 감안한 은행 보유자산대비 안정적 조달자금(자본 및 부채)의 비율이며 은행들은 2018년부터 NSFR 비율을 100% 이상으로 유지하여야 한다. 즉, NSFR은 은행 자금조달 구조의 안정성을 강화하기 위해 장기 운용자산의 일정 부분을 안정적인 부채·자본으로 조달하도록 함으로써 은행들이 단기 도매자금 조달에 과도하게 의존하는 행태를 제한하기 위해 도입되었다. NSFR의 산식은 '가용 안정자금 조달금액(Σ부채 및 자본항목잔액 × ASF 가중치) / 필요 안정자금 조달금액(Σ자산항목잔액 × RSF 가중치) × 100'이다. 분자인 가용 안정자금 조달금액(ASF; Available Stable Funding)은 부채 및 자본 항목 중 향후 1년 이내 이탈 가능성이 낮은 안정적인 자금조달 금액을 의미한다. 분모인 필요 안정자금 조달금액(RSF; Required Stable Funding)은 자산항목 중 향후 1년 이내 현금화되기 어려워 안정적인 자금조달이 요구되는 금액을 말한다.

연관검색어 : 유동성리스크

순이자마진(NIM)

은행의 모든 금리부자산의 운용결과로 발생한 은행의 운용자금 한 단위당 이자순수익(운용수익률)을 나타내는 개념이다. 이는 이자자산순수익(이자수익자산 운용수익 - 이자비용부채 조달비용)을 이자수익자산의 평잔으로 나누어 계산하는 은행의 핵심 수익성 지표이다.

순이체한도제

순이체한도제(net debit caps)는 금융결제원의 차액결제시스템에 참가하고 있는 각 참가기관으로 하여금 여타 참가기관과의 CD, 타행환 거래 등에서 발생하는 순이체액(지급지시송신액 - 지급지시수신액)에 대하여 그 상한을 설정토록 함으로써 결제불이행 사태의 발생 가능성 및 불이행 규모를 최소화하도록 한 제도이다. 순이체한도의 적용을 받는 차액결제시스템은 한은금융망을 통하여 차액결제되고 있는 거래중 지급지시가 실시간으로 송수신되고 금융기관간 결제보다 고객앞 대금지급이 먼저 이루어짐으로써 미결제순채무가 발생하는 타행환공동망, 전자금융공동망, 지방은행공동망, 국가간ATM망과 어음교환시스템, CD공동망, B2C 전자상거래 중 지급지시가 실시간으로 송수신되는 거래이다. 차액결제 대상거래로서 지급지시가 실시간으로 이루어지지 않는 지로시스템, 직불카드공동망 등은 순이체한도 설정 대상에서 제외된다. 순이체한도는 각 차액결제 참가기관이 자신의 과거 최대 순채무액, 향후 대고객 거래규모의 변화 등을 종합적으로 고려하여 자율적으로 설정하도록 하고 있다.

연관검색어 : 결제리스크, 차액결제시스템

숨은 그림(은화)

은행권의 위조방지를 위한 장치의 하나로 은행권용지를 빛에 비췄을 때 여백에 숨겨진 문양이 나타나도록 하는 장치를 말한다. 기술적으로는 은행권용지를 제작할 때 특정 부분의 두께와 밀도를 달리하면 부분적으로 용지의 얇음과 두꺼움이 달라지게 되며 이로 인해 빛의 투과정도가 달라져 빛에 비췄을 때 명암차이가 문양으로 드러나게 된다. 현재 우리나라 각 은행권의 앞면에는 화폐도안 인물 초상 모양의 숨은그림이 있는데, 오만원권에는 신사임당, 만원권에는 세종대왕, 오천원권에는 율곡 이이, 천원권에는 퇴계 이황이 나타난다.

연관검색어 : 은선

슈퍼301조

미국의 통상법 301조를 이르는 것으로 이에 따라 관련 당국은 불공정무역 관행에 해당되는 사안을 대상으로 상대국에 대해 시정 요구와 보복 조치를 할 수 있다. 불공정무역에 해당되는 대표적인 사례로는 ① 미국 상품에 대한 부당한 관세 및 수입 제한조치 ② 미국의 통상을 제한하는 정책 ③ 무역 상대국의 자국 산업 보호를 위한 보조금 지급 ④ 식량, 원자재, 제품, 반제품 등에 대한 공급 제한 등을 들 수 있다. 미국은 동 조항의 적용 범위를 상품뿐만 아니라 서비스와 투자 분야를 포괄하도록 확대하였다.

연관검색어 : 긴급수입제한조치, 상계관세

스마트계약

스마트계약(smart contract)은 블록체인을 이용하여 일정 조건이 만족되면 자동으로 거래가 실행되도록 작성된 컴퓨터 프로토콜 또는 코드를 뜻한다. 1996년 닉 자보(Nick Szabo)가 이 용어를 처음으로 사용하였다. 그는 이 새로운 스마트계약이 디지털 혁명에 의해 종이 계약보다 더 기능적이며, 인공지능을 사용하지 않고서도 계약 당사자들의 약속을 실행하게 만드는 프로토콜을 가진 디지털 형태의 약속세트라고 정의하였다. 2015년 7월 비탈릭 부테린(Vitalik Buterin)이 블록체인 기술을 통해 컴퓨터 분산네트워크를 구성해서 금융거래 이외에도 계약기능 등을 구현한 '이더리움'(Ethereum)이라는 가상통화 플랫폼 서비스를 시작한 후에 이 스마트계약이 더 확산되어가고 있다. 이 기능을 활용하면 개발자가 프로그래밍 언어로 직접 계약조건과 내용을 코딩할 수 있기 때문에 원칙적으로 모든 종류의 계약을 체결하고 이행할 수 있다. 금융거래·부동산계약·공증·지적재산권·공유경제 등 다양한 형태의 계약을 체결·이행할 수 있으며 '블록체인 2.0'이라고도 말한다. 스마트계약은 블록체인 공유네트워크를 통해 계약 이행 및 검증 과정이 자동화되고 계약조건을 확인하는 사람의 간섭과 추가 비용 없이 직접 처리되도록 만든 일종의 컴퓨터 프로그램이다. 따라서 전통적인 계약에 비해 상대방의 불이행 리스크 최소화 및 결제시간의 감소로 비용이 낮아지며, 투명성도 향상되어 신뢰도가 높아짐으로써 더 안전하게 계약이 실행될 수 있다. 예를 들면 손해보험 보상업무의 경우 보험가입자·보험사·손해사정인·정비업체·병원·사법기관 등 여러 이해관계자들이 각각 확인 및 검증절차를 처리해야함으로써 많은 비용과 시간이 들어간다. 하지만 이미 합의한 내용이 담긴 스마트계약 프로그램에 따라 블록체인 기반 공유네트워크를 통해 자동 실행조건이 만족되면, 위변조를 막으면서도 각 이해관계자의 간섭 없이 계약이 자동 실행되고, 그 결과는 모든 이해관계자에게 공유됨으로써 계약이 신속하고 정확하며 안전하게 이행될 수 있는 것이다.

연관검색어 : 블록체인

스무딩오퍼레이션

우리나라는 자유변동환율제도를 채택하고 있어서 환율이 원칙적으로 외환시장에서 자율적으로 결정되도록 하고 있으나, 일시적인 수급불균형이나 시장 불안심리 등으로 환율이 급변동하는 경우에 한해 외환당국이 외환시장에 개입하여 환율변동 속도를 조절하게 되는데 이를 스무딩오퍼레이션(smoothing operation)이라 한다. 즉 단기간에 환율이 급격하게 하락할 경우 외환당국이 외환시장에서 원화를 대가로 미 달러화를 매입함으로써 미 달러화의 초과공급(원화의 초과수요)을 흡수하여 원화의 절상 속도를 줄일 수 있고, 이와는 반대로 환율이 급등하는 경우에는 외환당국이 외환시장에서 원화를 대가로 미 달러화를 매각하여 미 달러화의 초과수요(원화의 초과공급)를 흡수하여 원화의 절하속도를 조절할 수 있다.

연관검색어 : 외환시장, 고정환율제도/자유변동환율제도, 평가절상, 평가절하

스왑

거래 쌍방이 미리 정한 계약조건에 따라 현재시점에서 원금, 이자 등을 서로 교환하기로 하고 일정기간 동안 주기적으로 원금이나 이자지급 등 현금흐름(cash flow)을 서로 교환하는 거래를 말한다. 스왑거래의 예로는 동일 통화의 일정 원금에 대해 서로 다른 이자(예: 변동금리와 고정금리)를 교환하는 이자율스왑(interest rate swap)과 서로 다른 통화의 일정 원금과 이에 대한 이자의 지급을 교환하는 통화스왑(currency swap) 등이 있다. 따라서 통화스왑의 경우 이자율스왑과 달리 거래 시작과 만기 시점에 원금의

교환이 발생한다. 이자율스왑 중 가장 일반적이고 단순한 형태인 plain vanilla swap의 예를 들면 A은행은 B사에게 1억 원의 명목원금(notional principal)에 대하여 7%의 확정 금리를 10년 동안 지급하는 내용과 B사는 A은행에게 1년 만기 미재무성증권 금리 +1%의 변동금리를 같은 기간 동안 지급하는 내용으로 하는 계약을 체결하는 경우이다. 이러한 거래가 이루어지는 것은 A은행이 단기 자금을 조달하여 장기 자금을 융자함에 따라 금리변동에 민감한 부채(rate-sensitive liabilities)보다 금리변동에 민감한 자산(rate-sensitive assets)이 1억 원 더 많은 반면 B사의 경우 장기채권을 발행하여 조달한 자금을 단기적으로 사용함에 따라 A은행과는 반대의 상황에 직면하고 있는데 따라 양자가 부담하게 된 이자율 위험을 제거하기 위한 것이다. 이러한 이자율스왑은 금융기관이 대차대조표의 내용을 조정하지 않고 거래 비용을 최소화하면서 이자율 위험을 헤지할 수 있는 장점이 있다. 또한 이자율스왑은 금융선물이나 금융선물 옵션 보다 장기를 요하는 경우에 주로 활용된다.

연관검색어 : 금리스왑, 통화스왑

스왑레이트

외환스왑시장의 가격변수인 스왑레이트(swap rate)는 현물환율 대비 선물환율과 현물환율의 차이(=(선물환율-현물환율)/현물환율)를 연율(%)로 표시한 것으로 이론적으로는 양 통화 간 금리차와 일치(covered interest rate parity)하게 된다. 스왑레이트는 금융기관의 자금사정을 나타내는 대용지표(proxy)로도 활용된다. 예를 들어 국내 금융기관의 외화자금사정이 악화되면 금융기관은 외화조달의 방안으로 현물환매입/선물환매도(buy/sell) 스왑을 이용한다. 이 경우 현물환매입 증가로 현물환율은 상승하고 선물환매도 증가로 선물환율은 하락하게 되어 스왑레이트가 낮아진다. 반대로 금융기관의 원화자금사정이 악화되면 원화차입을 위한 현물환매도/선물환매입(sell/buy) 스왑 증가로 스왑레이트가 올라간다. 한편 스왑레이트가 내외금리차를 하회하면 외화차입 후 외환스왑(현물환매도/선물환매입)을 통해 원화를 조달한 다음 원화자산에 투자함으로써 환리스크 없이 이익을 획득할 수 있다. 이에 따라 '내외금리차-스왑레이트'를 차익거래 유인으로 해석할 수 있다.

연관검색어 : 금리평가이론

스태그플레이션

제2차 세계대전 이전까지 경기침체기에는 물가가 하락하고 경기호황기에는 물가가 상승하는 것이 일반적 현상이었다. 그러나 제2차 세계대전 이후 특히 1970년대 들어 두 번의 유가파동을 겪으면서 실업이 늘어나는 침체기에도 인플레이션이 지속되는 현상이 나타나기 시작하였다. 이와 같이 실업과 인플레이션이 동시에 증가하는 현상을 스태그플레이션이라 한다. 스태그플레이션이란 스태그내이션(stagnation:경기침체)과 인플레이션(inflation:물가상승)을 합성한 용어이다. 즉 국민소득의 증가세가 축소되는 경기침체와 전반적인 물가수준이 지속적으로 상승하는 인플레이션이 동시에 발생하는 현상을 말한다. 스태그플레이션이 발생하게 되면 실업률과 물가상승률이 모두 상승하므로 국민의 경제적 고통은 크게 늘어나게 된다.

연관검색어 : 디플레이션, 장기침체

스탠더드 & 푸어스

무디스, 피치와 함께 세계 3대 국제신용평가기관으로 불리는 미국의 신용평가회사로서 1860년 Henry Varnum Poor가 설립한 Poor's라는 투자정보서비스 회사와 1916년 설립된 Standard의 두 회사가 1942년 합병하여 Standard & poor's로 출범하였다. 무디스와 마찬가지로 1929년 세계대공황을 계기로 높은 명성을 획득하여 성장하였는데 스탠더드앤드푸어스가 신용을 평가하는 국가 수는 1975년 2개국(미국, 캐나다)에서 1990년 35개국(주로 선진국), 2000년에 신흥시장국을 포함하여 83개국으로 확대되었다. 이 회사는 채권의 신용등급을 신용리스크에 따라 AAA(최우량)·AA(우량)·A(비교적우량)·BBB(중위)·BB(저중위)·B(저급)·CCC·CC·C(모두 최저급) 순으로 채권의 신용등급을 매기고 있으며 더불어 미국의 3대 주가지수인 S&P500지수도 발표하고 있다. 스탠더드앤드푸어스는 각국의 정부채무에 대해 경제적, 재정적 성과수치들을 합한 정량분석과 미래의 부채 지불능력을 반영한 정성분석을 모두 실시하는 특징을 보이며 주요 신용평가항목은 정치 리스크, 경제구조, 경제성장, 정부의 역할과 재정수지, 공공부채 부담, 물가안정, 경상수지 구조, 대외부채와 유동성 등이다.

연관검색어 : 무디스

스톡옵션

스톡옵션(stock option)이란 파생상품의 옵션과 같이 일정한 권리 조건이 충족되면 소유주가 권리를 행사할 수 있는 옵션을 말한다. 일반옵션과 마찬가지로 행사가격과 시점이 명기되어 있으며 증권옵션(equity option)으로도 불린다. 고용주가 근로자에게 발행하는 경우는 종업원 주식매수선택권(employee stock option)으로 부르며, 임직원이 일정 기간이 지나면 일정 수량의 자사 주식을 매입 또는 매도할 수 있는 권한을 부여한 스톡옵션이다. 종업원 주식매수선택권은 근로자가 주식을 액면가보다 낮은 가격에 매입할 수 있고, 자사의 기업가치가 상승할 경우 현재의 높은 주가로 판매할 수 있어 기업에서 제공하는 인센티브로 이용된다. 미국의 경우 유력기업의 3/4 이상이 이 제도를 실시하고 있을 정도로 일반화되어 있다. 우리나라에서는 지난 1997년 4월 증권거래법이 개정되면서 도입되었고 2000년부터는 상장·등록법인과 벤처기업으로 제한되었던 것을 모든 주식회사로 확대하면서 비상장·비등록 중소기업도 주식매수선택권 제도를 이용할 수 있게 되었다. 스톡옵션은 상대적으로 능률급 제도로 평가되어 직급이나 근속연수를 바탕으로 하는 우리사주제도와는 다르다. 또한 자사 주식을 매입하는 임직원에게 그 비율에 따라 일정 주식을 무상으로 지급하는 스톡퍼처스(stock purchase) 제도와도 차이가 있다.

연관검색어 : 옵션

스트레스 테스트(위기상황분석)

예외적이지만 발생가능한(extreme but plausible) 위기 상황을 상정하여 개별 금융기관, 금융부문 및 금융시스템 전체의 취약성과 복원력을 평가하는 기법을 의미한다. 스트레스 테스트(stress test)에서는 위기 시나리오 하에서 예상되는 금융기관의 손익, 자본비율, 현금흐름 및 유동성 상황 등을 정량적으로 측정하여 리스크를 분석한다. 글로벌 금융위기를 계기로 개별 금융기관 단위보다는 금융시스템 전체 관점에서의 건전성 평가 및 규제 필요성이 대두되면서 금융기관 간 연계성 및 거시-금융 연계성을 반영하는 거시 스트레스 테스트의 중요성이 높아지고 있다. 미국 및 EU 등 주요국 중앙은행 및 정책당국은 위기 이후 거시 스트레스 테스트를 강화하고 이를 금융기관의 자본규제 등 건전성정책 수행에도 활용하고 있다.

시뇨리지

시뇨리지(seigniorage)란 화폐에 대한 독점적 발권력을 갖는 중앙은행이나 국가가 화폐발행을 통해 획득하는 이득을 의미한다. 금속화폐 시대에는 절대군주가 금, 은 등을 소재로 화폐를 제조하여 유통하는 과정에서 화폐를 생산비용 보다 높은 액면가치에 유통시킴으로써 시뇨리지(화폐시뇨리지=화폐 액면가-화폐제조비용)가 발생하였다. 한편 명목화폐 등장 이후에는 중앙은행이 화폐 태환력(convertibility)을 보장하기 위해 화폐발행액을 부채로 인식하게 되면서 화폐시뇨리지를 수익으로 간주하지 않는 대신 화폐발행을 통해 취득한 유가증권 등의 운용수익에서 화폐제조비를 차감하는 방식으로 시뇨리지로 계상하게 되었다. 전통적으로 시뇨리지는 정부의 재정적자 보전수단으로 인식되어 왔으나 최근에는 중앙은행의 재무적 독립의 중요성이 강조되면서 통화정책 운영에 필요한 재원이라는 인식이 확산되고 있다.

연관검색어 : 중앙은행

시스템 리스크

금융시스템 일부 또는 전부의 장애로 금융 기능이 정상적으로 수행되지 못함에 따라 실물경제에 심각한 부정적 파급효과를 미칠 수 있는 위험을 의미한다. G10(2001)에서는 금융시스템의 상당한 부분에서 경제적 가치 또는 신뢰의 손실을 촉발하고 불확실성을 높임으로써 실물경제에 중대한 부정적 영향을 미치게 될 가능성이 높은 사건이 발생하는 위험을 시스템 리스크로 정의하기도 한다.

연관검색어 : 시스템적으로 중요한 금융기관

시스템적으로 중요한 금융기관

규모가 크고 금융시스템 내 상호연계성이 높아 부실화 또는 도산시 금융시스템에 광범위하고 중대한 영향을 미칠 수 있는 은행, 보험사 및 여타 금융기관을 의미한다. 정책당국이 충격 완화와 금융시스템 복원을 위해 공적자금을 투입하여 부실화된 시스템적으로 중요한 금융기관(SIFIs; Systemically Important Financial Institutions)을 회생시킬 경우 납세자 부담이 증가할 뿐만 아니라 SIFI 부실화시 정부 지원이 있을 것이라는

大馬不死(TBTF; Too Big To Fail)의 기대를 강화시킴으로써 SIFI의 과도한 리스크 추구 행태를 부추길 우려가 있다. 글로벌 금융위기 이후 금융안정위원회(FSB)는 이러한 문제점을 해결하기 위해 바젤은행감독위원회(BCBS) 등 국제기준제정기구들과 공동으로 SIFI 선정을 위한 평가 체계를 개발하고 대상 금융기관에 대한 추가자본 부과 등 규제 강화를 추진하였다. FSB와 BCBS는 매년 글로벌 은행과 보험사를 대상으로 G-SIBs(Global Systemically Important Banks)와 G-SIIs(Global Systemically Important Insurers) 명단을 선정하여 발표하고 있다.

연관검색어 : 시스템 리스크

시장리스크

금융시장의 금리, 주가, 환율 등의 변동으로 은행이 단기매매를 위해 트레이딩계정(trading book)에 보유한 금융상품의 가격이 하락하여 손실이 발생할 가능성을 의미한다. 바젤은행감독위원회(BCBS)는 은행이 시장리스크에 상응하는 자기자본을 보유토록 의무화하고 있다. 글로벌 금융위기를 계기로 그간 시장리스크가 과소 평가되었다는 비판이 제기됨에 따라 BCBS는 시장리스크에 대한 자본규제 체계 개선작업을 진행하였으며 2016년 1월 시장리스크에 대한 자본규제 개정 기준서를 공표하였다.

연관검색어 : VaR(Value at Risk)

시장평균환율제도

우리나라가 1990년 3월 국내 외환시장의 활성화와 자본 및 금융의 국제화를 촉진시키기 위한 환율제도의 단계적 개편방안의 일환으로 도입한 제도로서, 1997년 외환위기 이전까지 시행되었다. 기본적으로 환율이 외환시장에서의 수요와 공급에 의해 결정되도록 하되, 급격한 환율변동에 의한 외환시장 교란과 경제적 불안정을 완화하기 위하여 환율의 일중변동 폭을 제한하였다. 시장평균환율제도하에서는 외환중개회사를 통해 외국환은행 간 실제 거래된 환율을 거래량으로 가중평균하여 다음 영업일의 기준환율로 정하고, 동 기준환율을 중심으로 원/달러 환율이 상하 일정 범위 내에서만 변동되도록 하였다. 동 제도 도입 당시에는 일중 환율변동제한폭을 기준환율의 상하 0.4%로 설정하였으며 이후 변동제한폭을 지속적으로 확대하였는바, 1997년 11월 외환위기를 맞으면서 상하 10%로 대폭 확대하였다가 같은 해 12월 완전히 철폐하였고 이로써 우리나라는 자유변동환율제도로 이행하였다.

연관검색어 : 고정환율제도/자유변동환율제도, 미달러화페그제도

신용경색

금융기관 등에서 돈의 공급이 원활히 이루어지지 않아 어려움을 겪는 현상을 의미한다. 신용경색은 금융시장에 공급된 자금의 절대량이 적거나 자금의 통로가 막혀 있을 때 주로 발생한다. 신용경색(credit crunch)이 발생하면 기업들은 자금 부족으로 인해 정상적인 경영 활동에 어려움을 겪게 되고 무역업체들도 수출입 활동에 큰 제약을 받게 된다. 신용경색이 나타나는 과정은 보통 다음과 같다. 먼저 일부 은행의 도산이나 부실화로 인해 금융시스템 내의 대출 가능 규모가 줄어들게 되고, 이들 은행과 거래하던 기업들의 차입이 어려워지면서 기업 도산확률이 높아지게 된다. 이렇게 되면 건전한 은행들도 높아진 기업의 신용위험과 유동성 위험 등에 대비하여 대출 규모를 축소하기 때문에 금융시스템 내 유동성이 부족해져 자금공급이 더욱 위축되는 악순환이 발생하게 된다. 신용경색은 주식, 채권 등 직접금융시장이 발달하지 못한 경우 실물경제에 더 큰 충격을 준다. 부문별로는 신용도가 낮은 중소기업이나 가계와 같이 직접금융시장을 이용하기 어려운 부문에 더 큰 영향을 미치게 된다. 우리나라도 1998년 외환위기시 극심한 신용경색으로 인해 많은 기업이 도산한 경험이 있다.

연관검색어 : 신용위험(신용리스크), 유동성리스크

신용레버리지

신용레버리지란 레버리지효과를 거두기 위해 경제주체가 활용하고 있는 신용의 정도를 의미한다. 사전적 의미로 레버리지(Leverage)는 '지레의 작용', '지레 장치' 또는 '타인자본을 이용한 효과'를 말한다. 기업경영 분야에서 레버리지란 기업이 투자수익률을 높일 목적으로 타인으로부터 조달한 부채를 이용함으로써 자기자본의 수익률을 지렛대 효과를 통해 보다 크게 확대시키는 것을 말한다. 레버리지 효과는 투자수익률이 타인자본의 이자율보다 높을 경우 그 차이만큼 자본의 수익률을 높일 수 있기 때문에 발생하는 것인데, 반대로 투자수익률이 타인자본의 이자율보다 낮을 경우에는 자본의 수익률이

그 차이만큼 줄어드는 역효과도 나타나게 된다. 이는 레버리지가 커질수록 손실발생의 위험도 커지게 됨을 의미하므로 레버리지는 적정 수준을 유지할 필요가 있다. 참고로 한국은행의 금융안정보고서에서는 우리나라 민간부문의 신용레버리지 수준으로 민간신용/명목GDP 비율을 이용하여 분석하고 있다. 여기서 민간신용으로 가계(대출금, 정부융자) 및 기업(대출금, 채권 및 정부융자) 부채의 합을 이용하고 있는데 이는 BCBS(2010)에서 민간신용을 '가계 및 비금융기업에 공급하는 모든 형태의 채무'로 넓게 정의하고 있는 것을 감안한 것이다.

연관검색어 : 레버리지 효과

신용스프레드

신용스프레드란 특정 채권의 신용위험이 어느 정도인지를 보여주는 지표로서 동일만기 무위험 채권인 국고채 금리와 해당 채권 금리의 차이로 나타난다. 예를 들어 신용등급이 AA-인 3년만기 회사채 금리가 2.5%이고 3년만기 국고채금리가 2.0%인 경우 신용스프레드는 0.5%p(2.5%-2.0%)이다. 현재 회사채는 투자적격 회사채와 투자부적격 회사채로 구분되며, 투자적격 회사채는 우량회사채(AAA~A-)와 비우량회사채(BBB+~BBB-)로 구분된다. 우량회사채 신용위험이 비우량회사채 신용위험보다 작기 때문에 우량회사채 신용스프레드는 비우량회사채 신용스프레드보다 당연히 작게 나타낸다. 신용스프레드가 축소된다는 것은 국고채의 금리가 변하지 않음에도 불구하고 회사채 금리가 하락한다는 것이므로 그 업종의 업황이 개선되어 부도위험이 줄어들었거나 그에 따라 동 회사채에 대한 수요가 늘었음을 의미한다. 반대로 신용스프레드가 확대된다는 것은 국고채의 금리가 변하지 않음에도 불구하고 회사채의 금리가 상승한다는 것이므로 그 업종의 업황이 악화되어 부도위험이 높아졌거나 그에 따라 동 회사채에 대한 수요가 줄어들었음을 의미한다. 특히 비우량회사채 신용스프레드의 움직임은 자본시장에서 자금이 기업에 원활히 공급되고 있는지를 보여주는 핵심 지표이다. 2008년 9월 발생한 금융위기 처럼 신용위험이 크게 부각되는 시기에는 비우량회사채로 자금공급이 줄어들기 때문에 비우량회사채의 신용스프레드가 급격히 상승하게 된다.

연관검색어 : 신용위험(신용리스크)

신용연계증권(CLN)

신용연계증권(Credit Linked Notes)은 지급보증계약과 유사한 신용파산스왑(CDS)을 증권화한 형태이다. 신용연계증권의 보장매입자(CLN 매도자)는 기초자산의 신용상태와 연계된 증권을 발행하고 약정된 방식으로 이자를 지급하며, 보장매도자(CLN 매수자)는 약정이자를 받는 대신 신용사건이 발생하는 경우 기초자산의 손실을 부담하게 된다. 신용연계증권 거래의 특징은 보장매도자가 지급하는 신용연계증권 매수대금이 신용사건 발생시 보장매도자가 부담하게 되는 손실의 담보 역할을 한다는 점이다. 기초자산에 신용사건이 발생하는 경우 보장매입자는 수취한 신용연계증권 거래대금에서 기초자산의 손실분을 차감하여 보장매도자에게 돌려주거나, 기초자산을 보장매도자에게 인도한다. 이와 같이 신용연계증권은 신용파산스왑과는 달리 신용연계증권 거래대금이 담보 역할을 하고 있어 보장매도자의 신용도는 문제가 되지 않는다.

신용위험(신용리스크)

채권·채무관계에서 채무자의 채무불이행, 이행거부 또는 신용도 하락 등으로 인해 손실이 발생할 가능성을 의미한다. 바젤 자본규제에서는 주어진 신뢰 수준(99.9%)에서 일정 기간(1년) 이내에 발생할 수 있는 최대 손실을 총손실로 정의하고 있다. 총손실은 VaR(Value at Risk)로 산출하며 예상손실(EL; Expected Loss)과 예상외 손실(UL; Unexpected Loss)로 구분하여 관리되고 있다. 바젤 자본규제 상 예상손실은 현재 시점에서 통상 1년 이내에 발생할 것으로 예상되는 평균 손실금액으로 '부도시 익스포저(EAD; Exposure At Default) × 예상 부도율(PD; Probability of Default) × 부도시 손실률(LGD; Loss Given Default)'의 산식을 이용해 산출하며 실제 손실 발생시 사전에 적립된 대손충당금으로 흡수된다고 가정한다. 반면, 총손실 중 예상손실을 초과하는 예상외 손실은 자기자본으로 대비한다고 가정한다.

연관검색어 : 예상손실

신용창조

신용창조(credit creation)는 일반적으로 은행이 예금과 대출업무를 반복적으로 취급하는 과정에서 예금통화를 만들어내는 현상을 말한다. 예를 들어 중앙은행이 A은행에

100만큼의 본원통화를 공급하면 A은행은 이중 10(지급준비율 10%, 민간의 화폐보유성향 0% 가정)을 지급준비금으로 남겨두고 나머지 90을 대출로 운용한다. 대출받은 사람이 이를 B은행에 예금을 하면 B은행은 다시 이 가운데 9를 지급준비금으로 남겨두고 나머지 81을 다시 대출하게 된다. 이러한 과정이 무한정 반복되면 결국 예금은 1,000(그러나 대출받는 사람이 전부 예금하기 보다는 이중 일부를 현금으로 보유하게 되는데 그러면 동 현금 부분은 신용창조 사이클에서 누락되므로 실제통화량은 1,000 보다 작아진다)만큼 늘어난다. 즉, 100이라는 본원통화가 신용창조를 통해 1,000이라는 예금통화가 창출되었다. 본원통화와 통화량 사이의 관계를 통화승수라 하는데 여기서 통화승수는 10이다(1000÷100). 지급준비율을 변경하면 승수효과를 통해 신용창출효과(통화량)에 영향을 주기 때문에 지급준비제도는 중앙은행의 핵심적인 유동성조절 수단이다. 지급준비율을 인하하면 통화승수가 커지기 때문에 통화량이 늘어나고 반대로 지급준비율을 인상하면 통화승수가 줄어들기 때문에 통화량이 감소한다. 그래서 중앙은행은 통화완화가 필요한 경우에는 지급준비율 인하를 통해, 통화긴축이 필요한 경우에는 지급준비율 인상을 통해 통화량을 조절하게 된다.

연관검색어 : 지급준비제도, 통화승수, 본원통화

신용파생상품

신용파생상품(credit derivative)이란 채권, 대출금 등과 같이 차입자 또는 발행자의 신용에 따라 가치가 변동하는 기초자산(underlying asset)의 신용위험(credit risk)을 분리하여 이를 다른 거래상대방에게 이전하고 그 대가로 프리미엄(수수료)을 지급하는 금융상품을 말한다. 금리, 환율 등 가격변수의 변동에 따라 가치가 변동하는 금융자산의 시장위험(market risk)을 선도 및 선물거래, 스왑, 옵션 등을 통해 관리할 수 있는데, 차입자의 부도, 신용등급 변동 등에 따라 자산가치가 등락하는 금융자산의 신용위험은 신용파생상품의 거래를 통해 그 위험을 헤지할 수 있다. 신용파생상품 거래에서 신용위험을 전가하고 수수료를 지급하는 거래자는 보장매입자(protection buyer), 신용위험을 매수하고 그 대가로 수수료를 수취하는 거래자는 보장매도자(protection seller)라고 한다. 보장매입자는 보유채권의 신용위험 노출을 없애고 기존 포트폴리오의 만기 구조를 개선할 수 있으며, 보장매도자는 수수료 수입을 통해 수익증대를 도모하고 투자수단을 다양화할 수 있다. 일반적으로 신용파생상품은 기초자산의 이전 없이 신용위험만을 분리하여 거래하므로 신용위험에 대한 가격산정의 적정성을 높여 신용위험을 다수의 투자자에 분산시키는 기능을 수행한다.

연관검색어 : 신용위험(신용리스크), 시장리스크

신용평가제도

넓은 의미에서 신용평가란 자금을 빌리는 차입자, 즉 가계 기업 등의 부채 상환능력이나 신용도를 일정한 등급으로 평가하는 것을 말한다. 대표적인 예로서는 기업과 개인의 신용평가를 들 수 있다. 먼저 기업이 증권을 발행할 때 신용평가회사가 기업의 신용을 평가해주는 것이 있고, 다음으로 은행 등 금융기관이 고객에게 대출을 해 줄때 개인 등의 신용등급을 평가하는 제도가 있다. 먼저 신용평가회사(CRAs; Credit Ratings Agencies)는 채권을 발행하려는 기업이나 금융기관의 재무상황 경제적 여건 등을 감안하여 증권발행자의 신용도를 등급으로 제시한다. 신용평가회사는 1800년대 미국에서 채무자의 신용을 평가하기 위해 도입되었다. 1837년 태펀(Louis Tappan)은 상인들의 신용을 평가하는 회사를 설립하였는데 현재 세계 신용평가회사 중 하나인 Moody's Investor Service로 발전하였다. 1990년대에 들어서 이러한 신용평가는 투자자에 대한 자료제공 이외에 금융기관이 등급이 낮은 채권 보유를 일정량 이상 보유하는 것을 제한함으로써 건전성감독의 수단으로도 활용되고 있다. 한편 가계대출 등에 이용되는 개인신용평가제도(CSS; Credit Scoring System)는 개인의 인적사항, 소득, 금융기관 거래 및 대출실적 등 신용정보를 토대로 신용등급을 매기고 대출여부, 대출가능금액, 적용금리를 산정한다.

신용환산율

BIS 자기자본비율 계산시 난내자산의 경우 익스포저에 거래상대방의 신용위험도에 따른 위험가중치를 곱하여 위험가중자산(risk-weighted assets)을 산출하게 된다. 난외자산의 경우 관련 권리·의무가 미확정된 상태로 난내자산으로 전환되기 전까지는 익스포저를 산출할 수 없으므로 난외자산 계약의 명목원금에 신용환산율(credit conversion factor)을 곱해서 산출된 신용리스크 상당액을 익스포저로 보고 이에 거래상대방에 따른 위험 가중치를 곱하여 위험가중자산을 구한다. 따라서 신용환산율은 난외자산이 실제로 활용되어 난내자산으로 전환될 확률 개념이며, 특별한 원칙에 따라 결정되기 보다는 거래 유형 및 과거 경험을 토대로 바젤위원회(BCBS)가 산정한 비율을 사용하고 있다.

연관검색어 : BIS 자기자본비율

신·재생에너지

매장량이 한정되어 있는 기존의 화석연료(석유, 석탄, 천연가스 등)와 우라늄을 대체할 수 있는 에너지를 지칭하는 것으로, 새로운 기술을 활용한 에너지 또는 재생 가능한(renewable) 에너지를 포함한다. 세계 각국은 자국의 자원 여건 및 환경기준 등을 고려하여 신·재생에너지의 개념을 특정 에너지를 추가 또는 제외한 것으로 규정하고 있어 그 정의에 대한 명확한 국제적 기준이 없고 이에 따라 통계편제 기준도 국가별로 다르다. 우리나라에서는 신에너지 및 재생에너지 개발·이용·보급 촉진법 및 시행규칙에 의거하여 연료전지, 석탄액화·가스화 및 수소에너지의 3개를 신에너지로, 태양열, 태양광, 바이오, 풍력, 수력, 해양, 폐기물 및 지열의 8개를 재생에너지로 각각 규정하고 있다.

연관검색어 : 탄소배출권

신주인수권부사채(BW)

신주인수권부사채(Bond with Warrant)는 채권을 발행한 회사가 주식을 발행할 경우 투자자가 미리 약정된 가격에 일정한 수량의 신주(新株)를 인수할 수 있는 권리인 워런트(Warrant)가 결합된 회사채를 말한다. 투자자들은 발행기업의 주가가 약정된 매입가를 상회하면 신주를 인수하여 차익을 얻을 수 있고, 그렇지 않으면 인수권을 포기하면 된다. BW는 일반 채권에 비해 발행금리가 낮아 발행 회사는 적은 비용으로 자금을 조달할 수 있는 장점이 있다. 또한 발행기업의 주가가 약정된 매입가를 상회할 경우에는 투자자들의 신주인수권 행사에 힘입어 자기자본이 증가하면서 새로운 자금조달이 가능하게 된다. 이 경우 투자자는 채권으로부터 이자수익을, 주식으로부터 주가 상승에 따른 자본수익을 기대할 수 있어 투자의 안전성과 수익성 모두를 확보하게 된다. BW는 발행회사의 주식으로 전환할 수 있는 권리가 부여된 전환사채(CB; Convertible Bond)와 비슷한 것처럼 보이지만, CB는 전환 시 그 사채가 소멸되는 데 반해, BW는 신주인수권 행사 시 인수권 부분만 소멸될 뿐 사채부분은 계속 효력을 갖게 되므로 양자 간에는 차이가 있다.

연관검색어 : 전환사채(CB)

신흥시장국채권지수(EMBI+)

미국 유럽 일본 등 신용등급이 높은 국가들이 발행한 채권에 주로 투자하는 펀드를 글로벌채권펀드, BRICs 등 신흥시장 국가들이 발행한 채권에 주로 투자하는 펀드를 신흥시장국채권펀드라고 하는데, 양자간 투자위험도의 차이 때문에 통상 후자의 금리(투자수익률)는 전자의 금리보다 높다. EMBI+(Emerging Market Bond Index +)는 투자은행인 JPMorgan이 신흥시장국 투자에 대한 벤치마크로 사용하기 위하여 만든 신흥시장국 채권펀드 투자수익률 지수로서 신흥국 정부가 발행한 달러화표시 채권 및 유통대출을 대상으로 산출된다. 구체적으로는 신흥시장국 채권 등의 가산금리를 거래금액을 기준으로 가중평균하여 지수화한 것이다. 한편, EMBI+ 수익률에서 미국(또는 선진국) 국채수익률을 차감한 값을 EMBI+ 스프레드라고 하며, 일반적으로 신흥국의 위험이 증가하면 동 스프레드가 커진다.

연관검색어 : MSCI 지수, FTSE 지수

실망실업자

구직단념자라고도 하며, 비경제활동인구 중 잠재구직자의 일부분이며 취업 희망과 취업 가능성 기준 외에도 노동시장적 사유로 지난 4주간 구직활동을 하지 않는 자 중 지난 1년 내 구직 경험이 있는 사람을 의미한다. 여기서 노동시장적 사유라 함은 다음과 같은 사유로 구직활동을 하지 않게 경우를 의미한다. ① 전공, 경력, 임금수준, 근로조건 등의 면에서 적당한 일자리가 없을 것 같아서 ② 지난 4주간 이전에 구직하여 보았지만 일자리를 찾을 수 없어서 ③ 교육·기술·경험 부족 등의 면에서 자격이 부족하여 지난 4주간 구직활동을 하지 않은 경우를 의미한다.

연관검색어 : 고용보조지표, 자발적 실업

실물화폐/명목화폐

고유의 사용가치 및 교환가치를 가지고 화폐의 기능을 수행하는 물건을 실물화폐라고 한다. 화폐경제 초기에는 각기 그 사회의 고유한 사정에 의해 생산량이나 존재량이 충분하지 못하여 희소가치가 있는 조개 등 귀한 물건 또는 교환의 도구로 사용하기에 적당한 가축, 면포 등이 실물화폐로 사용되었으나 점차 운반도 간편하고 변질도 되지 않는 내구성이 있는 귀금속, 특히 금 또는 은이 주로 실물화폐로 쓰여졌다. 이러한 실물화폐는 경제규모가 커짐에 따라 필요한 양만큼 보관과 운반이 불편하여 소재가치와 교환가치가 다른 무엇을 화폐로 사용하게 되는데 이를 명목화폐라고 한다. 오늘날에는 은행권(지폐)으로 대표되는 명목화폐가 화폐의 대부분을 이룬다. 명목화폐는 그 자체가 가치를 가져서 화폐가 된 것이 아니라, 법률에 근거하거나 역사적인 관습이 그대로 사회적 신임을 얻어 통용되게 된 것이다.

실업률

고용상황을 파악하고자 할 경우에는 전체 인구보다는 경제적으로 생산활동이 가능한 인구가 더욱 중요한 의미를 가진다. 이에 따라 현재 각국에서 작성하는 고용통계는 일정 연령 이상의 노동가능인구를 대상으로 작성되고 있으며, 동 인구는 다시 노동을 통해 경제활동에 참가할 의사가 있는 경제활동인구와 경제활동의 의사가 없는 비경제활동인구로 나누어진다. 경제활동인구는 다시 취업자와 실업자로 구분, 조사되는데 실업자가 경제활동인구에 포함되는 이유는 비록 조사시점 당시에는 일시적인 이유로 직장이 없어 실업상태에 있으나 언제든지 노동력을 제공함으로써 경제활동을 할 수 있는 인구로 분류되기 때문이다. 고용현황조사를 통하여 노동가능인구, 경제활동인구, 취업자 및 실업자 등의 노동력과 유휴노동력의 규모가 파악되면 경제활동참가율, 실업률 등의 지표를 성별, 지역별, 연령별 등으로 산출하여 취업구조의 변화를 판단하게 되는데 경제활동참가율은 경제활동인구수를 노동가능인구수로 나눈 백분율이며, 실업률은 실업자수를 경제활동인구수로 나누어 백분율로 계산한다.

연관검색어 : 고용률, 고용보조지표

실업률갭

실업률과 자연실업률간의 차이를 말한다. 실업률갭은 노동시장의 여력(slack)을 평가할 수 있는 유용한 지표로, 잠재GDP와 실제GDP의 차이인 GDP갭과 함께 경기수준 또는 경제 전반의 유휴자원을 파악할 때 유용하다. 실업률갭이 양(+)인 경우에는 노동공급 여력이 양호한 상황으로 인플레이션압력이 높지 않음을 나타내며, 실업률갭이 음(-)인 경우에는 노동공급 여력이 소진된 상황으로 노동력 확보경쟁 등으로 인한 임금상승이 인플레이션압력을 높일 가능성이 큰 상황으로 볼 수 있다. 따라서 물가안정을 주된 정책목표로 하는 중앙은행의 경우 실업률갭은 노동시장을 통한 인플레이션 상승압력을 평가하거나, 통화정책 기조가 노동시장 수급불균형 해소에 어느 정도 부합하는지 등을 살펴보는데 유용하게 활용할 수 있다. 다만 중앙은행이 실업률갭만을 염두에 두고 통화정책을 운영하는 데는 한계가 있는데, 이는 실업률갭의 구성요소인 자연실업률이 실시간으로 관측되지 않고 추정방법도 다양하여 정확한 추정이 이루어지지 않을 경우 중앙은행이 원하는 정책효과를 얻지 못할 수 있기 때문이다

연관검색어 : 제조업평균가동률갭, 자연실업률

실질임금

근로자가 노동의 대가로 받는 임금을 현재의 화폐단위로 표시한 것을 명목임금이라고 하는데 이러한 명목임금으로 재화와 서비스를 실제 구입할 수 있는 수량 즉, 구매력을 측정하기 위해 명목임금을 소비자물가지수로 나눈 것을 실질임금이라고 한다. 물가상승률이 명목상승률보다 더 높으면 실질임금은 오히려 줄어들어 실제 구매력은 감소하게 된다.

연관검색어 : 소비자물가지수(CPI), 인플레이션

실효환율

환율은 양 통화 간의 교환비율이기 때문에 주요 교역상대국 통화 전체에 대한 자국통화 가치의 변동을 파악하는 데에는 부적절한 측면이 있다. 실효환율(effective exchange rate)은 이러한 점을 고려해 자국통화와 주요 교역상대국 통화간의 환율을 무역비중으로 가중평균하여 산출한 환율로서 자국 상품의 종합적인 가격경쟁력 지표로 볼 수 있다. 한편, 일국 통화의 대외가치는 환율변동뿐 아니라 국가 간의 물가상승률의 차이에 의해서도 영향을 받게 되는 바, 국가 간의 물가변동을 고려하지 않고 주요 교역대상국의 환율변동만을 종합적으로 고려한 실효환율을 명목실효환율(nominal effective exchange rate)이라고 하고 물가변동까지를 고려한 실효환율을 실질실효환율(real effective exchange rate)이라고 한다. 명목실효환율이나 실질실효환율은 명목환율의 절대적 수준이 통화별로 상이한 점 때문에 절대적 환율수치가 아닌 기준년대비 지수 형태로 표시되는 경우가 많은데 이를 각각 명목실효환율지수 또는 실질실효환율지수라고 한다.

ㅇ

아세안+3 거시경제조사기구(AMRO)

아세안(ASEAN) 10개국, 한국, 중국 및 일본이 치앙마이 이니셔티브 다자화 협정(CMIM; Chiang Mai Initiative Multilateralization)의 효과적인 운영을 지원하기 위하여 2011년에 설립한 기구로서 싱가포르에 본부를 두고 있다. AMRO(ASEAN+3 Macroeconomic Research Office)는 평상시에는 역내 전체 및 회원국의 거시경제 동향 및 전망에 대한 보고서를 작성하고, 위기시에는 지원대상국에 대한 거시경제 분석 및 정책권고안을 도출하여 CMIM 의사결정기구를 지원하는 한편 CMIM 협정 인출조건의 준수 여부를 감시하는 업무를 수행한다. 설립 당시에는 싱가포르 민간법인의 형태였으나 원활한 역내 협력 및 감시업무 수행을 위하여 2013년 5월 국제기구화하기로 합의하고 이후 2016년 2월 AMRO 협정문이 발효됨에 따라 국제기구로 공식 전환되었다. 이에 따라 CMIM, AMRO로 구성되는 역내 금융안정망의 위상이 크게 높아졌으며 국제통화기금(IMF) 등 여타 국제기구와 공식적으로 협력할 수 있게 되는 등 AMRO의 역량도 강화되었다. AMRO의 경비는 CMIM 재원 분담비율에 따라 한·중·일 3국과 ASEAN에 80:20의 비율로 배분되고, 다시 한·중·일 3국에게 1:2:2의 비율로 배분된다.

연관검색어 : 동남아시아국가연합+한·중·일(ASEAN+3), 치앙마이 이니셔티브(CMI)

아시아개발은행(ADB)

아시아·태평양지역의 경제성장 및 경제협력 촉진과 역내 개도국의 경제개발 지원을 목적으로 1966년 8월 설립된 국제금융기구로서 필리핀 마닐라에 본부를 두고 있다. 주요 기능은 공공 및 민간자본의 역내 개발투자 촉진, 역내 국가의 균형적 경제발전을 위한 회원국의 개발사업에 대한 자금지원, 개발사업계획의 작성 및 집행에 관한 기술지원 등이다. 이에 따라 회원국의 출자금과 차입금 등으로 조달된 일반재원의 투자 및 융자, 회원국의 출연금으로 조성한 아시아개발기금의 운영 등의 업무를 수행하고 있다. ADB(Asian Development Bank) 조직은 총회, 이사회 및 총재를 비롯한 실무부서로 구성되어 있다. 가입 자격은 역내 국가의 경우 UN, UN 전문기구, ESCAP의 회원국이어야 하며 역외 국가는 선진국으로 제한하고 있는데 2021년말 현재 회원국은 총 68개국(역내 49개국, 역외 19개국)이다. 회원국의 투표권은 기본표와 비례표로 구분되는데 기본표는 총 투표권의 20%를 회원국에 균등하게 배분하고 비례표는 1주당 1표씩 출자액에 비례하여 배분한다. 2021년말 현재 회원국별 투표권 비중을 보면 미국과 일본이 각각 12.75%로 가장 높고 중국(5.43%), 인도, 호주, 인도네시아, 캐나다, 한국(4.32%)의 순이다.

아시아인프라은행(AIIB)

아시아 국가들의 사회간접자본 구축을 지원하기 위해 설립된 국제금융기구이다. 2013년 10월 중국의 제안을 바탕으로 2014년 10월에 참여희망 21개국이 양해각서를 체결한 다음 2016년 1월 중국 베이징에서 창립총회를 개최하면서 공식 출범하였다. 국제부흥개발은행(IBRD)과 아시아개발은행(ADB) 등 개발자금 지원을 위한 국제금융기구가 선진국 주도로 운영되고 있어 신흥시장국 및 후발 개도국들의 요구가 반영되기 어렵다는 비판을 배경으로 중국이 AIIB(Asian Infrastructure Investment Bank) 설립을 주도하였으며 미국과 일본은 참여하지 않았다. IBRD나 ADB의 회원국은 AIIB의 회원국이 될 수 있는데 회원국이 되면 출자금액에 비례하는 의결권을 보유하며 AIIB로부터 사회간접자본 확충을 위한 투자를 받을 수 있다. 2022년 6월말 현재 회원국은 92개국(아시아 지역 47개국, 비아시아 지역 45개국)으로 예비회원국 13개국(아시아 지역 4개국, 비아시아 지역 9개국)까지 포함하면 총 105개국이다. 우리나라는 창립 회원국으로 가입하여 37.4억달러(2022년 6월말 기준 출자비중 3.85%, 출자순위는 중국, 인도, 러시아, 독일에 이어 5위)를 출자하였다. AIIB의 수권자본금은 969억 달러이며 2022년 6월말 현재 납입 자본금은 193억 달러이다.

연관검색어 : 아시아개발은행(ADB)

아시아태평양경제협력체(APEC)

아시아 및 태평양 연안 국가간의 경제협력을 목표로 설립된 국제기구로서 1989년 11월 호주 캔버라에서 개최된 제1차 각료회의를 통하여 공식 출범하였다. 회원국은 출범 당시 한국·일본·미국·캐나다·호주·뉴질랜드·아세안 6개국 등 12개국이었으나 이후 중국·대만·홍콩·멕시코·칠레·베트남·러시아·페루 등이 차례로 가입하여 현재는 총 21개국이다. 설립 목적은 단기적으로는 역내 무역과 투자의 자유화를 실현하고 장기적으로는 아시아태평양 경제공동체를 창설하여 아시아태평양 자유무역지대를 실현하는 것이다. 이를 위해 1994년 인도네시아 보고르 정상회의에서 선진국은 2010년, 개도국은 2020년까지 무역·투자 자유화를 달성한다는 목표를 설정하였고, 이의 실현을 위한 행동지침 및 실행계획 채택, 무역 조기자유화 등을 추진하고 있다. APEC(Asia-Pacific Economic Cooperation)의 의사결정은 전원합의 방식이며 비구속적 이행을 원칙으로 함으로써 회원국의 자발적인 참여 및 이행을 중시하고 있다. 주요 조직은 정상회의, 각료회의, 고위관리회의, 실무그룹 등으로 각료회의와 고위관리회의에서 주요 기능을 수행하고 있다. 중국·대만 문제 등으로 공식명칭이 경제지도자회의(Economic leader's Meeting)로 되어 있는 정상회의는 매년 회원국이 번갈아 개최하면서 공식의제 없이 역내협력의 비전 등을 협의하고 있다.

연관검색어 : 동남아시아국가연합(ASEAN)

애그플레이션

농업이라는 뜻의 Agriculture와 인플레이션(inflation)의 합성어로 농산물 가격의 급격한 상승이 일반 물가의 상승을 일으키는 현상을 말한다. 미국의 시사주간지 타임(2007.6.14 인터넷판)은 옥수수로 대체연료인 에탄올을 생산하는 경우가 많이 늘어나면서 옥수수 값이 급격히 오를 것으로 예상함에 따라 옥수수를 원료로 사용하는 식품은 물론 옥수수가 쓰이는 각종 제품의 가격이 오를 가능성이 있다고 보고한 바 있다. 쓰임새가 무척 다양한 옥수수 값 상승의 영향은 과자나 빵 등 식품의 가격에만 국한되지 않으며, 설탕의 대체재로 사용되고 옥수수로 만드는 감미료의 가격이 상승하여 이를 사용하는 각종 청량음료나 사탕 등의 제품가격에도 영향을 미치게 되었다. 또한, 옥수수는 가축사료로 쓰임에 따라 가축을 기르는 비용의 상승으로 이어져 계란, 우유, 베이컨 등의 제품가격도 오를 수밖에 없다. 이외에 종이나 옷, 기저귀, 샴푸, 페인트, 크레용 등에도 옥수수가 들어가기 때문에 이들 제품의 가격도 오를 가능성이 있다. 이러한 애그플레이션의 원인으로는 ① 지구 온난화와 이상 기후 등으로 인한 농작물 생산량 감소 ② 급격한 도시화로 인한 농경지 축소 및 농가수 감소 등으로 인한 농작물 생산량 감소 ③ 옥수수, 사탕수수 등을 이용한 바이오연료 개발 및 육류 소비 증가에 따른 곡물 수요 증가 등으로 농산물에 대한 수요가 폭등한 것 등을 들 수 있다.

연관검색어 : 인플레이션

양도성예금증서(CD)

양도성예금증서(CD; negotiable Certificate of Deposit)는 은행의 정기예금증서에 양도성을 부여한 것이다. CD는 1961년 미국의 대형은행들이 기업의 거액자금을 유치하기 위해 발행한 고수익 단기금융상품으로 출현하였다. 국내에서는 은행의 수신기반 강화를 위해 1984년 6월에 본격 도입되었다. CD는 만기 30일 이상으로 할인 발행되며 중도해지는 허용되지 않으나 양도가 가능하므로 보유 CD를 매각하여 현금화 할 수 있다. 현재 한국은행에 예금지급준비금을 예치할 의무가 있는 시중은행, 지방은행, 특수은행, 외은지점 등 한국수출입은행을 제외한 모든 은행이 CD를 발행할 수 있다. CD는 발행시 매수주체에 따라 대고객CD와 은행간CD로 구분된다. 대고객CD는 다시 은행창구에서 직접 발행되는 창구CD와 중개기관(증권회사, 자금중개회사 등)의 중개를 통해 발행되는 시장성CD로 구분된다. 개인, 일반법인 등은 주로 발행은행 창구에서 직접 매입하는 반면 자산운용회사, 보험회사 등 금융기관은 중개기관을 통해 매입한다. 은행간CD는 은행상호간 자금의 과부족을 해소하기 위한 수단으로 발행은행과 매수은행간 직접 교섭에 의해 발행되며 양도가 엄격히 금지된다. 대고객CD는 한국은행법상 예금채무에 해당하여 일반 정기예금과 같이 2%의 지급준비금 적립의무가 부과되고 있으나 은행간CD의 경우 지급준비금 적립대상에서 제외된다. 한편 CD는 2001년부터 예금보호대상에서 제외되었다.

양적완화정책

양적완화정책(QE; Quantitative Easing)이란 금리중시 통화정책을 시행하는 중앙은행이 정책금리가 제로 수준에 근접하게 인하(추가적인 정책금리 인하 여지가 없음)하였음에도 불구하고 경제 회복이 당초의 기대에 미치지 못함에 따라 장기금리 하락을 유도하기 위해 국채 등을 무제한으로 매입하여 유동성을 충분히 공급함으로써 중앙은행의 대차대조표를 확대하는 정책을 말한다. 이러한 양적완화정책은 2001년 3월 일본은행이 제로금리 하에서 일본은행 당좌예금잔액을 확대하는 정책을 도입하면서 처음으로 사용되었다. 2008년 9월 글로벌 금융위기가 실물부문으로 빠르게 확산하면서 주요 선진국의 경기침체가 심화되자 주요국 중앙은행은 전통적 통화정책의 한계에 봉착하게 되었고, 이러한 상황을 타개하기 위해 비전통적 통화정책 수단인 양적완화정책을 실시하게 되었다. 양적완화는 통화정책의 완화기조가 상당 기간 유지될 것이라는 신호를 줌으로써 민간 경제주체들의 향후 경기회복에 대한 기대를 높이거나, 금융시장 유동성 사정 개선 및 위험회피 심리 완화로 금융기관 대출이 늘어나는 등의 경로를 통해 금융시장 및 실물경제에 영향을 미치게 된다. 하지만 양적완화가 장기간 지속될 경우에는 민간 경제주체들의 과도한 수익 추구 행위 등으로 금융불균형이 심화되는 부작용이 발생할 가능성이 있다. 한편 중앙은행이 양적완화정책으로 크게 늘어난 보유자산 규모를 경기회복세 등을 배경으로 점진적으로 축소할 때 그 속도가 경기회복세에 비하여 더딜 경우에는 과잉 유동성이 자칫 물가상승압력으로 작용할 가능성도 배제할 수 없다. 한편 양적완화정책과 대비되는 개념으로 질적완화정책(Qualitative Easing)이 있다. 이것은 중앙은행의 대차대조표는 확대하지 않으면서 중앙은행의 자산구성을 변경하는 것이다. 즉, 중앙은행은 대부분 무위험자산인 국채를 보유하고 있는데 이중 일부를 신용위험이 있는 채권으로 포트폴리오를 조정(중앙은행이 금융시장에서 신용위험채권을 매입함을 의미)함으로써 금융시장의 신용경색을 타개하고자 하는 정책수단이다.

연관검색어 : 출구전략

어음관리계좌(CMA)

어음관리계좌(CMA; Cash Management Account)는 고객이 맡긴 자금을 어음이나 우량채권 등에 운용하여 그 수익을 고객에게 돌려주는 대표적인 단기금융상품이다.

1984년 8월 「종합금융회사법」에 의거 종금사 수신상품의 하나로 도입되었으나 2003년 11월부터는 증권사들도 약관에 의해서 취급하고 있는데 현재 CMA는 대부분 증권사에서 취급하고 있다. 증권사 CMA는 고객과의 약정에 따라 예치자금을 MMF, RP 등에 투자하는 금융서비스 계좌로 고객예탁금 계좌와 연계하여 수시 입출금, 급여이체, 신용카드 결제대금 납부 등의 부가서비스도 제공하고 있다. 당초 증권사 CMA는 가상계좌를 통해 제한적으로만 지급결제서비스를 제공해왔으나 자본시장통합법 시행으로 증권사의 소액지급결제서비스가 허용됨에 따라 2009년 8월 이후에는 은행의 요구불예금 수준의 지급결제서비스가 가능해졌다.

어음교환

어음교환이란 다수의 은행이 일정한 시간에 특정 장소에 모여 자행이 수납한 어음(수표 및 제 증서 포함) 중 다른 은행을 지급지로 하는 어음과 다른 은행이 수납한 어음 중 자행을 지급지로 하는 어음을 서로 교환하고, 이에 따른 대금을 결제하는 것을 말하며 어음교환이 이루어지는 장소를 어음교환소라 한다. 어음교환제도는 어음·수표의 추심에 따른 은행 업무부담 및 비용을 절감하고 추심 소요기간을 단축시키는 효과가 있다. 우리나라의 어음교환소는 1910년 7월 서울에 설립된 사설 경성어음교환소(현 서울어음교환소)가 그 효시로 이후 인천, 부산, 대구, 광주, 대전 등 경제규모가 큰 대도시로 설치지역이 확대되었다. 이후에도 경제규모의 확대와 더불어 어음교환소 설치가 확대되어 2000년대에는 전국적으로 약 50여개의 어음교환소가 운영되었다. 그러나 2010년 11월 어음교환정보를 전자적인 방식으로 교환 처리하는 전자정보교환제도(truncation)가 전국으로 확대 실시되면서 지방어음교환소는 모두 폐쇄되었으며 현재는 서울어음교환소에서 모든 업무를 처리하고 있다.

연관검색어 : 소액결제시스템, 전자어음

업무지속계획

각종 재해나 비상사태의 발생시에도 조직의 업무나 대고객서비스가 중단 없이 지속될 수 있도록 하거나 업무 중단에 대한 신속한 대응 및 복구를 목표로 하는 일련의 대책을 의미한다. 최근 들어 금융업무 특히 지급결제업무가 금융기관간 또는 지급결제시스템간 상호연계성이 높아지면서 한 시스템에서 발생한 재해나 장애가 다른 시스템이나 금융기관에 연쇄적으로 영향을 주는 등 전체 금융시스템의 안정성을 해치는 경우가 빈번하게 발생하고 있어 업무지속계획의 중요성에 대한 인식이 높아지고 있다. 업무지속계획(business continuity plan)은 수립단계부터 최고 경영층의 적극적인 지원이 필요하다. 또한 체계적인 접근방법을 통해 전략을 수립하고 그 이행결과를 점검하며 필요한 경우 전략을 수정해 나가야 효과적으로 운영될 수 있다. 일반적으로 업무지속계획의 수립 및 운영은 다음과 같은 과정을 통해 이루어진다. ① 업무지속계획의 범위를 설정하고 ② 발생가능한 재해 및 장애의 유형과 영향을 분석, 평가한 후 ③ 재해 및 장애 발생으로 업무가 중단될 경우 그 영향을 분석하고 이에 따른 업무의 중요도를 정한 다음 ④ 중단된 업무를 중요도에 따라 신속하게 복구하기 위한 전략을 개발한다. 동 전략에는 백업센터 구축 및 운영과 데이터 백업 및 소산에 관한 사항 등이 포함된다. ⑤ 업무중단사태의 사전예방과 재해·장애 발생시 사후 대응 절차 등 구체적인 내용이 포함된 업무지속계획을 수립하고 ⑥ 주기적인 모의 훈련을 시행한다.

연관검색어 : 지급결제시스템

에너지바우처제도

정부가 특정 요건을 충족하는 국민에게 전기, 도시가스, 지역난방, 등유, LPG, 연탄 등에 대한 일정액의 구매권(바우처)을 제공하고 이들 국민이 바우처를 이용하여 스스로 에너지를 구매하도록 허용하는 제도를 말한다. 에너지 판매자는 소비자에게 직접 에너지를 공급하고 바우처를 수령한 후 이를 정부에 제시함으로써 실제 비용을 지불받을 수 있다. 우리나라에서 에너지바우처제도는 2015년 12월부터 시행하고 있으며 현재 대상가구는 소득기준(국민기초생활보장법에 따른 생계급여 또는 의료급여 수급자)에 따른 수급자 본인이나 가구원이 가구원특성기준(노인, 영유아, 장애인 또는 임산부)을 충족할 경우에만 수혜를 받을 수 있다.

연관검색어 : 사회보장제도, 사회보험

엥겔의 법칙

엥겔의 법칙은 독일의 통계학자 엥겔이 벨기에 노동자의 가계조사를 통해 발견하였다.

1857년 당시 작센지방의 통계국장이었던 엥겔은 153세대의 가계지출을 조사한 결과 저소득 가계일수록 소비지출에서 식료품비가 차지하는 비율이 높고, 고소득 가계일수록 식료품비가 차지하는 비율이 낮음을 발견하였다. 또한 가계의 소비지출은 식료품비, 피복비, 주거비, 광열비, 문화비 등 다섯 가지로 크게 구분할 수 있는데 소득의 증가에 따라 식료품비에 대한 지출비중은 점차 하락하고 피복비, 주거비, 광열비에 대한 지출비중은 비교적 변동하지 않지만, 문화비에 대한 지출비중은 소득의 증가에 따라 급속히 증가한다는 것을 발견하였다. 이와 같은 사실들을 「엥겔의 법칙」이라고 하며, 가계의 소비지출 중에서 식료품비가 차지하는 비중을 특히 엥겔계수(Engel's coefficient)라고 한다. 일반적으로 식료품은 필수품으로 소득의 많고 적음에 관계없이 어느 정도는 반드시 소비하여야 하지만 어느 수준 이상은 소비할 필요가 없는 재화이다. 그러므로 저소득 가계라도 일정 금액의 식료품비 지출은 이루어지며, 소득이 증가하여도 식료품비는 그보다 크게 증가하지는 않는다. 이와 같은 이유로 엥겔계수는 소득수준이 높아짐에 따라 점차 감소하게 되는 것이다.

여신심사 가이드라인

금융감독당국이 특정 분야에 과도하게 자금을 지원하지 않도록 금융기관에게 대출 취급 시 지키도록 권고하는 지침으로, 주택경기 과열 양상과 투기수요가 늘어나면서 가계부채가 급증하는 모습을 보이자 부동산시장에 유입되는 자금의 제한을 통해 투기수요를 잠재우고 가계부채의 증가를 억제하기 위한 취지에서 도입한 것이다. 이를 위해 금융기관이 주택담보대출 취급 시 ① 객관적인 소득증빙자료를 통한 차주의 상환능력 평가 ② 신규 주택구입자금, 고부담대출 등은 비거치식 분할상환 유도 ③ 변동금리 주택담보대출의 경우 금리상승 가능성을 고려한 대출한도 산정 등을 하도록 규정한 가이드라인이다. 이에 따라 주택담보대출 수혜자의 대출한도가 줄어드는 한편, 이자 외에 원금상환 부담이 늘어나게 되므로 대출수요가 감소하는 효과를 기대할 수 있게 되었다.

여신전문금융회사

은행과 같은 예금 수신기능 없이 여신업무만을 수행하는 금융회사를 의미한다. 여신전문금융회사는 신용카드회사(신용카드업), 할부금융회사(할부금융업), 리스회사(시설대여업), 벤처캐피탈사(신기술사업금융업) 등이 있다. 신용카드업은 신용카드의 발행 및 관리, 신용카드 이용과 관련된 대금의 결제, 신용카드가맹점의 모집 및 관리업무를 행하는 업종을 말한다. 시설대여업은 일정한 물건을 새로 취급하거나 대여 받아 거래상대방에게 일정기간 사용하게 하고 그 기간에 걸쳐 일정 대가를 정기적으로 나누어 지급받으며 사용기간이 끝난 후의 물건의 처분은 당사자간 약정으로 정하는 방식의 금융업(일명 '리스')을 말한다. 할부금융업은 재화 및 서비스 매매에 대하여 매수인과 매도인이 각각 약정을 맺고 재화 및 서비스의 구매자금을 매도인에게 지급하고 매수인으로부터 그 원리금을 분할하여 상환받는 방식의 금융업을 말한다. 신기술사업금융업은 신기술사업에 대한 투자, 융자, 경영 및 기술의 지도, 신기술사업투자조합의 설립, 신기술사업투자조합자금의 관리·운용업무를 종합적으로 행하는 업종을 말한다.

역모기지론

역모기지론(reverse mortgage loan)은 주택을 소유하고 있으나 자체수입이 부족한 고령자가 보유주택을 담보로 소유자 및 배우자의 사망 시까지 노후생활에 필요한 자금을 연금 형태로 받아 안정된 주거생활을 확보하는 제도이다. 역모기지론을 활용하는 경우, 고령자들은 보유주택의 유동화를 통해 현 주거지에서 일정수준의 생활을 유지하고, 대출금융기관은 고령자가 사망한 이후 동 담보주택을 처분하여 대출 원리금을 회수하게 된다. 역모기지론은 고령자가 자식이나 주위의 도움 없이 스스로 경제적 문제를 해결하는 방안이 될 수 있다. 또한, 사회 전체적인 측면에서도 적은 규모의 재정 지원으로 고령층의 복지문제를 해결할 수 있어 저비용·고효율의 예산 운용도 기대할 수 있다. 역모기지론은 주택을 담보로 한 장기대출이라는 점에서 모기지론과 유사하다. 그러나 역모기지론은 고령자의 생계비 조달이 목적이고, 모기지론은 주택구입이 목적이므로 대출목적, 이용자 등에서 모기지론과 차이가 있다. 또한, 모기지론은 주택구입자가 대출금의 일정부분을 매월 상환하므로 기간 경과에 따라 부채가 감소하고 주택의 순자산 가치는 증가하는 반면, 역모기지는 매달 약정금액을 지급받으므로 기간 경과에 따라 부채가 증가하고 주택의 순자산 가치는 감소하게 된다.

연관검색어 : 모기지대출

역선택

역선택(adverse selection)이란 정보의 비대칭이 있을 때 즉, 거래의 당사자 중 정보가 한쪽에만 있는 상황에서, 정보가 없는 쪽은 바람직하지 못한 상대방과 거래할 가능성이 큰 것을 의미한다. 중고차 시장에서 상등품의 중고차가 사라지는 경우나, 생명보험 시장에서 건강한 사람은 보험에 가입하지 않고 건강하지 않은 사람들만 생명보험에 가입하는 현상, 금융시장에서 신용도가 높은 대출자는 시장을 이용하지 않고 신용도가 낮은 대출자만 남게 되는 사례 등이 있다. 이러한 역선택은 자원의 효율적 배분을 저해할 뿐만 아니라 시장을 위축시키는 심각한 문제를 발생시킬 수 있으므로 정보의 비대칭성을 없애고 적절한 유인을 통하여 역선택을 완화할 필요가 있다.

연관검색어 : 도덕적 해이, 정보의 비대칭성

역외금융

역외금융(offshore banking)이란 금융기관이 비거주자인 자금공여자로부터 외화자금을 조달하여 비거주자를 상대로 외화자금을 운영하는 일련의 금융을 말한다. 비거주자와 비거주간의 자금중개만 포함하므로 비거주자와 거주자간 또는 거주자와 거주자간의 자금중개는 이에 속하지 않는다. 우리나라의 역외금융제도는 국내금융시장에 영향을 주지 않으면서 외국환은행의 선진 금융기법 습득 등을 통한 대외경쟁력 제고를 도모하기 위해 1988년 1월에 도입되었으며, 외국환은행이 역외금융업무를 위해 역외계정을 설치하는 경우에는 이를 일반계정과 구분하여 회계처리하도록 하고 있다. 또한 역외계정과 일반계정간의 자금이체는 직전 회계연도 중 역외자산 평잔의 10% 이내에서 가능하며 이를 초과하는 경우에는 기획재정부 장관의 허가를 받도록 규정하고 있다.

역외펀드

펀드는 근거법률에 따라 역외펀드(off-shore fund)와 역내펀드(on-shore fund)로 구분되는데 역외펀드는 외국의 법률에 의하여 외국에서 설정, 설립된 것으로 외국펀드라고도 한다. 역내펀드는 국내 법률에 의하여 국내에서 설정, 설립된 것으로 국내자산에 주로 투자하는 국내투자펀드, 해외자산에 주로 투자하는 해외투자펀드로 구분된다. 역외펀드는 국외에서 설정되어 운용되므로 세금이나 규제 등에서 국내법의 적용을 받지 않지만, 해외펀드는 국내법의 적용을 받는 다는 점에서 차이가 있다. 한편 역외펀드는 기업 및 금융회사의 유가증권 매매차익에 대한 과세가 없거나 과세가 상대적으로 적은 지역, 또는 외국환 관리가 엄격하지 않은 지역에 이름뿐인 회사(페이퍼 컴퍼니)를 설립하고, 실질적인 영업은 본토에서 행하는 경우가 일반적이다. 대서양연안의 더블린, 유럽의 작은 도시국가 룩셈부르크, 동남아의 홍콩, 싱가포르, 라부안, 아메리카 대륙 연안의 바하마, 버뮤다제도, 케이먼군도 등이 주요 역외펀드의 거점역할을 하고 있다.

연방준비제도(FRS)/연방준비은행(FRB)

연방준비제도(FRS; Federal Reserve System)는 1907년 금융공황 후 그 대책으로서 1913년에 제정된 연방준비법(Federal Reserve Act)에 의해서 창설된 미국 특유의 중앙은행제도이다. 동 제도는 연방준비제도이사회(Board of Governors)와 연방공개시장위원회(Federal Open Market Committee)를 정점으로 이들을 지원하는 본부와 12개 지역 연방준비은행(FRB; Federal Reserve Bank)으로 구성되어 있다. 연방준비제도이사회는 상원의 승인을 얻어 대통령이 임명하는 7인의 전임이사로 구성되며, 통화정책을 수립하고 지역 연방준비은행을 통할하는 최고 의사결정기구이다. 연방공개시장위원회는 공개시장운영정책을 수립·집행하는 기구이며, 연방준비은행에 대해서 지정한 공개시장운영의 실시를 명할 수 있다. 한편, 지역 연방준비은행은 12개 지역의 중앙은행 역할을 하며, 금융기관 지급준비금관리, 재할인, 지급결제, 연방준비권의 발행, 가맹 주립은행에 대한 업무감독, 국고대리업무 등 연방준비제도의 일상적인 업무를 수행한다.

연관검색어 : 중앙은행

연불수출

무역대금은 약정된 물품이 선적되거나 또는 수입지에 도착하면 결제 받는 것이 일반적이다. 그런데 그 물품대금의 전액 또는 일부를 후불로 지급받는 조건으로 수출하는 경우가 있는데 이를 연불수출이라 한다. 연불수출은 플랜트 등 대규모 시설재의 수출 시에 주로 채택되고 있다.

연관검색어 : 연지급수입

연쇄가중법

현재 우리나라를 비롯한 주요 선진국의 실질GDP 추계에 이용하는 물량지수 작성방법이다. 이 방법은 기준년의 고정된 금액이나 가중치를 비교년에 계속 사용하는 고정가중법(fixed weighted method)에 의해 실질GDP를 추계하면 비교년이 기준년에서 멀어질수록 실질GDP 통계가 왜곡될 가능성이 높아지는 문제점을 개선하기 위해 도입된 것으로 매년 실질GDP 추계시 전년도의 가격 또는 금액 가중치를 연쇄적으로 이용하기 때문에 연쇄가중법(chain-weighted method)이라고 부른다. 연쇄가중법을 이용하여 실질GDP를 추계하면 기준년이 매년 바뀌는 것과 같은 효과가 있어 산업 및 기술구조의 변화, 신상품의 등장과 기존상품의 퇴장 등을 GDP에 즉시 반영할 수 있는 장점이 있다. 연쇄가중법의 가장 큰 특징은 경제성장률(연환지수)을 당해 년의 경제상황과 관련성이 높은 전년도의 가격 또는 명목금액 가중치를 기준으로 측정한다는 점이다. 한편 연쇄가중법은 고정가중법에 비해 더 많은 자료가 필요하고 계산과정이 다소 복잡하며 총량금액과 그 구성항목의 합간 가법성이 성립하지 않는다는 단점이 있다.

연관검색어 : 경제성장률, 지수기준년

연지급수입

수입대금의 전액 또는 일부를 물품 또는 선적서류 영수일로부터 일정 기간이 지난 후에 지급하는 조건의 수입을 말한다. 구매자는 영수한 수입물품을 매각하고 그 대금으로 수입대금을 결제할 수 있으므로 물품대금지급에 대한 부담을 줄일 수 있다.

연관검색어 : 연불수출

영업잉여

한 나라 국민이 생산활동에 참여한 결과 발생한 소득은 노동, 자본, 경영 등의 생산요소를 제공한 경제주체에게 나누어진다. 이 중에서 노동을 제공한 대가로 가계에 분배되는 것을 급여 즉 피용자보수라고 하고, 생산활동을 주관한 생산주체의 몫을 영업잉여(operating surplus)라고 한다.

연관검색어 : 피용자보수

영향력계수

➡ 『후방연쇄효과』 참조 (335쪽)

예금보험제도

예금보험은 금융기관의 예금지급 정지, 파산 등으로 해당 금융기관이 기존 예금자의 예금인출요구에 응할 수 없는 경우 예금보험기관이 당해 금융기관을 대신하여 예금을 지급함으로써 예금자를 보호하고, 대규모 예금인출사태(뱅크런)를 방지하여 금융안정을 유지하도록 하는 공적보험이다. 보험가입금융기관은 이러한 서비스의 대가로 일정한 보험료를 정기적으로 예금보험기관에 납부하여야 한다. 일반적으로 예금자를 보호하는 수단으로 금융기관 감독제도, 지급준비금제도 및 상호보장제도 등이 있으나 예금보험제도는 여타 감독 수단보다도 가장 직접적으로 예금자를 보호하는 수단으로서 금융제도의 안정성 유지를 위해 다수 국가에서 시행하고 있다. 우리나라에서는 일부 금융업권에서 개별적으로 기금을 조성하여 예금보험제도를 운영하다가, 1996년 6월 '예금자 보호법'이 시행되면서 예금보험공사가 예금보험업무를 전담하고 있다. 예금보험의 적용대상기관은 은행, 투자매매업자, 투자중개업자, 증권금융회사, 보험회사, 종합금융회사, 상호저축은행 및 상호저축은행중앙회이며, 예금, 적금, 부금, 수입보험료 및 확정기여형퇴직연금 적립금 등을 적용대상예금으로 한다. 동일한 금융회사 내에서 예금자 1인이 보호받을 수 있는 한도(원금과 소정의 이자 합산)는 예금보험공사 설립 당시 2,000만원이었고, 1997년 11월에는 예금 전액으로 확대되기도 하였으나, 2001년 1월부터는 5,000만원으로 운용되고 있다.

연관검색어 : 뱅크런, 지급준비제도

예대금리차(예대마진)

예대금리차(예대마진)는 자금중개기관인 은행이 자금차입자로부터 수취하는 대출금리와 예금자에게 지급하는 예금금리간의 격차로서 은행수익의 본질적 원천이 된다. 예대금리차는 간단히 표현하면 대출금리(수입이자/대출금)에서 예금금리(지급이자/예수금)를 차감한 것으로, 분석목적에 따라 신규취급액 또는 잔액을 기준으로 측정할 수 있다. 또한 이와 유사한 개념인 순이자마진(net interest margin)은 예대업무 뿐만 아니라 유가증권투자에서 얻는 수익과 비용까지 포함하는 광범위한 수익성지표로 총이자수익에서 총이자비용을 차감한 금액을 이자부자산 총액으로 나눈 값을 말한다. 일반적으로 예대금리차는 예금과 대출시장의 경쟁도가 낮을수록, 은행의 위험기피성향이 강할수록, 대출취급에 따른 한계비용이 클수록, 신용위험이 높을수록 확대되는 것으로 알려져 있다.

연관검색어 : 순이자마진(NIM)

예대율

예대율이란 예금을 대출의 재원으로 보고 원화예수금(CD 제외) 가운데 원화대출금이 차지하는 비율(원화대출금/원화예수금)을 말한다. 2005년 이후 은행들은 시장성수신(CD 및 은행채 등)을 통해 자금을 조달하여 주택담보대출 등을 확대하였다. 그러나 이러한 자금조달 및 운용 행태는 주택담보대출 등 대출을 과도하게 늘려 부동산 버블을 야기하고 은행의 경영 건전성을 저해할 우려가 있으므로 금융당국은 2012년 6월부터 은행들이 예금 범위내에서 대출을 하도록 예대율을 100% 이내로 규제하고 있다. 2007~2009년중 100조원을 상회하였던 CD 발행잔액은 예대율 규제가 도입되어 은행들의 CD 발행유인이 급격히 감소하면서 2012년 이후에는 20조원대 수준을 유지하고 있다.

예상손실

예상손실은 현재 시점부터 일정 기간동안 발생할 것으로 예상되는 손실의 평균금액을 의미하며 일반적으로 자산별로 발생 가능한 손실액에 발생 확률을 곱하여 산출한다. 바젤 자본규제에서는 신용리스크로 인한 총손실을 99.9% 신뢰 수준에서 1년 동안 발생 가능한 최대 손실로 정의하고, 이를 대손충당금을 통해 대비하는 예상손실(EL; Expected Loss)과 자기자본으로 대비하는 예상외 손실(UL; Unexpected Loss)로 구분하여 관리하고 있다. 예상손실은 '부도시 익스포저(EAD; Exposure at Default) × 예상 부도율(PD; Probability of Default) × 부도시 손실률(LGD; Loss Given Default)'의 산식을 이용해 산출되며 예상외 손실은 총손실중 예상손실을 초과하는 금액이다. 반면, 회계기준과 바젤 자본규제상의 차이로 인해 대손충당금과 바젤 자본규제상 예상손실의 차이가 발생할 수 있다. 2017년까지 대부분의 국가가 채택중인 발생손실 대손충당금 회계기준은 원리금 연체 등 객관적인 손상(impairment)의 증거가 있는 경우에만 대손충당금 적립을 허용하고 있어 대손충당금에 예상손실을 반영하는 데 어려움이 있었다. 이에 따라 바젤 자본규제는 대손충당금이 예상손실에 미달(shortfall)시 동 금액을 기본자본에서 차감하고 초과시 초과분은 향후 예상외 손실 흡수에 활용될 수 있다고 가정하여 일정 범위 내에서 보완자본에 가산할 수 있도록 하였다. 2018년 1월 1일부터 국제회계기준(IFRS; International Financial Reporting Standards) 채택 국가에서는 예상손실 기반 대손충당금 회계기준이 적용됨에 따라 대손충당금 설정액이 늘어날 것으로 예상된다.

연관검색어 : VaR(Value at Risk), 대손충당금적립비율, 신용위험(신용리스크)

예약자금이체제도

실시간 총액결제시스템에서는 금융기관의 자금이체 지급지시가 접수되는 즉시 처리되는 것을 원칙으로 하나, 미래의 특정시점에서 자금결제가 이루어지도록 시스템이 금융기관으로부터 미리 자금이체신청을 받아 두었다가 결제시점이 도래하면 자동으로 결제하도록 하는 제도를 예약자금이체제도라 한다. 한은금융망에서는 두 가지 종류의 예약자금이체제도를 운영하고 있다. 하나는 지정시점에 금융기관 간 차액결제가 원활히 이루어질 수 있도록 결제자금이 부족한 금융기관이 다른 금융기관으로부터 자금을 차액결제시점에서 수취할 수 있는 지정시점 예약자금이체제도이고, 다른 하나는 금융기관이 지정하는 특정 시점에 자금을 이체하는 일반 예약자금이체제도이다.

연관검색어 : 일중당좌대출제도

옵션

옵션(option)이란 거래당사자들이 미리 정한 가격(행사가격, strike price)으로 장래의 특정시점 또는 그 이전에 일정자산을 팔거나 살 수 있는 권리를 매매하는 계약을 말한다. 선도 및 선물, 스왑거래 등과 함께 대표적인 파생금융상품의 하나이다. 옵션은 매입권리가 부여되는 콜옵션(call option)과 매도권리가 부여되는 풋옵션(put option)으로 나누어진다. 옵션거래를 통하여 매입 또는 매도할 수 있는 권리를 보유하게 되는 옵션매입자는 시장가격의 변동 상황에 따라 자기에게 유리한 경우 옵션을 행사하며 불리한 경우에는 포기할 수 있게 된다. 옵션매입자는 이와 같은 선택권에 대한 대가로 거래상대방인

옵션매도자에게 프리미엄을 지급하며 반대로 옵션매도자는 프리미엄을 받는 대신 옵션매입자의 옵션 행사에 따라 발생하는 자신의 의무를 이행할 책임을 부담한다. 옵션거래의 손익은 행사가격, 현재가격 및 프리미엄에 의해 결정된다. 한편 옵션의 가격이 어떻게 결정되는가에 대해서는 1973년에 블랙과 숄즈가 개발하여 미국 시카고 대학의 Journal of Political Economy에 발표한 블랙숄즈모형(Black-Scholes model)이 선구적으로 매우 중요한 역할을 수행하였다. 동 모델은 옵션의 가격이 변동성, 행사가격, 만기, 무위험자산금리 등 입수하기 쉬운 데이터로부터 합리적으로 산출되는 옵션가격이론으로서 이후의 각종 파생금융상품 가격결정의 기본적인 모형으로 널리 활용되어 왔다.

연관검색어 : 콜옵션, 풋옵션

와타나베 부인

일본에서 낮은 금리로 엔화를 빌려 외화로 환전한 뒤 해외의 고금리 자산에 투자(일종의 yen carry trade)하는 일본의 중·상층 주부 투자자들을 와타나베(Watanabe)부인이라고 하는데 일본의 개인 외환투자자들을 통칭하는 용어로 확장하여 사용하기도 한다. 이들은 일본의 장기불황(1991~2002년)과 저금리를 배경으로 2000년 무렵부터 등장하였다. 가정의 재정을 담당하는 일본 주부들은 낮은 저축이자에 실망하여 해외로 투자기회를 찾아 엄청난 규모의 국제금융거래를 일으키며 외환시장을 좌지우지하는 세력으로까지 성장하면서 글로벌 외환시장의 큰 손으로 통하기 시작하였다. 이들이 주로 사용하는 투자방식은 개인외환거래 즉 FX(Foreign Exchange) 마진거래이다. 동 거래는 일정액의 증거금을 국내 선물회사나 중개업체에 맡겨두고 특정 해외통화의 변동성을 예측하여 두 종류의 통화를 동시에 사고파는 방식의 외환선물거래인데, 흔히 가치가 오를 것으로 예상되는 달러를 사는 동시에 가치가 떨어질 것으로 보이는 엔화를 매도하는 방식으로 이루어졌다.

완충자본

바젤III는 ① 손실흡수력 제고를 위한 자본보전완충자본과 ② 경기순응성 완화를 위한 경기대응완충자본을 도입하였다. 자본보전완충자본은 위기시 손실 발생에 대비하기 위한 것으로 은행은 평상시 위험가중자산의 2.5% 만큼을 보통주자본으로 추가 적립하여야 한다. 다만, 일시 도입에 따른 과중한 규제 부담을 완화하기 위하여 규제 수준을 단계적으로 상향 조정하는 경과규정을 두고 있다. 2016년에는 0.625%의 자본보전완충자본 적립비율을 적용하고 이후 매년 0.625%씩 동 비율을 상향 조정하여 2019년부터는 2.5%를 준수하도록 하고 있다. 경기대응완충자본은 금융시스템 상황에 따라 완충자본을 탄력적으로 조정하는 정책수단으로 리스크가 완화되는 시기에는 경기대응완충자본을 적립하도록 하고 리스크가 확대되거나 금융불안이 발생하여 신용공급 축소가 우려되는 시기에는 은행들이 경기대응완충자본을 활용할 수 있도록 완충자본 부과 수준을 하향 조정한다. 완충자본 미준수시에는 완충자본 적립비율을 충족할 때까지 이익배분(배당, 자사주 매입, 임직원 상여금 등)을 제한한다. 우리나라에서는 금융위가 기재부, 한국은행 등 유관기관의 견해 및 국내 경기상황 등을 참조하여 매분기 부과 수준을 결정하고 있으며 2022년 6월 현재 경기대응완충자본 부과율은 0%이다.

연관검색어 : 기본자본(Tier 1), 보완자본(Tier 2)

외국환거래법

우리나라는 경제개발 초기에 외화자금이 크게 부족하였고 이에 대응해 국가 차원에서 외화자금을 효율적으로 조달, 운용하기 위해 기업 등의 외환거래를 매우 엄격하게 규제하는 「외국환관리법」을 시행하였다. 그러나 1997년 외환위기 이후 IMF의 권고를 수용하여 민간부문의 경상거래 및 자본거래를 전면적으로 자유화하고 국가경제 측면에서 필요한 최소한의 사항만을 제한하는 「외국환거래법」을 도입하였다. 외국환관리법이 외환거래 및 대외거래의 합리적 조정 또는 관리에 초점을 두었던 반면 외국환거래법은 외환거래 및 대외거래의 자유를 보장하고 시장기능을 활성화함으로써 대외거래의 원활화, 국제수지의 균형 및 통화가치의 대외적 안정을 도모하는 데 치중하였다. 이에 따라 외국환관리법이 대내외 자금이동을 수반하는 자본거래 등을 원칙적으로 금지하되 동 법의 목적에 비추어 필요하다고 인정되는 경우에만 예외적으로 허용하는 방식인 positive system을 원칙으로 하는 반면, 외국환거래법은 대외거래의 원활화를 위한 기획재정부장관의 의무를 명시하는 등 원칙적으로 자본거래를 포함한 모든 외환거래를 자유롭게 허용하되 국민경제의 건전한 발전에 저해된다고 판단되는 경우에 한해서만 예외적으로 규제하는 방식인 negative system을 채택하고 있다.

연관검색어 : 국제수지(BOP)

외국환업무취급기관/외국환은행

외국환업무를 업으로 영위하기 위하여 재무건전성, 외환업무시설 및 전문인력을 갖추어 기획재정부장관에게 등록한 금융기관을 "외국환 업무취급기관"이라고 한다. 동 기관은 재무건전성과 관련해 금융위원회가 정하는 기준에 비추어 자본규모와 재무구조가 적정해야 하며, 외환업무시설과 관련하여 외환정보집중기관과 전산망이 연결되어 있고 외환업무 및 그에 따른 사후관리를 원활하게 할 수 있는 전산설비를 갖추어야 한다. 또한, 전문인력과 관련하여서는 2년이상 외환업무에 종사한 경력자 또는 기획재정부장관이 정하는 교육을 이수한 자를 영업소별로 2인이상 확보하여야 한다. 한편, 외국환업무취급기관인 금융기관 중 은행법에 의한 금융기관, 농·수협은행, 한국산업은행, 한국수출입은행, 중소기업은행의 국내영업소를 "외국환은행"이라고 한다. 외국환 업무취급기관은 그 금융기관의 업무와 직접 관련되는 범위에서 외국환 업무를 할 수 있기 때문에 외국환 업무취급기관이라 하더라도 금융기관 종류별로 외국환 업무취급 범위가 다른데, 외국환은행은 외국환거래법상의 외국환 업무를 대부분 취급할 수 있다.

연관검색어 : 외환전산망

외국환평형기금

자국 통화가치의 안정을 도모하고 투기적인 외화 유출입에 따른 외환시장의 혼란을 방지할 목적으로 정부가 외환시장에 개입하는 데 사용하기 위하여 조성한 기금을 말한다. 대다수 국가에서 유사한 형태로 동 기금을 설치, 운용하고 있는데 미국에서는 exchange stabilization fund, 영국에서는 exchange equalization fund라고 부르며 우리나라에서는 외국환평형기금(exchange equalization fund)이라고 부르고 있다. 우리나라의 외국환평형기금은 외화기금계정과 원화기금계정으로 구분되어 한국은행에 설치되어 있다. 한편, 외국환평형기금의 소요자금은 주로 공공자금관리기금으로부터의 예수금, 외화표시외국환평형기금채권 발행을 통하여 조달한다. 자금의 운용은 주로 한국은행에의 예치, 한국투자공사(KIC)에 대한 위탁의 형태로 이루어지고 있다.

연관검색어 : 외환시장

외국환포지션

외국환포지션은 일정시점에서 외국환은행 및 기업 등이 보유하고 있는 외화표시자산과 부채의 차액으로서 거래주체가 환리스크에 노출된 정도를 나타낸다. 외국환포지션에서 외화자산이 외화부채를 초과하는 상황을 매입초과포지션(over-bought position 또는 long position), 외화부채가 외화자산을 초과하는 상황을 매도초과포지션(over-sold position 또는 short position), 그리고 외화자산과 외화부채가 균형을 이루는 상황을 스퀘어 포지션(square position) 이라 한다. 한편 외국환포지션은 포지션 산정에 있어 포함되는 자산의 범위에 따라 현물환포지션(현물자산-현물부채), 외환파생상품포지션(외환파생상품자산-외환파생상품부채), 그리고 현물환포지션과 외환파생상품포지션을 합산한 종합포지션으로 구분되고 있다. 외환당국은 개별 은행의 건전한 경영을 유도하고 과도한 외국환포지션 구축으로 인한 외환시장 교란을 방지하기 위하여 각 외국환은행별 외국환포지션 한도를 설정, 관리하고 있다.

연관검색어 : 외환시장, 외국환포지션한도

외국환포지션한도

외국환은행의 외화자산과 부채가 일치하지 않을 경우 환율변동 위험에 노출되어 이에 따른 손익이 발생한다. 예를 들면 외국환은행이 매입초과포지션인 상황에서 환율이 상승하면 이익을 보게 되나 환율이 하락하면 손실을 입게 된다. 반대로 매도초과 포지션일 경우 환율상승 시 손실을, 환율하락 시 이익을 보게 된다. 또한 외국환은행의 외국환포지션이 과도할 경우 경영이 부실화되고 외환시장이 교란될 위험이 높아지게 된다. 이에 따라 우리나라는 외국환은행의 건전경영을 유도하고 외환시장 교란을 사전에 방지하기 위하여 외환매입초과포지션 또는 외환매도초과포지션의 한도를 설정하는 외국환포지션 관리제도를 운영하고 있다. 현재 현물포지션과 외환파생상품포지션을 합한 종합포지션과 외환파생상품포지션을 기준으로 외국환포지션을 관리하고 있으며 종합포지션한도는 전월 말 자기자본의 50%, 외환파생상품포지션 한도는 국내은행의 경우 전월 말 자기자본의 40%, 외국은행 국내 지점은 전월 말 자기자본의 200% 이내이다.

연관검색어 : 외국환포지션, 외환시장

외부자금

기업은 투자나 운영자금을 기업내부 또는 기업외부에서 조달하는데 금융기관 차입금, 사채발행 등 기업외부에서 조달된 자금을 외부자금이라 한다. 외부자금은 내부유보나 감가상각충당금 등과 같은 내부자금과는 달리 자금의 이용가능 기간의 면에서 제약을 받으며, 자금조달에도 절차나 경비가 필요한 불리한 점도 있다. 반면, 자본시장의 상황에 따라 조달의 곤란도는 다르나 내부자금에서와 같은 자금량의 절대금액의 한계는 없으며, 또 여러 종류의 조달가능성과 조달조건이 있어 필요한 때에 이용할 수 있다는 이점이 있다. 따라서 기업은 자금수요의 상태에 따라 외부자금을 적절히 조달하여, 기업의 재무적 안전성을 유지하도록 하는 것이 중요하다. 통상 기업들의 고정투자 규모가 커질수록 외부자금 수요가 커지면서 내부자금보다 외부자금 조달 비중이 상대적으로 높아지는 경향을 보인다.

연관검색어 : 내부자금

외부효과

어떤 경제주체의 행위가 본인의 의도와는 관계없이 다른 경제주체에게 의도하지 않은 혜택이나 손해를 발생시키지만 그 영향에 대한 보상이 이루어지지 않는 현상을 말한다. 외부효과(externality)는 긍정적인 효과와 부정적인 효과로 구분된다. 부정적 외부효과(negative externality)는 자동차의 배기가스나 소음, 공장의 매연이나 폐수 등과 같이 제3자의 경제적 후생수준을 낮추는 외부효과로 외부불경제(external diseconomy)라고도 한다. 반면 교육에 따른 편익, 신기술의 개발에 따른 파급효과 등과 같이 제3자에게 이득을 주는 외부효과를 긍정적 외부효과(positive externality) 또는 외부경제(external economy)라고 한다. 외부효과가 생기면 이에 대한 대가나 비용을 시장에서 지불하지 않아도 되기 때문에 해로운 외부효과를 만들어 내는 개인이나 기업은 굳이 외부효과를 줄이려 하지 않게 되며, 이로운 외부효과를 만들어내는 개인이나 기업도 굳이 외부효과를 많이 만들어 낼 필요성을 느끼지 못하게 돼 외부효과를 시장에만 맡겨놓을 경우 전체적인 자원배분이 비효율적으로 될 수 있게 된다.

연관검색어 : 역선택, 정보의 비대칭성

외채/대외채권

국제통화기금(IMF)의 「외채통계 작성 및 이용 지침」에 따르면 외채(external debt)는 "한나라의 거주자가 비거주자에게 미래 특정 시점에 원금이나 이자 또는 원금 및 이자를 지급해야 하는 우발적이 아닌, 현재에 확정된 채무의 잔액"으로 정의하고 있다. 외채와 상대되는 개념인 대외채권은 일정시점에서 거주자가 비거주자로부터 미래 특정시점에 원금 또는 이자를 회수하게 될 확정채권 잔액을 말한다. 그러므로 외채 및 대외채권에는 국제투자대조표(IIP)에 포함되는 주식, 펀드지분 등 지분성 대외금융자산과 부채가 포함되지 않는다. 왜냐하면 지분이란 모든 채권자가 청구권을 행사한 후의 잔여가치에 대한 청구권을 의미하는 것으로 확정 채무가 아니기 때문이다. 외채와 대외채권은 한 나라의 거주자가 비거주자에게 장래에 상환(회수)해야 할 채무(채권)의 잔액과 구성을 보여준다. 이에 따라 채무국과 채권국의 정책담당자는 물론 국제금융기구, 국제신용평가회사, 국제상업은행 등의 경제 분석가들도 특정국가의 외채 및 대외채권 통계를 대외 상환부담 정도와 신용도를 평가하고 유동성 위험 등 각종 리스크를 분석하는 데 기초자료로 활용하고 있다.

외화가득액/외화가득율

특정 상품의 수출액에서 그 상품 제조를 위한 원자재 수입액을 차감한 잔액을 외화가득액이라 하고, 외화가득액의 수출액에 대한 비율을 외화가득률이라고 한다. 수출상품 생산에 국산원자재 사용비중이 높을수록 외화가득률이 높으며, 수출상품이 외화획득에 기여하는 정도를 나타낸다. 산업연관표를 이용하면 수출상품 생산이 직접 유발한 수입뿐 아니라 간접적으로 유발한 수입까지 모두 차감하여 외화가득률을 계산할 수 있으며 이는 산업연관분석의 수출부가가치유발계수와 같은 개념이다.

외화자금시장

외환시장이 이종통화 간 매매가 수반되고 환율이 매개변수가 되는 시장을 의미하는 반면 외화자금시장은 금리를 매개변수로 하여 외환의 대출과 차입이 이루어지는 시장을 말한다. 대표적인 외화자금시장으로는 스왑(외환스왑 및 통화스왑)시장이 있는데 스왑

거래의 경우 외환의 매매 형식을 취하고 있으나 실질적으로는 금리를 매개로 하여 여유통화를 담보로 필요통화를 차입한다는 점에서 대차거래라고 볼 수 있다. 이외에도 은행 간에 초단기로 외화의 차입 및 대여가 이루어지는 외화 콜 시장과 1년 물 이내의 기간 물 대차거래가 이루어지는 단기대차시장 등이 외화자금시장의 범주에 속한다. 은행 간 외화예치거래도 넓은 의미에서 외화자금시장으로 볼 수 있으나 런던이나 싱가포르와 같은 국제중심지와는 달리 우리나라의 경우 외화예치거래가 활발하지 않은 편이다. 한편 외화자금시장도 넓은 의미에서는 외환시장에 포함되는 것으로 볼 수 있다.

연관검색어 : 외환시장, 외환스왑거래, 통화스왑

외환건전성부담금제도

동아시아 외환위기, 글로벌금융위기 등 우리나라가 겪었던 금융위기는 호황기에는 자본이 과도하게 유입되고 불황기에는 급격히 유출되는 자본유출입의 변동성에 주로 기인하였다. 이에 따라 정부와 한국은행은 금융 외환위기의 재발을 방지하기 위하여 과도한 자본유출입의 변동성을 제어하는 한편 우리 경제의 거시건전성을 제고하기 위한 방안으로 외환부문 거시건전성정책 수단을 도입하게 되었는바, 2010년 10월에 외환파생상품포지션 비율 규제를 시행하였고 2011년 8월에는 외환건전성부담금 제도를 도입 시행하였다. 외환건전성부담금 제도는 과도한 외화차입을 억제하고 외채구조의 장기화를 유도하기 위하여 은행의 비예금성외화부채(=전체외화부채-외화예수금-경과성자금 등)를 대상으로 계약 만기별로 0.02~0.2%의 부담금을 부과하였으며 적립된 부담금은 외국환평형기금에 귀속되어 위기 시 금융기관에 대한 외화유동성 지원에 활용되도록 하고 있다. 2015년 7월 금융업권간 형평성을 제고하고 부과체계를 단순화하기 위하여 외환건전성부담금의 부과대상 및 부과요율 체계를 중심으로 제도를 개편하였으며, 현재는 만기 1년 이내의 비예금성외화부채에 대해 0.1%의 부담금을 부과하고 있다.

연관검색어 : 외채/대외채권, 외국환평형기금

외환결제리스크

외환결제과정에 내재된 리스크로 국가간 또는 복수통화 간에 이루어지는 외환결제의 특성상 환율, 시차, 국가간 상이한 자금이체시스템 및 법률체계 등 여러 요인에 의해 발생한다. 외환결제리스크의 여러 형태 중 가장 대표적인 것은 원금리스크로서 외환거래 후 매도통화를 지급하였으나 거래상대방이 파산하여 매입통화를 수취하지 못할 위험이 있다. 또한 매도통화의 지급 이전이라도 거래상대방이 결제를 불이행할 경우 다른 거래 상대방과 불리한 조건으로 새로운 거래를 체결해야 하는 대체비용리스크가 내재되어 있으며, 거래상대방이 파산하지 않더라도 일정기간 동안 채무를 결제하지 못하는 경우 수취예정통화에 대한 유동성리스크에 직면할 수 있다.

연관검색어 : Herstatt 리스크, CLS은행, 외환동시결제(PVP)

외환동시결제(PVP)

외환동시결제(PVP; Payment versus Payment)는 외환결제과정에서 국가간 결제시간대의 차이로 인하여 발생하는 외환결제리스크를 최소화하기 위하여 외환거래에 따른 수취통화와 지급통화를 동시에 주고 받는 결제방식으로서 대표적으로 CLS은행이 이러한 방식의 외환결제서비스를 제공하고 있다. 외환동시결제방식은 매수통화의 수취가 보장되는 경우에만 매도통화를 지급하기 때문에 거래당사자 일방이 파산 등의 이유로 매도통화를 지급 하지 못했을 경우에는 매입통화의 지급도 일어나지 않아 외환결제리스크를 감축할 수 있다.

연관검색어 : 외환결제리스크, Herstatt 리스크, CLS은행

외환보유액

외환보유액(Official Reserve Assets)은 중앙은행이나 정부가 국제수지 불균형을 보전하거나 외환시장 안정을 위해 언제든지 사용할 수 있도록 보유하고 있는 교환성이 있고 유동성이나 시장성이 높은 대외지급준비 자산을 말한다. 그러므로 외환보유액은 긴급한 상황에서 쓰기 위해 갖고 있는 비상금과 같은 성격의 준비자산으로 외환보유액은 환율 급등 시 외환시장 안정을 위한 재원으로 이용될 뿐 만 아니라 금융기관의 해외차입이 어려워지는 신용위기 상황에서 중앙은행 등이 최종대부자(last resort)의 역할을 하기 위한 재원이 된다. 이러한 목적에 부합하도록 현재 우리나라의 외환보유액은 선진국 국채 등 외화증권이나 예치금과 같은 유동성과 안정성이 높은 자산으로 운용되고 있다. 외환보유액은 경제 위기 시 안전판 역할을 하여 국가 신용도를 높이고 중앙은행은 외화자산

운용에 따른 수익이 발생하는 등의 편익이 있지만 통화안정증권 등에 대한 이자지급 등 비용 또한 발생한다. 이에 따라 외환보유액의 적정 규모에 대한 논의가 지속되어 왔다.

연관검색어 : 대외지급준비자산, IMF 포지션, 특별인출권(SDR)

외환스왑거래

외환스왑거래란 거래당사자들이 현재의 계약환율에 따라 서로 다른 통화를 교환하고 일정기간 후 최초 계약시점에서 정한 선물환율에 따라 원금을 재 교환하는 거래를 말한다. 즉 외환스왑거래는 동일한 거래 상대방간에 현물환과 선물환 또는 만기가 상이한 선물환과 선물환, 현물환과 현물환을 서로 반대 방향으로 동시에 매매하는 거래를 의미하며 스왑기간 중 이자 지급은 없으나 계약 시 통화 간 이자율 차가 반영되어 만기 시 환율이 산정된다. 외환스왑거래에 있어 매입·매도는 원일물(far date)거래를 기준으로 구분된다. 예를 들면 외환스왑 매입은 근일물을 매도하고 원일물을 매입하는 sell&buy swap거래를 말하며 외환스왑 매도는 근일물을 매입하고 원일물을 매도하는 buy&sell swap거래를 의미한다. 외환스왑의 거래동기를 보면 자금 조달, 환리스크의 관리, 결제일의 조정, 금리차익 획득 및 금리변동을 이용한 투기적 거래 등의 목적으로 나누어 볼 수 있다.

연관검색어 : 선물환거래

외환시장

외환시장은 좁은 의미에서 외환의 수요와 공급이 연결되는 장소를 말하나 넓은 의미에서는 이러한 장소적 개념뿐만 아니라 외환거래의 형성, 결제 등 외환거래가 정기적 또는 지속적으로 이루어지는 일련의 메커니즘을 포괄한다. 외환시장은 기본적으로 서로 다른 통화로 표시된 지급수단의 매매가 이루어지는 시장(market for means of payments)으로서 외화 자금의 대차가 이루어지는 외화자금시장과는 그 성격을 달리한다. 외환시장에서의 서로 다른 통화간의 매매는 기본적으로 상품과 용역 그리고 금융자산의 매매거래에 수반하여 일어나기 때문에 이들 외환거래는 기본적으로 지급 메커니즘의 한 과정으로 이해할 수 있다. 따라서 각국의 금융시장이나 유로금융시장에서 이루어지는 서로 다른 통화로 표시된 금융거래는 외환시장의 거래와 연계되어 이루어진다. 오늘날 국제외환시장은 세계 주요 외환시장의 거래를 24시간 연계시키면서 모든 시장정보를 환율에 신속하게 그리고 지속적으로 반영하는 하나의 범세계적 시장으로서의 기능을 수행하면서 국제금융거래의 효율화를 촉진하고 있다.

연관검색어 : 외화자금시장

외환전산망

1997년 외환위기 이후 우리나라가 주식·채권시장을 전면 개방하고 외국인직접투자도 전면 허용하는 등 외환거래 자유화조치를 취함에 따라, 국외 여건 변화에 따른 빈번한 외자유출입 등으로 우리경제의 변동성이 확대될 가능성이 크게 높아졌다. 이러한 위험에 효과적으로 대처할 수 있도록 외환거래 정보를 집중하고 이용할 수 있는 인프라의 구축필요성이 제기됨에 따라 정부는 1999년 3월 한국은행을 외환정보집중기관으로 지정하였고, 한국은행은 1999년 4월 외환거래 및 시장정보를 신속하게 수집·분석할 수 있는 외환정보시스템(FEIS; Foreign Exchange Information System, 이하 '외환전산망')을 구축하였다. 외환전산망에는 외국환업무취급기관들이 실행한 외환거래 관련 통계 등 정보가 집중되며 한국은행은 이를 취합하여 기획재정부, 금융위원회, 국세청, 관세청, 금융정보분석원, 금융감독원 등 여러 이용기관들에게 신속하게 제공하고 있다. 한국은행은 외환전산망 자료를 활용해 국내외 외화자금 유출입 동향 등에 대한 신속한 모니터링과 시장안정을 위한 대응방안 마련, 국제수지·외채 등 주요 외환통계의 작성, 각종 불법적인 외환거래 조사 등의 업무를 수행하고 있다.

연관검색어 : 국제수지(BOP), 외채/대외채권

요소비용

국민소득을 평가하는 데는 두가지 방법이 있다. 하나는 시장가격에 의한 평가이고 다른 하나는 요소비용(factor cost)에 의한 평가이다. 시장가격이란 상품이 시장에서 실제로 거래되고 있는 가격을 말하는 것으로서 여기에는 순생산 및 수입세(생산 및 수입세－보조금)가 포함되어 있다. 생산 및 수입세란 부가가치세나 특별소비세 등과 같이 우리가 상품을 살 때 상품가격에 포함되어 있는 세금을 말하며 보조금이란 기업이 상품을 만들 때 정부가 그 상품의 생산을 장려하기 위하여 생산비용중의 일부를 무상으로 제공해 주는 것을 말한다. 요소비용이란 시장가격에서 이와 같은 순생산 및 수입세를 공제한 것으로서 결국 그 상품을 만드는 데 들어간 생산요소에 대한 대가인 피용자보수와 영업잉여의 합계를 말한다. 이와 같이 생산의 요소비용을 측정하는 목적은 주로 투입된 생산요소의 생산성을 정확히 측정하는 데 있다.

연관검색어 : 요소비용 국민소득

요소비용 국민소득

요소비용에 의한 국민소득(NI at factor cost)은 통상 국민소득(NI)이라 불리며 한 나라의 국민이 제공한 생산요소에서 발생한 소득의 총액, 즉 노동에 대한 대가인 피용자보수와 토지, 자본, 경영에 대한 대가인 영업잉여의 합계로서 고정자본소모와 순생산 및 수입세가 포함되지 않으므로 한 나라 국민이 벌어들인 순수한 소득을 나타내는 지표이다. 요소비용에 의한 국민소득 = 시장가격에 의한 국민소득 − 생산 및 수입세 + 보조금 = 피용자보수 + 영업잉여의 관계가 성립한다.

연관검색어 : 영업잉여, 피용자보수

우발부채(채무)

과거에 발생한 원인은 있으나 채무의 확정이 미래 불확실한 사건의 발생 여부에 달려있는 잠재적 의무를 의미한다. 또한 현재의무라고 하더라도 이를 이행하기 위해 경제적 가치가 있는 자원을 지출할 가능성이 높지 않거나 지출 가액을 신뢰성 있게 측정할 수 없는 경우도 포함한다. 예를 들면 대출약정, 지급보증, 계류중인 소송사건 등이 이에 속한다. 즉 우발채무는 지급가능성, 채권자, 지급시기, 금액 등 불확실한 요소가 많기 때문에 재무제표에서 부채로 반영하지 않고 주석으로 기재한다. 우발부채(채무)는 매입채무, 차입금 등과 같이 채권자·지급시기·금액이 정해진 확정부채가 아니지만, 퇴직급여충당금 등 충당부채와 유사하다고 볼 수 있다. 그러나 충당부채는 결산일에 기업이 부담해야 할 의무가 명백히 존재하고 금액을 합리적으로 추정할 수 있다는 점에서 우발부채와는 확실하게 차이가 있다. 예를 들면 법원에 계류중인 소송사건의 패소가능성은 우발채무에 속한다.

우발전환사채(코코본드)

우발전환사채(Contingent Convertible Bond)는 발행기관이 경영개선명령을 받거나 부실금융기관으로 지정될 경우 상각되거나 보통주로 전환되는 조건이 부가되어 있는 채권(조건부자본증권)을 말한다. 이러한 조건이 실현될 경우 코코본드는 강제로 상각되거나 주식으로 전환되기 때문에 발행기관의 채무부담은 줄어들고 자본은 확충된다. 채권이 상각될 경우 투자자가 원금손실을 입게 되는 위험을 반영하여 코코본드의 발행금리는 일반 회사채보다 다소 높게 형성된다. 최근 코코본드의 발행이 늘어난 것은 공급측면에서 무엇보다 바젤III 시행에 따른 은행권의 자본확충 필요성이 증가한 데 기인한다. 바젤III에서는 금융기관 자본의 인정요건을 종전보다 강화하였는데, 특히 후순위채권 등에 대해서는 유사시 주식으로 전환되거나 상각되는 조건부자본 요건을 추가로 충족하도록 요구하고 있다. 바젤III 규제 하에서 금융기관 입장에서는 코코본드를 발행하게 되면 자본이 증가해 건전성지표인 자기자본비율이 개선되는 효과가 있다. 수요측면에서 보면, 코코본드는 지속되는 저금리 상황에서 일반 채권보다 금리가 높은 데다 이자지급이 보장되는 후순위채 위주로 발행됨에 따라 투자메리트가 높은 편이다. 코코본드 발행은 유사시 손쉽게 자본을 확충하는 이점이 있으나 발행기관의 자본조달비용을 증가시키는 효과도 있으므로 적정수준에서 관리될 필요가 있다.

연관검색어 : 자기자본비율

운영리스크

부적절하거나 잘못된 내부 프로세스(internal process), 인력, 시스템, 외부사건(external events) 등으로 인해 발생할 수 있는 손실 가능성을 말한다. 운영리스크(operational risk) 발생요인으로는 인력과 관련해서 인적 자원의 부족, 부적절한 직원, 교육 미실시, 실수 또는 의사소통상 오해 등이 있다. 프로세스와 관련해서는 부적절한 업무 분장, 과도한 업무강도·과다한 업무량, 취약하거나 잘못된 프로세스, 복잡한 거래처리능력 부족 등이 있다. 시스템과 관련해서는 시스템 장애, 취약한 시스템 설계, 데이터 보안구조 결함, 프로그램 오류 작동 등이 있다. 외부사건과 관련해서는 자연재해, 테러, 전쟁, 시설장애, 파업·데모·업무중단, 외부인의 범죄, 사기, 횡령, 경제환경 및 외부규제 등이 있다. 운영리스크의 결과로 발생가능한 손실에는 기업가치의 저하, 청구권손실, 손해배상, 법적지불책임, 규제조치, 자산손실 등이 있다.

워싱턴 컨센서스

1990년대 미국이 중남미 국가들에 대해 제시하였던 미국식 시장경제체제의 확산 전략을 뜻하며 미국이 주도하는 신자유주의의 대명사로도 인식되고 있다. 이 용어는 1989년 미국 국제경제연구소의 정치경제학자 존 윌리엄슨이 당시 경제위기로 어려움을 겪고 있던 중남미 국가들에 대한 개혁 처방을 워싱턴 컨센서스(Washington Consensus)로 명명한 데서 유래하였고 1990년대초 미국의 재무부, 국제통화기금(IMF), 세계은행(World Bank) 등 미국 워싱턴에 있는 기관들의 논의를 거치면서 그 개념이 정립되었다. 워싱턴 컨센서스는 개발도상국, 체제전환국, 제3세계 국가들이 시행해야 할 구조조정 정책으로서 정부예산 삭감, 자본시장 자유화, 외환시장 개방, 관세 인하, 국가 기간산업 민영화, 외국자본에 의한 국내기업 합병 · 매수 허용, 정부규제 축소, 재산권 보호 등을 제시하고 있다. 실제로 이러한 정책들은 동구 사회주의국가의 체제 전환과 1990년대 후반 아시아의 외환위기 극복과정에서 채택되었다. 워싱턴 컨센서스에 대해서는 세계의 경제시스템을 미국의 자본과 기업이 진출하기 쉽게 만들어 미국의 이익을 증진시키기 위한 것이라는 비판도 있다.

연관검색어 : 국제통화기금(IMF), 세계은행(World Bank), 동아시아 외환위기

워크아웃

기업과 금융기관의 협의로 진행되는 재무구조 개선과정 및 결과를 포괄적으로 이르는 말이다. 부실기업을 정상기업으로 회생시키는 것이 목적으로 도산을 방지하기 위해 계약 불이행이 발생하였을 때 채무자와 채권자 간에 해결 방안을 모색하게 된다. 워크아웃(workout)은 기업 독자적으로 이행하기 어려운 기업 내부의 구조조정작업을 채권금융기관이 주도하여 진행하며 그룹 내의 퇴출기업 선정, 자산매각, 주력사업 정비 등 광범위한 조처를 한다. 채무기업의 구조조정 노력에 대해 채권금융기관은 은행대출금의 출자전환, 대출금 상환유예, 이자감면, 부채삭감 등의 금융지원을 제공한다. 우리나라는 1997년 외환위기 이후 자주 언급되었으며 대기업 구조조정 프로그램의 하나로 광범위하게 사용되었다. 한편 워크아웃과 대비되는 개념으로 기업회생절차가 있다. 기업, 금융기관 등 당사자간 협의를 중심으로 진행되는 워크아웃과 달리 기업회생절차는 법원의 결정(판결)을 통해 진행되는 보다 강력한 기업구조조정 절차이다.

원/위안 직거래시장

원/위안 직거래시장은 달러를 매개로 하지 않고 원화를 위안화로, 위안화를 원화로 바로 환전할 수 있는 시장을 의미한다. 2014년 7월 한·중 정상이 양국 간 자국통화 거래를 활성화하는 것이 서로에게 이익이 된다는 데 인식을 같이하고 한·중 무역 및 금융거래에서 위안화 활용도를 제고하기 위한 정책과제의 하나로 원/위안 직거래시장을 개설하기로 합의함에 따라 서울외환시장 운영협의회를 중심으로 중개시스템 개발, 시장조성자 제도 도입 등을 추진하여 2014년 12월 원/위안 직거래시장을 공식 개설하였다. 또한 2015년 10월 양국 정상회담을 통해 상해 원/위안 직거래시장을 조속한 시일 내에 개설하기로 합의하였다. 원/위안 직거래시장은 개설 이후 높은 관심과 시장조성은행들의 적극적거래 등에 힘입어 일평균 거래량이 20억 달러를 넘어서고 호가 스프레드도 경쟁적으로 형성되는 등 초기단계의 시장형성에 비교적 성공한 것으로 평가되고 있다

연관검색어 : 외환시장

원금리스크

외환결제리스크 중 가장 대표적인 리스크로 매도통화를 이미 지급하였거나 매도통화의 지급을 취소할 수 없는 상황에서 거래상대방이 파산하는 경우 매입통화를 전액 수취하지 못하는 리스크를 원금리스크(principal risk)라고 한다. 환거래가 양방향으로 일어난다는 점과 주로 국경을 넘어 발생한다는 특성으로 인하여 매입통화와 매도통화의 결제가 동시에 이루어지지 않기 때문에 원금리스크가 발생하게 된다.

연관검색어 : 외환결제리스크, Herstatt 리스크

원금이자분리채권(STRIPS)

이표채의 원금과 미래의 이자금액을 분리하여 각각 무이표채(zero coupon bond)의 형태로 거래할 수 있는 채권을 말한다. 즉 채권의 원금과 이자를 분리하여 거래할 수 있는 채권이다. 만기에 한 번의 현금흐름만을 가지고 있기 때문에 이표채 채권에서 발생하는 재투자 위험이 제거되어 투자시점에서 확정 수익률을 보장받을 수 있으며 한 종목의 이표채가 원금이자분리채(STRIPS; Seperate Trading of Registered Interest and Principal of securities)를 통해 다양한 만기의 무이표채로 전환됨에 따라 연기금 보험 등 주요 기관투자가의 장기 무이표채에 대한 수요를 충족시킬 수 있다. 그리고 이표채권과 현금흐름이 동일한 원금이자분리채권 포트폴리오 간의 가격차이를 이용한 차익거래가 가능해진다. 다양한 만기와 수익률을 형성하게 되어 채권시장에 유동성을 증가시킬 수 있고 분리했을 때 각 채권 가치의 합과 재결합 상품 가치와의 차이에 의해 차익거래가 가능해 투자나 거래기법의 향상을 도모할 수 있다. 보통 원금부분을 P-STRIP, 이자부분을 C-STRIP이라고 한다.

연관검색어 : 이표채, 듀레이션

위험가중자산/위험가중치

자기자본비율 산출시 대차대조표상 자산계정의 단순 합계를 분모로 사용할 경우 자산을 구성하는 각 익스포저에 따른 리스크를 반영할 수 없는 문제가 있다. 그러므로 각 익스포저 금액에 해당 위험가중치를 곱하여 합산한 금액인 위험가중자산을 분모로 사용하게 된다. 위험가중자산은 신용·시장·운영리스크로 구성된다. 각 리스크별 위험가중자산을 산출하는 방식은 바젤은행감독위원회(BCBS)가 제시한 방법을 따르는 표준방법과 은행의 자체 내부모형을 이용하는 방법으로 구분할 수 있다. 예를 들어 신용리스크 표준방법을 사용할 경우 익스포저에 거래상대방별 위험가중치를 곱한 금액을 합산하여 위험가중자산을 산출한다. 내부 모형을 사용하는 은행의 경우 자체 추정한 차주 부도율, 부도시 손실률, 부도시 익스포저 등을 사용하여 위험가중자산을 산출한다.

연관검색어 : BIS 자기자본비율, 익스포저, 내부등급법

위험기준자기자본비율(RBC비율)

금융기관이 영업활동에 따라 부담하게 되는 리스크(위험가중자산)를 자기자본으로 흡수할 수 있는 능력을 평가하는 지표로 금융기관의 건전성과 안전성 정도를 나타내며 자기자본을 위험가중자산으로 나누어 산출한다. 이는 일반 기업에서의 자기자본비율은 자기자본을 총자산으로 나누어 산출하는 것과 유사하게 분모를 총자산 대신 위험가중자산으로 대체하여 산출하는 개념이다. 참고로 BIS자기자본비율이란 국제결제은행(BIS; Bank for International Settlement)이 제시한 기준에 따라 산정한 위험가중자산과 자기자

본으로 자기자본비율을 산출한 것이며, BIS는 국제 업무를 수행하는 은행들에 대해 동 비율을 8% 이상으로 유지토록 권고하고 있다. 한편 보험회사의 경우에는 위험기준자기자본비율을 보험회사가 파산하거나 모든 가입자가 보험계약을 동시에 해약했을 때 자기자본으로 보험금을 지급할 수 있는 정도가 어느 정도인지 나타내는 비율로 활용되며, 이 비율이 200% 이상이면 동시에 모든 보험금을 지급해야 하는 상황이 두 번 연속 발생하더라도 파산하지 않을 정도의 자본을 쌓았다는 것을 의미한다.

연관검색어 : BIS 자기자본비율, 자기자본비율, 위험가중자산/위험가중치

유동비율

단기채무에 충당할 수 있는 유동자산이 얼마나 되는가를 평가하여 기업의 단기지급능력을 판단할 수 있는 대표적 지표로서 유동비율이 높을수록 단기지급능력이 양호하다고 볼 수 있으나 과다한 유동자산 보유는 자산운용 효율성을 떨어뜨려 수익성을 저해한다.

유동비율 = 유동자산/유동부채 × 100

유동성

유동성(liquidity)이란 자산을 현금으로 전환할 수 있는 정도를 나타내는 용어로 기업의 자산을 필요한 시기에 손실 없이 화폐로 바꿀 수 있는 정도를 나타낸다. 유동성은 자산의 유동성과 경제주체의 유동성으로 구분되는데 자산의 유동성은 화폐의 유동성과 화폐를 제외한 자산의 유동성으로 나뉜다. 화폐의 유동성은 화폐가 다른 재화나 서비스로 전환되는 정도를 말한다. 자산의 유동성은 화폐 이외의 자산을 화폐로 전환한 후 다른 재화나 서비스로 전환하는 정도를 말한다. 자산의 유동성은 전환대상 자산의 양과 질, 시장의 형성, 거래 방법, 재금융의 가능성 등에 따라 유동성의 정도가 달라진다. 한편, 경제주체의 유동성은 각 경제주체가 채무를 충당할 수 있는 능력을 말한다. 이러한 유동성 개념은 위와 같은 본래의 의미로부터 파생되어 다음의 두 가지 형태로도 사용된다. 첫째로 유동성은 시중의 현금과 다양한 금융상품 중 어디까지를 통화로 정의할지 구분하는 기준으로 사용된다. 우리나라에서는 유동성이 높은 정도에 따라 통화 및 유동성 지표를 현금통화, M1, M2, Lf, L로 구분한다. 둘째로 유동성은 현금을 비롯하여 유동성이 높은 통화 그 자체와 같은 뜻으로 사용되기도 한다. "시중의 풍부한 유동성",

"한국은행이 실시한 유동성 공급 정책" 등과 같은 예에서 유동성은 통화 그 자체를 의미한다.

연관검색어 : 통화지표

유동성 함정

유동성 함정(liquidity trap)이란 금리 인하를 통한 확장적 통화정책이 투자나 소비 등 실물경제에 영향을 주지 못하는 상태를 말한다. 경제가 침체될 것으로 예상되면 중앙은행은 정책금리를 낮추고 유동성을 공급한다. 그러나 금리를 계속 낮추는데도 경기가 회복되지 않고 이 이후에 명목이자율을 더 이상 낮출 수 없어 확장적 통화정책을 통한 경기 진작은 어려워지는데 이를 유동성 함정에 빠졌다고 표현한다. 유동성 함정이 존재하는 경제에는 대체로 다음과 같은 상황이 일어난다. 일반적으로 총수요가 감소하여 경기가 침체하고 물가가 하락한다. 만약 경기가 계속 침체하여 디플레이션이 발생하면 명목이자율이 일정할 경우 실질이자율이 상승한다. 예를 들어 명목이자율이 0%이고 물가상승률이 -3%라고 한다면 실질이자율은 3%가 된다. 즉, 유동성 함정 하에서 명목이자율이 0%에 가까운 매우 낮은 상황이라 하더라도 가계와 기업이 직면하는 실질이자율은 오히려 높은 수준이 유지되어 투자와 소비가 감소한다. 또한 총수요 감소는 추가적인 물가 하락과 이에 따른 실질이자율의 상승으로 이어져 경제를 더욱 악화시킬 수 있다.

연관검색어 : 유동성

유동성딜레마

1944년 출범한 브레튼우즈(Bretton Woods)체제는 독자적인 세계통화가 아니라 특정 국가의 통화인 미국 달러화를 기축통화로 하여 성립된 체제였다. 따라서, 동 체제에서 전 세계적으로 통용되는 기축통화인 미국 달러화는 국제사회의 신뢰를 얻어야 하는 동시에 세계의 상품 및 자본 거래량을 충분히 소화할 수 있을 정도의 유동성을 공급해야 한다. 그런데 기축통화국인 미국이 국제수지 적자를 기록하여 달러화 공급량을 증가시키면 세계적으로 유동성은 증가하나 달러화에 대한 신인도가 하락한다. 반대로, 미국이 국제수지 흑자를 내어 달러화 공급량을 감소시키면 달러화의 신용도는 상승하나 세계적으로 유동성이 부족하게 된다. 이러한 모순된 상황을 가리켜 미국 예일대의 Triffin 교수는 유동성딜레마라고 불렀다(동 교수의 이름을 따서 Triffin의 딜레마라고도 한다).

특정한 국가의 통화를 기축통화로 삼는 국제통화체제의 경우 이러한 모순이 불가피하여 그 국제통화체제는 내재적 한계를 가질 수밖에 없다. 이러한 문제점에 대한 보완책으로 SDR(특별인출권) 제도가 생기게 되었다.

연관검색어 : 브레튼우즈체제, 특별인출권(SDR), 트리핀 딜레마(Triffin's dilemma)

유동성리스크

거래 일방이 일시적인 자금부족으로 인해 정해진 결제 시점에서 결제의무를 이행하지 못함에 따라 거래상대방의 자금조달 계획 등에 악영향을 미치게 되는 위험을 말한다. 유동성 리스크는 거래 상대방이 지급기일이 지난 이후 채무를 결제할 수 있다는 점에서 거래상대방이 파산하여 채권 회수가 영원히 불가능한 신용리스크와 차이가 있으나 실제로는 그 구별이 쉽지 않다.

연관검색어 : 신용위험(신용리스크)

유동성커버리지비율

유동성커버리지비율(LCR; Liquidity Coverage Ratio)은 단기 유동성 규제비율로서 은행이 유동성 부족에 대비하여 보유한 고유동성자산 규모를 30일간의 유동성스트레스 시나리오 하에서 예상되는 순현금유출액으로 나눈 비율이다. LCR의 산식은 '고유동성자산 / 향후 30일간 순현금유출액(현금유출액 - 현금유입액) × 100'이다. 분자의 고유동성 자산은 현금은 물론 정부 및 중앙은행이 발행하는 채무증권, 은행이 중앙은행에 예치한 지급준비금 등으로 구성된다. 분모의 순현금유출액은 30일 동안의 심각한 위기상황에서 발생할 것으로 예상되는 현금유출액에서 현금유입액을 차감하여 산출한다. 바젤은행감독위원회(BCBS)가 요구하는 최저 LCR 수준은 2015년에 60%였으며 매년 10% 포인트씩 높아져 2019년에는 100%를 준수하여야 했다. 코로나19 사태 이후 금융권의 가계대출 및 기업 자금 공급 확대를 위해 2020년 일시적으로 기존 100%에서 85%로 인하하였으나 2022년부터 단계적 상향을 통해 2022년 7월말 현재 100%를 준수하여야 한다.

연관검색어 : 유동성리스크, 순안정자금조달비율

유럽부흥개발은행(EBRD)

EBRD(European Bank for Reconstruction and Development)는 중·동부 유럽국가의 시장경제체제로의 전환 촉진과 경제개발 지원을 목적으로 1991년 3월 설립된 국제금융기구로서 영국 런던에 본부를 두고 있다. 주요 업무는 역내 회원국에 대한 생산적이고 경쟁적인 민간부문의 활동 지원, 경제개발을 위한 역내외 자본 및 선진기술 동원, 경쟁여건 조성과 생산성 향상을 위한 투자 촉진, 개발사업계획 관련 기술지원 등이다. 재원은 자본금, 채권발행 및 차입금으로 조성되는 일반재원과 출연을 통한 특별재원으로 조달하고 조직은 총회, 이사회 및 총재를 비롯한 집행부로 구성되어 있다. 2016년말 현재 회원국은 총 65개국이며 역내 국제기구인 유럽연합(EU)과 유럽투자은행(EIB; European Investment Bank)에도 회원자격을 부여하고 있다. 우리나라는 창립회원국으로 참여하고 있다.

연관검색어 : 유럽연합(EU)

유럽연합(EU)

유럽연합(EU; European Union)은 1991년 12월 유럽공동체 12개국 정상이 유럽연합조약(일명 마스트리히트조약)의 체결에 합의한 후 1993년 11월 동 조약이 발효됨에 따라 종전의 유럽공동체(EC; European Communities)를 대신하는 지역공동체로서 1994년 1월 정식 출범하였다. 창설 목적은 유럽내 단일시장 구축 및 단일통화 실현을 통한 유럽의 경제와 사회발전 촉진, 공동외교안보정책을 통한 국제무대에서의 유럽의 이익 제고, 유럽연합 시민권제도 도입에 의한 회원국 국민의 권리와 이익 보호 등이다. 회원국은 1995년 1월 3개국이 추가 가입한 데 이어 동유럽 체제전환국들이 가입하면서 점차 늘어났으나 2020년 1월 영국이 EU에서 탈퇴함으로써 2022년 현재 총 27개국의 회원국이 있다. 유럽연합의 주요 기구는 회원국 정상들의 회의체인 유럽이사회(European Council), 각종 정책 입안 및 집행을 담당하는 집행위원회(European Commission), 회원국간 문제해결을 위한 장관들의 회의체인 각료이사회(CEU), 유럽의회(EP) 등이며 그 외에 유럽사법재판소, 유럽회계감사원, 지역위원회, 유럽중앙은행(ECB), 유럽투자은행 등이 있다. 유럽연합은 유럽의회가 입법부, 유럽사법재판소가 사법부, 집행위원회가 행정부의 역할을 하는 등 일반적인 국제기구와는 달리 독자적인 법령 체계와 입법·사법·행정 기능을 갖추고 있다.

연관검색어 : 마스트리히트조약, 유럽중앙은행(ECB)

유럽중앙은행(ECB)

유럽연합(EU)의 통화정책을 수행하는 중앙은행으로서 1994년에 설립된 유럽통화기구(EMI)를 승계하여 1998년 6월 출범하였으며 독일 프랑크푸르트에 본부를 두고 있다. 유럽중앙은행(ECB; European Central Bank)의 주요 목적은 유로화를 사용하는 유럽국가 지역인 유로존(eurozone)의 물가를 안정시키는 것이며 유로화 발행의 독점적인 권한을 갖고 있다. 지폐가 아닌 동전의 경우에는 유럽중앙은행의 감독 하에 각 나라가 발행할 수 있다. 유럽중앙은행이 2002년부터 회원국의 통화정책 권한을 갖게 되었으나 그 기능은 유로존의 전체적인 금융정책 방향을 설정하는 것이며 각국의 실제 통화정책은 각국 중앙은행이 책임지고 있다. 유럽중앙은행의 최고의사결정기구인 정책위원회(governing council)는 총재, 부총재, 상임이사 4명, 회원국 중앙은행 총재 16명 등 모두 22명으로 구성되며 매월 기준금리를 결정한다. 그리고 집행위원회(Executive Council)는 정책위원회의 결정에 따른 세부사항을 정하고 각국 중앙은행에 지시사항을 전달하는 등의 역할을 수행한다.

연관검색어 : 유럽연합(EU)

유로달러(Euro dollar)

미국 외의 국가에 소재하는 은행에 예치된 미국 달러화를 말하는데, 런던을 비롯한 유럽의 주요 금융시장에서 많이 거래되고 있다. 유로달러시장의 중심은 은행 간 예금시장으로서 은행 및 브로커들로 구성되어 있다. 1950년대부터 미·소간 냉전격화에 따라 동유럽 공산국의 은행들이 미국내 은행에 예치했던 달러화 예금을 유럽으로 이체한 데서 비롯되었다. 이후 미국의 국제수지 적자가 누적되면서 대규모의 달러 자금이 유럽에 유입된 데다, 1970년대의 오일쇼크 당시 OPEC 국가들이 오일달러를 유로은행에 예치(동 자금은 유로은행의 신디케이트론을 통해 무역수지 적자국으로 환류)함으로써 크게 발전하였다. 유로달러는 은행의 금융·외환거래 및 무역금융의 원활화, 국제유동성 증대에 크게 이바지하였으나 보유자의 수익 추구를 위해 국경을 넘어 자유롭게 자금의 예치나 대출이 이루어지는 특성이 있다. 이 때문에 유로달러는 세계 각지의 금리 차이나 환율 변동에 의한 차익을 찾아 빠르게 이동하는 핫머니(hot money)의 성격을 가지고 있으며, 따라서 국제적 금융교란을 일으킬 위험성을 내포하고 있다.

연관검색어 : 유로마켓(Euro market)

유로마켓(Euro market)

뉴욕 동경 등 선진국의 국제금융시장에 대비되는 순수한 의미의 국제금융시장으로, 어떤 통화로 표시된 자금이 해당통화 발행국 이외의 국가에서 거래되는 시장이다. 따라서 국내시장으로부터 독립된 시장이라는 특성을 갖고 있으며 Euro dollar, Euro currency, Euro bond 등 여러 하부시장으로 구성되어 있다. 유로마켓은 Euro dollar 거래에 힘입어 발전하였으며, 당초에는 은행의 달러자금을 중심으로 한 Euro dollar시장 또는 Euro currency시장의 성격이 강하였으나 1980년대 들어 증권화가 진전됨에 따라 Euro bond시장의 비중이 확대되었다. 유로마켓은 각국 정부의 규제나 간섭에서 벗어나 자유롭게 거래를 할 수 있다는 장점이 있고 이러한 자율성이 금융 혁신과 기법의 발전을 촉진하는 한편 유로마켓의 범세계적인 확산을 가져다주었다. 이에 따라 유로마켓의 확산은 1980년대 이후의 세계적인 금융혁신을 촉진하고 나아가 각국 금융시장의 개방과 효율화를 촉진하는 등 금융의 세계화에도 기여하였다.

연관검색어 : 유로달러(Euro dollar)

유리보(EURIBOR)

유리보는 영어 'Euro Interbank Offered Rate'의 줄임말이다. 유로화를 단일통화로 하는 유럽연합(EU) 12개 회원국이 국제 금융거래 시 기준으로 사용하기 위해 1999년 1월 1일부터 산출, 적용한 금리로, 유럽연합 회원국 가운데 유로에 참여하지 않은 영국·덴마크·스웨덴은 제외되었다. 영국 런던에서 우량은행끼리 단기자금을 거래할 때 적용하는 금리인 리보(LIBOR)에 대항하고, 유로 국가들 간의 공동 경제권을 강화하는 데 목적이 있다. 벨기에 브뤼셀에 본부를 두고 있는 유럽중앙은행회가 57개 유럽은행 간 거래 금리를 평균해 산출한다. 유로 12개 회원국 3,000여 개의 은행이 유리보를 기준금리로 삼고 있는데, 고객들은 유로금리와 관련된 선물 및 옵션거래를 할 때 리보 금리와 유리보 금리 중 하나를 선택할 수 있다. 1999년 유로화 출범 이후 꾸준히 성장해 2003년 현재 리보를 제치고 새로운 유로 표시 국제금융거래의 기준금리로 자리 잡아 가고 있다. 현재 유럽연합 소속 은행들 간 금리스왑 거래의 60~80%를 유리보가 차지하고 있으며, 더욱이 유로 국가들 정부가 자국의 금융기관에 리보대신에 유리보를 기준금리로 삼도록 압력을 가하고 있어 유리보의 이용은 더욱 늘어날 것으로 보인다.

유통시장

유통시장(또는 제2차 시장, secondary market)은 이미 발행된 채권, 주식 등 유가증권이 투자자들 사이에서 매매되는 시장을 말한다. 유통시장은 발행시장에서 발행된 유가증권의 시장성과 환금성을 높여주고 자유경쟁을 통해 공정한 가격을 형성하는 기능을 한다. 채권 유통시장은 장외시장과 장내시장으로 구분된다. 현재 대부분의 채권거래는 장외시장에서 주로 증권회사의 단순중개를 통하여 이루어지고 있다. 장내시장으로는 한국거래소 내에 일반채권시장과 국채전문유통시장이 개설되어 있다. 일반채권시장에서는 전환사채와 소액 국공채의 장내거래가 의무화되어 있어 채권 거래가 비교적 활성화되어 있다. 국채전문유통시장에서의 거래는 국고채전문딜러의 지속적이고 유효한 호가제시를 통한 시장조성 의무 강화 등의 제도 개선 노력에 힘입어 증가하고 있다. 주식유통시장에는 유가증권시장(코스피시장), 코스닥시장, 코넥스시장 및 K-OTC시장이 있다. 이중 K-OTC시장은 장외시장이며, 나머지는 한국거래소에서 개설·운영하는 장내시장이다. 주식이 장내시장에서 매매되기 위해서는 상장이라는 등록 절차를 거쳐야 한다. 코스닥시장은 유망 중소기업, 벤처기업 등이 진입하는 시장이다. 코넥스시장은 설립 초기 중소기업에 특화된 시장으로, 2013년 7월 개설 당시에는 코스닥시장의 하부시장 형태였으나, 2013년 9월 별도시장으로 분리되었다. K-OTC시장에서는 비상장 주식이 거래된다.

연관검색어 : 발행시장, 채권시장, 주식시장

은선

은행권의 위조방지를 위한 장치의 하나로 은행권용지에 삽입된 플라스틱 또는 금속으로 된 가는 선형필름을 말하며, 삽입된 필름의 문양 또는 글자 등을 확인할 수 있다. 은선(security thread)에는 현용 천원권과 같이 숨고 드러나기를 반복하는 부분노출은선과 오천원권, 만원권과 같이 용지 속에 완전히 삽입된 숨은 은선이 있다. 또 오만원권처럼 숨은 은선과 부분노출은선이 같이 있는 경우도 있다. 숨은 은선에는 주로 미세문자를 삽입하거나 보는 각도에 따라 색상이 변하는 필름을 적용한다. 오만원권에는 초상 오른쪽에 숨겨져 있는 특수 필름띠 위에 문자와 액면 숫자 "한국은행 BANK OF KOREA 50000"이 보이며, 만원권·오천원권에는 액면 숫자만 다르게 표시되어 있다. 그리고 오만원권의 부분노출은선은 청회색 특수 필름 띠로, 여러 개의 태극무늬가 사방 연속으로 새겨져 있으며 은행권을 상하로 움직이면 태극무늬가 좌우로, 은행권을 좌우로 움직이면 태극무늬가 상하로 움직이는 것처럼 보여 Motion이라 부른다. 한편 천원권에는 숨은 은선은 없고 가운데 부분에 부분노출은선이 있다.

연관검색어 : 숨은 그림(은화)

은행경영공시제도

은행의 건전성을 유지하기 위해서는 감독당국의 직접적인 감독 이외에 예금자, 채권자 및 주주 등 이해관계자에 의한 시장규율(market discipline)이 중요하다. 이에 따라 은행은 이해관계자에게 금융기관에 관한 중요한 정보를 정기적으로 공시한다. 「은행업감독규정」에 따르면 은행은 연 결산시 결산일 이후 3개월 이내, 분기별 가결산은 결산일 이후 2개월 이내에 공시하도록 되어 있다. 공시 내용은 조직 및 인력, 재무 및 손익, 자금조달·운용, 건전성·수익성·생산성 등 경영지표, 경영방침 및 리스크관리 등에 관한 사항을 포괄한다.

은행인수어음(BA)

은행의 단기무역신용공급방식의 하나로 수출입대금결제를 위해 발행된 환어음을 은행이 인수(accept)하는 것을 말하며, 은행이 어음상의 지급의무를 부담한 것이므로 그 신용도가 높아 BA 시장에서 자유로이 양도되고 자산보유의 형태로도 이용되고 있다. BA(Banker's Acceptance)는 통상 어음발행인이 인수은행에 매입을 신청하고 할인받는 것이 관행으로 되어 있으나, 미국에서는 일반적으로 인수은행이 BA를 만기일까지 보유하지 않고 유통시장에 매각함으로써 안정성과 유동성이 뛰어난 독특한 시장이 형성되는데 이를 은행 인수어음시장이라 한다.

을기금(Capital B)

외국은행 국내지점의 동일인 및 동일계열기업군 여신한도 등 은행법상의 영업규제와 관련하여 자기자본을 확대해줌으로써 여신기능이 원활히 수행될 수 있도록 하기 위한 명목상의 자본금으로 대차대조표에는 나타나지 않는다. 현재 을기금은 「은행업 감독규정」 제11조에 의거 외국은행 국내지점이 외화자금을 환매조건부로 한국은행에 매각하여 보유·운용하는 원화자금과 외은지점이 자행의 본점 또는 국외지점으로부터 상환기간이 1년을 초과하는 조건으로 차입한 자금 중 국내에서 운용하는 자금(본지점 장기차입금)을 합산한 것으로 하되 대차대조표상 자본총계의 200%를 초과할 수 없도록 규정하고 있다.

연관검색어 : 갑기금(Capital A)

의중임금

의중임금이란 유보임금이라고도 하는데 특정 근로자로 하여금 노동을 공급하게 하기 위해 지불해야할 최소한의 임금을 말한다. 다시 말해 노동을 공급할 의사가 있는 근로자가 받고자하는 최소한의 임금이라고 할 수 있다. 따라서 취업자들은 현직에서 받는 임금이 자신들이 염두에 두고 있던 임금보다 높은 사람들이다. 의중임금은 실업기간에 중요한 영향을 미친다. 구직활동기간을 종료시키는 경로는 두 가지인 데 하나는 구직활동을 포기하고 비경제활동 상태로 전환하는 경우이고 다른 하나는 취업을 하는 경우이다. 후자는 자신에게 제시된 임금이 자신의 유보임금보다 높을 때 발생한다. 따라서 다른 조건이 같을 경우 유보임금이 높을 때 실업기간은 길어지게 된다.

연관검색어 : 통상임금

이슬람금융

이슬람금융이란 이슬람교 율법인 샤리아(Shariah)에 따라 행해지는 금융을 말한다. 이슬람교 율법인 샤리아에서는 이자금지, 도박금지, 불확실거래금지 등을 명시하고 있어서 이슬람금융은 그 운용방식이 일반금융과는 다른 바, 우선 모든 이슬람 금융상품 및 금융거래는 사전에 이슬람 법학자들로 구성되는 샤리아위원회의 샤리아 적합성 인증이 필수적이며, 또한 이슬람 은행에서는 이자 개념을 탈피하기 위하여 실물자산을 개재한 거래(매매나 리스)와 수익을 배분하는 거래(신탁이나 출자) 등의 방식을 이용하고 있다. 한편 이슬람금융의 상품거래 형태로는 무라바하(Murabahah), 이스티스나(Istisna), 이자라(Ijarah) 등이 있고, 투자 형태로는 무다라바(Mudharabah), 무샤라카(Musyarakah) 등이 있다. 이 외의 응용 형태 금융거래로서 보험과 유사한 타카풀(Takaful), 금융 투자상품으로 수쿠크(Sukuk, 이슬람채권) 등이 있다.

연관검색어 : 수쿠크

이자보상배율

영업이익을 이자비용으로 나눈 값으로 측정하는 지표이다. 이는 영업활동에 의한 이익으로 이자비용을 어느 정도나 부담할 수 있는 지, 즉 기업의 이자부담능력을 평가하는 지표로 이용된다. 동 지표가 높을수록 이자부담능력이 좋다고 할 수 있으며, 동 지표가 1보다 작으면 영업이익 전체로도 금융비용을 충당할 수 없는 상태를 의미한다. 다만 우리나라와 같이 기업의 이자수익이 상당한 규모에 이르는 경우 기업의 실질적인 금융비용 부담능력이 과소평가될 가능성이 높으므로 이자비용에서 영업외이익으로 분류되는 수입이자를 차감한 순금융비용을 이용하여 산출한 순이자보상배율을 보조지표로 활용하는 것이 좋다. 한편 같은 개념으로 이자보상비율이 있는데 이는 이자보상배율에 100을 곱하여 %로 표시한 것이다.

이전소득수지

이전소득수지는 국제수지표상 경상수지를 구성하는 항목 중의 하나로 거주자와 비거주자 사이에 무상으로 주고받는 거래의 수지를 말한다. 이러한 거래에는 재외교포가 국내 친지에게 보내는 개인송금, 국외 자선단체의 기부금이나 구호물자, 국제기구 출연금 등이 포함된다.

연관검색어 : 경상수지, 국제수지(BOP)

이중통화채(dual currency bond)

국제간 환율 및 금리 전망을 바탕으로 채권발행 통화와 상환 통화를 달리하여 발행하는 채권을 말한다. 발행방식은 기본적으로 채권의 발행은 저금리통화(강세통화)로, 상환은 고금리통화(약세통화)로 한다. 이중통화채의 발행으로 발행자는 금리부담을 경감할 수 있고 투자자는 상환통화가 미리 정한 환율보다 강세가 될 경우 환차익을 기대할 수 있는 장점이 있다. 예컨대 액면과 이자는 미 달러화로 표시되고, 상환은 엔화나 스위스 프랑화로 하는 방식의 채권을 가리킨다. 달러화가 강세인 때에 주로 사용된다. 일본의 경우 저금리 상태가 지속되면서 자국통화 표시 채권의 수익률이 지속적으로 낮아지는 상황에서 채권의 쿠폰을 금리가 높은 통화로 지급하는 방식의 이중통화채가 활발하게 발행되었다. 최근에는 역이중통화채(reverse dual currency bond)라는 발행 형태가 등장하였는데 이는 기채통화와 상환통화는 같으나 이자 지급은 발행 당시의 고금리통화로 이루어지는 형태를 말한다. 이밖에 채권의 원금은 두 나라 통화로 수수되고 이자지급은 두 나라 환율에 연결되어 있는 혼합이중통합채권도 있다.

이표채

국채 금융채 회사채 등의 채권은 이자지급 방법에 따라 할인채(discount bond), 이표채(coupon bond), 복리채(compound interest bond) 등으로 구분되는데 이표채는 채권의 권면에 이표(쿠폰 coupon)가 붙어 있어 이자지급일에 이를 떼어 제시함으로써 이자를 지급받는 채권을 말한다. 통상적으로 만기까지 일정 기간마다 이자를 지급하고 만기에는 원금을 지급하는 가장 일반적인 형태의 채권을 지칭한다. 이표채처럼 일정한 간격을 두고 주기적으로 수취하는 채권이자는 투자자의 입장에서 볼 때는 원래의 채권 투자자금 원본의 회수기간이 일부 앞당겨지는 효과를 얻게 된다. 이처럼 이표의 이자수취 만큼 투자자금 회수기간이 단축되는 효과를 감안하여 채권의 만기를 정밀하게 산출한 것을 듀레이션, 즉 평균만기라고 한다. 금리가 1% 변동할 때 채권의 가격은 듀레이션의 배율만큼 증폭되어 변동하기 때문에 유가증권투자에 있어서 매우 중요한 분석도구이다. 한편 이표채와 대비되는 개념으로 할인채와 복리채가 있다. 할인채는 이자의 지급 없이 만기에 원금을 지급하는 채권으로 액면보다 할인된 가격으로 발행되는데, 쿠폰 없이 발행되기 때문에 무이표채 또는 제로쿠폰채(zero-coupon bond)라고 한다. 복리채는 이자를 중간에 지급하지 않고 만기에 원금과 함께 일시에 지급하는 채권을 말한다.

익스포저

리스크에 노출되어 있는 금액을 의미하며 리스크 유형에 따라 시장리스크 익스포저, 신용리스크 익스포저 등으로 구분된다. 시장리스크 익스포저는 금리, 환율, 주가 등의 변동에 따른 가치 변동에 따른 손실 가능성에 노출된 금액을, 신용리스크 익스포저는 거래상대방의 신용도 하락, 채무불이행에 따른 경제적 손실 가능성에 노출된 금액을 의미한다. 따라서 익스포저(exposure)는 장부가액보다 포괄적인 개념이며 발생 가능한 손실 가능액을 측정하지만 발생 가능성(위험가중치)으로 조정하지 않은 중립적인 금액이라는 점에서 위험가중자산과 차이가 있다. 난내(on-balance sheet) 자산은 일반적으로 재무상태표상 금액이 통상 익스포저와 동일하나 난외(off-balance sheet) 항목은 현재 시점에서 관련 권리·의무가 확정되지 않아 계약의 명목가액을 익스포저로 사용할 수 없다. 따라서 난외항목의 경우 해당 계약의 명목금액에 해당 유형별로 난내자산으로 전환될 확률에 해당하는 신용환산율(CCF; Credit Conversion Factor)을 곱하여 산출한 신용등가액(credit equivalent amount)을 익스포저로 한다.

연관검색어 : 레버리지비율

인구고령화

인간의 평균 수명이 증가하고 출산율이 감소함에 따라 선진국을 중심으로 고령자의 인구 비율이 점차 높아져 가는 현상 또는 그러한 상태를 고령화라고 한다. 국제 연합(UN)은 총인구에서 65세 이상 인구가 7% 이상일 경우 고령화 사회, 14% 이상일 경우 고령사회, 20% 이상일 경우 초고령 사회로 구분하였다. 우리나라의 65세 이상 고령인구는 2000년에 총인구의 7.2%에 이르러 본격적인 고령화사회로 진입했으며, 2018년에는 14.3%로 고령사회에 진입하고, 2026년에는 20.8%로 초고령사회에 진입할 것으로 전망된다. 이와 같은 인구의 고령화 현상은 노동력 부족, 생산성 저하 등 노동시장 변화를 야기하여 경제성장을 둔화시키고, 노년 인구 부양비 상승과 연금, 의료, 복지비용 등의 증가 문제를 발생시킬 수 있다. 반면 고령화는 노인의 정치적 영향력 확대, 여가 및 레저 활동 주도계층 변화, 교육제도 재편 등 파급효과가 나타날 수 있을 뿐 아니라 건강약품과 식품산업, 의료서비스, 금융서비스, 레저 또는 노인주택산업 등의 고령친화산업 분야의 성장 등 산업구조변화를 가져올 수 있다. 우리나라의 고령화속도는 세계에서 유래가 없을 정도로 빨라 고령화 문제의 해결을 위해서는 출산율을 높이고, 정년을 연장하거나 노인 일자리를 창출하는 등의 복지대책이 필요하다.

연관검색어 : 합계출산율

인적자본

개인이 보유한 능력, 기술숙련도, 지식 등을 포괄하는 것으로 노동의 질적 수준을 의미한다. 인적자본(human capital)이란 개념은 1960년대 초에 미국의 농업경제학자인 슐츠(T. Schultz)가 제시한 것으로, 그는 "교육을 통해서 형성되는 능력은 임금, 소득, 저축, 자본형성 등을 근본적으로 변화시킨다"며 "경제성장에서 오래 풀리지 않는 수수께끼를 인적자본에 대한 투자라는 개념을 통해서 분명하게 해결할 수 있다"고 인적자본 증가가 경제성장에 중요함을 지적하였다. 인적자본이 경제성장에 미치는 영향은 경제성장이론에서 중요한 연구 분야인데, 전통적인 성장이론에 따르면 GDP성장률은 장기적으로 인구 증가율과 외생적으로 주어지는 기술진보율에 따라서 결정된다. 반면 1980년대 이후의 신성장이론(new growth theory)에 따르면 인적자본, 내생적 기술발전, 제도 등이 경제성장에서 중요한 역할을 한다. 생산요소로서의 인적자본은 노동생산성을 높여 직접적으로 경제성장에 기여할 뿐 아니라 물적자본과 결합하여 자본축적에 따라 자본생산성이 하락하는 속도를 늦추는 효과가 있다. 또한 인적자본은 기술혁신의 중요한 요소로서 기술발전 속도를 높여 경제성장률을 높인다. 부모의 인적자본 증가도 세대 간의 연결을 통해 지속적으로 인적자본을 증가시키며 경제성장률을 높이는 효과가 있다.

연관검색어 : 노동생산성/노동생산성지수

인터넷뱅킹

인터넷뱅킹이란 고객이 자금이체, 계좌조회 등 은행 업무를 인터넷을 통해 원격지에서 처리할 수 있는 금융서비스이다. 휴대전화 등 모바일기기를 이용하는 모바일뱅킹의 경우도 넓은 의미에서 인터넷뱅킹의 범주에 포함된다. 인터넷뱅킹 서비스는 제공하는 은행마다 서비스 내용이 조금씩 다르지만 대부분 예금조회, 자금이체, 대출 등의 기본적인 금융서비스 외에도 계좌통합서비스, 기업간(B2B) 상거래 결제서비스 등을 제공하고 있다. 또한 은행은 각종 상담 및 홍보업무처리도 지원하는 등 인터넷뱅킹을 통해 다양한 서비스를 제공하고 있다.

연관검색어 : 모바일뱅킹, 텔레뱅킹(폰뱅킹)

인터넷전문은행

점포없이 또는 소수의 영업점만을 두고 인터넷, 모바일, ATM 등 전자매체를 주된 영업채널로 활용하는 온라인 기반의 은행으로서, 이는 은행서비스를 인터넷으로 제공하는 영업방식을 뜻하는 인터넷뱅킹과는 다른 개념이다. 인터넷전문은행이 은행업을 영위하기 위해서는 금융위원회로부터 인가를 받아야 하며, 이를 위해서는 500억원 이상의 자본금, 소유 규제에 적합한 주주구성, 업무범위에 적합한 인력 및 시설 등의 요건을 갖춰야 한다. 2022년 9월말 현재 우리나라에는 케이뱅크은행(2017.4월), 한국카카오은행(2017.7월), 토스뱅크(2021.10월)가 인터넷전문은행으로 인가받아 영업하고 있다. 인터넷전문은행을 통해 금융소비자는 점포 방문 없이 다양한 금융서비스 이용이 가능해지고, 저신용자 대상 중금리 신용대출 및 IT•금융 융합을 통한 핀테크의 활성화와 은행간 금리·수수료 경쟁 촉진 등으로 인한 국민후생 증진 등이 기대된다

연관검색어 : 핀테크

인플레이션

물가수준이 지속적으로 상승하는 현상을 인플레이션이라고 한다. 여기서 물가는 개별 상품의 가격을 평균하여 산출한 물가지수를 의미한다. 인플레이션은 물가상승 지속기간 및 상승폭, 제품의 질적 수준 향상 여부, 정부의 가격통제에 따른 암시장 가격 상승 여부와 같은 점을 고려할 때 언제 인플레이션이라고 정의할 것인가에 대해 이견이 있을 수 있다. 통상 연 4~5% 정도의 물가상승률이 관측되면 일반적으로 인플레이션이 발생했다고 판단한다.

연관검색어 : 디스인플레이션, 디플레이션

일물일가의 법칙

완전경쟁이 이루어질 때 동일한 시기, 동일한 시장에서는 품질이 동일한 상품의 가격이 2개 이상 형성될 수 없다는 법칙이다. 즉 동일한 상품은 어느 시장에서든지 가격이 같아지게 된다는 것인데 제본스(Jebons, W. S.)와 엣지워스(Edgeworth, F. Y.)는 무차별의 법칙이라고 하였다. 만일 동일한 시기, 동일한 시장에서 동일한 품질의 상품에 대해 2개 이상의 가격이 형성된다면 모든 사람들이 가장 싼 가격으로 사려고 하기 때문에

그보다 비싼 가격을 제시한 판매자는 가격을 인하하지 않을 수 없다. 따라서 가격 차이가 없어지게 되며 하나의 상품에는 하나의 가격만 정해지게 된다. 무역에서도 일물일가의 법칙이 적용될 수 있는데 어떤 상품의 가격이 국별로 다를 때 가격이 상대적으로 싼 나라에서 구입하여 가격이 상대적으로 비싼 나라에 파는 이익추구의 과정이 계속된다면 결국은 모든 나라에서 그 상품의 가격은 일치하게 될 것이다. 그러나 현실 세계에서는 일물일가의 법칙이 성립하기 어려운데 이는 운송비, 보험료 등의 거래비용뿐만 아니라 관세의 영향도 받기 때문이다.

연관검색어 : 구매력평가환율

일반특혜관세

개발도상국의 수출 확대 및 공업화 촉진을 위하여, 선진국이 개발도상국으로부터 수입되는 농수산물, 공산품 및 반제품에 대하여는 아무런 조건 없이 "일반적"으로 무관세 또는 저율의 관세를 부과하는 관세 상의 특혜대우를 말한다. 여기서 "일반적"이란 의미는 영연방 특혜, 베네룩스 관세동맹 등 기존의 특혜 관세제도와는 달리 지리적으로 여러 개 국가에 국한되지 않고 범세계적으로 적용된다는 것을 뜻한다. 현재 일반특혜관세를 공여하는 국가로는 미국, 일본, 캐나다, 호주, 뉴질랜드, EC 등이 있다. 이들 특혜공여국은 특혜 대상품목, 특혜 폭, 원산지 기준 등을 정하고 이러한 제반요건을 충족한 경우에 한하여 특혜관세를 적용하고 있다.

연관검색어 : 상계관세, 할당관세제도

일중RP제도

일중RP제도는 총액결제시스템에서 중앙은행이 참가기관에게 환매조건부증권매매(RP)를 통해 당일 상환을 조건으로 결제에 가용할 수 있는 일중유동성을 제공하는 방법이다. 총액결제시스템에서는 지급지시를 건별로 결제하기 때문에 참가기관은 결제에 소요되는 유동성을 충분히 확보하여야 하나 영업시간중에 자금수취와 지급시점의 불균형 등으로 일시적인 결제자금 부족이 발생할 수 있다. 이에 따라 중앙은행은 국채 등 적격증권을 대상으로 환매조건부 증권매매를 통해 일시적인 결제부족자금을 지원함으로써 참가기관들의 실시간 자금결제를 가능하게 한다. 특히 중앙은행의 일중당좌대출 지원 대상이 아닌 비은행 금융기관의 경우 일중유동성 지원은 보통 일중RP를 통해 이루어진다. 한국은행이 운영하는 한은금융망에서도 2012년 2월에 국채 및 통화안정증권의 매매결제대금 지원을 위하여 금융투자회사를 대상으로 일중RP제도가 시행되었다. 한국은행은 금융투자회사가 매입 체결한 채권을 직접 매입하여 일중유동성을 공급하고 해당 영업일에 환매 거래를 통해 자금을 회수한다. 만약 금융투자회사가 당일 중 RP지원금액을 상환하지 못하면 한국은행 자금조정대출 이율에 1%p를 가산한 벌칙금리를 환매이자율로 하여 매매증권을 매입하여야 한다.

연관검색어 : 총액결제시스템, 한은금융망(BOK-Wire+)

일중당좌대출제도

일중당좌대출제도는 한은금융망의 자금결제가 원활히 이루어지도록 은행 참가기관에 대하여 영업시간 중 일시적인 결제부족자금을 실시간으로 지원하는 제도로 2000년 9월 도입되었다. 일중당좌대출은 한국은행에 개설된 참가은행의 당좌예금계좌 잔액을 초과한 지급 또는 결제의 요청이 있는 경우 가용담보 범위 내에서 자동으로 실행되는 방식으로 운용된다. 은행별 일중당좌대출의 한도는 없으나 참가기관의 일중당좌대출에 대한 과도한 의존을 방지하기 위하여 자유한도(금융기관 자기자본의 25%)를 초과하는 대출금에 대해 이자를 부과하고 있다. 한편 은행이 당일 중 상환마감시각까지 일중당좌대출금을 상환하지 못하는 경우에는 한국은행의 익일물 자금조정대출로 전환하여 지원하고 있다. 한편 한은금융망에 참가하는 비은행금융기관에 대한 일중유동성 지원은 일중RP를 통해 이루어진다.

연관검색어 : 거액결제시스템, 결제리스크, 일중RP제도

입금이체

입금이체(credit transfer)는 지급인이 자신이 거래하는 금융기관에 지급을 지시하여 이체금액을 수취인의 계좌로 입금하도록 하는 계좌이체 방식을 말한다. 지급인의 지급지시에 의해 지급인의 계좌에서 출금이 일어나므로 지급지시와 자금 모두 지급인 거래은행에서 수취인 거래은행으로 이동한다. 우리나라의 경우 금융기관간 계좌이체의 대부분은 입금이체에 해당되며 지로의 자동이체와 CMS 출금이체서비스는 출금이체에 해당한다.

연관검색어 : 자금관리서비스(CMS)공동망, 출금이체

ㅈ

자금관리서비스(CMS)공동망

CMS(Cash Management Service)공동망은 금융기관을 통해 대량의 출금 및 입금서비스를 제공하는 시스템으로 금융결제원이 1996년 8월부터 가동하였다. 먼저 출금이체 서비스는 각종 상품 판매대금, 서비스 이용대금, 수업료, 회비 등 납부자가 지정된 각종 수납대금을 다수의 납부자 예금계좌나 예탁금계좌에서 출금하여 이용기관의 수납계좌로 입금시키는 업무로서 지로 자동이체와 유사하다. 입금이체 서비스는 각종 상품 구입대금, 배당금, 연금, 급여 등을 이용기관의 지급계좌에서 자금을 인출하여 타 금융기관의 수취인 계좌로 자금을 지급하는 업무로서 지로의 대량지급과 비슷하다. CMS는 각종 사회단체, 학교 및 학원 등을 중심으로 활발히 이용되고 있으며 이를 통해 비교적 저렴한 비용으로 매번 금융기관을 방문하거나 인터넷뱅킹 등을 통해 이체하지 않고 정기적인 대금 수납 및 지급을 처리할 수 있다.

연관검색어 : 입금이체, 출금이체

자금순환표

국민경제 내에 존재하는 자금의 흐름은 실물거래와 관련하여 일어나는 산업적 유통과 채권과 채무의 변동을 나타내는 금융적 유통으로 나누어 볼 수 있는데 경제활동을 올바르게 분석하기 위해서는 양 거래를 연결하여 동시에 파악하여야 한다. 따라서 자금의 산업적 유통과 금융적 유통을 연결하여 기업, 개인, 정부 등 각 경제주체가 어떤 경로를 통해 자금을 조달하고 운용하고 있는가를 파악하기 위한 종합적인 통계가 필요한데 이것이 바로 자금순환표이다. 이처럼 자금순환표는 국민경제 내에서 발생한 다양한 금융활동이 상호 간에 어떠한 관계를 가지고 있으며 이와 같은 금융 활동이 생산·지출 등 실물과 어떤 관계를 가지고 있는가를 체계적으로 일목요연하게 정리해 놓은 표이다. 이와 같은 자금순환표는 오늘날 대부분 국가에서 이를 공식적인 통계로 작성하여 경제정책 수립 및 그 효과분석에 유용한 자료로 활용하고 있다. 우리나라에서도 1965년부터 한국은행에서 분기 및 연간으로 자금순환표를 작성하여 발표하고 있다.

연관검색어 : 국민계정체계(SNA), 금융연관비율(골드스미스비율)

자금조달비용지수(COFIX)

2000년대 후반까지 CD 금리는 주택담보대출의 주된 준거금리로 활용되어 왔다. 그러나 CD금리와 시장금리간 괴리가 확대되는 등 문제가 발생하자 금융당국과 은행연합회는 은행과의 협의를 거쳐 새로운 대출 준거금리로서 은행자금조달 상품의 가중평균금리인 자금조달비용지수(COFIX; Cost of Funds Index)를 도입(2010년 2월 최초 공시)하였다. 은행연합회는 국내 8개 은행(국민, 우리, 신한, 농협, 기업, KEB하나, 한국씨티, SC제일)이 제공한 자금조달 관련 정보(자금조달총액 및 가중평균금리)를 바탕으로 잔액 및 신규취급액 기준 COFIX를 산출하여 매월 15일(공휴일인 경우 익영업일) 15시 이후 은행연합회 홈페이지를 통해 공시하고 있다. 여기서 지수산출대상 자금조달상품은 정기예금, 정기적금, 상호부금, 주택부금, 양도성예금증서, 환매조건부매도, 표지어음매출, 금융채(후순위채 및 전환사채 제외)이다. COFIX는 전체 조달자금의 평균비용으로 평균만기가 9~10개월 수준이며, 월 1회만 공시됨에 따라 은행들은 만기가 1~2년 내로 짧은 변동금리부 단기대출에 대한 준거금리로 여전히 COFIX보다는 CD금리를 선호하는 경향이 있었다. 이에 따라 2017년 7월 COFIX를 보완하여 만기가 짧은 기업대출 및 가계 신용대출에 활용할 수 있도록 단기COFIX 도입이 결정되었는데, 단기COFIX는 단기(3개월) 조달상품의 평균금리로, 2012년 12월 20일부터 신규취급액 기준으로만 매주 1회(매주 수요일경) 공시되고 있다.

자기띠 카드

신용카드나 전화카드와 같이 얇은 플라스틱 카드에 자성체 물질을 띠 모양으로 입히고 필요한 정보를 기록한 카드이다. 신용카드의 자기띠(magnetic stripe)에는 국제표준화기구(ISO)가 정한 기준에 따라 카드 번호, 유효기간, 성명, 제휴코드 등 카드 및 회원에 관한 정보가 담겨져 있다. 이 카드는 데이터 기록 용량이 일반적으로 72Byte로써 다량의 데이터 저장이 불가능할 뿐만 아니라 부정 사용에 대한 방지대책이 미흡하고 재저장 능력이 없는 등 기능상의 한계가 드러나고 있어 IC 카드로 교체되고 있다.

연관검색어 : IC 카드

자기자본비율

총자본 중에서 자기자본이 차지하는 비중을 나타내는 대표적인 재무구조 지표이다. 자기자본은 금융비용을 부담하지 않고 기업이 장기적으로 활용할 수 있는 안정된 자본이므로 이 비율이 높을수록 기업 재무구조의 안정성이 높다고 할 수 있다. 일반적으로 표준비율을 50% 이상으로 보는데 이는 자기자본이 타인자본인 부채보다 같거나 많아야 함을 의미한다. (자기자본비율 = 자기자본/총자본 × 100)

연관검색어 : BIS 자기자본비율, 위험기준자기자본비율(RBC비율)

자동안정화장치

경제정책을 입안하고 시행하는 과정은 간단하지 않다. 정책의 효율성을 점검해야 하며, 효율성이 입증되었다고 해도 경기상황에 대한 정보수집과 예측, 정책입안, 입법절차 등을 거쳐 실제로 정책을 시행하기까지 많은 시간이 소요된다. 또한 정책시행에 있어서도 준칙을 따를 것인가 재량에 의존할 것인가도 정책의 효과에 영향을 미친다. 이와 같이 적극적인 경제정책은 여러 가지 한계와 어려움 때문에 상황에 따라서는 더 큰 부작용이 발생할 가능성이 내재되어 있다. 이러한 점을 고려하여 일부 경제학자들은 수동적인 자동안정화장치를 경제정책으로 활용할 것을 권장하였다. 자동안정화장치의 대표적인 예로는 누진세를 꼽을 수 있다. 누진 세제는 경기가 침체할 때 추가적인 입법 과정 없이 자동으로 조세부담을 줄여 경기를 활성화 하는 효과가 있다. 반대로 경기가 과열일 때는 과세표준이 늘어나 조세부담이 커지면서 경기를 진정시킬 수 있다. 사회보장제도나 실업보험제도 등도 자동안정화장치의 예이다. 자동안정화장치는 이처럼 경기변동의 폭을 자동으로 완화해 주는 장점을 갖고 있지만, 경기가 회복되기 시작하여 완전고용 상태로 가는 과정을 더디게 하는 단점도 있다. 경기가 회복되면서 소득세가 늘어나 소비지출이 줄고 실업수당의 지급이 줄어들면서 정부지출이 감소하여 총수요의 증가가 일부 상쇄되기 때문이다.

연관검색어 : 경기조절정책/경제안정화정책, 사회보험

자발적 실업

자발적 실업이란 일할 의사가 있어 고용되기를 원하지만 현재의 임금수준이 낮다고 생각하여 스스로 일하고 있지 않는 상태에 있는 실업이다. 자발적 실업은 완전고용과 밀접한 관계가 있다. 완전고용은 경제활동인구 가운데 현재의 주어진 임금수준에서 일할 의사가 있는 사람은 모두 고용되는 상태이다. 즉, 완전고용의 상황에서는 비자발적 실업은 전혀 존재하지 않는다. 따라서 자발적 실업이란 완전고용을 가정할 때 경제활동인구에서 고용된 인구를 뺀 나머지를 자발적 실업이라 할 수 있다. 다만 완전고용 상태에서도 모두 고용될 수 없는 불가피한 두 가지의 실업이 있다. 첫째, 현재의 일자리보다 더 나은 일자리를 모색하는 과정에서 나타나는 마찰적 실업이다. 둘째, 특정 산업의 사양화나 최저임금제, 노동조합, 임금경직성 등 제도적 요인 때문에 발생하는 구조적 실업이다. 이러한 두 실업은 경기가 호황이든 불황이든 상관없이 발생하므로 완전고용을 정의할 때는 제외한다.

연관검색어 : 마찰적 실업, 실망실업자

자본거래자유화

자본거래의 자유화란 직접투자나 간접투자를 불문하고 정부 혹은 민간이 제3국과의 사이에 자본을 사용 목적, 방법 등에 대해 어떠한 간섭도 받지 않은채 자유롭게 공급 또는 도입하고 나아가 동 자본의 원금과 이자의 상환 등에 제한을 받지 않도록 하는 것, 간단히 말해 국경간의 자본 이동을 자유화하는 것을 의미한다. 따라서, 자본거래의 자유화는 내국인 또는 국내기업(거주자)의 국외투자와 외국인 또는 외국기업(비거주자)

의 대내투자 양 측면의 자유화를 포괄한다. 자본거래의 자유화는 무역자유화 및 외환거래 자유화와 함께 일국 경제체제의 개방 및 자유화를 달성하는 가장 중요한 요소이며 최종단계이기도 하다. 우리나라는 1980년대부터 자본거래의 자유화를 추진하기 시작하여 1992년 주식시장을 부분적으로 개방하였고 1996년 OECD 가입과 1997년 외환위기를 계기로 그 속도를 높였다. 특히 외환위기 이후 외국자본의 유치 필요성이 높아지면서 주식, 채권 및 단기금융시장이 순차적으로 개방되었고 1999년 외국환거래법 시행과 함께 국내기업 및 금융기관뿐만 아니라 개인의 외환 및 자본 거래도 대폭 자유화하였다.

연관검색어 : 경제협력개발기구(OECD)

자본생산성

재화 및 서비스를 생산하기 위하여 투입한 자본의 양과 그 결과 생산된 산출물의 양의 비율을 자본생산성(capital productivity)이라 한다. 이와 비교하여 상품 및 서비스를 생산하기 위하여 투입한 노동의 양과 그 결과 생산된 산출물의 양의 비율은 노동생산성이라 한다. 이러한 자본생산성과 노동생산성은 각각 자본과 노동의 평균 생산성을 의미한다. 한편 한계자본생산성은 자본 한 단위를 추가로 투입할 때 얻을 수 있는 산출량의 증가분을 뜻하는 것으로 경제성장 분석에서 유용한 지표로 이용되고 있다.

연관검색어 : 노동생산성/노동생산성지수

자본시장통합법

증권거래법, 간접투자자산운용업법, 신탁업법 등 자본시장 관련 6개 법률을 통합한 「자본시장과 금융투자업에 관한 법률」(2009년 2월 시행)을 말한다. 동 법률의 목적은 자본시장과 금융투자업에 관한 규제를 개편하여 금융혁신과 경쟁을 촉진하고 대형 투자은행 육성과 자본시장 활성화 등 직접금융시장을 확충함으로써 기존 은행중심의 간접금융체계와 조화를 도모하기 위한 기반을 조성하는 것이었다. 금융투자업을 투자매매업·투자중개업·집합투자업·신탁업·투자일임업·투자자문업 등 6개로 구분하고 동 업무를 영위하려는 자로 하여금 원하는 업무를 복수 또는 단수로 선택적으로 인가를 받거나 등록을 한 후 영업을 할 수 있도록 하였다. 이와 관련하여 이해 상충 발생 가능성이 높다고 인정되는 금융투자업 간에는 매매에 관한 정보제공 금지, 임직원의 겸직제한,

사무공간 등의 공동이용 제한 등을 의무화하였다. 또한 고유자산 및 운용자산이 각각 2조원 이상, 6조원 이상인 금융투자업자는 의무적으로 사외이사를 선임하고 감사위원회를 설치하도록 하였다. 동법은 금융투자상품을 포괄주의에 입각하여 원본손실이 발생할 가능성이 있는 모든 금융상품으로 정의하였다. 금융투자상품을 증권, 장내파생금융상품, 장외파생금융상품으로 구분하고 증권은 다시 채무증권, 지분증권, 수익증권, 증권예탁증권, 투자계약증권, 파생결합증권 등으로 구분하였다.

연관검색어 : 간접금융/직접금융

자본이동자유화규약

경제협력개발기구(OECD)는 설립 직후인 1961년 12월 금융 및 실물 부문에서의 자유로운 거래를 촉진시키기 위하여 양대 자유화규약인 자본이동자유화규약과 경상무역외거래자유화규약을 제정하였다. 두 규약은 본문에 일반적인 자유화원칙을 제시하고 부속서에 상세한 자유화 의무항목과 회원국별 유보사항을 열거하고 있다. 또한, OECD는 회원국별로 유보사항의 적절성을 정기적으로 검토하여 자유화를 이행하도록 유도하고 있으며 이미 자유화된 내용에 대해서는 새로운 규제조치를 취할 수 없도록 하고(현상유지 원칙) 있다. 자본이동자유화규약은 국가간 모든 자본거래를 직접투자, 증권 발행 및 매매, 부동산거래 등 16개 분야에 걸친 91개 항목으로 구분하고 이에 대한 의무사항을 규정하고 있다.

연관검색어 : 경제협력개발기구(OECD)

자본적정성

자본이란 재무상태표상 자산에서 부채를 차감한 금액으로 순자산(net worth)으로 불리기도 하며, 납입자본 및 이익잉여금 등으로 구성된다. 자본은 사업을 시작하거나 유지하기 위한 핵심 자금으로, 영업활동을 위한 자금조달의 기초가 될 뿐만 아니라 예상치 못한 손실에 대비하는 완충장치 역할을 한다. 이러한 의미에서 금융기관의 자본은 예금청구에 대한 지급능력을 유지시키면서 해당 금융기관이 감당할 수 있는 최대 손실규모를 의미하기도 한다. 그러므로 금융기관의 자본적정성은 금융기관이 현재 영위하는 사업 및 형태에 비추어 당해 금융기관의 현재 및 미래의 영업활동을 원활히 지원할 수 있고 향후 발생 가능한 손실을 흡수하는 데 필요한 자본의 보유 정도를 의미한다고 할 수 있다. 금융감독원은 금융기관의 자본적정성을 ① 질적 요소 항목(자산, 이익, 유동성, 예금구조, 우발채무, 경영능력) ② 양적 요소 항목(자산대비 자본비율, 자산증가에 대한 자본증가의 비율, 이익에 대한 배당의 비율) ③ 장래의 영업성과에 대한 고려사항들에 기초하여 1등급(우수)에서 5등급(위험)까지 5단계로 평가하고 있다.

자본적지출

자본재에 대한 사용 가능 햇수(내용연수)의 연장을 목적으로 한 대수선 또는 개보수나 생산성 또는 생산되는 재화의 질과 양을 현저하게 향상시키는 지출을 말한다. 즉 기계, 설비, 구조물 또는 기타 고정자산에 대한 주요 개조나 증축이 이에 해당하며 총고정자본형성(투자)으로 처리한다.

연관검색어 : 국내총투자율

자산건전성 분류

금융기관이 보유한 자산에 대해 건전성 여부를 분석하여 불건전자산의 발생을 예방하고 이미 발생한 불건전자산에 대하여는 조기 정상화를 촉진함으로써 자산운용의 건전화 도모를 주목적으로 하고 있다. 금융기관은 감독당국의 자산건전성 분류기준에 따라 보유자산의 건전성 상태를 매 분기 정기적으로 점검하여 정상, 요주의, 고정, 회수의문, 추정손실의 5단계로 분류하여야 한다. 1999년 말 이후 해당 여신의 미래 채무상환능력까지도 반영한 새로운 자산건전성 분류제도를 도입하였다.

연관검색어 : 고정분류여신, 회수의문, 추정손실

자산유동화

일반적으로 특수목적기구(special purpose vehicle)가 자산보유자로부터 자산을 양도·신탁 받아 이를 기초로 유동화증권을 발행하고 해당 유동화자산의 관리·운용·처분에 의한 수익이나 차입금으로 유동화증권의 원리금 또는 배당금을 지급하는 일련의 행위를 말한다. 자산유동화(securitization)는 자산보유자의 신용과 분리하여 유동화자산 그 자체에서 발생되는 현금흐름을 바탕으로 자금을 조달하는 금융기법으로서 자산보유자의 재무구조 개선, 자금조달 비용 절감, 투자자 확대 등의 장점이 있다. 자산유동화증권은 유동화대상 자산 에 따라 그 종류가 다양한데 예를 들어 주택담보대출이 기초자산인 경우는 주택저당증권(MBS), 기초자산이 기업 매출채권인 경우에는 자산담보부 기업어음(ABCP)이라고 한다. 「자산유동화에 관한 법률」에 의한 유동화증권 발행기관으로는 유동화전문회사, 자산유동화업무를 전업으로 하는 외국법인, 「자본시장과 금융투자업에 관한 법률」상 신탁업자 등이 있다.

연관검색어 : 특수목적기구(SPV), 주택저당증권(MBS)

자연독점

상품의 특성 때문에 시장에서 자연스럽게 생겨난 독점을 말한다. 자연독점(natural monopoly)은 생산규모가 커질수록 생산비용이 계속 낮아지는 규모의 경제(economies of scale)가 존재할 때 발생한다. 규모의 경제가 큰 산업의 경우에는 시장에 먼저 진입하여 대규모 생산능력을 갖춘 선발기업이 가격경쟁력을 바탕으로 다른 후발기업의 시장진입을 자연스럽게 봉쇄할 수 있다. 예를 들어 지역 주민에게 수돗물을 공급하는 경우 공급자는 도시 곳곳에 수도관을 설치해야 한다. 이때 복수의 공급자가 수돗물을 공급한다면 공급자마다 수도관을 설치해야 하는데, 이를 위해서는 막대한 고정비용을 지출해야 한다. 따라서 수돗물을 공급하는 평균비용은 하나의 공급자가 존재할 때 가장 낮다. 전기나 전화 등을 공급하는 경우도 마찬가지이다. 자연독점은 초기 투자비용이 커서 투자비용 회수에 오랜 기간이 걸린다는 특징을 가지고 있다. 자연독점은 생산 면에서는 가장 효율적이지만, 소비자로서는 독점의 피해가 나타날 수도 있기 때문에 많은 나라에서는 자연독점기업이 적당한 가격을 유지하도록 규제하고 있다.

연관검색어 : 규모의 경제

자연실업률

1968년 프리드먼(M. Friedman)이 처음 제시한 개념으로, 경제의 균형상태에서 상품시장과 노동시장 등의 구조적 요인에 의해 결정되는 실업률을 말한다. 이는 노동시장의 구조적·마찰적 요인에 의해 결정되는 실업률로서 영(0)의 실업률을 의미하는 것이 아니라 인플레이션이 안정적으로 유지될 수 있는 가장 낮은 수준의 실업률을 의미한다.

실업률과 인플레이션의 관계는 통화론자와 케인즈학파간 오랜 논쟁거리 중의 하나로, 통화론자인 프리드먼은 예상치 못한 인플레이션이 발생하는 경우 일시적으로 실업률이 하락할 수는 있으나 장기적으로는 노동자들이 인플레이션을 인지하게 되어 임금상승을 요구하게 됨으로써 장기적으로 인플레이션만 유발할 뿐 실업률은 자연실업률 수준으로 수렴한다고 주장하였다. 반면 케인즈학파 학자들은 낮은 수준의 실업률을 유지하려는 정책적 노력이 높은 수준의 물가상승률을 초래하는데 그치지 않고 물가상승률을 가속시킬 수 있다는 점을 강조하였다. 이와 관련하여 이들이 제시한 NAIRU(Non-Accelerating Inflation Rate of Unemployment; 비가속적인플레이션실업률)는 인플레이션이 상승하거나 하락하지 않고 안정적으로 유지될 수 있는 실업률 수준을 지칭하는 점에서 사실상 프리드먼의 자연실업률과 같은 개념이다.

연관검색어 : 실업률갭, 필립스곡선

자유무역협정(FTA)

협정을 체결한 국가 간에 상품이나 서비스 교역에 대한 관세 및 무역장벽을 철폐함으로써 무역특혜를 서로 부여하는 협정을 말한다. 자유무역협정(FTA; Free Trade Agreement)은 그동안 유럽연합(EU)이나 북미자유무역협정(NAFTA) 등과 같이 인접국가나 일정한 지역을 중심으로 이루어졌기 때문에 흔히 지역무역협정(RTA; Regional Trade Agreement)이라고도 불린다. 자유무역협정은 체결국간 경제통합의 심화정도에 따라 회원국간 관세를 포함하여 각종 무역제한조치를 철폐하는 자유무역협정, 회원국간 역내무역 자유화 외에도 역외국에 대해 관세에 대한 공동보조를 취하는 관세동맹, 회원국간 노동, 자본 등 생산요소의 자유로운 이동이 가능한 공동시장, 회원국들이 독립된 경제정책을 철회하고 단일경제체제하에서 모든 경제정책을 통합 운영하는 완전경제통합 등의 4단계로 구분된다. 자유무역협정은 국가 간 합의된 내용에 대해 무역장벽을 완화하되 제삼국에 대해서 최혜국대우 부여를 원칙으로 하는 세계무역기구(WTO)의 다자간무역협정과는 차이가 있다. 한편 자유무역협정은 전통적으로 상품분야의 무역자유화 또는 관세인하에 중점을 두는 경우가 많았으나 최근에는 그 적용 범위가 서비스, 투자, 지적 재산권, 정부조달, 정책 등으로까지 확대되고 있다. 2022년 7월말 현재 우리나라는 58개국과 18건의 자유무역협정을 체결하였다.

연관검색어 : 상계관세, 슈퍼301조

자유재

희소성이 높지 않고 아무런 대가를 치르지 않아도 무상으로 얻을 수 있는 재화를 말한다. 이는 희소성을 가지며 경제적 거래를 통해 얻을 수 있는 경제재(economic goods)의 반대 개념이다. 자유재(free goods)는 대가를 치르지 않고서도 얼마든지 원하는 만큼 얻을 수 있기 때문에 경제문제를 일으키지 않으며 희소성의 원칙도 적용되지 않는다. 현실세계에서 자유재는 매우 드물다. 공기, 물, 햇빛 등이 전통적으로 자유재로 고려되었으나 양질의 생수를 높은 비용으로 구매하고, 맑은 공기를 마시기 위하여 휴양림을 찾아가는 등 기존에 자유재로 고려되던 재화들이 상황 변화에 따라 경제재로 변하기도 한다. 일반적으로 재화라고 하면 경제재를 의미하며 통상 경제학은 경제재를 분석대상으로 한다.

연관검색어 : 기펜재

작업증명

작업증명(proof-of-work)은 제3자로부터의 서비스 요청(request)이 악의적인 공격(spam 또는 DoS, Denial of Service)이 아님을 증명하기 위해서, 자원이 소모되는 작업을 추가로 수행할 것을 요구하는 것을 의미한다. 대표적인 작업증명으로는 웹사이트 로그인 시 특정한 문자 및 그림을 읽고 입력할 것을 요구하는 캡차를 들 수 있다. 작업증명의 특징은 비대칭성인데, 서비스 요청자가 수행하는 데는 어느 정도 자원이 소모되지만 이를 확인하기는 매우 쉬워야 한다. 작업증명은 가상통화인 비트코인·이더리움 등을 채굴하는 합의 과정에 활용되고 있다.

연관검색어 : 비트코인

잠상

은행권 위조방지를 위한 장치의 하나로 인쇄된 글자나 문양이 보통상태에서는 잘 보이지 않으나 보는 각도나 빛의 방향에 따라 보이는 장치를 말한다. 잠상(latent image)은 정면에서 볼 때는 보이지 않지만 은행권을 비스듬히 기울여 비춰봤을 때 숨겨놓은 문자나 문양이 나타나는 요판 인쇄기술의 하나다. 위조를 위해 복사를 해도 숨겨진 문자나 문양이 나타나지 않아 위조지폐인지 여부를 쉽게 알아볼 수 있게 해준다. 오만원권은 은행권을 기울여보면 앞면 인물 그림 오른쪽에 있는 동그란 무늬 속에서 숫자 "5"가 나타나며, 만원권·오천원권·천원권에는 앞면 하단에 띠 모양안에 문자 "WON"이 나타난다.

잠재GDP성장률

잠재GDP성장률은 노동이나 자본 등의 자원을 최대로 활용하였을 때 유지되는 실질 GDP의 증가율로서 한 나라 경제의 최대성장능력을 의미한다. 잠재GDP는 일정한 잣대로 추계할 수 없는 추상적인 개념이어서, 추정에 사용되는 원칙이나 통계분석기법 등에 따라 결과가 상이하다는 한계가 있다. 한편 잠재GDP는 성장률도 의미가 있지만 그 수준이 실제GDP보다 얼마나 높은가 또는 낮은가를 살피는 것도 매우 중요하다. 실제 GDP성장률이 잠재GDP성장률을 상회하더라도 그 수준은 잠재GDP를 하회할 수도 있다. 또한 우리나라와 같이 대외의존도가 매우 높은 경우에는 정의에 의한 생산요소의 완전고용으로 규정하기에는 어려움이 있다. 그럼에도 잠재GDP성장률은 경제의 적정성장목표를 설정하는 데 유용하여 거시경제정책을 수립하고 시행하는 데 있어 널리 활용되고 있다.

연관검색어 : GDP갭

잠재경제활동인구

취업자도 아니고 실업자도 아닌 상태로 인해 비경제활동인구로 분류되었지만 취업가능성과 의사 등을 고려하여 잠재적인 측면에서 경제활동인구로 간주되는 잠재취업가능자와 잠재구직자를 합한 개념이다. 이러한 잠재경제활동인구는 기존 실업률의 약점을 보완하기 위한 고용보조지표 II와 III을 계산함에 있어 분모인 확장경제활동인구(=경제활동인구+잠재경제활동인구)를 구성하는 하나의 요소이다. 여기에서 잠재취업가능자는 비경제활동인구 중에서 지난 4주간 구직활동을 하였으나 조사대상주간에 취업이 가능하지 않은 자를 가리킨다. 아울러 잠재구직자는 비경제활동인구 중에서 지난 4주간 구직활동을 하지 않았지만 조사대상주간에 취업을 희망하고 취업이 가능한 자를 말한다.

연관검색어 : 경제활동인구/비경제활동인구/경제활동참가율

장기금융시장(자본시장)

금융시장은 거래 금융상품의 만기를 기준으로 단기금융시장(money market)과 자본시장(capital market)으로 구분되는데 자본시장은 만기 1년 이상의 장기채권이나 만기가 없는 주식이 거래되는 시장을 말한다. 자본시장은 주로 기업, 정부 등 자금 부족부문이 자금 잉여부문으로부터 장기적으로 필요한 자금을 조달하는 데 활용되고 있어 장기금융시장이라고 부른다. 우리나라의 자본시장에는 주식이 거래되는 주식시장과 국채, 회사채 및 금융채 등이 거래되는 채권시장이 있다.

연관검색어 : 단기금융시장

장기침체

장기침체(secular stagnation)는 1938년 Hansen이 기술 정체와 인구증가율 둔화에 따른 투자기회의 대폭 축소로 미국경제가 1930년대 대공황 발생 이후에도 회복되지 못하고 과소 투자 및 총수요 부족에 직면할 것으로 예측하면서 처음 사용한 용어로 알려져 있으며, 최근에는 하버드대학의 Summers 교수가 IMF경제포럼(2013.11) 연설에서 "선진국 경제는 2000년대 초부터 구조적 요인에 의해 장기침체에 진입하였다"고 주장하면서 널리 회자되고 있다. 장기침체란 경제활동의 장기적 침체라는 뜻으로 대체로 실제GDP가 잠재GDP를 하회하는 가운데 총수요가 억제 되어 있거나 공급측면에서 잠재GDP가 정체되어 있는 상황으로 정의된다. 여기서 장기는 인구고령화 등에 따른 노동증가율 감소, 혁신 정체, 자본투자 감소 등 공급요인에 의해 성장잠재력이 축소되는 현상과 연관이 있다. 그리고 침체는 디레버리징 등 기초경제여건의 변화, 소득불평등 심화, 재정지출 축소, 글로벌 금융위기 이후 위험회피성향의 증가 등 수요요인에 의해 성장회복이 지연되거나 성장이 정체되는 것으로 경기순환과 관련이 있다. 장기침체란 용어 자체가 수요요인(경기순환)과 공급요인(성장잠재력)이 혼재되어 있기 때문에 장기침체 여부와 그 원인에 대해서는 다양한 시각이 존재한다.

연관검색어 : 경기조절정책/경제안정화정책, 골디락스경제, 대안정기

장내시장

장내시장이란 주식과 같은 유가증권이나 금융상품 등이 표준화된 거래방식에 따라

거래가 이루어지는 조직화된 시장을 말한다. 한국거래소가 운영하는 유가증권시장이나 코스닥시장이 대표적인 장내시장이다. 장내시장은 대표적인 유통시장(secondary market)인데 이미 발행된 유가증권의 시장성과 환금성을 높여주고 자유로운 경쟁을 통해 공정한 가격을 형성하는 기능을 한다. 주식이 유가증권시장이나 코스닥시장에서 거래가 되기 위해서는 상장이 되어야 하는데 이를 위해서는 영업활동기간, 기업규모, 주식분산 및 일정 수준 이상의 경영성과가 있어야 한다. 채권의 경우 최근에 발행된 국고채(on-the-run)가 대표적인 채권 장내시장인 국채전문유통시장에서 거래가 이루어진다. 한편 소액 국공채(액면 5천만원 미만)는 환금성 제고를 위해, 전환사채는 수요기반 확충을 위해 장내거래가 의무화되어 있다. 이런 거래를 제외한 일반적인 채권, 단기금융상품 및 파생상품 등은 대부분 장외시장에서 거래된다.

연관검색어 : 장외시장

장단기금리차

장단기금리차란 일정 시점에서 장기금리와 단기금리의 차이를 의미한다. 장단기금리차는 다양한 만기의 지표금리를 이용해서 산출할 수 있다. 예를 들어 어떤 시점에서 국고채금리(3년 만기)가 2.0%이고 한국은행 정책금리(1~7일 만기)가 1.5%라면 여기서 장단기금리차는 0.5%p(2.0%-1.5%)이다. 또는 10년만기 국고채금리와 3년만기 국고채금리의 차이도 또 하나의 장단기금리차로 이해할 수 있다. 여기서의 장단기는 통상 1년을 기준으로 하기 보다는 비교하려는 만기의 상대성에 달려있다. 즉 후자의 예에서 10년을 장기로 보는 경우 3년은 단기의 의미로 비교된 것이다. 장단기금리차는 시장이 경제를 어떻게 바라보고 있는지를 판단하는데 유용한 지표로 활용된다. 장단기금리차가 줄어들고 있다면(정책금리는 한국은행이 결정하기 때문에 새로운 정책금리 결정이 나오기 전까지는 변함이 없는 반면 장기금리는 하락) 이는 경제성장률이 떨어지고 실업률이 상승하는 등 향후 경제가 더 나빠질 것으로 시장이 기대한다고 볼 수 있다. 특히 이런 상황에서 경기진작을 위해 한국은행이 정책금리를 인하할 것이라는 기대가 강화되는 경우에는 이런 현상이 더욱 두드러진다. 시장이 정책금리 인하를 극단적으로 기대하는 경우에는 3년 국고채금리가 한국은행 정책금리를 하회하는 현상도 발생한다. 이를 장단기금리 역전이라고 한다. 반대로 장단기금리차가 확대되고 있다면 향후 경제가 좋아질 것이라고 시장이 기대한다고 볼 수 있다. 특히 경제성장률이 잠재성장률에 근접하고 있어 한국은행이 정책금리를 인상할 것이라는 기대가 형성되는 경우 그 차이는 더욱 확대된다. 또한 장단기금리차는 채권의 수급에 의해서도 영향을 받는다. 장기채권에 대한 수요가 많아지면 장기금리가 하락하여 장단기금리차가 축소되고 장기채권의 공급이 많아지면 장기금리가 상승하여 장단기금리차가 확대된다. 장단기금리차의 추세는 수익률곡선이 시간이 지남에 따라 더 가팔라지느냐(steepening) 아니면 더 평탄해지느냐(flattening)하는 것과 동일한 현상이다. 수익률곡선이 가팔라지면 장단기금리차는 확대되고 수익률곡선이 평탄해지면 장단기금리차는 축소되기 때문이다.

연관검색어 : 기준금리

장외시장

장외시장(OTC; Over-The-Counter)이란 장내시장이 아닌 시장에서 중개기관을 통해 개별적으로 거래가 이루어지는 시장을 말한다. 장내시장에서 거래가 되기 위해서는 금융상품이 표준화되어야 하는데 채권이나 단기금융상품 또는 파생상품은 표준화하기 어렵다. 예를 들어 채권은 국채, 지방채, 특수채, 금융채, 회사채, 자산유동화증권 등 종류도 많은 데다 발행(잔존) 만기, 발행금리 및 신용도 등이 다르기 때문에 현실적으로 표준화하기 어렵다. 콜, 기업어음 등 단기금융상품이나 파생상품도 다양한 발행(잔존) 만기, 다양한 표면금리, 상이한 신용도 등으로 인해 표준화하기 곤란하다. 이러한 금융상품들은 표준화가 어렵게 때문에 장내거래를 하지 못하고 불가피하게 장외시장에서 거래가 이루어지게 된다. 장외거래는 보통 중개회사가 전화, 인터넷 메신저 등을 통해 매도 또는 매수를 원하는 투자자의 호가를 받은 후 반대거래를 원하는 상대방을 찾아 거래를 성사시킨다. 따라서 장내거래와는 달리 장외거래가 활성화되기 위해서는 중개기관의 역할이 매우 중요하다.

연관검색어 : 장내시장

재산소득

국민계정에서 재산소득(property income)이란 금융자산 또는 자연자원(주로 토지 및 지하자원)의 소유주가 타 경제주체에게 자금을 공급하거나 유형 비생산자산을 사용하도록 하고 그 대가로서 수취하는 소득을 말한다. 금융자산은 이자, 배당 등 투자소득의 형태로, 자연자원은 임료의 형태로 재산소득이 발생한다. 이를 구체적으로 살펴보면,

재산소득은 이자, 배당 및 준법인기업소득인출, 국외직접투자에 대한 재투자수익, 투자소득지급, 임료 등으로 분류된다. 이자는 예금, 채무증권, 대출 및 기타 수취권 등 금융자산의 소유주가 위에 자금을 공급하거나 유형 비생산자산을 사용하도록 하고 그 대가로서 수취하는 소득을 말한다. 배당은 주주가 법인기업으로부터 자금 공여의 대가로 취득하게 되는 소득이다. 준법인기업소득인출은 소유주가 기업에 자금을 투자함으로써 발생하는 소유주의 소득이다. 국외직접투자에 대한 재투자수익은 거주자의 해외직접투자 또는 비거주자의 국내직접투자에서 발생한 이익이 배당 등의 형태로 실제로 배분되고 남은 유보이익을 의제하여 투자자에게 지급 처리한 것을 말한다. 투자소득지급은 보험가입자의 법적준비금 및 연금자산 등의 운용에서 수취하는 투자소득을 해당 자산의 실제 소유자에게 지급된 것으로 의제처리 한 소득이다. 임료는 토지, 지하자원 등 자연자원 사용에 대한 재산소득으로, 현재 우리나라는 토지에 대한 임료만을 계상하고 있다.

연관검색어 : 본원소득

재정수지

정부의 수입과 지출의 차이를 재정수지라고 한다. 수입과 지출이 같으면 균형, 수입이 더 많으면 흑자, 지출이 더 많으면 적자라고 한다. 재정적자가 발생하면 국채발행이나 차입이 늘어나 정부부채가 증가하게 된다. 정부의 재정활동은 조세와 정부지출의 형태로 가계의 소비와 기업의 투자라는 거시경제의 순환에 영향을 주게 된다. 재정지출로 정부서비스가 생산되지만 일정 부문은 조세 등으로 조달된 자금이 타 부문으로 이전되는 성격도 갖고 있다. 그래서 재정적자가 과다하지 않도록 유로존(EU)은 안정성장 협약에 의거 회원국들의 재정적자를 GDP의 3% 이내, 장기적인 정부부채는 GDP의 20%를 넘지 않도록 관리하고 있다. 한편 우리나라는 당해 연도의 총수입에서 총지출을 뺀 것을 “통합재정수지”라고 지칭하고, 통합재정수지에서 국민연금기금, 사립학교교직원연금기금, 산업재해보상보험및예방기금 등 사회보장성 기금의 수지를 제외한 재정수지를 별도로 “관리재정수지”라고 별도로 산출 운용하고 있다. 이는 사회보장성 기금수입은 장기적인 미래지출을 위한 것으로 당해 연도의 재정활동 결과로 보기 곤란하며 기금의 성숙도에 따라 대규모 흑자나 적자가 발생하여 당해 연도의 재정활동을 판단하는데 효과적이지 않을 수 있기 때문이다.

연관검색어 : 국채

재정정책

정부의 지출과 조세를 정책수단으로 사용하는 정부의 제반 정책을 일컬어 재정정책이라고 한다. 재정정책의 목표는 일반적으로 완전고용, 물가안정, 국제수지 균형, 경제성장, 소득재분배 등이 있다. 그러나 좁은 의미 또는 단기적으로는 정부지출과 조세수입의 양과 구조를 의도적으로 변화시켜 총수요를 조절함으로써 경제안정을 도모하려는 확장적 혹은 긴축적 재정활동만을 재정정책이라 한다. 예를 들어 단기적으로 불황이 발생할 경우 정부지출을 늘려 경기를 진작할 수 있다. 또한 기업의 연구개발 지출에 보조금을 지급하면 기술개발이 촉진돼 장기적으로 경제성장률이 확대될 수 있다.

연관검색어 : 경기조절정책/경제안정화정책, 통화정책

재정환율

자국통화와 여타 외국 통화가 국내외환시장에서 직접적으로 거래되지 않는 경우 각각의 시장에서 결정되는 가격을 이용해 산출하는 환율을 말한다. 원/달러 환율이 1,100원이고, 일본 동경 외환시장에서 엔/달러 환율이 달러당 110엔이라면 재정환율인 원/엔 환율은 100엔당 1,000원이 된다. 또 유로의 경우 기축통화지만 현재 유로와 원화를 교환할 수 있는 시장이 없다. 이에 따라 달러 대 원, 달러 대 유로의 교환비율을 비례식으로 하여 원 대 유로의 가격을 산출하고 있다. 이처럼 재정환율을 사용하는 이유는 세계적으로 각국 외환시장에서의 거래가 대부분 미 달러화를 중심으로 이루어지고 있어 기타 통화간 외환시장은 발달되어 있지 않기 때문이다. 2022년 9월 현재 우리나라는 서울외국환중개회사가 서울 외환시장에서 결정되는 원/달러, 원/위안 환율과 국제금융시장에서 형성되는 크로스레이트를 매개로 하여 55개 통화에 대한 재정환율을 매일 고시하고 있다.

저축률/총저축/평균소비성향/평균저축성향

국민처분가능소득(NDI; National Disposable Income)은 한 나라 경제 전체가 소비나 저축으로 자유로이 처분할 수 있는 소득으로 거주자와 비거주자간의 소득이전이 반영된 것이다

■ 국민처분가능소득 = 국민순소득* + 국외순수취경상이전

* 국외순수취 영업이익 및 재산소득이 반영된 피용자보수 및 영업이익 + 순생산 및 수입세

국민총처분가능소득중 소비되지 않고 남는 부분을 총저축 혹은 국민 저축이라 하는데, 저축률은 100에서 국민총처분가능소득중 최종소비를 목적으로 처분된 재화와 서비스의 비율인 소비율을 차감한 것이다. 이때 소비율을 백분율이 아닌 계수로 표시한 것을 평균소비성향이라 하며, 평균저축성향은 1에서 평균소비성향을 차감한 것이다.

■ 저축률 = 100 - 소비율*

* 최종소비지출/국민총처분가능소득** × 100
** 피용자보수 + 영업이익(국외순수취영업이익 및 재산소득 포함) + 순생산 및 수입세 + 국외순수취 경상이전 + 고정자본소모)

■ 평균소비성향 = 최종소비지출/국민총처분가능소득
■ 평균저축성향 = 1 - 평균소비성향

총저축은 국민총처분가능소득에서 소비하고 남은 부분이다. 총저축은 투자재원으로 차기 생산을 증가시키는데 이용되거나 대외자산구입에 이용되므로 이론적으로는 국내투자에 국외투자를 더한 총투자와 일치한다.

■ 총저축 = 국민총처분가능소득 - 소비

연관검색어 : 국민계정체계(SNA)

적기시정조치제도

부실화 소지가 있는 금융기관(은행, 보험사, 저축은행, 금융투자업자, 여전사 등)에 대하여 부실화가 크게 확대되기 전에 적절한 경영개선조치를 취함으로써 조기에 경영을 정상화시키고 경영정상화 가능성이 없는 금융기관은 퇴출시키는 제도이다. 금융위원회

는 BIS 자기자본비율이 최저기준(은행 : 8%)에 미달하거나 경영실태평가결과가 일정등급 이하인 금융기관 등에 대하여 그 미달 정도에 따라 단계별 시정조치인 경영개선권고, 경영개선요구, 경영개선명령을 자동으로 부과하게 된다.

연관검색어 : BIS 자기자본비율, 경영실태평가/은행경영실태등급평가제도

전방연쇄효과

생산유발계수를 이용하여 각 산업 간의 상호의존관계의 정도를 전산업의 평균치를 기준으로 한 상대적 크기로 표시한 것이 영향력계수와 감응도계수이다. 전방연쇄효과는 감응도계수를 이용하여 파악한다. 감응도계수는 모든 산업부문의 생산물에 대한 최종수요가 각각 한 단위씩 증가하였을 때 어떤 산업이 받는 영향, 즉 전방연쇄효과가 어느 정도인가를 전산업 평균에 대한 상대적 크기로 나타내는 계수로서 그 산업의 생산유발계수의 행의 합계를 전산업의 평균으로 나누어 구한다. 철강을 예로 든다면 모든 산업부문의 생산이 한 단위 증가하였을 때 철강 품목의 생산을 유발하는데, 감응도계수란 이때 철강의 생산유발의 정도를 전산업 평균과 비교한 것으로 철강에서의 생산유발의 정도를 전산업 평균으로 나누어 구한다. 따라서 석유정제와 같이 그 제품이 각 산업 부문에 중간재로 널리 사용되는 산업일수록 감응도계수가 크다.

연관검색어 : 생산유발효과, 후방연쇄효과

전산업생산지수

우리나라 경제전체의 모든 산업을 대상으로 재화와 용역에 대한 생산활동의 흐름과 변화를 월별지수로 나타낸 것이다. 모든 재화와 용역의 생산수준을 한 눈에 볼 수 있는 종합지표로 업종별로 생산증감의 방향이 다를 때 전체산업의 방향 파악가능하다. 전산업생산지수는 광공업생산지수와 서비스업생산지수로 구분할 수 있으며, 광공업생산지수는 광업, 제조업, 전기·가스업을 대상으로 일정 기간 중에 이루어진 산업생산활동의 수준을 나타내는 지표이며 서비스업생산지수는 한국표준분류상의 서비스업에 해당되는 13개 산업의 생산활동을 종합적으로 파악하기 위한 것으로 개별업종의 상대적 중요도인 부가가치 기준 가중치를 적용하여 지수화한 것이다. 생산지수는 전체 경기의 흐름과 거의 유사하게 움직이는 대표적인 경기동행지표이다. 또한 동 지수들은 GDP 통계의

추계를 위한 기초자료로 사용되며, 생산활동의 수준을 파악할 때 GDP와 함께 핵심적인 지표로 사용되고 있다.

연관검색어 : 동행종합지수, 제조업생산능력/가동률지수

전자금융

금융업무에 컴퓨터 및 정보통신기술을 적용하여 자동화 및 전자화(Network 화)를 구현하는 것을 말한다. 국내의 전자금융거래법에서는 이러한 전자금융거래를 '금융회사 또는 전자금융업자가 전자적 장치를 통하여 금융상품 및 서비스를 제공하고, 이용자가 금융회사 또는 전자금융업자의 종사자와 직접 대면하거나 의사소통을 하지 아니하고 자동화된 방식으로 서비스를 이용하는 거래'로 정의하고 있다. 전자금융의 수단으로는 홈뱅킹, 펌뱅킹 등의 PC뱅킹과 전화기를 이용한 폰뱅킹이 주로 이용되었으나, 정보처리 기술 및 통신기술을 활용한 각종 전자금융서비스의 개발이 이루어짐으로써 시간적·공간적 제약 없이 금융서비스를 이용할 수 있게 되었다. 최근에는 스마트폰의 등장과 함께 다양한 직불 및 선불 전자지급수단이 출시되고 금융기관을 중심으로 모바일금융서비스 제공이 확산되고 있다. 특히 금융과 IT기술의 융합이 가속화되면서 출현한 금융서비스는 기존 금융기관이 아닌 IT업체들의 전자금융산업 참여를 가능하게 하였으며, 금융과 기술의 융합인 핀테크(Fintech)가 등장하는 등 관련 산업환경이 변화하면서 비금융기업들의 참여가 더욱 활발하게 진행될 것으로 예상된다.

연관검색어 : 금융EDI, 핀테크

전자금융공동망

전자금융공동망은 ARS공동망을 확대 개편하여 2001년 4월부터 가동된 시스템으로 인터넷뱅킹, 모바일뱅킹 등 전자금융서비스에 대한 중계업무를 처리하고 있다. 전자금융공동망의 대상 업무는 유·무선전화, PC 등의 매체를 통해 이루어지는데 크게 대고객업무와 중계업무로 구분된다. 대고객업무는 예금잔액 및 신용카드 관련 각종 정보조회업무, 수표의 사고유무 조회 및 환율조회 등이며, 중계업무에는 타행이체, 타행이체 거래확인 조회 및 자기앞수표 조회 업무 등이 있다. 전자금융공동망을 이용할 수 있는 예금계좌에는 보통예금, 당좌예금, 저축예금, 기업자유예금, 투자자예탁금 등이 있다. 은행의 전자금융업무 운영시간은 연중무휴로 00시 05분부터 23시 55분까지로 하되, 공동운영시간대인 07시부터 23시 30분 이외 시간대의 운영여부는 참가기관이 자율적으로 정하고 있다.

연관검색어 : 소액결제시스템

전자단기사채

전자단기사채란 자본시장법상의 채무증권으로서 실물이 아닌 전자적으로 발행·유통되는 단기금융상품을 말한다. 전자단기사채의 법적 성격은 어음은 아니지만 경제적 실익은 기존의 기업어음과 동일하다. 다만, 기업어음은 실물로 발행·유통되나 전자단기사채는 실물없이 중앙등록기관의 전자장부에 등록하는 방식으로 발행·유통되는 점이 다르다. 전자단기사채는 어음이 갖는 문제점, 즉 공시의무가 없어 시장의 투명성과 투자자 보호 장치가 미흡한 점, 위·변조, 분실 등 실물발행에 따른 위험 등을 개선하고, 등록기관의 전자장부에 등록하는 방식으로 발행·유통됨에 따라 거래의 투명성을 높이는 한편 증권사 등 비은행금융기관이 다양한 단기자금 조달 및 운용수단을 갖도록 하여 단기금융시장의 리스크가 콜시장으로 집중되는 것을 방지하기 위하여 2013년 1월에 도입되었다. 전자단기사채로 인정받기 위해서는 ① 금액은 1억원 이상 ② 만기는 1년 이내 ③ 사채금액은 일시 납입 ④ 만기에 전액 일시 상환 ⑤ 주식관련 권리부여 금지 ⑥ 담보설정 금지 등 여섯 가지 요건을 갖추어야 한다. 만기를 1년 이내로 제한한 것은 회사채시장과의 경합 가능성을 최소화하기 위해서다. 전자단기사채의 발행기관, 인수·매매기관 및 중개기관은 성격상 기업어음시장과 거의 유사하다.

연관검색어 : 기업어음(CP)

전자상거래

인터넷을 이용하여 가상공간에서 광고, 발주, 수주 등의 상거래 및 대금결제를 수행하는 것을 말한다. 전자상거래(EC; Electronic Commerce)는 초기에 기업 간 거래가 대부분이었으나 인터넷의 보급 확산에 따라 일반 소비자를 대상으로 물품을 판매하거나 서비스를 제공하는 사이버 쇼핑 등이 많이 증가하고 있다. 또한 시간과 공간의 제약이 없고 유통비용 등 부대비용이 들지 않는다는 장점으로 인하여 실물거래에서부터 교육·의료·금융서비스 분야 등으로 급속도로 확산되고 있다. 결제수단으로는 신용카드, 은행의 계좌 간 자금이체, 전자화폐 등이 이용되고 있다. 세계 각국은 전자상거래를 보다 활성화 시키기 위해 인터넷을 통해 안전하게 결제할 수 있는 수단을 적극적으로 개발하고 있는데, VISA·Master Card 등에서 전자상거래의 안전성을 확보할 수 있는 SET(Secure Electronic Transaction)이라는 전자상거래 S/W를 공동으로 개발한 것이 그 예이다.

연관검색어 : 전자서명, 전자화폐

전자서명

전자서명은 수기서명의 전자적인 대체물로서 전자 문서의 진정성 및 작성자의 신원을 확인할 수 있도록 암호화한 정보를 말한다. 광의의 전자서명에는 수기서명을 스캐닝한 이미지, 접근제어를 위한 비밀번호 등이 있으나 「전자서명법」에 의한 전자서명은 공개키 암호방식에 의한 디지털 서명만을 의미하고 있다. 특히 「전자서명법」에 따라 공신력과 인증시스템을 갖추어 지정받은 공인인증기관에 의해 발급된 전자서명을 공인인증서라고 하며 각종 금융거래 및 전자정부 서비스 이용 시 보편적으로 사용되고 있다. 우리나라의 공인인증기관으로는 금융결제원, 코스콤, 한국정보인증, 한국전자인증, 한국무역정보통신 등 5개 기관이 있으며, 각 기관별로 전문서비스 영역이 특화되어 있다.

연관검색어 : 전자상거래, 전자금융

전자어음

전자어음은 실물어음이 아닌 전자적 형태로 발행된 어음으로 발행인, 수취인, 금액 등 어음 정보를 전자문서 형태로 작성하며 전자어음 관리기관(금융결제원)의 전산시스템에 등록된 약속어음이다. 따라서 전자어음은 발행, 배서, 권리행사, 소멸 등 모든 단계가 온라인에서 전자적인 방법으로 처리되나 법적인 효력은 실물 약속어음과 동일하다. 전자어음은 어음 거래의 투명화, 분실·도난 등 사고 예방, 어음 유통과 관리비용을 절감하고 어음제도의 폐해를 보완하기 위한 것으로, 2005년 9월부터 「전자어음의 발행 및 유통에 관한 법률」(약칭 「전자어음법」)에 근거하여 전자 지급결제수단으로 사용되고 있다. 실물어음과 다른 전자어음만의 특징으로는 백지어음 발행 및 배서 불가능, 환어음 발행 불가능, 만기일은 발행일로부터 1년까지 가능, 배서 횟수는 20회로 제한, 지급지는 금융기관(은행)으로 한정 등이 있다. 한편 정부의 약속어음제도 폐지 추진에 따라 2016년중에

「전자어음법」이 개정되어 2018년 5월30일부터 3년 이내에 전자어음의 만기가 6개월에서 3개월로 단계적으로 축소됨으로써 2021년 5월 30일부터 3개월이 적용되고 있다.

연관검색어 : 지급수단

전자정보교환제도

금융기관 수납장표의 전자정보교환제도(truncation)란 공과금 납부용지, 지로용지, 어음, 수표 등 금융기관에서 수납하는 각종 장표를 표준화하고 업무처리를 전산화하여 장표 실물의 이동 없이 전산망을 통한 정보(전산데이터)의 이동만으로 교환 업무를 처리하는 제도이다. 이를 통해 장표의 실물 이동 및 수작업에 따른 인적·물적 비용, 분실, 도난 등 사고 발생 및 오류발생 가능성을 크게 감소시키게 되었다. 수납장표 전자정보교환제도는 2000년 5월 자기앞수표를 시작으로 대상 장표의 범위를 확대하여 2009~2010년중 어음 및 기타 수표의 교환이 정보화되면서 마무리되었다. 이에 따라 현재 금융결제원은 어음, 수표 및 장표지로의 교환업무를 모두 전자정보교환방식으로 수행하고 있다.

연관검색어 : 어음교환, 전자어음

전자지급결제대행

전자지급결제대행(PG; Payment Gateway)이란 인터넷 쇼핑몰 등의 전자상거래에서 구매자로부터 대금을 수취하여 판매자에게 지급될 수 있도록 지급결제정보를 송·수신하는 것 또는 그 대가의 정산을 대행하거나 매개하는 것을 의미한다. 가령 구매자가 인터넷 쇼핑몰에서 신용카드로 대금을 결제하는 경우 신용카드 PG업자는 해당 쇼핑몰(가맹점)을 대신하여 신용카드사에 거래내역 및 승인정보 등 지급결제정보를 전송하고 신용카드사로부터 대금을 지급받아 일정 수수료를 공제한 후 가맹점에 지급하게 된다. 온라인상의 전자상거래 규모가 급속히 늘어남에 따라 PG업자는 IT업체가 중심이 되어 동 서비스를 제공하고 있다.

연관검색어 : 지급결제시스템

전자화폐

IC카드 등에 화폐가치를 저장하였다가 상품 등의 구매에 사용할 수 있는 전자지급수단으로서 범용성과 환금성을 갖춘 것을 말한다. 전자화폐(electronic money)의 유형은 가치저장 매체에 따라 IC카드형과 네트워크형으로 구분할 수 있다. IC카드형은 플라스틱 카드 위에 부착된 IC칩에 화폐가치를 저장하였다가 상품이나 서비스를 구매한 후 가맹점용 단말기 등을 통하여 대금을 지급하는 형태의 전자화폐로 국내에는 K-Cash, VisaCash, MYbi 등이 있다. 인터넷 네트워크를 통하여 구매대금을 지급하는 형태의 네트워크형 전자화폐는 현재는 발행되지 않고 있다.

연관검색어 : 전자상거래, 전자금융

전자화폐공동망

전자화폐공동망은 금융기관이 공동으로 개발한 한국형 전자화폐(K-CASH) 이용시 발생한 금융기관간 정산금액을 결제하기 위한 시스템으로 2000년 7월 가동되었다. K-CASH 이용자가 본인의 예금을 기반으로 전자화폐에 가치를 저장하면, 발행은행은 고객의 예금계좌에서 전자화폐 구매금액을 인출하여 선불계정에 예치한다. 구매거래가 발생하여 금융결제원으로부터 결제 및 정산내역을 전송받으면, 결제할 금액을 선불계정에서 인출하여 한국은행과의 차액결제를 통해 매입은행에 지불한다. 한편 2013년 3월 국내은행들과 금융결제원이 공동개발한 모바일지갑 서비스인 뱅크월렛(BankWallet)의 선불전자지급수단인 뱅크머니(BankMoney)도 전자화폐공동망을 이용하여 개인간 송금 서비스를 제공하고 있다. 전자화폐의 결제과정에는 발행은행, 매입은행, VAN사업자 및 전자화폐공동망센터(금융결제원)가 참여하고 있으며, 은행간 거래차액의 결제는 한은금융망을 통해 완결된다.

연관검색어 : 소액결제시스템, 전자화폐

전환사채(CB)

전환사채(Convertible Bond)란 사채로 발행되었지만, 일정 기간이 지난 후 소유자의 청구에 의하여 발행회사의 주식(보통주)으로 전환할 수 있는 권리가 부여된 사채를 말한다. 처음 기업이 발행할 땐 보통의 회사채와 동일하지만 일정 기간이 지나 주식전환권이 행사되면 채권을 주식으로 바꿔 주가 상승의 이익을 취할 수 있다. 예를 들어 A기업이 1년 만기 전환사채를 만기보장수익률 10%, 전환가격 10,000원으로 발행한다고 가정하자. 향후 주가가 11,000원 이상(11,000원 이하인 경우에는 채권으로 이자를 수취하는 것이 더 유리함)이 되었다면 주식으로 전환해 시세 차익을 얻을 수 있고 주가가 11,000원 이하일 경우에는 만기까지 채권을 보유해 10%의 이자를 받으면 된다. 전환사채는 수익성이 기대되나 위험이 있어 투자자금 확보에 어려움을 겪는 기업, 채권과 주식의 장점을 모두 취하려는 투자자에게 이용된다. 만기보장수익률은 보통의 회사채에 비해 낮은 편이어서 기업의 입장에서는 일반 회사채에 비해 낮은 비용으로 자금을 조달할 수 있다.

연관검색어 : 신주인수권부사채(BW)

정규직/비정규직

정규직은 법적인 개념은 아니지만 기간이 정해져 있지 않은 고용형태로 근로자와 사업주가 직접 근로계약을 체결하고 전일제로 근무하면서 정년까지 보장된다는 의미로 받아들이고 있다. 따라서 회사가 소멸되지 않는 한 원할 때까지 계속 근무가 가능하며 임금, 휴가, 상여금 등의 각종 복지혜택도 받을 수 있다. 반면 비정규직은 근로기간이 정해져 있는 계약직과 일용직, 파견 도급직, 상시 근로를 하지 않는 시간제 근로자 등을 포함하는 개념으로 계약기간이 종료되는 시점이 정해져 있다. 인턴은 일정기간 근무시켜 능력과 성품 등을 평가하여 필요시 채용하는 방식이다. 계약직은 일반계약직과 무기계약직으로 구분할 수 있다. 우선 일반계약직은 회사와 근로자가 정해진 한정된 기간에 근로계약을 맺은 것으로 정년이 보장되지 않기 때문에 정규직보다 불안정하고 임금 및 근무환경이 열악하다. 무기계약직은 일반계약직과는 달리 계약기간을 정하지 않은 것이지만 임금 및 복지나 승진 등에 대해서는 일반계약직과 비슷하다. 파견직은 아웃소싱 업체에 고용되어 있으면서 다른 업체로 파견되어 일하는 근로자를 말한다. 파견기간이 2년이 넘게 되면 파견 나간 다른 업체에서 직접 고용해야 할 의무가 생긴다.

연관검색어 : 한시적 근로자

정보의 비대칭성

시장에서 거래의 당사자인 쌍방 간에 상호작용에 필요한 정보량에 차이가 있는 경우를 말한다. 이러한 정보의 비대칭성(information asymmetry)은 효율적인 자원배분을 불가능하게 하며 역선택(adverse selection)이나 도덕적 해이(moral hazard) 등의 문제를 낳는다. 역선택은 중고차시장의 경우와 같이 판매자가 파는 물건의 속성에 대해 구매자보다 정보가 많을 때 생기는데 이런 상황에서는 판매자가 구매자에게 품질이 낮은 물건을 시장에 아예 내놓지 않게 되거나, 구매자가 좋지 않은 물건을 비싸게 사게 된다. 노동시장이나 보험시장에서도 역선택이 문제가 되는데, 노동시장의 경우 기업이 근로자의 생산성을 잘 알 수 없어 시장균형이 사회적으로 비효율적인 상태가 될 수 있으며 보험시장의 경우에는 사고를 당할 가능성이 낮은 사람들은 보험조건이 자신들에게 불리하기 때문에 아예 보험에 가입하지 않게 되는 문제가 생긴다. 도덕적 해이는 대리인이 사용자를 위해 어떤 임무를 수행할 때 발생하는 문제로, 대리인의 부적절하거나 비도적적인 행위에 따른 위험을 지칭한다. 자동차보험에 가입한 후 안전운전을 소홀히 하거나, 국민건강보험이 잘 되어 있다고 해서 특별한 이상이 없는데도 병원에 자주 가는 것 등은 도덕적 해이의 예이다. 도덕적 해이를 방지하기 위해 사용자는 대리인이 보다 성실하게 행동하도록 인센티브를 지급하거나 감시체계를 구축하는 등의 방법을 활용한다.

연관검색어 : 도덕적 해이, 정부실패

정부당좌예금계정

정부의 재정활동과 관련하여 발생하는 모든 국고금의 수입과 지출을 관리하는 계정을 정부당좌예금계정이라 한다. 동 계정은 한국은행 본부에만 설치되어 있는데 한국은행 본부 및 지역본부, 한국은행 국고대리점 및 체신관서 등에서 취급하는 수입금 및 지출금 등 일체의 국고금 수급 내역이 계상된다. 그러나 2003년 「국고금 관리법」의 제정으로 예외조항이 신설됨에 따라 당행 외에 금융기관에도 예치가 가능해져 현재 금고은행에 일부 기금이 예탁되어 있다. 당행은 동 계정의 수급내역을 명확히하기 위해 일반회계, 특별회계, 기금 및 특별계정으로 구분하여 관리한다. 일반회계는 국가예산의 근간이 되는 것으로서 주로 조세와 같은 일반 세입과 국가기능 유지를 위한 일반 지출을 계리하기 위한 용도이며, 특별회계는 국가가 특정사업(우편·양곡·조달관리 등)을 운영하고자

하거나, 특정한 세입으로 특정한 세출에 충당하고자 할 때 일반회계와 구분하여 계리하기 위한 용도이다. 기금은 특정한 분야의 사업에 대하여 지속적이고 안정적인 자금 지출이 필요하거나, 개별 법률에 의해 탄력적인 집행이 필요한 경우에 계리하기 위한 용도이고, 특별계정은 국고금 수급에 수반되는 자금의 흐름을 그 성격에 따라 명확하게 구분·계리하기 위한 용도이며 세입·세출과는 무관하게 이루어진다.

연관검색어 : 국고대리점

정부실패

시장실패를 교정하기 위한 정부의 시장개입과 규제가 자원배분의 효율성을 높이기보다 오히려 해치는 경우가 있는데 이를 시장실패에 비유하여 정부실패(government failure)라고 한다. 정부실패는 규제자의 불완전한 지식·정보, 규제수단의 불완전성, 규제자의 경직성 등의 이유로 발생한다. 또한 정부는 대부분 영역에서 독점적인 지위를 갖고 있어 민간기업처럼 경쟁해야 할 필요가 없으며 성과에 따라 보상을 받는 유인제도가 부족하므로 정부실패가 발생하기도 한다. 예컨대 최근 여러 국가에서 정부는 국민의 안정된 노후생활을 보장하기 위해 사회보장제도를 시행하고 있다. 그러나 정부가 사회보장제도를 잘못 운영하면 근로능력이 있음에도 고의로 일을 하지 않는 계층이 생기고 사회보장기금이 방만하게 운영되는 등 심각한 비효율이 초래될 수 있다. 이런 경우 정부의 시장개입이 오히려 자원배분의 효율성을 악화시키는 정부실패를 가져오게 된다. 정부실패를 방지하기 위해서는 정부정책의 투명성 강화, 정부부문에의 유인제도 도입, 입법부·감사원·시민단체 등에 의한 감시활동 강화 등의 조치가 필요하다.

정책시차

정책시차(policy lag)란 어떤 경제정책을 시행해야 하는 원인이 발생하여 동 정책을 수립하는 데까지 걸리는 시간과 아울러 수립된 정책이 실제로 집행되어 정책효과가 나타나는 데 걸리는 시간을 말한다. 전자를 내부시차(inside lag)라 하고 후자를 외부시차(outside lag)라고 한다. 일반적으로 재정정책은 정책이 수립되기까지의 내부시차가 긴 반면, 정책효과가 나타나는 데 걸리는 외부시차는 짧다. 그 이유는 정부지출이나 조세제도를 변경하려면 시간이 걸리는 입법 절차를 거쳐야 하지만, 일단 정책이 수립되고 나면 총수요에 직접적인 영향을 미치기 때문이다. 한편, 통화정책의 경우는 재정정책과는 달리 내부시차는 짧지만, 생산, 물가 등 실물변수에 영향을 미치는 데는 상당한 시간이 걸리는 등 외부시차가 상대적으로 길다. 예컨대 통화정책으로 기준금리가 인하되고 그것이 금융 및 외환시장과 자본시장을 거쳐 실물부문의 가계의 소비나 기업의 투자 등으로 파급되기까지는 상당한 시간이 걸릴 수 있다. 시차가 어느 정도인지에 대해서는 의견이 나뉘지만 2005~14년에 개발된 거시금융모형들을 활용하여 미국을 대상으로 분석한 연구에 따르면 통화정책의 효과가 실물생산에는 3분기 내외에서 최고수준에 달하는 것으로 나타났다. 한편 우리나라의 경우 2000~2012년을 대상으로 한 연구에 따르면 실물생산에 대한 영향은 6분기 후, 인플레이션에 대한 영향은 8분기 후에 효과가 가장 큰 것으로 분석되었다. 다만 통화정책의 파급시차에 대한 분석결과는 과거의 평균적 경험에 근거한 것으로 대내외 경제여건 변화에 따라 달라질 수 있다.

연관검색어 : 재정정책

정크본드

정크본드(junk bond)란 리스크가 상대적으로 큰 기업들이 자금 조달을 목적으로 발행한 고수익·고위험 채권을 말한다. 신용도가 낮은 회사가 발행한 채권이어서 원리금 상환 불이행 위험이 크기 때문에 일반 채권금리에 가산금리를 더한 이자를 지급한다. 미국의 경우 회사채는 만기 10~30년의 장기채 발행이 대부분을 차지하고 있는데, 신용등급이 높은 우량기업 발행채권이 대부분을 차지한다. 1970년대 중반 이후 기업의 매수합병 및 구조조정 과정에서 다수의 기업들이 경영 악화와 부채 증가 등으로 투자부적격등급으로 하락하면서 정크본드 시장이 형성되기 시작하였다. 우리나라의 정크본드 시장은 자산유동화증권(ABS; Asset-Backed Securities)과 관련이 있다. ABS를 설계할 때 신용보강을 위해 위험요소가 경감될 수 있도록 원리금 지급 우선순위에서 선순위와 후순위로 차등을 둔다. 이 때 선순위채는 기초자산에서 나오는 현금흐름이 부족할 경우 후순위채보다 원리금을 우선적으로 지급받게 되며, 일반적으로 후순위채는 정크본드시장에서 소화시키거나 자산보유자가 직접 인수하게 된다.

연관검색어 : 자산유동화

제1차 통화조치

한국전쟁의 여파로 산업활동이 크게 위축되고 물가가 급등하는 등 경제가 큰 혼란에 빠짐에 따라 이를 타개하기 위하여 1953년 2월 15일 화폐단위를 '원(圓)'에서 '환(圜)'으로 변경하고 100대 1로 절하(100圓 → 1圜)하는 긴급통화조치를 단행하였다. 1953년 2월 17일부터 '圓'표시 한국은행권의 유통을 중지시켰으며 그 동안 한국은행권과 함께 저액면용으로 통용되어 오던 7종류 조선은행권(10圓, 5圓, 1圓, 50錢, 20錢, 10錢 및 5錢)과 일본정부의 소액보조화폐(1錢주화)의 유통도 전면 중지하고 환(圜) 표시 한국은행권만을 유일한 법화로 인정함으로써 우리나라 화폐의 완전한 독자성이 확보되었다.

연관검색어 : 제2차 통화조치

제2차 통화조치

정부는 1962년부터 「경제개발 5개년 계획」을 추진하면서 퇴장자금의 산업 자금화 등을 위하여 1962년 6월 10일 긴급통화조치를 단행하여 화폐단위를 '환(圜)'에서 '원'으로 변경하고 10대 1로 절하(10圜 → 1원)하고 '환(圜)' 표시 화폐의 유통과 거래를 금지하였다(단, 50환화와 10환화는 75년 3월 21일까지 유통). 한국은행은 긴급통화조치에 의해 500원권, 100원권, 50원권, 10원권, 5원권 및 1원권 등 6종의 새로운 은행권을 발행하고 소액거래시 1원 미만 끝자리수 처리의 편의를 도모하기 위하여 1962년 12월 1일에 10전권과 50전권도 발행하였다. 본 조치는 경제적 목적 달성보다는 '원'표시 도입이라는 의의를 가진다.

연관검색어 : 제1차 통화조치

제로금리정책

금융기관 간에 여유자금과 부족자금을 빌리는 단기금융시장에서 거래되는 초단기자금의 금리(한국과 일본의 콜금리, 미국의 페더럴펀드금리 등)를 0%에 가까운 수준으로 떨어뜨리는 통화정책을 말한다. 중앙은행이 단기금리를 제로 근처로 유도하는 것은 시중 유동성을 풍부하게 하여 금융경색을 억제하고 경기침체를 극복하기 위한 목적인 것이 보통이다. 일본의 경우 1999년 초 일본은행이 경기활성화를 위해 콜금리를 0.02%까지 떨어뜨리며 제로금리정책을 펼쳤으나 당초 기대만큼 소비나 투자활성화가 이루어지지 않아 2006년 7월 제로금리정책을 폐기한 바 있다. 이와 관련하여 2001년 3월 일본은행은 장기간의 경기침체에서 벗어나기 위해 양적완화(QE; Quantitative Easing) 정책을 처음으로 도입했다. 양적완화는 금리가 제로('0')에 가까운 상태에서 경기부양을 위해 국채 등 다양한 금융자산의 매입을 통해 시중에 돈을 공급하는 것이다. 중앙은행이 금리를 조절해 간접적으로 시중 유동성을 조절하던 전통적인 방식과 달리 양적완화는 금융자산 등을 사들이는 방법으로 시장에 통화량 자체를 늘리는 정책인데 2008년 글로벌 금융위기 이후 미국, EU, 영국 등 국제적으로 도입이 확산돼 왔다. 2008년 12월 글로벌 금융위기로 미국도 제로금리를 도입하였다.

연관검색어 : 양적완화정책

제조업생산능력/가동률지수

제조업 생산능력지수 및 가동률지수는 제조업 부문의 생산능력과 이용 정도를 나타내는 지표이다. 생산능력지수는 공급능력의 수준과 동향이 어떻게 변화하는가를 나타낸 것이며, 가동률지수는 생산실적과 생산능력과의 비율인 설비이용도를 지수로 만든 것이다. 생산능력지수는 공급능력의 수준과 동향이 어떻게 변화하는가를 나타낸 것이며, 가동률지수는 생산실적과 생산능력의 비율인 설비이용도를 지수화한 것으로서 경기동향 분석의 기초 자료로 이용된다. 두 지수는 공급능력과 설비가동의 절대수준을 나타내는 것이 아니라 기준년도의 생산능력과 가동률을 100으로 하였을 때 비교시의 공급능력과 가동상태가 어느 수준인가를 나타낸다. 여기서 생산능력이란 사업체가 정상적인 조업환경 하에서 생산할 경우 최대로 생산 가능한 수량을 말하며 가동률이란 생산능력 대비 생산실적의 백분율을 말한다. 통계청은 매월 314개 품목에 대한 조사를 실시하여 제조업 생산능력 및 가동률지수를 산출하고 있다. 통상 생산은 자가소비, 출하 및 재고변동의 합으로 표현하는데 출하가 생산보다 경기에 대해 민감(선행)한 경향이 있다. 따라서 경기가 하강하는 경우 출하는 즉시 감소하나 기업이 생산을 급격히 감소시키기 어려우므로 재고가 증가하게 된다. 반대로 경기가 회복되는 경우 출하가 증가하면서 재고가 감소하고 뒤따라 생산이 증가하게 된다. 한편, 가동률은 경기의 움직임에 따라 변동한다.

$$\text{가동률} = \text{생산실적} / \text{생산능력} \times 100$$

연관검색어 : 제조업평균가동률갭

제조업평균가동률갭

가동률은 사업체의 생산설비 이용도를 나타내는 지표이다. 통상 가동률은 경기상황이 좋지 않아 제품의 판매량이 감소할 경우 사업체가 생산량을 축소조정하고 불필요한 장비의 가동도 줄여나가면서 하락하게 된다. 반대로 경제상황이 호전되면 가동률은 상승한다. 구체적으로 가동률은 생산능력 대비 실제 생산실적의 비율을 말한다. 여기서 생산능력이란 사업체가 설비, 인력, 조업시간 등의 정상적인 조업환경에서 생산했을 경우 가능한 최대생산량을 의미한다. 따라서 제조업평균가동률은 제조업부문의 생산설비 이용도를 보여주는 좋은 지표가 될 수 있다. 그런데 제조업평균가동률만으로는 경제 내에 유휴생산능력이 있는지 여부와 그 크기를 판단하는데 한계가 있게 된다. 이러한 점을 고려하여 한 시점에서의 제조업평균가동률이 동 가동률의 잠재수준에서 얼마만큼의 편차를 보이는가를 계산하여 그 판단의 참고로 활용하는데 이 편차를 제조업평균가동률갭이라 한다. 일반적으로 잠재수준은 해당연도의 장기평균(예를 들면 10년 이전 기간 제조업가동률의 평균)을 계산하여 사용한다. 제조업평균가동률갭이 마이너스이고 절대값이 클수록 유휴생산능력이 확대되고 있는 것으로 보아 투자위축과 실업 등을 예상하게 되고, 플러스이면서 클수록 공급측면에서의 문제가 발생할 가능성을 예상하게 된다.

연관검색어 : 실업률갭

조세부담률

조세부담률은 국민계정에서 조세수입이 국민총소득(GNI)에서 차지하는 비중으로 정의된다. 이는 국민 전체의 조세부담 정도를 나타내 주는 지표로 조세의 누진 정도, 국가의 조세징수능력 등에 따라 결정된다. 반면, 재정통계의 조세부담률은 국가 및 지방자치단체가 거둬들인 국세 및 지방세 수입이 경상금액기준 국내총생산에서 차지하는 비율로 파악된다. 조세부담률이 높다는 것은 국민들이 벌어들인 소득 중에서 세금으로 납부하는 비중이 높다는 것이다.

$$\text{조세부담률} = (\text{국세} + \text{지방세}) / \text{경상GDP} \times 100$$

한편, 국민부담률이란 개념도 있는데 이는 국가가 가입을 의무화하거나 재정에서 지급을 보장하는 각종 공적 사회보험에 대한 보험료 등을 조세수입에 더하여 경상GDP대비 비율을 산출한 것이다. 사회보장기여금은 4대 공적연금인 국민연금, 공무원연금, 사학연금, 군인연금과 고용보험, 산업재해보상보험, 건강보험, 노인장기요양보험 등이다.

$$\text{국민부담률} = (\text{국세} + \text{지방세} + \text{사회보장기여금}) / \text{경상GDP} \times 100$$

연관검색어 : 재정정책

종합금융투자사업자

신성장 동력 산업과 대규모 해외 프로젝트 등을 지원할 수 있는 투자은행 출현을 유도하기 위해 2013년 도입된 제도이다. 자기자본 3조원 이상 등 일정 요건을 갖춘 증권사를 종합금융투자사업자(투자은행)로 지정하여 기업 신용공여 업무 등을 취급할 수 있도록 하고 있다. 이와 더불어 종합금융투자사업자의 자본 확충을 통한 대형화를 유도하기 위해 자기자본이 4조원 이상인 경우 단기금융업무(만기가 1년 이내인 어음의 발행, 할인, 매매, 중개, 인수 및 보증업무)를 허용하고, 8조원 이상인 경우에는 종합투자계좌업무(고객으로부터 예탁 받은 자금을 통합하여 기업금융자산 등에 운용하고 그 수익을 고객에게 지급하는 것을 목적으로 개설된 계좌)를 허용한다.

죄수의 딜레마

전략적 상황에 처한 경제주체들의 행동을 분석하는데 유용하게 활용되는 게임이론의 한 예로서, 협력적인 선택이 양자에게 최선임에도 불구하고 자신의 이익에 치중한 선택으로 인해 오히려 두 사람 모두에게 바람직하지 않은 결과를 가져오는 상황을 말한다. 죄수의 딜레마(Prisoners' Dilemma)는 1950년 미국 프린스턴대 터커(A. Tucker) 교수가 게임이론을 설명하기 위해 이용한 다음의 예화에서 비롯되었다. 경찰이 두 용의자 Ⅰ, Ⅱ를 격리하여 심문하면서 자백을 이끌어 내려고 다음과 같이 말하였다고 가정한다. ① 한 사람이 자백하고 다른 사람은 입을 다물었다면 자백한 사람은 1단위의 보상, 입을 다문 사람은 2단위의 벌금형이 부과된다. ② 두 사람이 모두 자백하면 각각에게는 1단위의 벌금형이 부과된다. ③ 두 사람이 모두 자백하지 않으면 Ⅰ과 Ⅱ는 협의가 없다. 이러한 상황에서 두 사람이 직면하는 보상행렬은 아래와 같아지는데, I과 II는 모두 상대방의 전략과 상관없이 자백하는 전략을 선택하게 되므로 결과적으로 두 사람이 서로를 믿고 자백하지 않는 전략을 취할 때보다 나쁜 결과에 직면하게 된다.

구분		용의자 II	
		자백함	자백하지 않음
용의자 I	자백함	(-1, -1)	(1, -2)
	자백하지 않음	(-2, 1)	(0, 0)

즉 개인적인 수준에서는 합리적인 선택이 구성원 전체로 보아서는 비합리적인 선택이 되는 결과를 가져오는 딜레마를 낳게 되는데, 이 같은 죄수의 딜레마 문제는 광고경쟁, 기업의 환경오염, 국가간 군비경쟁 등 다양한 상황에 적용될 수 있다.

연관검색어 : 치킨게임

주가수익비율(PER)

주가가 실제 기업의 가치에 비해 고평가되어 있는지, 아니면 저평가되어 있는지 여부를 판단할 때 활용하는 대표적인 지표로 주가수익비율(PER; Price Earning Ratio)이 있다. PER는 기업의 주가를 주당순이익(EPS; Earning Per Share)으로 나눈 값으로, 해당기업의 주가가 그 기업 1주당 수익의 몇 배 수준으로 거래되는지를 나타낸다. 이에 따라 특정 기업의 현재 PER가 과거 추이 또는 수익구조가 유사한 타기업 등과 비교해 높을 경우 주가가 기업가치에 비해 고평가되었다고 판단할 수 있다. 개별기업 PER의 개념을 주식시장 전체로 확장하면 상장기업 주가수준의 국가간 비교도 가능해진다. 국내 증시의 PER가 주요국보다 낮을 경우 국내 상장기업의 주가가 기업가치에 비해 저평가되었다고 판단할 수 있다. 한편, PER 이외에도 주가순자산비율(PBR; Price on Book-value Ratio)이 기업가치 대비 주가수준 판단지표로 많이 활용되고 있다. PBR은 기업의 주가를 주당순자산(BPS; Book-value Per Share)으로 나눈 값이다. PER가 기업의 수익성 측면에서 주가를 판단하는 지표라면, PBR는 기업의 재무구조 측면에서 주가를 판단하는 지표이다.

연관검색어 : 주당순이익(EPS)

주가연계증권(ELS)

주가연계증권(ELS; Equity Linked Security)은 개별 주식의 가격이나 특정 주가지수의 변동에 연계되어 특정조건 충족시 약정된 투자손익이 결정되는 금융투자상품이다. 주가연계증권 발행 증권사는 발행대금의 상당부분을 채권, 예금 등 안전자산에 투자하는 한편 나머지를 주식, 주식관련 파생상품 등에 투자하여 약정수익 재원 확보를 위한 초과수익을 추구한다. 주가연계증권은 만기, 수익구조 등을 다양하게 설계할 수 있는 장점이 있으나 유가증권시장에 상장되지 않음에 따라 유동성이 낮고 발행증권사의 신용리스크에 노출되는 단점이 있다. 대신 기초자산이 일정수준 이상인 경우 자동 조기상환되는 조건이 부여되어 있으며 5~10%의 환매수수료를 부담하는 조건으로 발행증권사에 환매를 요구할 수 있다. 한편 증권회사가 발행하는 주가연계증권과 유사한 상품으로는 자산운용사가 운용하는 주가연계펀드(ELF; Equity Linked Fund)와 은행이 취급하는 주가연계예금(ELD; Equity Linked Deposit) 등이 있다. 주가연계증권은 1980년대 후반 미국 홍콩 등에서 판매되기 시작하였으며, 우리나라에서는 2003년 2월 판매가 허용되었다. 발행방식은 공모보다 사모가 많은 편이며 투자자는 개인 및 일반법인이 절반 이상을 차지하는 가운데 자산운용사 퇴직연금 신탁 등도 투자하고 있다.

주가지수

주가지수는 주식가격의 전반적인 수준을 나타내는 지표이다. 주식시장에서는 매일 수많은 종목이 거래되는데, 이러한 각 개별종목의 가격변동을 종합하여 주식가격의 전반적인 움직임을 파악하기 위하여 작성되는 지수가 주가지수이다. 주가지수는 기준시점의 시장전체 주가수준과 비교시점의 시장전체 주가수준을 비교하여 산출되는데, 그 방식에는 주가평균식과 시가총액 가중식이 있다. 주가평균식은 대상 종목의 주가를 단순 합산하여 종목수로 나누는 방식인데, 미국의 다우존스 산업평균과 일본의 닛케이 평균주가가 대표적이다. 시가총액 가중식은 개별주식의 주가에 상장주식수를 가중한 주가지수로, 일정 시점의 시가총액과 현재 시점의 시가총액을 비교하여 현재의 주가수준을 판단하는 방식이다. 우리나라의 코스피 및 코스닥, 미국의 NYSE종합지수와 S&P500, 일본의 TOPIX 등 세계 주요국의 주가지수는 대부분 시가총액 가중식에 의해 산출되고 있다. 이와 같은 주가지수는 주식 투자 판단의 주요 척도로서 투자자의 합리적인 의사결정 자료로는 물론 정책당국의 정책결정 참고자료로도 활용된다.

연관검색어 : 주가수익비율(PER)

주가지수선물거래

주가지수선물의 거래유형으로는 헤지거래, 투기거래, 차익거래, 스프레드거래 등이 있다. 헤지거래는 현물(주식)포지션과 반대방향으로 선물을 매수 또는 매도함으로써 현물시장에서 주가변동의 위험을 회피하는 것을 말한다. 따라서 헤지거래자는 주가변동 위험을 회피할 수 있지만, 주가 상승시 이익을 얻을 수 있는 기회도 상실하게 된다. 투기거래는 현물포지션 보유여부에 관계없이 선물 자체의 매매차익을 겨냥한 거래이다. 약정금액의 일부만으로 선물을 매매할 수 있다는 점으로 인해 레버리지 효과(leverage effect)가 발생하므로 현물투자보다 위험이 크다. 차익거래는 선물가격과 현물가격간 차이가 적정수준을 초과할 경우 선물과 현물중 상대적으로 고평가된 것을 매도하고 저평가된 것을 매수한 후 양자간 가격차가 해소 또는 역전되었을 때 청산거래(반대매매)를 함으로써 무위험 차익을 얻는 거래기법이다. 스프레드거래는 만기나 기초자산이 상이한 주가지수선물간의 가격차이를 이용하여 수익을 획득할 목적으로 양 종목의 매입·매도포지션을 동시에 보유하는 거래를 말한다. 이는 기초자산이 동일한 주가지수선물의 결제월물별 가격차이를 이용하는 만기간 스프레드(calendar spread) 거래와 기초자산이 상이한 주가지수선물을 대상으로 하는 시장간 스프레드(inter-market spread) 거래로 구분된다.

연관검색어 : 레버리지 효과

주가지수옵션

주가지수옵션(stock index options)은 주가지수(기초자산)를 만기일에 사전에 약정한 가격(행사가격)으로 매입하거나 매도할 수 있는 권리를 거래하는 파생금융상품으로서 매입권리인 콜옵션(call option)과 매도권리인 풋옵션(put option)으로 구분된다. 옵션의 매도자는 매수자에게 옵션을 제공하고 매수자는 그 대가로 프리미엄(옵션가격)을 지급한다. 콜옵션 매수자는 만기일에 기초자산가격(코스피200 종가 등)이 행사가격을 넘어서면 권리를 행사할 유인이 발생하며, 기초자산가격이 행사가격에 프리미엄을 더한 값을 초과하는 금액만큼 매수자의 이익(매도자의 손실)이 된다. 풋옵션 매수자는 만기일에 기초자산가격(코스피200 종가 등)이 행사가격보다 낮아야만 권리를 행사할 유인이 발생하며, 기초자산가격이 행사가격에서 프리미엄을 차감한 값을 하회하는 금액만큼 풋옵션 매수자의 이익(매도자의 손실)이 된다. 주가지수옵션은 주가지수선물과 마찬가지로 실물이 존재하지 않는 주가지수를 대상으로 하고 있으나 거래의 목적물이 권리라는 점에서 주가지수선물과 다르다. 또한 주가지수옵션은 주가지수선물과 달리 기초자산 가격변동에 따른 손익구조가 비대칭적이다. 옵션매수자는 손실이 프리미엄으로 한정되는 반면 이익은 기초자산가격에 비례하여 증가하고, 역으로 옵션매도자는 이익이 프리미엄에 국한되는 반면 손실은 제한이 없다. 주가지수옵션시장은 1983년 3월 미국의 시카고옵션거래소(CBOE; Chicago Board Options Exchange)에서 S&P100지수를 대상으로 최초로 개설되었으며 우리나라에서는 1997년 7월에 코스피200옵션시장이, 2001년 11월에 코스닥50옵션시장이 개설되었다.

연관검색어 : 주가지수선물거래

주당순이익(EPS)

주당순이익(EPS; Earning Per Share)은 기업이 벌어들인 당기순이익을 동 기업이 발행한 총 주식수로 나눈 값을 말한다. 당기순이익(net income)은 손익계산서상의 당기순손익(net income or loss)을 뜻한다. 당기순손익은 계속사업손익에 중단사업손익을 가감하여 산출되며, 당해 회계연도의 최종적인 경영성과를 나타낸다. 따라서 EPS는 통상 1년 동안 기업이 주식 1주당 얼마나 많은 이익을 창출했는지를 나타내는 지표가 된다. EPS가 높다는 것은 그만큼 기업의 경영실적이 양호하고 배당여력도 많다는 것을 의미하므로, 주가의 상승요인으로 작용하게 된다. EPS는 당기순이익 규모가 증가하면 높아진다. 한편, 전환사채(CB; Convertible Bond)의 주식 전환이나 증자로 주식수가 늘어나면 EPS는 낮아지게 된다. EPS는 기업의 수익성을 분석하는 중요한 지표이며, 주가수익비율(PER) 계산의 기초가 된다. 개별 기업의 EPS 증가는 동 기업의 시장지배력이 확대되는 것으로 이해된다. 전체 산업의 EPS 증가는 신기술, 신제품 출시 등 기술혁신이 진행되고 있다는 의미로 받아들여진다.

주식시장

주식시장은 주식회사의 지분권을 표시하는 유가증권인 주식이 거래되는 시장이다. 주식시장은 기업공개, 유상증자 등을 통해 주식이 새롭게 공급되는 발행시장과, 이미 발행된 주식이 투자자간에 거래되는 유통시장으로 나누어진다. 발행시장은 새로운 주식이 최초로 출시되는 시장으로 제1차 시장(primary market)이라고도 한다. 발행시장은 기업, 금융기관 등 자금수요자인 발행인, 자금공급자인 투자자, 주식발행사무를 대행하고 발행위험을 부담하는 인수인으로 구성된다. 유통시장은 이미 발행된 주식이 매매되는 시장으로 제2차 시장(secondary market)이라고도 한다. 유통시장은 발행된 주식의 시장성과 환금성을 높여주고 자유경쟁을 통해 공정한 가격을 형성하는 역할을 한다. 우리나라의 주식 유통시장에는 유가증권시장, 코스닥시장, 코넥스시장, K-OTC시장이 있다. 이 중 유가증권시장, 코스닥시장 및 코넥스시장은 한국거래소에서 개설·운영하는 장내시장이며, K-OTC시장은 장외시장이다. 유가증권시장은 동 시장의 시가총액이 우리나라 대표 주가지수인 코스피의 산출 기준이 되므로 코스피시장이라고도 한다. 한편, 주식이 장내시장에서 매매되기 위해서는 상장이라는 등록절차를 거쳐야 한다. 유통시장에서 투자자의 매매주문은 투자중개업을 영위하는 금융투자회사를 거쳐 한국거래소에서 체결되며, 이에 따른 결제는 매매일로부터 3일째 되는 날 한국예탁결제원을 통해 이루어진다.

연관검색어 : 유통시장, 발행시장

주택저당증권(MBS)

주택저당증권(MBS; Mortgage-Backed Securities)이란 자산유동화증권(ABS)의 일종으로써 모기지(또는 주택담보대출)를 기초자산으로 발행되는 증권이다. 원래 주택저당증권은 미국에서 제2차 세계대전 이후 참전한 군인들의 주거 안정을 위해 도입된 제도인데 우리나라에서는 IMF 외환위기 이후 본격적으로 취급되기 시작하였다. MBS시장은 세 종류의 시장으로 구분되는데 1차 시장은 모기지 차입자와 모기지 대출기관 사이에 모기지론이 이루어지는 시장이며, 2차 시장은 모기지 대출기관이 보유하고 있는 모기지를 유동화(증권화)하는 시장이며 자본시장은 모기지가 유동화된 주택저당증권이 투자자에게 매각되고 유통되는 시장을 말한다. 주택저당증권은 일반 채권과는 다른 특징을 보유하고 있다. 보통 채권은 발행자가 원리금 상환을 부담하는데 반해 MBS는 통상 기초자산을 특수목적회사(SPC)에 이전하고 SPC가 발행하는 것이기 때문에 원리금 상환이 발행자의 신용에 기초하기 보다는 기초자산의 현금 흐름에 의존하게 된다. 또한 MBS에는 조기상환위험(prepayment risk)이라는 독특한 위험이 존재한다. 시장금리가 하락하는 경우에는 기존 모기지 차입자가 이자비용 절감을 위해 동 모기지를 조기에 상환하고 금리가 더 낮은 모기지론을 받게 되는데 모기지 상환이 이루어지면 그것을 기초자산으로 하고 있는 MBS도 조기에 상환이 이루어지게 된다. 이것을 투자자 입장에서 보면 자산 듀레이션이 당초 예상보다 줄어들어 국채 추가 매입 등 자산 듀레이션을 더 늘려야 하는 문제(반대로 시장금리가 상승하는 경우에는 자산 듀레이션이 당초 예상보다 늘어나 보유채권 매각 등 자산 듀레이션을 줄여야 하는 문제)를 야기한다. 그래서 투자자는 MBS를 투자할 때는 적정 조기상환율을 산정하고 이를 토대로 투자를 하게 된다. 은행이 보유하고 있는 모기지를 유동화하는 경우 모기지론에서 발생하는 이자수익은 줄어들지만 매각대금으로 모기지를 추가로 취급할 수 있는 여력이 생기며 위험자산이 줄어들기 때문에 BIS비율이 올라가는 긍정적인 효과를 기대할 수 있다. 현재 우리나라에서는 은행이 모기지론을 취급하며 한국주택금융공사가 동 모기지를 유동화하여 자본시장에 매각하는 형태로 이루어지고 있다.

연관검색어 : 자산유동화, 모기지대출

중간소비

생산과정에서 원재료, 광열비, 간접비 등으로 소비된 비내구재 및 서비스를 말하는 것으로써 고정자산의 유지보수를 위한 지출 등이 포함되고 중고품과 폐품의 순판매액은 차감된다. 중간소비(intermediate consumption)는 최종소비지출과 혼돈을 가져올 수 있는데 양자는 재화와 용역이 생산에 투입되는가 혹은 소비주체에 의해 소비되는가에 의해 구분된다. 예를 들어 똑같은 비누와 수건이라 하더라도 기업주가 공장이나 사무실에서 근로자들이 사용할 목적으로 구매하였다면 중간소비로 계상되나 근로자가 가정에서 사용할 목적으로 구매하였다면 최종소비지출로 처리된다. 한편, 중간소비와 자본형성은 생산자가 구매한 재화가 회계기간 중에 소진 되는가 혹은 회계기간 이후에도 이익의 원천이 되는가에 따라 구분된다.

연관검색어 : 최종수요/중간수요

중개무역

수출입 양 당사자 간의 물품거래가 제3국 상인의 중개로 이루어지는 무역형태를 말한다. 거래물품은 제3국 상인을 거쳐서(제3국에 일단 양륙) 인도되는 예도 있으나 수출자로부터 수입자에게 직접 보내어지는 것이 일반적이다. 대금의 결제는 수출자가 수입자로부터 직접 회수하여 제3국의 상인에게 수수료만을 지급하는 경우도 있으나, 수출자는 제3국의 상인으로부터, 제3국의 상인은 수입자로부터 무역대금을 회수하는 것이 일반적이다. 중계무역과의 중요한 차이는 제3국 상인이 수출입거래의 당사자가 되어 매매차익을 취하는 것이 아니라 단지 중개수수료만을 목적으로 거래한다는 것이다.

연관검색어 : 중계무역

중계무역

물품을 수입하되 이를 국내에 반입하지 아니하고 가공하지 않은 원형 그대로 직접 제3국으로 수출하는 형태의 무역거래를 말한다. 중계무역업자는 수출입의 당사자로서 자기 책임 하에 수입 및 수출을 하고 대금결제를 한다는 점에서 수출입의 주체가 되지 않고 단순히 중개수수료만을 취득하는 중개무역과 구분된다.

연관검색어 : 중개무역

중앙거래당사자

중앙거래당사자(CCP; Central Counterparty)는 증권거래 계약의 매도자에 대해 매수자 역할을, 매수자에 대해서는 매도자 역할을 수행하는 기관으로서 다자간 차감에 의한 청산 업무를 수행하여 결제 유동성을 절약하는 한편 결제이행보증 서비스를 제공하여 참가자의 리스크관리 부담을 경감시키는 역할을 수행하고 있다. 한편 글로벌 금융위기 이후 모든 표준화된 장외파생상품거래의 중앙거래당사자를 통한 청산이 의무화됨에 따라 결제리스크가 집중되는 중앙거래당사자에 대한 리스크 관리의 중요성이 더욱 커지고 있다. 우리나라의 장내 증권 및 파생상품 거래는 한국거래소가 중앙거래당사자 역할을 수행하고 있다. 장외거래의 경우 금융위원회로부터 금융투자상품거래청산업 인가를 받은 한국거래소와 한국예탁결제원이 각각 장외파생상품거래(원화 이자율스왑거래)와 주식기관투자자거래

(상장주식의 위탁매매거래)에 대해 각각 중앙거래당사자의 역할을 하고 있다.

연관검색어 : 지급결제시스템

중앙예탁기관

중앙예탁기관(CSD; Central Securities Depository)은 증권예탁 업무를 집중적으로 수행하는 기관으로서, 예탁자 또는 예탁자의 고객으로부터 직·간접적으로 증권을 집중 예탁받아 동 예탁증권에 대한 권리를 관리하는 증권예탁제도의 운영기관을 말한다. 중앙예탁기관은 증권 발행 및 유통시장에서 예탁자와 예탁자의 고객을 대상으로 증권의 예탁, 계좌대체, 예탁증권의 권리행사 등의 업무를 수행한다. 또한 중앙예탁기관은 금융시장에서 거래되는 증권을 집중 보관함으로써 증권결제가 실물증권의 이동 없이 계좌대체방식으로 이루어질 수 있도록 한다. 금융시장의 증권결제는 대부분 계좌대체 방식으로 이루어지고 있으므로 중앙예탁기관은 통상 증권결제시스템 운영기관으로서의 역할을 수행하고 있다. 현재 각국에서는 단일이나 소수의 중앙예탁기관이 증권의 예탁 및 결제 업무를 수행하고 있으며 우리나라에서는 한국예탁결제원이 동 업무를 수행하고 있다.

연관검색어 : 계좌대체

중앙은행

일반적으로 중앙은행은 독점적 발권력을 바탕으로 금융기관에 부족자금을 대출하는 은행의 은행 기능과 정부의 세입 및 세출을 관리하고 필요시 부족자금을 대출하는 정부의 은행 기능을 수행한다. 아울러 통화량 및 금리 조절을 통해 물가안정을 포함한 거시경제의 안정을 도모하는 한편 최종대부자 역할, 거시건전성 정책 등을 통해 금융안정에도 기여한다. 중앙은행이 처음부터 이러한 기능을 모두 수행한 것은 아니며 경제발전에 따라 진화하면서 여러 기능이 추가되었다. 중앙은행의 효시로는 1694년에 설립된 영란은행(Bank of England)을 꼽을 수 있다. 당시 영란은행은 상업은행이었으나 정부의 은행 역할을 수행하면서 화폐발행에 대한 독점권을 부여받았고 점차 은행의 은행 기능을 확대하면서 오늘날과 같은 모습을 갖추게 되었다. 20세기 이후에는 금본위제가 폐지되고 화폐의 적정관리가 중요해지면서 통화량 금리 환율 등의 관리를 통해 물가안정을 포함한 거시경제의 안정을 도모하는 통화신용정책이 중앙은행의 핵심기능으로 자리 잡게 되었다. 1970~80년대에는 석유파동 외채위기 등에 따른 물가불안과 경기침체에 대응하여 거시경제 안정화 노력을 강화하였고 이 과정에서 통화신용정책의 중립성을 제고하기 위한 제도개선이 있었다. 1990년대 이후에는 금융자유화 등을 배경으로 새로운 금융상품의 출현 등으로 통화량 관리가 한계를 보이면서 한국은행을 비롯한 다수의 중앙은행이 물가안정목표제를 도입하였다. 한편 2008년 글로벌 금융위기를 계기로 거시건전성 정책의 중요성이 커지면서 미국 등 각국 중앙은행의 금융안정 기능을 강화하는 방향으로 제도개편이 이루어졌다.

연관검색어 : 금융안정, 금본위제

중앙은행 여수신제도

중앙은행 여수신제도는 중앙은행이 금융기관을 대상으로 대출 및 예금을 통해 자금의 수급을 조절하는 정책을 말한다. 중앙은행 대출제도는 상업어음 재할인제도에서 시작하여 유동성조절대출제도를 거쳐 현재 대기성 여수신제도(standing facilities)로 발전하여 왔다. 상업어음 재할인제도는 적격어음을 정하고 이에 맞는 자금만 공급하는 제도이다. 유동성조절대출제도는 금리공시기능과 함께 일시적 요인 등으로 유동성 부족에 직면한 금융기관에 대해 필요자금을 신속히 공급하는 기능을 수행한다. 대기성 여수신제도는 중앙은행의 정책금리를 중심으로 상하 일정폭의 금리수준에서 제한 없이 유동성을 공급·흡수함으로써 단기시장금리인 익일물금리의 상하한을 결정한다. 미 연준은 2003년부터 대기성 여신제도인 롬바르트형 대출제도만 도입하여 운용 중이다. 이에 반해 유럽중앙은행(ECB; European Central Bank)과 영란은행은 대기성 여신제도와 대기성 수신제도를 모두 도입하여 운용하고 있다. 중앙은행 여수신제도는 중앙은행이 금융시스템에 유동성을 적절히 공급함으로써 금융시스템이 원활하게 작동하도록 유도한다. 특히 중앙은행 대출제도는 중앙은행이 일시적 자금부족에 직면한 금융기관에 필요 자금을 신속하게 지원함으로써 최종대부자로서 기능을 수행하는 데 있어 중요한 역할을 한다.

연관검색어 : 대기성 여수신제도

증거금

증권 현물을 거래할 경우 또는 선물/옵션을 거래할 경우에 매매당사자 일방 또는 매매당사자 쌍방이 매매약정을 이행한다는 증거로 중개회사에 예치하는 금액을 말한다. 주식 현물매수 주문시 사고자 하는 주식 매입금액의 일정비율에 해당하는 금액을 증거금으로 미리 예치해야 하며 나머지 대금은 매수가 이루어진 후 실제 결제일에 납부한다. 선물거래에서도 가격변동에 따른 계약불이행을 방지하기 위해 담보적 성격의 증거금을 납부한다. 선물거래에서 증거금을 납부함으로써 가격 하락시에는 매수자의 계약불이행 가능성으로부터 매도자를 보호하고 가격 상승시에는 매도자의 계약불이행 가능성으로부터 매수자를 보호할 수 있다. 증거금에는 고객이 중개회사에 납부하는 위탁증거금과 중개회사가 고객으로부터 받은 증거금중 일부를 결제기관에 납부하는 매매증거금이 있다.

연관검색어 : 증권결제리스크

증권결제리스크

증권결제리스크는 매매대상 증권의 인도와 대금지급이 예정대로 이행되지 않아 발생할 수 있는 손실가능성을 말하며 원금리스크, 대체비용리스크, 유동성리스크 등으로 구분된다. 원금리스크는 증권매도자가 증권을 인도했지만 매수자가 대금을 지급하지 않거나 증권매수자가 대금을 지급했지만 증권을 인도받지 못한 경우에 발생한다. 대체비용리스크는 매매계약 체결 후 거래 당사자 일방이 계약을 취소하여 원래의 거래를 다른 계약으로 대체할 때 발생한다. 유동성리스크는 증권거래가 발생한 후 거래당사자 일방이 일시적인 유동성 부족으로 예정된 시간에 결제를 하지 못할 때 발생한다. 증권결제는 자금결제와 달리 대금과 증권의 상호이전을 전제로 하며 리스크 발생 대부분은 주로 결제일에 증권인도와 대금지급과정에 발생한다. 증권인도와 대금지급이 개별적으로 이루어지는 분리결제(free of payment) 방식은 매매당사자 일방에게 원금리스크가 발생하므로 증권인도와 대금지급이 시차 없이 동시에 일어나는 증권대금동시결제(DVP) 방식을 채택함으로써 증권결제리스크를 크게 감축할 수 있다.

연관검색어 : 증권대금동시결제(DVP), 분리결제

증권대금동시결제(DVP)

증권대금동시결제(DVP; Delivery versus Payment)는 중앙예탁기관의 증권결제시스템을 대금결제은행의 자금결제시스템과 연계하여 증권거래시 증권의 실물과 대금을 동시에 결제하는 방식이다. 이 방식은 증권인도시기와 대금결제시기가 서로 달라 거래당사자중 한쪽이 계약을 불이행할 경우 발생하는 원금리스크를 근본적으로 제거할 수 있기 때문에 증권결제리스크를 관리하는 데 효과적이다. 「지급결제 및 시장인프라위원회」(CPMI)와 「국제증권감독기구」(IOSCO)에서 제정한 국제기준인 「금융시장인프라에 관한 원칙」(PFMI)에서도 증권결제시스템은 DVP방식을 이용함으로써 원금리스크를 제거하도록 권고하는 등 국제적으로 증권결제시스템이 준수해야 할 결제표준이 되고 있다. 우리나라의 경우 장내 주식거래와 장내국채 및 RP거래, 장외채권거래 등 주요 증권거래에 대하여 한은금융망과 한국예탁결제원의 증권결제시스템을 연계하여 DVP 방식으로 결제하고 있다.

연관검색어 : 분리결제, 외환동시결제(PVP)

지급

지급(payment)은 개인이나 기업 등 경제주체가 경제거래를 한 후 재화 또는 서비스의 대가로 현금, 수표, 신용카드, 자금이체 등을 이용하여 화폐적 가치에 대한 청구권을 이전하는 행위를 말한다. 지급이 현금으로 이루어지는 경우에는 청산기관과 결제기관의 청산 및 결제과정 없이 지급과 동시에 최종결제가 이루어진다. 그러나 수표나 자금이체 등 비현금수단으로 지급하는 경우에는 지급인과 수취인의 거래은행 상이로 금융기관간 지급액 또는 수취액을 산정하는 청산과정과 최종확정된 지급액 또는 수취액에 해당하는 자금을 이전하는 결제과정이 별도로 필요하다.

연관검색어 : 청산, 결제

지급결제 및 시장인프라 위원회(BIS CPMI)

국제결제은행(BIS)의 「지급 및 시장인프라 위원회」(CPMI; Committee on Payments and Market Infrastructures)는 1990년 설립된 「지급결제제도위원회」(CPSS; Committee on Payment and Settlement Systems)의 명칭을 2014년 9월 1일부터 변경한 것으로, 처음에는 주요국의 지급결제제도 동향을 모니터링하고 분석하기 위해 설립되었다. 현재는 「금융시장인프라에 관한 원칙」 등 국제기준 제정 및 이행상황 모니터링, 금융시장인프라 감시와 관련한 정책 개발 및 제안 주도, 중앙은행 간 협력 증진 및 정보교환 촉진 등의 기능을 수행하고 있다. 2022년 9월말 현재 CPMI에는 28개국 중앙은행이 참여중이며 한국은행은 2009년 7월 24일 회원으로 가입하였다.

연관검색어 : 국제결제은행(BIS), 지급결제시스템

지급결제시스템

개인·기업·정부 등 경제주체들의 금융거래나 경제활동에서 발생하는 지급결제가 원활히 이루어지도록 해주는 금융시스템의 하부구조로서 중앙은행, 지급결제 참여기관, 관련 법규, 지급수단 및 금융시장 인프라 등으로 구성된다. 지급결제시스템(payment system)은 시장경제 하에서 각종 경제활동이 실행되는 금융 하부구조로서 기능하기 때문에 효율적이고 안정적인 지급결제시스템은 금융제도의 발전과 건전한 신용질서를 유지하기 위한 근간이 된다. 지급결제시스템은 운영주체에 따라 중앙은행결제시스템과 민간결제시스템, 결제방법에 따라 총액결제시스템과 차액결제시스템, 결제시점에 따라 실시간결제시스템과 지정시점결제시스템, 대상거래에 따라 거액결제시스템과 소액결제시스템 등 여러 가지로 분류할 수 있다. 한편 금융시장인프라에는 크게 청산기관, 결제기관, 거래정보 기록기관으로 구분되며, 금융거래의 청산·결제 및 기록을 용이하게 함으로써 금융시스템이 원활하게 작동하도록 하고 이를 통해 금융안정에 기여한다.

연관검색어 : 거액결제시스템, 소액결제시스템, 지급수단

지급결제제도 감시

국제결제은행(BIS)의 지급결제 및 시장인프라 위원회는 지급결제제도 감시(oversight of payment systems)를 "기존 시스템 및 운영 예정인 시스템을 모니터링하고 동 시스템에 대해 평가하는 한편, 필요시 개선을 유도함으로써 동 시스템들의 안전성 및 효율성의 증진을 도모하는 중앙은행의 기능"으로 정의하고 있다. 즉, 지급결제제도 감시의 개념에는 공공정책 목표(안전성 및 효율성), 감시범위(지급결제시스템), 감시활동(모니터링, 평가 및 개선 권고)의 세 가지 요소와 지급결제제도에 대한 중앙은행의 책무라는 의미가 함께 들어 있다. 지급결제제도에 대한 중앙은행의 감시가 필요한 이유는 시장경제가 원활하게 작동하는데 있어 지급결제시스템의 역할이 매우 중요하기 때문이다. 경제적 거래에 수반되는 자금, 증권 및 외환의 이동은 대부분 지급결제시스템을 통해 이루어지기

때문에 원활한 지급결제는 시장이 제 기능을 하는데 필수적이다. 또한 대부분의 지급결제시스템은 민간부문에 의해 구축·운영되는 것이 일반적인데 일부 시스템의 경우 시장실패로 인해 사회적으로 최적수준의 안전성과 효율성을 달성하지 못할 가능성이 있어 공공부문의 개입이 필요하게 된다.

연관검색어 : 지급결제 및 시장인프라 위원회(BIS CPMI), 결제리스크

지급수단

지급수단(payment instruments)은 크게 현금과 현금 이외의 지급수단으로 구분된다. 현금 이외의 지급수단은 금융기관을 거쳐 현금화할 수 있는 지급수단을 말하는데 여기에는 계좌이체, 지급카드, 어음이나 수표 등이 포함된다. 또한 지급수단은 지급결제과정에서 종이로 제작된 지급수단인 장표가 실제로 이동하는지 여부에 따라 장표방식 지급수단과 전자방식 지급수단으로 구분할 수도 있다. 장표방식 지급수단에는 어음, 수표, 지로 등이 있으며 전자방식 지급수단에는 신용카드, 체크카드 등 지급카드와 계좌이체 등이 있다. 최근에는 지급서비스 제공방식이 다양화되면서 전통적인 지급수단 분류방식 대신 인터넷뱅킹, 모바일 지급카드 등 접근채널별로 분류하기도 한다. 한편 특정 지급수단의 수용성과 경제에 미치는 영향은 지급수단 자체의 특성 및 지급서비스 제공기관의 신뢰도뿐만 아니라 금융시장인프라를 통한 청산, 결제절차 등에 따라 좌우되기 때문에 지급수단과 금융시장인프라는 밀접히 연결되어 있다.

연관검색어 : 지급결제시스템

지급준비자산제도

지급준비자산제도란 한국은행이 필요하다고 인정될 때 금융기관에 대하여 예금지급준비금과는 별도의 지급준비자산을 보유할 수 있는 제도(「한국은행법」 제63조)이다. 지급준비자산에는 현금, 국채, 정부보증채 및 한국은행이 발행하는 통화안정증권 등이 있다. 원래 동 제도는 전통적인 예금지급준비제도를 보완하는 한편 금융기관으로 하여금 국채 등 유가증권을 보유토록 함으로써 국채 등에 대한 수요를 강화시켜 공개시장운영 기반을 마련하기 위해 도입되었다. 통상 지급준비금에 대해서는 이자를 지급하고 있지 않기 때문에 그만큼 기회비용이 발생하게 된다. 그러나 이를 유가증권 등으로 보유하게 되면 수익이 발생함에 따라 지급준비금 보유에 따른 기회비용을 줄일 수 있어 은행의

재무건전성이 제고될 수 있고 지급준비금 보유의무가 없는 비은행금융기관과의 형평성 문제도 줄어들 수 있다. 그러나 동 제도는 채권시장의 유통물량을 축소시키는 등 금융시장을 위축시킬 수 있으므로 금융시장 여건을 면밀히 고려해야 된다.

지급준비제도

중앙은행이 금융기관으로 하여금 예금 등과 같은 채무의 일정비율에 해당하는 금액을 중앙은행에 예치하도록 하는 제도이다. 은행이 예금고객의 지급요구에 응하기 위해 미리 준비해 놓은 유동성 자산을 지급준비금이라 하고, 적립대상 채무 대비 지급준비금의 비율을 지급준비율이라 한다. 지급준비금은 은행이 중앙은행에 예치하고 있는 자금(지준예치금)과 보유하고 있는 현금(시재금)으로 구성된다. 지급준비제도(reserve requirement)는 1863년 미국에서 예금자보호를 위해 법정지급준비금을 부과한 것이 효시라 할 수 있다. 그 후 1930년대 들어 지급준비율을 변경하여 본원통화를 조절하면 승수효과를 통해 통화량에 영향을 준다는 사실이 밝혀지면서 지급준비제도는 중앙은행의 유동성조절수단으로 그 위상이 높아졌다. 그러나 1980년대 이후 금융의 자유화 및 개방화 등으로 시장기능에 바탕을 둔 통화정책의 필요성이 부각되면서 공개시장운영이 주된 통화정책수단으로 부각된 가운데 지급준비제도는 여러 한계점으로 인해 정책수단으로서의 역할이 상대적으로 축소되었다. 그러나 중앙은행은 지급준비율 변경을 통해 금융기관의 자금사정을 변화시키고 시중유동성을 조절할 수 있으며 나아가 금융안정을 도모하고 금융시장에 중앙은행의 정책방향을 강력하게 알리는 공시효과가 있기 때문에 지급준비제도는 여전히 유용한 정책수단으로 활용되고 있다.

연관검색어 : 통화정책수단

지니계수

지니계수란 이탈리아의 통계학자 지니(Gini)가 소득분배상태를 파악하기 위하여 로렌츠곡선의 단점을 보완, 로렌츠곡선이 나타내는 내용을 하나의 단순한 숫자로 표시한 것이다. 소득분배의 불균형 정도가 클수록 소득의 완전균등분배를 나타내는 대각선과 로렌츠곡선 사이의 면적이 넓어지는 데 착안, 대각선과 로렌츠 곡선 사이의 면적을 대각선에 의해 생성되는 직각삼각형의 면적으로 나눈 값을 계산하여 소득 불평등계수로 사용하였는데, 이를 지니계수라 한다. 소득분배가 완전히 균등할 경우 지니계수는 0이 되며 소득분배가 완전히 불균등할 경우에는 1이 된다. 그러므로 지니계수는 0에서부터 1까지의 값을 가지며 그 값이 클수록 소득분배가 불균등함을 의미한다. 지니계수는 가장 널리 쓰이는 소득분배 측정방법이지만 전 계층의 소득분배상태를 하나의 숫자로 나타낼 수 있을 뿐이며 특정 소득계층의 소득분포상태를 나타내지 못한다는 한계를 가지고 있다.

연관검색어 : 상대적 빈곤율, 소득5분위배율

지로(GIRO)

지로는 대량수납 및 대량지급거래 등 다수인과의 자금이체를 중계센터를 통해 처리하는 소액대량 지급수단이다. 지로는 지급인이 현금을 입금하거나 지급인의 예금계좌에서 자금이 인출되어 수취인의 계좌로 입금되는 예금계좌이체 방식을 통하여 이루어지기 때문에 시스템의 안전성이 보장되며, 거래상대방을 만날 필요 없이 수취인에게 지급내용(지급인, 지급목적 등)이 통보되므로 격지간 대금결제에 편리하다. 또한 결제금액에 관계없이 건별로 소액의 수수료를 부과하기 때문에 자금이체에 따른 수수료 부담도 적다. 한편 지로업무의 유형은 지로장표의 수반여부에 따라 장표지로업무와 전자지로업무로 구분할 수 있다. 장표지로업무는 지로제도를 이용한 각종 대금의 수납업무가 납부내역이 기재된 지로장표에 의하여 처리되는 업무이며, 전자지로업무에는 각종 대금의 수납 및 지급의뢰시 인터넷 또는 전송파일을 이용하여 전자적으로 처리되는 자동이체, 납부자자동이체, 대량지급 및 인터넷지로가 있다.

연관검색어 : 입금이체, 출금이체

지방은행공동망

지방은행공동망은 지방은행의 공동상품인 뱅크라인(Bankline) 업무를 처리하는 공동망으로서 1997년 6월 가동되었다. 동 시스템의 가동으로 전국적인 영업망을 갖추지 못한 지방은행들도 전국의 고객을 대상으로 예금의 입·출금 및 계좌조회 서비스를 제공할 수 있게 되었다. 2017년말 현재 지방은행공동망에는 6개 지방은행이 모두 참여하고 있다. 지방은행공동망의 업무는 입금업무와 출금업무로 구분된다. 입금업무는 타행환공동망과 유사하게 다른 지방은행 계좌로 입금 처리하는 업무이며, 출금업무는 CD공동망과 유사한 방식으로 다른 지방은행의 통장을 소지한 고객에게 출금 처리하는 업무이다. 지방은행공동망의 가동시간은 기본적으로 은행 영업시간과 동일한 09시부터 16시까지이며 전산장애 등으로 운영시간 연장이 불가피한 경우에는 금융결제원이 이를 1시간 범위 내에서 연장할 수 있다.

연관검색어 : 소액결제시스템

지수기준년

지수기준년(reference year)은 물량지수=100 또는 명목금액과 실질금액이 동일한 연도를 의미한다. 반면 기준년은 물량지수 계산 시 가격 또는 금액가중치를 제공하는 연도를 말한다. 따라서 고정가중법에서는 기준년과 지수기준년이 동일하나 연쇄가중법에서는 기준년은 직전년도이다.

연관검색어 : 연쇄가중법

지역금융협정

인접국가나 특정 경제권역내 국가간에 체결하는 금융협력협정을 말한다. 1970년대부터 시작된 지역금융협정은 글로벌금융위기 이후 그 중요성이 크게 부각되었다. 이는 경제구조가 유사한 인접국간에 금융불안이 쉽게 전염되는 역사적 경험, 역내 국가간에는 경제상황 및 정책시행에 대한 상호간의 이해가 높고 이에 따라 잠재적 위험 감지 및 위기 해결을 위한 공동대응이 용이한 점 등에서 지역금융협정이 금융안전망으로 유용함을 새삼 인식하게 되었기 때문이다. 특히, 글로벌금융안전망의 확충이 각국간의 이해차이로 어려운 반면 지역금융협정이나 지역금융안전망은 상대적으로 당사국의 이해를 통합하기 쉬워 설립 또는 체결이 용이한 장점이 부각된 영향도 있다. 대표적인 지역금융협정에는 아시아지역의 치앙마이 이니셔티브 다자화협정(CMIM; Chiang Mai Initiative Multilateralization), 유럽의 금융안정메커니즘(ESM; European Stability Mechanism), 중남미지역 준비기금(FLAR; Fondo Latino Americano de Reservas), 중동지역의 아랍통화기금(AMF; Arab Monetary Fund), 최근 브릭스 국가들이 설립한 긴급 외환보유액협정(CRA; Contingent Reserve Agreement) 등이 있다.

연관검색어 : 국제통화기금(IMF), 치앙마이 이니셔티브(CMI), 글로벌금융안전망

지적소유권

지적소유권(intellectual property)은 지적재산권이라고도 하는데 컴퓨터 프로그램, 문학작품, 음반, 옷의 디자인, 유전공학 기술 등과 같이 상업, 과학, 문학 및 예술 등의 분야에서 사람의 지식 활동을 통해 발생하는 모든 권리이다. 크게 발명·상표·디자인 등 산업발전을 목적으로 하는 산업재산권과 문학·음악·미술 작품 등 문화 창달을 목적으로 하는 저작권으로 분류된다. 산업재산권과 저작권은 지적 활동을 보호함으로써 생산 동기를 부여하고 그 보호기간이 한정되어 있다는 공통점이 있으나, 산업재산권은 특허청의 심사를 거쳐 등록해야만 보호되는 권리인데 반하여 저작권은 출판과 동시에 보호된다는 점에서 차이가 있다. 최근 과학 기술이 급속히 발달하고 사회에서의 소비 형태도 다양해지면서 새로운 형태의 지적소유권이 나타나고 있으며 이와 함께 지적소유권의 보호가 중요시되고 있다. 이에 세계 각국은 지적소유권의 보호를 강화하고 있는데 지적소유권에 대한 기준이 국가마다 일정하지 않고, 특히 개발도상국은 사실상 복제가 방치되고 있다는 점에서 지적소유권에 대한 국가 간 논란이 끊이지 않고 있다.

연관검색어 : 기회비용, 매몰비용

지정시점처리제도

실시간 총액결제시스템에서 금융기관의 자금이체는 신청 즉시 처리되는 것이 원칙이나 어음교환, 타행환 등의 차액결제와 같이 거래 성격상 다수 금융기관 간에 일괄결제가 필요한 거래는 영업시간중 특정시점에 처리하고 있는데 이를 지정시점처리제도라 한다. 자금의 이체지시를 영업시간 중에 건별로 실시간 처리하는 실시간총액결제방식에 대응하는 개념이다. 지정시점처리제도는 다수의 참가기관이 서로 연결되는 대량의 거래를 특정시점에서 일괄적으로 처리함으로써 참가기관들이 예측가능하고 효율적인 자금관리를 할 수 있고 결제에 필요한 유동성을 절약할 수 있는 장점이 있는 반면 지정시점에 모든 참가기관이 결제를 이행한다는 보장이 없어 별도의 결제리스크 관리방안이 구비되어야 한다. 현재 한은금융망에서는 11시(금융기관 간 차액결제가 이루어지는 타행환, CD공동망, 은행지로, 직불카드, CMS, 지방은행공동망, 전자금융공동망, 어음교환 등), 11시 5분(1일물 콜자금 상환), 14시(국고금 수납자금 회수) 등의 지정처리시점을 설정·운영하고 있다.

연관검색어 : 차액결제시스템

지주회사

지주회사는 다른 회사의 주식을 소유하여 그 회사의 사업내용을 지배하는 것을 주된 사업으로 하는 회사이다. 공정거래법에서는 다른 회사의 사업내용을 지배할 목적으로 소유하는 주식의 대차대조표상 장부가액의 합계액이 당해 회사 자산총액의 50% 이상인 회사를 지주회사로 규정하고 있다. 지주회사는 지주회사가 사업을 영위하는가의 여부에 따라 순수지주회사와 사업지주회사로 구분된다. 순수지주회사는 다른 기업의 사업내용 지배만을 목적으로 하는 지주회사를 말하고 사업지주회사는 자기사업을 영위하면서 다른 기업의 사업내용을 지배하는 지주회사를 말한다.

연관검색어 : M&A

직불카드

직불카드(debit card)는 카드소지인(고객)이 물품이나 서비스를 구매하는 경우 동 카드를 이용하여 판매점에 설치되어 있는 단말기와 카드 발급은행의 주전산기를 통하여 고객의 예금계좌에서 구매대금을 인출하고 이를 판매자의 예금계좌로 자동이체해 주는 용도로 사용되는 카드이다. 직불카드는 백화점, 슈퍼마켓 등 판매점에서 물품판매와 동시에 고객의 계좌에서 대금이 이체되어 현금을 지급하는 것과 동일한 효과가 있으므로 EFT/POS (Electronic Funds Transfer at the Point of Sales)카드라고도 부른다. 우리나라에서는 1996년 2월부터 본격 가동되기 시작한 직불카드공동망을 통하여 서비스가 제공되고 있다.

연관검색어 : 지급수단, 직불카드공동망

직불카드공동망

직불카드공동망은 직불카드 소지자가 판매점에서 동 카드를 사용하여 상품·서비스를 구입하면 판매대금이 카드소지자 은행 계좌에서 인출되어 다음 영업일 판매자 은행 계좌로 입금되는 결제시스템으로 1996년 2월 가동되었다. 직불카드 소지자가 판매점에서 거래대금을 직불카드로 결제하면 거래내역이 VAN사업자의 네트워크를 경유하여 직불카드 발급은행으로 전송되고 발급은행은 즉시 고객계좌에서 거래대금을 출금하여 직불카드계정으로 이체한다. 그리고 거래 다음 날이 되면 금융결제원은 각 VAN사업자로부터 직불카드

사용내역을 집계하여 은행별 차액을 계산한 후 한국은행에 전송함과 동시에 판매점 거래은행 앞으로 입금내역을 통보함으로써 거래대금이 판매점의 계좌에 입금되도록 하고 있다.

연관검색어 : 소액결제시스템, 직불카드

직접투자

직접투자는 한 나라의 기업이 국외 현지법인의 경영에 직접 참여하여 영업이익을 획득할 목적으로 자사 보유 자본, 기술 및 인력 등의 생산요소를 국외로 이전하는 거래행위를 말한다. 직접투자는 국외 현지법인과 지속적인 경제관계 수립 또는 경영권 획득을 목적으로 한다는 점에서 배당금, 이자나 자본이득(capital gain) 등을 목적으로 하는 간접투자 또는 증권투자(portfolio investment)와 구별된다. 직접투자는 자금흐름 및 투자주체에 따라 외국인(비거주자)의 국내직접투자(FDI; Foreign Direct Investment)와 내국인(거주자)의 해외직접투자(overseas direct investment)로 나눌 수 있다. 직접투자의 유형은 경영참가를 목적으로 하는 현지법인에 대한 지분매입, 장기 금전대여 등이 있으며 지분매입방법으로는 신규로 국외에 현지법인을 설립하는 공장설립형(greenfield) 투자와 기존 국외기업의 인수합병(M&A) 투자가 있다.

진성어음/융통어음

진성어음(commercial bill)이란 기업간 상거래에 있어 대금결제를 위해 발행되는 어음으로 상업어음, 물품대금어음(물대어음)이라고도 한다. 진성어음을 받은 납품업체는 약정된 날짜에 현금을 받을 수 있으나 원활한 자금순환을 위해 금융기관에서 미리 할인받아 현금화하는 것이 일반적이다. 진성어음은 상거래를 수반할 때만 발행할 수 있다는 점에서 순수하게 자금을 조달할 목적으로 발행되는 융통어음(accomodation bill)과는 구별된다. 진성어음과 융통어음은 모두 약속어음의 일종으로 외견상 구분할 수 있는 기준은 없다. 다만 금융기관은 진성어음을 할인하는 과정에서 어음 뒷면에 납품기업의 세금계산서를 첨부하도록 요구해 진성어음임을 확인한다. 융통어음 중에서도 신용상태가 양호한 기업이 운전자금 등 단기자금을 조달하기 위해 자기신용(대부분 신용평가기관의 신용평가 필요)을 바탕으로 발행하여 단기금융시장에서 유통되는 어음을 기업어음(CP; Commercial Paper)이라고 한다.

연관검색어 : 기업어음(CP)

집단대출

주택담보대출 중 신규분양, 재건축·재개발아파트 입주(예정)자 등 일정 자격요건을 갖춘 차주 집단을 대상으로 개별심사 없이 일괄승인방식으로 실행되는 여신을 말한다. 동 대출은 은행 입장에서 아파트 분양업자와 협약을 체결할 경우 한꺼번에 입주자 전체를 고객으로 확보할 수 있다는 장점이 있다. 대출을 받는 사람들도 개별적으로 대출심사를 받는 번거로움을 피할 수 있을 뿐 아니라 저금리 혜택과 함께 중도상환수수료나 설정비용 부담이 작다는 장점이 있어 많이 활용된다. 집단대출은 이주비대출, 중도금대출 및 잔금대출 등으로 구분한다. 이주비대출은 재건축(재개발) 사업추진 기간 동안 조합원의 이주 자금을 지원하기 위한 대출이며, 중도금대출은 분양 계약에 따른 중도금(계약금 및 잔금 제외)을 납입하기 위한 자금을 지원하는 대출로 일반적으로 건설사와 아파트 준공시 1순위 근저당 설정을 조건으로 취급된다. 한편 잔금대출은 주택이 완공된 후 등기 전까지 납입할 잔금을 지원하기 위한 대출을 말한다.

집중도 지수(HHI)

특정 산업에 속한 시장참여자들의 매출액이나 자산규모 등을 기준으로 시장점유율을 백분율(%)로 산출한 후 이들 모두를 각각 제곱한 값을 합산한 수치로, 이 수치가 높을수록 해당 산업이 소수의 참여자들에 의한 지배력이 커짐을 나타낸다. 미국에서는 특정 기업의 지배력이 과다하게 커지는 것을 예방하기 위해 1992년부터 반독점금지국(DOJ)과 연방거래위원회(FTC)를 통해 합병가이드라인을 운영하고 있다. DOJ와 FTC 두 기관은 기업들의 합병이 경쟁에 미치는 영향을 평가하기 위해 '합병 전 HHI'와 '합병 후 HHI'를 비교한다. HHI의 기준점을 1000으로 하여, 1000 이하이면 시장의 집중이 없다고 판단하지만 1000에서 1800 사이인 경우 시장이 다소 집중되었다고 본다. 그리고 합병 후에 1800 이상인 경우에는 합병 후 HHI 지수가 50 포인트 이상 늘어나면 합병을 금지하는 것이 타당하다고 보고, 100 포인트 이상 늘어나면 소수의 예외적인 경우를 제외하고는 합병을 금지하는 조치를 취하게 된다. HHI(Herfindahl-Hirschman Index)는 소수의 기업이 시장점유율을 분할하고 있는 경우일수록 그리고 특정 기업의 시장점유율이 높을수록 수치가 커지게 되므로 소수 기업들 간의 과점적 협조활동으로 인한 공정한 경쟁의 제한 가능성을 측정하는데 이용된다.

大

차액결제선물환(NDF) 거래

만기 시 당초 약정한 환율에 의해 특정 통화를 거래당사자 간에 인도 또는 인수하는 일반적인 선물환거래와 달리 만기에 계약원금의 교환 없이 약정환율과 만기 시 현물환율인 지정환율(fixing rate) 간의 차액만을 지정통화로 결제하는 거래를 말한다. 차액만 결제하기 때문에 일반 선물환거래보다 결제위험이 작으며 적은 금액으로 거래할 수 있으므로 레버리지(leverage) 효과가 높아 환리스크 헤지 수단은 물론 환차익을 획득하기 위한 투기적 거래에도 널리 이용되고 있다. 또한 NDF(Non Deliverable Forward)의 지정통화가 주로 미 달러화이므로 비거주자는 원화와 같이 국제화되지 않은 통화를 보유하거나 환전할 필요 없이 자유롭게 선물환거래를 할 수 있다는 장점이 있다. 지정환율은 당사자 간 약정에 따라 결정되며 원-달러 NDF의 경우 만기일 전일의 매매기준율로 정한다. 결제단위는 1개월, 2개월, 3개월, 6개월, 9개월, 1년, 2년, 3년, 4년, 5년으로 되어 있다. 예를 들어 A은행이 3개월 후 1 달러당 1,300원에 B은행으로부터 100만 달러를 사들이기로 하는 NDF 계약을 체결한 경우, 3개월 후 만기일 전일에 현물시장 환율(지정환율)이 1,400원이 된다면 A은행은 달러당 100원씩 총 1억 원의 이득을 보게 된다. 그리고 B은행은 이 돈을 달러(즉 71,428.57달러)로 만기일에 A은행에게 지급한다.

연관검색어 : 선물환거래

차액결제시스템

결제시스템에 참가하는 금융기관 간 자금결제에서 일정 기간(보통 1일) 동안 발생한 거래의 상호 지급액과 수취액을 모두 상계처리한 다음 그 차액만을 결제하는 시스템으로 양자간 차액결제시스템과 어음교환, CD, 타행환시스템 등과 같이 다수의 금융기관 간에 이루어지는 다자간 차액결제시스템으로 구분된다. 차액결제시스템은 참가기관간 자금거래를 매 건별로 결제하는 총액결제에 비해 결제 건수 및 금액을 대폭 축소함으로써 참가기관의 자금부담과 결제비용을 경감시키고 결제시스템의 효율성을 높이기 때문에 결제건수가 많고 결제규모가 작은 소액결제시스템에 매우 적합한 제도라 할 수 있다. 그러나 차액결제시스템에서는 거래일 영업마감 후 또는 그 다음 영업일에 참가기관간 거래차액이 중앙은행의 당좌예금 계좌를 통해 최종적으로 결제될 때까지 참가기관의 결제불이행 위험에 노출되어 있어 보다 엄격한 리스크 관리방식이 요구된다.

연관검색어 : 소액결제시스템, 지정시점처리제도

차입매수(LBO)

차입매수(LBO; Leveraged Buy out)란 기업을 매수하려는 주체가 인수에 필요한 자금이 충분하지 않은 경우 금융기관 등으로부터 인수대상 기업의 자산을 담보로 인수자금을 차입하여 기업을 매수하는 방식을 말한다. 인수 및 합병이 이루어진 후에는 인수한 기업의 자산을 매각하거나 또는 직접 인수한 기업을 경영하여 발생한 수익으로 차입금을 상환하게 된다. 차입매수는 자기자본 부담 없이도 기업을 매수할 수 있는 것이 가장 큰 장점이 다. 그러나 기업 인수후 차입금을 상환하지 못할 신용위험이 커지며, 기업 매수 완료 후 자기자본비율이 하락하는 등 재무건전성이 취약해질 가능성도 있고, 자산을 매각하는 과정에서 대대적인 구조조정도 수반되는 등 많은 약점도 가지고 있다. 그래서 이 제도는 주로 투기펀드들의 고수익 투자방안으로 많이 활용되고 있다.

채권시가평가

채권시가평가(mark to market)란 금융기관들이 보유하고 있는 채권에 대한 가치를 적절한 가격(시장에서 거래가 활발한 채권은 시장가격으로, 거래부진으로 시장가격을 발견하기 곤란한 경우에는 보유채권을 시장에 매각할 경우 받을 수 있을 것으로 합리적으로 추정되는 공정가격)으로 평가하는 것을 의미하며 2000년 7월부터 전면 시행되었다. 평가대상은 금융기관이 보유한 채권과 자산운용사 등 집합투자업자의 간접투자상품이다. 금융기관이 보유한 채권은 단기매매계정, 매도가능계정, 만기보유계정 등으로 분류하는데 단기매매계정에서의 시가평가 손익은 당기손익에 반영되고, 매도가능계정의 경우 시가평가대상이나 당기손익에 반영하지 않고 재무상태표상 기타포괄손익누계액(자본을 구성하는 항목)으로 처리하고, 만기보유계정은 장부가평가를 원칙으로 하고 있다. 매도가능계정으로 분류된 채권의 경우 처분으로 손익이 실현되었을 때는 그 손익이 비로소 당기손익에 반영된다. 채권을 시가로 평가하는 이유는 시가와 장부가 사이의 지나친 괴리로 채권가격이 과도하게 저평가 또는 고평가될 경우 발생할 수 있는 재무지표의 왜곡(당기손익의 과소 또는 과대계상 등)을 방지하는데 그 목적이 있다. 특히 집합투자자산으로 편입된 채권에 시가평가를 하지 않는다면 동 채권에 신용위험이 발생한 경우 나중에 환매한 투자자에게 그 손실이 대부분 전가될 수 있기 때문에 손실의 공정한 배분을 위해서도 채권시가평가제도는 필요하다. 다만, MMF 편입채권은 예외적으로 장부가로 평가하는데, 시가와 장부가와의 차이가 0.5% 이상 벌어지는 경우에만 시가평가로 전환하여야 한다.

채권시장

채권시장은 채권이 거래되는 시장이다. 채권은 정부, 공공기관, 민간기업 등이 비교적 장기로 불특정 다수로부터 거액의 자금을 조달하기 위하여 정해진 이자와 원금의 지급을 약속하면서 발행하는 증권을 말한다. 채권시장은 발행시장(제1차 시장, primary market)과 유통시장(제2차 시장, secondary market)으로 나뉜다. 발행시장은 채권이 자금 수요자에 의해 최초로 발행되는 시장이며, 유통시장은 이미 발행된 채권이 투자자들 사이에서 매매되는 시장이다. 채권 투자자는 채권을 발행시장에서 인수하거나 유통시장에서 매입할 수 있다. 이자소득 외에 가격변동에 따른 자본이득(capital gain)을 기대할 수 있기 때문에 채권은 자산 포트폴리오를 구성하는 중요한 투자 수단이 된다. 발행시장의 채권은 정부가 발행하는 국채, 한국은행이 발행하는 통화안정증권, 지방자치단체가 발행하는 지방채, 상법상의 주식회사가 발행하는 회사채, 금융회사가 발행하는 금융채, 한국전력공사 등 법률에 의해 설립된 법인이 발행하는 특수채 등 다양하게 분류된다. 채권 유통시장은 장외시장과 장내시장으로 구분된다. 현재 대부분의 채권 거래는 장외시장에서 주로 증권회사의 단순거래를 통하여 이루어지고 있는데, 이는 채권의 종목이 다양하고 거래조건이 표준화되어 있지 않아 한국거래소의 자동매매시스템을 통해 거래하기가 곤란하기 때문이다. 장내시장으로는 한국거래소 내에 일반채권시장과 국채전문유통시장이 개설되어 있다.

연관검색어 : 유통시장, 발행시장

채권시장안정펀드

채권시장안정펀드란 2008년 9월 미국발 금융위기로 국내 금융시장이 극도로 경색되어 있을 때 국내 금융기관이나 기업이 채권이나 기업어음 발행을 통해 원활하게 자금을 조달할 수 있도록 2008년 11월에 만들어진 펀드이다. 동 펀드에는 국내은행, 증권사, 보험사들이 출자하여 5조원의 펀드를 조성하였다. 이렇게 조성된 자금은 당시 잠재적으로 금융시스템 불안을 야기할 수 있는 취약부문이 발행하는 채권(중소기업 P-CBO, 건설사 ABCP 및 일부 대기업의 회사채)을 우선적으로 매입함으로써 취약부문에 자금을 선제적으로 공급하였고 은행 및 카드사의 원활한 자금 조달을 돕기 위해 은행채나 카드채도 일부 매입하였다. 특히 동 펀드에 대한 자금 출자로 금융기관의 유동성 부족이 우려됨에 따라 한국은행은 동 펀드에 출자한 금융기관에 대해 출자금액의 50%까지 자금을 지원하였다. 당시 신용 경색으로 자본시장을 통한 자금조달이 매우 어려운 상황에서 동 펀드는 직접금융시장의 자금흐름을 개선하고 취약부문의 자금난을 완화하는데 크게 기여한 것으로 평가되고 있다. 동 펀드는 약 3년 동안 운용된 후 현재는 운용되고 있지 않으나 금융위기 재발 등으로 직접금융시장에 신용경색이 나타날 경우에는 다시 활용될 가능성이 높다.

채무상환유예(moratorium)

라틴어로 '지체하다' 란 뜻의 'morari'에서 파생된 말로, 한 국가가 경제·정치적인 이유로 외국에서 빌려 온 차관에 대해 일시적으로 상환을 연기하는 '지불유예(支拂猶豫)'를 말한다. 곧 채무를 반드시 갚겠지만 현 상황에서는 도저히 갚을 능력이 없으니 지급을 일정 기간 유예하겠다는 선언이다. 따라서 모라토리엄은 채무상환이 아예 불가능한 '채무불이행(디폴트, default)'이나 채무상환을 거절하는 '지급거절'과는 의미가 다르다. 한 국가가 모라토리엄을 선언하면 그 국가는 IMF와 구제금융 협상을 벌이고, 이를 토대로 채권국 모임인 '파리클럽', 채권은행단 모임인 '런던클럽'과 구체적인 채무상환 연장 조건을 협상하게 된다. 이 과정에서 채무국은 채권국과 채무조정 작업을 하여 만기를 연장하거나 구조조정 작업을 통해 국가의 신뢰도를 높이게 된다. 그러나 외채상환 기한을 유예하더라도 모라토리엄을 선언하면 해당 국가의 신용도가 크게 하락하여 대외거래가 사실상 불가능해지며, 환율이 급등하는 등 국가 전체적으로 경제적 혼란을 겪게 된다. 따라서 모라토리엄을 선언하지 않으려면 그전에 채무 상환의 연기, 단기채무의 중장기 전환, 원금 삭감 등을 통해 채무 만기를 조정해야 한다.

청년실업률

청년실업률이란 15세에서 29세에 해당하는 청년층의 경제활동인구 중 실업자의 비율을 말한다. 따라서 재학 중인 학생이나 군인 및 구직단념자 등은 비경제활동인구로 분류되어 청년실업률에 포함되지 않는다. 다만 연령계층별 고용보조지표를 활용하면 청년층의 고용상황에 대한 보다 정확한 파악이 가능한 만큼, 기존의 공식 실업률 외에 고용보조지표를 활용할 필요가 있다.

연관검색어 : 고용보조지표, 실망실업자

청산

자금결제에 있어 청산(clearing)은 경제주체간 지급행위가 수표, 계좌이체 등 비현금수단을 이용하여 이루어진 경우 지급인과 수취인의 거래은행들이 주고 받을 금액을 정산하고 최종 확정하는 과정을 말한다. 거래 이후 지급수단의 수령, 조회, 통지 및 차액계산(netting)이나 결제전 포지션 산출과정 모두가 청산에 해당된다. 증권결제의 경우에서도 증권시장에서 거래된 증권의 매매사실을 확인하고 차감을 거쳐 최종 결제자료를 산출하는 과정을 청산이라 한다. 우리나라에서는 인터넷뱅킹, 어음 및 수표 등 소액거래에서는 금융결제원, 장내유가증권시장에서는 한국거래소, 장외채권시장에서는 한국예탁결제원이 청산기관 역할을 한다.

연관검색어 : 지급, 결제

총고정자본형성

기업에서는 지속적인 생산능력을 유지하고 경쟁력을 확보하기 위해 노후설비를 새로운 설비로 대체하거나 신규 사업 진출을 위해 공장도 짓고 기계도 구매하는데 이러한 경제활동은 해당연도의 이익만을 위한 것이 아니고 미래의 지속적인 수입의 보장 등 장기적인 안목에서 이루어진다. 이렇게 여러 회계연도에 걸쳐 생산에 이용되는 재화를 자본재라고 하며, 생산주체에 의한 자본재구매를 총고정자본형성(gross fixed capital formation) 이라 한다. 총고정자본형성은 산업, 정부서비스생산자 및 민간비영리서비스 생산자가 고정자산을 추가하는 데 따른 지출액을 의미하므로 토지나 중고품의 구매는 제외하고 고정자산을 구매할 때 상품가격과 함께 부담한 설치비용이나 취득세, 등록세 등의 부대비용은 총고정자본형성에 포함한다.

연관검색어 : 투자율

총부채상환비율(DTI)

주택담보대출 차주의 원리금상환능력을 감안하여 주택담보대출 한도를 설정하기 위해 도입된 규제 비율이다. 「은행업 감독규정」에서는 동 비율을 "DTI = (해당 주택담보대출의 연간 원리금 상환액 + 기타부채의 연간 이자상환액) / 연소득 × 100" 방식으로 산정하도록 하고 있다. DTI(Debt to Income ratio) 규제는 LTV 규제 강화의 후속조치로 2005년 8월 도입되었으며, 이는 차주의 소득수준과 관계없이 주택가격에 비례하여 주택담보대출 한도가 결정되는 LTV 규제의 문제점을 보완하고자 도입한 것이다. 특히 과도한 가계부채의 증가 억제 및 주택자금 수요 축소 등을 위해 DTI 비율을 특정수준 이내로 제한하기도 한다. 한편, DTI는 LTV와 함께 대표적인 거시건전성정책의 수단으로서 통화신용정책과 상호 보완적인 관계를 가지고 있다. 예를 들어 저금리 하에서 주택가격 상승세가 확대될 경우 DTI 및 LTV 규제를 강화하면 주택담보대출 한도가 축소되어 주택시장 과열을 억제하는 효과를 기대할 수 있다.

연관검색어 : 담보인정비율(LTV), 총부채원리금상환비율(DSR)

총부채원리금상환비율(DSR)

차주의 상환능력 대비 원리금상환부담을 나타내는 지표로서, 차주가 보유한 모든 대출의 연간 원리금상환액을 연간소득으로 나누어 산출된다. 대출에는 마이너스통장, 신용대출, 전세자금대출, 자동차할부금융 등이 모두 포함된다. 한편, 유사한 개념인 총부채상환비율(DTI)과 비교할 때, DTI는 원금상환액 중 주택담보대출 원금상환액만 포함하는 반면, DSR (Debt Service Ratio)은 주택담보대출을 포함한 모든 대출의 원금상환액을 포함한다는 점에서 차이가 있다. 정부 및 감독당국은 주택시장 안정화 및 가계부채 연착륙을 위해 2017년 중 LTV, DTI 규제를 강화한 데 이어, 2018년 하반기부터 차주의 부채상환능력을 더욱 포괄적으로 판단할 수 있는 DSR을 금융기관의 여신심사 과정에서 활용하도록 하는 방안을 발표한 이후 DSR 규제 적용범위를 지속적으로 확대하였다.

연관검색어 : 담보인정비율(LTV), 총부채상환비율(DTI)

총산출

총산출(gross output)이란 개념적으로 생산된 재화와 용역의 화폐평가액을 총합한 것으로 재고품과 자가소비를 포함한다. 그러나 국민계정에서는 생산주체별로 비용구조와 산출물 형태가 같지 않으므로 총산출의 개념도 산업, 정부 및 가계에 봉사하는 비영리단체, 가사서비스 등 생산주체별로 다르다. 산업의 총산출은 일반적으로 일정 회계기간에 생산된 모든 재화와 용역의 시장가격을 의미하는데 재고품과 자가소비를 위한 생산도 포함하며 이의 평가는 생산자가격에 의해서 행해지거나 생산자가격에서 연관된 순상품세를 공제한 기초가격에 의하여 평가된다. 거래가격이 존재하는 재화의 총산출은 생산량과 거래가격을 이용하여 계산할 수 있으며 서비스업의 경우 요금이나 수수료 등 제공한 서비스의 대가로 받은 수입을 총산출로 계상한다. 다만 도소매업과 같은 유통업이나 수량화가 곤란한 서비스를 판매하는 금융업 등은 총산출에 대한 별도의 정의가 필요하다. 도소매업의 경우 판매금액과 매입금액의 차액인 거래마진, 금융업은 실제서비스수수료와 금융중개서비스, 보험업은 수취한 보험료와 보험준비금의 투자수익을 합한 금액에서 보험금 지급액과 지급준비금 추가적립액 등을 차감한 보험서비스료를 의제하여 총산출로 간주한다. 정부 및 가계에 봉사하는 비영리단체가 공급하는 서비스는 보통 시장에서 거래되는 것이 아니므로 시장가격으로 평가하기 곤란하다. 따라서 이 경우에는 서비스의 생산에 들어간 중간투입과 부가가치를 합한 총투입비용을 총산출로 계상한다. 또한 가사서비스업은 생산을 위해 투입되는 것이 노동뿐이므로 서비스 제공의 대가로 수취한 급여(피용자보수)를 총산출로 본다.

연관검색어 : 부가가치

총수입스왑(Total Return Swap)

총수익스왑(TRS; Total Return Swap)은 기초자산 보유에 따라 발생하는 이자, 자본수익 등 총수익을 대가로 약정이자(통상 LIBOR+spread)를 수취하는 거래를 말한다. 스왑기간 동안 현금흐름은 다음과 같다. 우선 이표 지급일에 보장매입자(TRS 지급자)는 채권 표면이

자를 지급하고, 보장매도자(TRS 수취자)는 LIBOR+spread의 약정이자를 지급한다. 이후 스왑계약이 종료되는 시점에서는 이자교환 뿐 아니라 채권가치의 변동에 따른 자본 이득이나 손실을 스왑계약 당사자 간에 정산하여 교환하게 된다. 총수입스왑거래를 통해 보장매입자는 기초자산으로부터 발생하는 모든 현금흐름을 거래상대방에게 이전하기 때문에 해당 자산을 매각하여 단기로 자금을 운용하는 것과 동일한 효과를 가지며 보장매도자는 자기자금의 부담없이 수익을 획득하는 효과를 가진다. 총수익스왑은 기초자산의 신용위험 뿐만 아니라 금리 환율 변동 등에 따른 시장위험도 거래상대방에게 이전할 수 있다는 점에서 채무불이행 등의 신용위험만을 전가하는 신용파산스왑(CDS)과는 다르다.

총액결제시스템

결제시스템에 참가하는 금융기관들의 지급액과 수취액을 상계시키지 않고 지급지시 건별로 그 지급지시의 금액(총액)을 결제하는 총액결제방식을 채택한 지급결제시스템을 말한다. 이와 달리 금융기관들의 상호 지급액과 수취액을 상계하여 차액만을 결제하는 차액결제시스템이 있다. 대체로 총액결제시스템(gross settlement system)은 지급지시가 실시간으로 처리되어 즉시 결제가 이루어지는 방식을 채택하기 때문에 실시간총액결제시스템(real time gross settlement system)으로 운영된다. 실시간총액결제시스템은 거래 건별 금액을 실시간으로 결제해야 하므로 시스템 참가기관은 결제자금을 충분히 보유해야 한다는 단점이 있으나 개별 지급지시별로 즉시 결제가 완료되므로 신용리스크 및 시스템리스크를 제거할 수 있다. 보통 실시간총액결제시스템에서는 참가기관의 결제자금 지원을 위해 일중당좌대출이나 일중RP 등의 결제유동성 지원제도를 운영한다. 우리나라의 실시간총액결제시스템으로는 금융기관간 자금결제를 위해 한국은행에서 운영하는 한은금융망(BOK-Wire+)이 있다.

연관검색어 : 차액결제시스템, 한은금융망(BOK-Wire+)

최저임금제

국가가 노사 간의 임금결정 과정에 개입하여 임금의 최저수준을 정하고 그 이상 임금을 지급하도록 강제함으로써 근로자를 보호하는 제도이다. 최저임금제도는 1894년 뉴질랜드가 가장 먼저 도입하였으며 우리나라는 1986년 12월 31일 최저임금법을 제정·공포하고 1988년 1월 1일부터 이를 시행하였다. 최저임금제를 도입하는 목적은 임금의 최저수준을 보장하여 근로자의 생활안정과 노동력의 질적 향상에 이바지하고, 임금격차를 완화하여 소득분배 개선에 기여하며, 근로자의 생활안정 및 근로자의 사기진작을 통해 노동생산성을 향상시키고, 적정임금을 지급하여 공정경쟁을 촉진하는 등으로 다양하다. 현행 최저임금법 및 동법시행령에 따르면 고용노동부장관은 매년 8월 5일까지 다음 연도중 적용할 최저임금을 결정하여 고시해야 하며 최저임금액 보다 적은 금액의 임금을 지급하는 경우에는 3년 이하의 징역 또는 2천만원 이하의 벌금이 부과된다.

연관검색어 : 의중임금

최종대부자 기능

최종대부자(lender of last resort) 기능은 금융시장 불안 등으로 일시적인 지급불능 상태에 빠진 금융기관에 대하여 중앙은행이 발권력을 동원하여 부족자금을 신속하게 대출해주는 기능을 말한다. 즉, 개별 은행에 대해 예금인출요구가 일시에 몰릴 경우 지급능력의 유무와 관계없이 유동성 부족상태에 직면하게 되고 이는 해당 은행의 파산, 나아가 은행의 연쇄 도산 등으로 이어져 국민경제적으로 부정적인 파급효과를 가져오게 되므로, 중앙은행이 시중에 충분한 자금을 공급함으로써 사람들의 심리를 안정시키고 위기의 확산을 방지하여 전체 금융시장의 안정을 도모하는 것이다. 다만 이러한 기능 수행 시에는 금융기관의 과다차입 및 도덕해이를 방지하기 위해 시장금리보다 다소 높은 수준의 대출금리가 적용된다. 이와 같은 기능은 중앙은행이 독점적인 발권력을 가진 데 따른 것으로써 중앙은행의 중요한 고유기능의 하나이다. 한편 최종대부자 기능의 개념은 최근 그 범위가 확대되었다. 즉, 글로벌 금융위기 극복 과정에서 중앙은행은 금융안정 회복을 위해 개별 금융기관 뿐만 아니라 금융시장에 대해서도 적극적으로 유동성을 공급하였는데, 이를 전통적인 최종대부자 기능과 구분하여 최종시장조성자(market maker of last resort) 기능이라고 부르기도 한다.

최종수요/중간수요

어떤 재화나 서비스를 구매하고자 하는 능력과 욕구를 수요라 하는데 이는 용도에 따라 중간수요와 최종수요로 나눌 수 있다. 최종수요(final demand)는 가계나 일반정부의 소비 혹은 기업의 자본 형성 등과 같이 최종적인 목적으로 수요하는 것으로 각 산업부문의 생산과정에서 원재료로 투입되어 중간 소비되는 중간수요의 상대개념을 말한다. 예를 들면 밀가루가 가정에 판매되었을 때 밀가루에 대한 수요는 최종수요가 되지만 제빵공장에 빵의 원료로 판매되었을 때에는 중간수요가 된다.

연관검색어 : 중간소비

추가경정예산

추가경정예산이란 행정부가 예산을 성립한 후에 발생한 사회·경제적인 변동으로 인해 기존의 예산을 추가·삭감하여 바꾼 예산을 가리킨다. 즉 헌법에서는 예산안을 편성할 때 예산 성립 후 예상치 못한 지출에 대비하기 위해 따로 예비비를 두고 있으나, 이것만으로 충당할 수 없을 때에는 추가적으로 세출을 조정하는 등을 통해 추가경정예산을 짤 수 있다. 본예산에 대비되는 용어이며 보정예산이라고도 한다. 구재정법에서는 추가예산과 경정예산으로 구분하여 규정한 바 있으나 헌법(헌법 제56조)과 국가재정법(제89조)에서는 이를 통합하여 추가경정예산이라 부른다. 이는 행정부가 예산안을 국회에 제출한 후 예산이 성립되기 전에 불가피한 사유로 예산안의 일부를 수정하는 수정예산과는 구별된다.

연관검색어 : 재정정책

추심

일반적으로 어음·수표소지인이 거래은행에 어음·수표대금 회수를 위임하고 동 위임을 받은 거래은행은 어음·수표 발행점포 앞으로 동 대금의 지급을 요청하는 일련의 절차를 말한다. 실무상으로는 어음소지인 등의 추심권한 및 이에 준하는 권한을 위임받은 은행이 어음의 지급인 또는 인수인 등 어음채무자로부터 어음금액을 받아낼 때의 어음을 추심어음이라 한다. 약속어음의 경우에는 어음교환제도를 통하여 추심하고, 환어음의 경우에는 거래은행을 통해 지급인 은행에 추심한다.

연관검색어 : 어음교환

추정손실

추정손실은 차주 채무상환능력의 심각한 악화로 회수불능이 확실하여 손실처리가 불가피한 여신 및 12개월 이상 연체대출채권 보유 차주의 여신 등의 회수예상가액 초과부분을 말한다.

출구전략

출구전략(exit strategy)이란 경제 위기 발생시 경기를 부양하기 위해 취하였던 각종 완화정책을 정상화하는 것을 말한다. 본래 군사전략에서 비롯된 용어로 미국이 베트남전쟁 당시 승산 없는 싸움에서 피해를 최소화하며 군대를 철수할 방안을 모색할 때 사용한 용어이다. 현재는 의미가 확장되어 위기상황을 극복하고자 취했던 조치들의 부작용이나 후유증을 최소화하며 정상으로 돌아오기 위해 취하는 조치들을 포괄적으로 지칭한다. 2008년의 글로벌 금융위기와 관련해서는 중앙은행이 위기극복을 위해 이례적으로 취했던 대책(제로금리정책 및 양적완화 등)을 정상화하는 조치를 의미하는 용어로 사용되었다.

연관검색어 : 제로금리정책, 양적완화정책

출금이체

출금이체(debit transfer)는 수취인이 자신이 거래하는 금융기관에 추심을 의뢰하여(즉, 인출지시) 지급인의 계좌로부터 이체금액을 출금하여 수취인 자신의 계좌에 입금하도록 하는 계좌이체방식을 말한다. 대표적인 출금이체방식으로는 수표 추심, 지로시스템의 자동이체, 자금관리서비스(CMS)공동망의 대량자금이체 중 출금이체가 있다. 지로의 자동이체와 CMS의 출금이체는 모두 사전 약정된 수취인의 자금인출지시로 납부자의 예금계좌에서 자금이 인출되어 수납자의 예금계좌로 자동이체된다.

연관검색어 : 자금관리서비스(CMS)공동망, 추심, 입금이체

출자총액제한제도

출자총액제한제도는 1987년 업종 다각화에 따른 대기업의 무분별한 사업 확장을 막기 위해 독점규제 및 공정거래에 관한 법률(공정거래법)에 의거해 도입되었다. 이에 의거해 자산총액 10조원 이상인 기업집단 소속의 기업 중 자산 2조원 이상인 기업은 순자산의 40%를 초과하여 계열사 및 비계열사를 불문하고 국내회사에 출자할 수 없도록 제한을 받았다. 동 제도는 외환위기 직전인 1997년 기업 퇴출과 적대적 인수합병을 어렵게 한다는 이유로 폐지되었다. 그러나 대기업의 계열사에 대한 내부지분율이 확대되는 등의 부작용이 발생함에 따라 2002년 재차 도입되었다가 기업에 대한 규제완화의 일환으로 2009년 다시 폐지되었다.

연관검색어 : M&A

치앙마이 이니셔티브(CMI)

1999년 3월 ASEAN+3 정상회의에서 협력과제의 하나로 통화·금융협력을 제시하고 역내 금융지원체제를 구축하기로 합의함에 따라 2000년 5월 태국 치앙마이에서 개최된 ASEAN+3 재무장관 회의에서 마련한 방안을 말한다. 이 방안에서는 아세안 스왑협정의 확대, 역내 환매조건부채권매매 활성화, 한·중·일과 아세안의 양자간 통화스왑계약 체결 및 네트워크화, 역내 감시체제 강화를 제시하였다. 이후 스왑규모의 불충분, 개별스왑계약의 한계 등 CMI(Chiang Mai Initiative)의 미비점을 보완하고 위기대응능력을 더욱 강화하기 위한 CMI 다자화 협정(CMIM; Chiang Mai Initiative Multilateralization)이 2010년 3월 발효됨으로써 CMI는 CMIM으로 전환되었다. 이에 따라 CMI에 의거하여 추진되었던 양자간 스왑체계가 다자간 스왑체계로 바뀌는 동시에 참가국이 확대되고 위기해결 목적의 공동기금이 조성되는 등 역내 금융지원체제의 실효성이 높아지게 되었다. 또한 역내 감시체제 강화를 위하여 기존의 경제동향 검토 및 정책협의(ERPD)와 별도로 역내 거시경제 및 금융상황을 감시·평가·보고하는 아세안+3 거시경제조사기구(AMRO)가 2011년 4월에 설립되었다.

치킨게임

치킨게임(chicken game)은 다양한 분야에서 이해 당사자가 모두 최악의 상황에 직면할 가능성을 초래하는 극단적인 경쟁을 가리키는 용어로 쓰이고 있다. 미국에서는 한때 젊은이들 간에 서로 마주 보는 방향으로 차를 몰고 가는 게임이 성행했는데, 이때 마주 달리는 차가 충돌하기 직전에 운전대를 바꾸는 사람이 겁쟁이(chicken)로 놀림을 받았다고 한다. 이러한 종류의 게임에서 승리하기 위해서는 상대방에게 자신의 선택을 절대로 바꾸지 않겠다는 의지를 정확히 전달하는 것이 매우 중요하다. 그러나 이해당사자가 모두 자신에게 유리한 선택만을 고집할 경우 모두에게 최악의 결과가 도래하게 된다. 게임 전문가들은 치킨게임이 이해당사자들 간에 반복될 경우 이론적으로는 자신에게 가장 유리한 선택을 포기하게 됨으로써 최악의 상황에 도달하지는 않는다고 한다.

연관검색어 : 죄수의 딜레마

ㅋ

카르텔

카르텔(cartel)이란 동종 혹은 유사 산업에서 경쟁하는 기업들이 상호간의 경쟁을 제한하고 완화함으로써 시장을 지배할 목적으로 결성한 기업연합체를 말한다. 카르텔에 속한 기업들은 협약을 맺고 가격책정, 생산량 할당 등에 대해 개별 기업 간의 행동을 조정할 기구를 만들고 이를 통해 가격과 생산량을 결정한다. 이럴 경우 카르텔에 속한 기업들은 서로 경쟁할 경우에 비해 더 많은 이익을 얻을 수 있다. 따라서 카르텔은 공급자들이 소수인 과점기업들 사이에 주로 형성된다. 그러나 카르텔은 경제의 비효율성 초래, 경제발전 저해 등과 같이 국민경제에 미치는 폐해가 크므로 일반적으로 금지 및 규제의 대상이 된다. 대표적인 국제규모의 카르텔로는 중동 산유국이 주축이 된 석유수출국기구(OPEC; Organization of Petroleum Exporting Countries)를 들 수 있다.

연관검색어 : 독점/과점, 자연독점

캐리트레이드

상대적으로 금리가 낮은 국가의 통화로 자금을 빌려(carry) 금리가 높은 국가의 주식 채권 등의 자산에 투자(trade)하는 행위를 의미한다. 국제금융시장에서 주요한 캐리트레이드(carry trade)의 사례는 1990년대 후반 저금리의 일본엔화를 차입하여 고금리의 신흥국 자산에 투자하였던 엔 캐리트레이드를 들 수 있다. 글로벌 금융위기를 겪으면서 미국이 기준금리를 0%대로 낮추었던 2008년 이후에는 낮은 금리의 달러를 차입하여 미국 이외의 고금리 국가에 투자하는 달러 캐리트레이드가 확산되기도 하였다. 캐리트레이드의 수익은 국가 간의 금리 차 및 환율변동 등에 따라 결정되므로 금리 차 뿐 만 아니라 차입국과 투자국의 환율의 변동도 고려해야 하는 점에 그 특징이 있다. 즉 캐리트레이드는 주로 저금리로 자금을 조달하여 고금리에 투자하므로 높은 수익을 얻을 수 있으나, 자금을 차입한 후에 차입국가의 통화가치가 상승하거나 투자국의 통화가치가 하락하는 경우는 오히려 환차손이 발생할 위험이 있다.

커버드본드(이중상환청구권부 채권)

커버드본드(covered bond)란 금융기관이 부동산 담보대출 등 자신이 보유한 고정자산을 담보로 발행한 채권을 말하며 2014년 4월 도입되었다. 대출자산을 담보로 한 것은 자산유동화증권(ABS)이나 주택저당증권(MBS)과 유사하다. 그러나 ABS나 MBS는 채권 발행시 기초자산(담보자산)을 별도로 설립된 특수목적기구(SPC)에 이전함에 따라 최초로 담보자산을 보유했던 금융기관의 변제의무는 소멸되는 반면, 커버드본드는 투자자가 담보자산에 대해 우선변제권을 보장받는 동시에 채권발행 금융기관에 대해서도 원리금 상환을 청구할 수 있다. 그래서 커버드본드를 이중상환청구권부 채권이라고도 한다. 커버드본드는 이렇게 이중으로 원리금 상환을 보장받기 때문에 일반 채권보다 발행금리가 낮게 형성된다. 일반적으로 은행들은 만기가 짧은 예금으로 자금을 조달하여 장기로 자금을 운용할 경우 금리위험에 노출됨에 따라 장기로 자금을 운용하기 어렵다. 그러나 은행이 커버드본드를 발행하면 낮은 고정금리로 장기자금을 조달할 수 있어 주택담보대출과 같은 장기 고정금리대출을 확대할 수 있다. 즉, 커버드본드는 은행들의 안정적인 장기자금 조달을 가능하게 해주는 한편 가계에 대해서는 장기 고정금리 주택담보대출을 해줄 수 있으므로 가계부채의 구조 개선(원리금 상환에 따라 부채가 점차 축소, 금리변동위험으로부터 차입자 보호 등)에도 기여할 수 있다.

연관검색어 : 특수목적기구(SPV), 주택저당증권(MBS), 자산유동화

컨트리리스크

해외 투자자가 평가하는 특정 국가의 대외신인도를 일컫는 말로 투자상대국 정부의 예상치 못한 제도 변경이나 정책 변화로 투자자가 손실 또는 불이익을 입게 될 가능성을 의미한다. 신용위험이 주로 거래 상대방의 원리금 상환과 관련된 위험인 반면 컨트리리스크는 주로 투자상대국 정부의 행위로 인한 투자 손실 또는 불이익 발생 가능성을 나타낸다는 점에서 다르다. 대표적인 컨트리리스크로는 투자상대국의 정책당국이 원리금 상환이나 예치금을 동결하거나, 외환시장을 일시적으로 폐쇄하거나, 조세제도를 불리하게 개편하거나, 과실송금을 규제하는 경우 등을 들 수 있다. 이 밖에도 투자상대국 정부가 투자자산의 강제몰수 또는 징발 및 수용 등의 조치를 취하는 경우, 전쟁이나 혁명의 발발로 인한 투자자산의 파괴와 자산가치의 하락도 컨트리리스크에 해당된다.

코리보

코리보(KORIBOR)는 국내 은행들이 서로 자금거래를 할 때 기준이 되는 금리를 말한다. 금융시장이 발달하고 금융상품이 다양해지면서 국내에서도 영국 런던의 은행간 단기자금 거래 시 적용되는 금리인 LIBOR(London Inter-Bank Offered Rate)와 같은 은행간 단기 자금거래의 기준금리를 도입할 필요성이 높아졌다. 이에 한국은행은 은행, 전국은행연합회 등과 협의를 거쳐 2004년 2월 단기 기준금리 도입방안을 구체화하고 수개월간의 시범운영을 거쳐 같은 해 7월 26일 정식으로 도입하게 되었다. 코리보의 만기는 1주일부터 12개월까지 다양하며 총 15개 은행이 제시한 만기별 금리 중에서 상·하 각각 3개의 금리를 제외한 나머지 제시금리를 산술평균하여 산출된다. 코리보는 원칙적으로 매 영업일 오전 11시에 공표되고 당일 오후 3시에 전국은행연합회 홈페이지에 게재된다. 단기지표금리로서 코리보의 육성 노력에도 불구하고 금리호가의 기초가 되는 은행간 무담보 기일물거래가 미미하여 신뢰성이 낮아 일부 은행에서 변동금리대출, 기간물 콜거래 준거금리 및 내부이전금리로 제한적으로 활용되는 데 그치고 있다. 장기적으로는 은행간 단기 자금거래뿐만 아니라 코리보 연동대출, 변동금리채권(FRN) 발행, 이자율스왑 등 다양한 금융거래에서 시장참여자들의 가격결정 기준으로 활용되고 예금·대출시장, 채권시장, 파생금융상품시장 등 여러 금융시장 간의 연계성을 높여 금융산업 선진화에도 일정부분 기여할 것으로 기대되고 있다.

연관검색어 : LIBOR, 자금조달비용지수(COFIX)

콜시장

콜(call)시장은 금융기관들이 일시적인 자금 과부족을 조절하기 위하여 상호간에 초단기로 자금을 차입하거나 대여하는 시장이다. 금융기관은 고객을 상대로 예금을 받고 대출을 하는 과정에서 수시로 자금이 남기도 하고 모자라기도 하는데, 이러한 자금 과부족을 콜시장에서 금융기관간 자금거래를 통하여 조절한다. 콜거래 만기는 최장 90일 이내에서 일별로 정할 수 있으나, 금융기관의 일시적 자금 과부족을 조절하는 콜시장의 속성상 실제 거래에서는 익일물(1일물)이 대부분을 차지하고 있다. 콜거래의 최소 거래금액은 1억원이며, 거래단위는 억원이다. 거래이율의 변동 단위는 0.01%이다. 지급준비제도 적용 대상 금융기관들(은행과 은행지주회사)이 지급준비금 과부족을 주로 콜거래를 통해 조정하고 있다는 점에서 콜시장은 지준시장으로서의 의미도 갖는다. 콜시장은 통화정책 수행에 있어서도 매우 중요한 위치를 차지하고 있다. 한국은행 금융통화위원회가 결정하는 기준금리는 초단기금리인 콜금리를 통해 장단기 시장금리, 예금 및 대출금리, 궁극적으로는 실물경제 활동에 파급되기 때문이다. 이에 따라 한국은행은 무담보 익일물 콜금리가 한국은행 기준금리 수준에서 크게 벗어나지 않도록 공개시장운영 등을 통해 유동성을 조절하고 있다.

연관검색어 : 기준금리

콜옵션

콜옵션(call option)이란 거래당사자들이 미리 정한 가격(행사가격, strike price)으로 장래의 특정 시점 또는 그 이전에 일정자산(기초자산)을 살 수 있는 권리를 매매하는 계약이다. 거래대상이 되는 자산은 특정주식, 주가지수, 통화, 금리 등 매우 다양하다. 콜옵션 매도자로부터 동 자산을 매입할 수 있는 권리가 콜옵션 매입자에게 부여되는 대신 콜옵션 매입자는 콜옵션 매도자에게 그 대가인 프리미엄을 지급한다. 콜옵션 매입자는 현재 가격이 행사가격보다 높은 경우 매입권리를 행사하여 대상자산을 매입하게 되며 현재 가격이 행사가격보다 낮을 경우 매입권리를 포기하고 시장가격에 의해 대상자산을 매입한다. 이때 콜옵션 거래의 손익은 행사가격, 기초자산의 현재 가격 및 프리미엄에 의해 결정된다.

크라우드펀딩

크라우드펀딩(crowd funding)은 온라인 플랫폼(중개업자)을 통해 다수의 개인들로부터 자금을 조달하는 금융서비스이다. 이는 세 행위주체 즉, ① 아이디어 또는 프로젝트 기획자(자금수요자) ② 아이디어를 지원·전파하는 다수의 개인 또는 집단(자금공급자) ③ 아이디어를 실행하도록 이끄는 중개자 또는 조직(플랫폼)으로 이뤄진다. 부연하면 이는 자금수요자가 은행 등 금융중개기관을 거치지 않고 직접 자금공급자를 모집하는 새로운 방식의 자금조달 수단이며, 그 운용과정에서 빅데이터를 이용한 신용평가 등 디지털기술이 활용될 수 있다. 아이디어 기획자는 크라우드펀딩을 통해 자신의 평판을 높이고 해당 프로젝트에 대한 마케팅 효과를 얻으며 참여자로부터 직접 피드백을 얻을 수도 있지만, 초기단계인 아이디어의 공개로 자신의 지적재산권(IP)을 침해받을 수도 있다. 자금공급자(투자)는 온라인 플랫폼을 통한 의사결정으로 거래·탐색비용을 줄일 수 있는 반면 상대방의 프로젝트 진행상황에 대한 정보 부족이나 적절한 모니터링이 어려운 정보의 비대칭(asymmetry) 리스크에 노출될 수도 있다. 크라우드펀딩은 자금모집 방식 및 목적에 따라 크게 후원(기부)형·대출형·투자(증권)형 등으로 구분된다. 후원(기부)형은 예술·복지 등의 분야에서 프로젝트에 자금을 후원하거나 단순하게 기부하는 형태이다. 대출형은 자금이 필요한 개인, 소규모 사업자 등에 소액 대출을 지원하는 유형으로 P2P대출처럼 대출금에 대한 이자수취가 목적이다. 투자(증권)형은 투자금액에 비례한 지분취득과 이익배당을 목적으로 하며 창의적인 아이디어나 기술을 가진 창업기업 등이 초기 사업자금을 조달하는데 유용하다.

연관검색어 : P2P대출

E

타행환공동망

타행환공동망은 금융공동망 중계센터인 금융결제원과 금융기관들의 전산시스템을 상호 연결하여 송금인과 수취인의 거래은행이 다르더라도 전국 어느 금융기관의 점포에서나 송금업무를 처리할 수 있게 한 시스템으로 1989년 12월 가동되었다. 동 시스템의 가동으로 즉시 자금이체가 가능해짐에 따라 지급결제업무가 신속화되고 금융서비스의 장소적 제약이 해소되어 대고객 서비스가 크게 향상되었다. 타행환공동망을 통하여 취급 가능한 업무로는 송금, 자기앞수표 조회, 수취조회 등이 있으며, 이용대상 예금은 당좌예금, 보통예금, 저축예금, 기업자유예금, 신탁, 적금, 투자자예탁금 등이 있다.

연관검색어 : 소액결제시스템

탄소배출권

탄소배출권(CERs; Certified Emission Reductions)은 온실가스를 일정기간 동안 배출할 수 있는 권리를 말한다. 그리고 배출권 거래제도는 교토의정서에 따라 도입된 3가지 제도 중의 하나로서 온실가스 감축 의무가 있는 국가가 할당받은 배출량보다 적은 양을 배출할 경우 남는 탄소배출권을 다른 국가에 판매할 수 있는 제도를 지칭한다. 이러한 제도를 통해 특정 국가는 배출량을 최대한 줄임으로써 배출권 판매에 따른 수익을 기대할 수 있고, 배출량 감축비용이 상대적으로 높은 국가는 이보다 낮은 비용으로 배출권을 구입해 온실가스 감축비용을 줄일 수 있다. 이는 환경문제를 시장원리와 연계하여 온실가스 감축을 촉진하기 위한 기반을 마련한 것으로 평가된다.

테이퍼링(tapering)

미국은 2008년 9월 리먼브라더스 파산에 따른 금융위기 이후 큰 경기 후퇴를 겪게 되는데 이를 대공황에 빗대어 대침체(great recession)라고 한다. 미국 중앙은행인 미연준은 대침체에 빠진 미국경제를 회복시키기 위해서 정책금리를 거의 영(zero)에 가깝게 통화정책을 운용하였다. 그러나 이러한 정책에도 불구하고 경기 진작효과가 기대에 미치지 못하자 국채 및 MBS를 직접 매입(자산매입프로그램)하여 대차대조표를 확대함으로써 장기금리를 낮추려는 정책을 시행하였는데 이를 양적완화정책(quantitative easing policy)이라 한다. 2013년 5월 당시 벤 버냉키 미연준 의장이 의회 증언에서 경제 여건 등을 고려하여 향후 중앙은행이 자산매입 규모를 축소할 수 있다는 의견을 밝혔는데 이 이후 자산매입규모를 점차 줄여가는 정책을 양적완화축소 또는 테이퍼링이라고 부른다. 당시 양적완화축소를 실시할 수 있다는 발언에 미국 뿐 아니라 자본 유출이 우려되는 신흥국에서도 금리가 큰 폭으로 오르고 주가가 하락하는 등 금융시장이 상당히 불안해졌었는데 그것을 taper tantrum이라 한다. 테이퍼링은 자산매입규모는 점차 줄어들지만 미 연준의 대차대조표는 계속 확대된다는 측면에서 대차대조표 자체가 축소되는 대차대조표 정상화 프로그램(보유자산 매각, 만기도래 채권의 재투자 축소 등)과 구별된다.

연관검색어 : 양적완화정책

테일러 준칙(Taylor's rule)

테일러 준칙(Taylor's rule)이란 1993년 미국 경제학자인 존 테일러(John Taylor)가 제안한 금리준칙으로 중앙은행이 거시경제 안정을 달성하기 위해 물가변동뿐만 아니라 산출변동에도 금리가 조정되도록 한 금리준칙을 말한다. 즉, 주어진 중립금리수준, 성장갭 및 물가갭 등에 비추어 바람직한 적정 정책금리 수준을 의미하는데 적정 정책금리(준칙금리)는 $i_t = r_t^* + \pi_t + 0.5\left(\pi_t - \pi_t^*\right) + 0.5y_t$($i_t$: 준칙금리, r_t^*: 중립금리, π_t^*: 물가목표, π_t: 물가상승률, y_t: 생산갭)의 공식으로 산출된다. 이 준칙에 의하면 중앙은행의 단기목표금리는 물가갭(실제 인플레이션율 - 목표인플레이션율)과 생산갭(실제성장률 - 잠재성장률)을 고려하여 각각 0.5의 가중치를 두고 결정된다는 것이다. 그래서 중앙은행은 현재 인플레이션율이 목표 인플레이션율보다 높은 경우 금리를 올리고 반대의 경우 금리를 내리며, 실제 성장률이 잠재성장률보다 높으면 금리를 올리고 반대에는 금리를 내리게 된다. 그러나 대부분의 중앙은행은 테일러준칙에 따라 통화정책을 수행하기 보다는 테일러준칙을 하나의 참고지표로 간주하고 있다. 그 이유는 다음과 같다. 이 세상에 완전한 경제모형은 존재하지 않으므로 물가갭과 생산갭을 정확히 알 수 없다는 것이다. 또한 경제는 시시각각으로 변하기 때문에 계수값이 항상 0.5로 고정되어 있지도 않다. 끝으로 이들 값을 확실히 알고 있다 하더라도 통화정책은 경제에 영향을 미치는데 상당한 시차가 존재하며 금융 안정과 같은 책무에도 기여해야 하기 때문에 테일러가 제시한 물가갭과 생산갭뿐만 아니라 더 많은 정보와 요소가 통화정책 수행시 고려되어야 하기 때문이다.

텔레뱅킹(폰뱅킹)

텔레뱅킹(폰뱅킹)은 고객이 은행창구에 나가지 않고 가정이나 사무실 등에서 전자식 전화기를 통하여 자동응답 서비스를 이용하거나 은행직원과 통화함으로써 자금이체, 조회, 분실신고 및 FAX 통지 등을 할 수 있는 서비스이다. 금융기관의 입장에서는 과도한 인력관리에 따른 비용을 절감할 수 있는 효과가 있으며 고객의 입장에서는 거래시간의 제한이 없다는 장점이 있다. 최근에는 무선휴대폰으로 은행업무를 처리하는 모바일뱅킹이나 인터넷으로 하는 인터넷뱅킹 등의 서비스가 널리 이용되고 있다. 텔레뱅킹을 통해 제공되고 있는 서비스에는 예금조회, 계좌이체, 예·적금의 신규·해지, 공과금 납부, 사고신고 및 각종 상담서비스 등이 있다.

연관검색어 : 모바일뱅킹, 인터넷뱅킹

토빈세(Tobin tax)

미국 예일대학교의 제임스 토빈(James Tobin) 교수가 1978년에 주장한 것으로 국제 투기자본(핫머니)의 급격한 자금유출입으로 각국의 통화가치가 급등락하여 통화위기가 촉발되는 것을 막기 위한 국경간 자본이동 규제방안의 하나이다. 토빈은 단기성 외환거래에 세금을 부과할 경우 연간 수천억 달러의 자금을 확보할 수 있다고 주장하였는데, 이 제도는 일반 무역거래, 장기 자본거래, 그리고 실물경제에는 전혀 지장을 주지 않으면서 투기성 자본에만 제약을 가한다는 장점이 특징이다. 1990년대 후반부터 핫머니가 세계적으로 문제화됨에 따라 1995년 미국의 반대에도 불구하고 선진 7개국 정상회의(G7)의 의제로 상정되었으며, 현재 G7은 산하에 연구그룹을 만들어 토빈세의 효과를 검토하고 있다. 또한 2000년 6월에는 유엔 사회개발 특별위원회에서도 이를 공식 거론함에 따라 유럽을 중심으로 토빈세 도입 움직임이 본격화할 가능성이 높으며, 특히 아일랜드·핀란드·벨기에 등은 이미 토빈세 도입을 긍정적으로 검토하고 있다. 현재 전 세계적으로 하루에 거래되는 단기 국제자본의 규모는 평균 1조 5000억 달러에 이르며, 여기에 0.05%의 거래 세를 부과하면 연간 최소 1000억 달러 이상의 조세수입이 발생하게 되어 이 제도가 도입될 경우 국제금융시장의 안정성 제고와 각국 빈부격차 완화에 크게 기여할 것으로 예상하고 있다.

통상임금

통상임금은 근로자의 특정한 임금을 보호하기 위해 근로기준법시행령에 정한 기준임금을 말한다. 동 시행령 제6조 제1항에서는 "통상임금이란 근로자에게 정기적이고 일률적으로 소정 근로 또는 총 근로에 대하여 지급하기로 정한 시간급금액, 일급금액, 주급금액, 월급금액 또는 도급금액을 말한다."고 정의하고 있다. 근로자가 통상적으로 근로를 할 수 없거나 통상적인 근로 이상을 한 경우를 기준으로 임금을 지급케 하려는데 이 규정의 취지가 있다. 통상임금은 해고 예고에 갈음하는 수당, 연장 야간 및 휴일 근로 시의 할증임금, 연차 유급휴가금의 산출 기초가 되는 임금단위이다. 기본급 외에 직무수당과 직책수당, 기술수당, 면허수당 등 사업주가 일률적으로 지급하는 임금은 모두 포함되지만 연월차수당, 연장근로수당 등과 같이 근로실적에 따라 변동 지급되는 임금은 포함되지 않는다. 즉 통상임금의 취지를 감안할 때 통상임금은 ① 근로기준법상 임금성을 가질 것 ② 근로자에게 지급하기로 정해진 것 ③ 소정 근로 또는 총 근로에 대하여 지급되는 것 ④ 정기적·일률적·고정적으로 지급되는 것으로 규정할 수 있다. 즉 정기적으로 근로자 모두에게 추가 조건 없이 일한 시간에 따라 지급하는 정기상여금 등은 통상임금에 포함된다.

연관검색어 : 의중임금, 최저임금제

통합발행제도

통합발행제도(fungible issue 또는 reopening issue)란 일정기간(3개월, 6개월, 1년 등) 동안 계속해서 발행하는 채권의 표면금리와 만기 등 발행조건을 일치시켜 그 기간 동안 발행한 채권을 동일한 채권으로 만드는 제도이다. 예를 들어 1년 동안 매주 채권을 발행한다고 가정할 경우, 통합발행제도가 없다면 총 48개(4x12개월)의 종목이 발생하나 3개월을 통합발행기간으로 할 경우에는 4종목(각각 3개월 동안 12번[4x3개월] 발행되는 채권은 동일한 채권이므로)으로 줄어들게 된다. 이처럼 통합발행제도는 종목 수를 획기적으로 줄여 거래의 편의성을 제고함에 따라 유동성을 높이고 이를 통한 수요 증대를 유도할 수 있는 매우 효과적인 제도이다. 특히 채권을 장기로 발행할수록, 정례적이고 지속적으로 발행할수록 동 제도를 통해 수요를 증진하고 발행 비용을 절감할 수 있다. 현재 국채, 통화안정증권 및 산업은행·예금보험공사가 발행한 채권 등이 통합발행제도를 도입·운영하고 있다.

통화스왑

통화스왑이란 외환스왑과 마찬가지로 거래당사자간에 서로 다른 통화를 교환하고 일정기간 후 원금을 재 교환하기로 약정하는 거래를 말한다. 통화스왑도 자금 대차거래라는 점에서는 외환스왑과 비슷하나 이자지급 방법과 계약기간에 차이가 있다. 외환스왑은 주로 1년 이하의 단기자금 조달 및 환리스크 헤지 수단으로 이용되는 반면 통화스왑은 주로 1년 이상의 중장기 환리스크 및 금리리스크 헤지 수단으로 이용된다. 이자지급 방법에 있어서도 외환스왑은 스왑기간 중 해당통화에 대해 이자를 교환하지 않고 만기시점에 양 통화 간 금리차이를 반영한 환율(계약시점의 선물환율)로 원금을 재 교환하나, 통화스왑은 계약기간 중 이자(매 6개월 또는 매 3개월)를 교환하고 만기시점에 처음 원금을 교환했을 때 적용했던 환율로 다시 원금을 교환한다. 통화스왑의 거래과정을 예를 들어 살펴보면 A은행이 B은행과 현물환율 1,200원에 미 달러화 1천만 달러를 지급하고 원화를 수취한 후 만기시점에 원금을 재 교환하는 통화스왑계약을 하였다고 하자. 거래시점에 A은행은 B은행에 1천만 달러를 지급하는 대가로 원화 120억원(=1,200원×10,000,000달러)을 수취한다. 이후 계약기간 중 원화금리를 지급하고 미 달러화 금리를 수취하게 되며 만기시점에 A은행은 B은행으로부터 1천만 달러를 돌려받고 원화 120억원을 상환함으로써 거래가 종료된다. 통화스왑은 보유외화자산의 수익률을 높이거나, 외화자금 조달 시 차입자가 각각 유리한 국제금융시장에서 기채한 후 필요한 통화로 교환함으로써 차입비용을 절감하거나, 장기차입에 따른 환율 및 금리변동 리스크를 회피하는 등의 목적으로 이용된다.

연관검색어 : 외환스왑거래

통화승수

중앙은행이 공급한 본원통화는 예금은행의 신용창출과정을 통해 이의 수 배에 달하는 통화를 시중에 유통하게 한다. 통화승수(money multiplier)는 본원통화 한 단위가 이의 몇 배에 달하는 통화를 창출하였는가를 나타내주는 지표로서 통화 총량을 본원통화로 나누어 산출한다. 통화승수는 현금통화 비율과 지급준비율에 의하여 결정되는데 현금통화 비율은 단기적으로는 안정적이라 할 수 있으며 지급준비율은 중앙은행에 의하여 정책적으로 결정된다. M(통화) = RB(본원통화) × k(통화승수) k = 1/{c+(1-c)r} (단 c는 현금통화 비율, r은 지급준비율). 참고로 2022년 6월말 현재 우리나라의 본원통화 잔액(말잔기준)은 283조원이고, M1, M2, Lf, L의 잔액은 각각 1,401조원, 3,703조원, 5,029조원, 6,436조원으로 통화 및 유동성지표의 승수는 각각 4.95배, 13.08배, 17.77배, 22.74배를 기록하고 있다. 한편 동 승수의 장기추세를 보면 우리나라의 경우 대략 2008년 글로벌 금융위기 이후 각 통화 및 유동성 지표의 승수가 장기적으로 낮아지는 모습을 보이고 있는데 M2, Lf, L 같은 광의 지표의 승수 하락폭이 상대적으로 크게 나타나고 있다.

연관검색어 : 중앙은행, 본원통화, 지급준비제도

통화안정계정

통화안정계정은 금융시장 유동성 조절을 위한 일종의 기한부 예금(term deposit)이다. 동 계정은 국외부문 등으로부터의 과잉유동성을 흡수하기 위해 강제예치방식으로 활용되다가 1990년대 이후 금융시장의 발달, 환매조건부증권매매(RP) 등 시장친화적인 공개시장운영수단의 정착 등으로 그 활용도가 낮아졌다. 그러나 한국은행은 RP매각에 필요한 보유증권의 한계, 통화안정증권 발행 누증에 따른 부작용(이자부담 증가, 시장수요 제한 등) 등으로 보다 효과적인 유동성 관리를 위하여 기한부 예금인 시장친화적인 통화안정계정을 2010년 10월 도입하였다. 통화안정계정은 담보 없이도 단기유동성을 효과적으로 흡수할 수 있는 장점이 있는 반면 동 예치금은 중도해지, 제3자에 대한 양도 및 담보제공이 허용되지 않기 때문에 통화안정증권에 비해 유동성이 떨어지는 단점이 있다. 그래서 한국은행은 통화안정계정을 단기 유동성조절 수단으로만 활용하고 있으며 그 활용 비중도 RP나 통화안정증권에 비해 낮은 편이다. 현재 한국은행의 만기별 유동성조절 수단을 보면 초단기(만기 14일 이내) 구간에서는 RP매매를, 단기구간(만기 15~91일)에서는 통화안정계정을, 그 이상은 통화안정증권(91일, 182일, 1년, 2년이 주된 만기임)을 사용하고 있다.

통화안정증권

통화안정증권은 「한국은행법」 제69조 및 「한국은행 통화안정증권법」에 따라 한국은행이 유동성 조절을 목적으로 발행하는 채무증서이다. 통화안정증권은 환매조건부채권매매(RP) 및 통화안정계정 예치와 함께 한국은행의 주요 공개시장운영수단으로 활용된다. 여기서 통화안정계정은 경쟁입찰방식의 기간부예금(term deposit)으로 유동성조절 수단을 다양화하기 위하여 '시장친화적 방식의 통화안정계정'의 형태로 2010년 10월 도입되었다. 한국은행은 경상수지 흑자 또는 외국인투자자금 유입 등으로 시중의 유동성이 증가하여 이를 기조적으로 환수할 필요가 있을 경우 통화안정증권을 순발행하여 유동성을 흡수한다. 통화안정증권은 환매조건부매매와 통화안정계정과 같은 여타 공개시장운영수단에 비해 만기가 길어 정책효과가 오래 지속되기 때문에 기조적 유동성 조절수단(structural adjustment)으로 활용된다. 통화안정증권은 공모 또는 상대매출 방식으로 발행된다. 통화안정증권의 만기는 공모발행의 경우 2년 이내이며, 할인채 및 이표채로 구성된다. 할인채는 할인방식으로 발행되어 만기일에 액면금액이 지급되며, 이표채는 이표지급방식으로 발행되어 발행일로부터 3개월마다 이자를 지급하고 만기일에 액면금액을 지급한다.

연관검색어 : 환매조건부매매/RP/Repo, 통화안정계정, 공개시장운영

통화옵션

통화옵션이란 미래의 특정시점(만기일 또는 만기이전)에 특정통화(기초자산)를 미리 약정한 가격(행사가격)으로 사거나(call option) 팔 수 있는 권리(put option)를 말한다. 통화옵션은 거래소나 장외시장에서 거래된다. 거래소시장은 1980년대 초 필라델피아증권거래소의 현물환 옵션이 효시가 되었으며 이후 시카고상업거래소(CME; Chicago Mercantile Exchange)에서 본격적으로 이루어 졌다. 우리나라는 1999년 4월 한국선물거래소(현 한국거래소)에 미 달러 옵션이 처음 상장되었다. 통화옵션 거래 시 통화옵션 매입자는 대상통화를 매매할 수 있는 권리를 사는 대가로 통화옵션 매도자에게 프리미엄(옵션가격)을 지급하고 이후 환율변동에 따라 자유롭게 옵션을 행사하거나 행사하지 않을(권리를 포기할) 수 있다. 반면 옵션 매도자는 옵션매입자가 권리를 행사하는 경우 반드시 계약을 이행해야 하는 의무를 부담한다. 통화옵션은 선물환이나 통화선물과 달리 시장 환율이 옵션 매입자에게 유리한 경우에만 옵션을 행사할 수 있기 때문에 옵션매입자의 손실은 프리미엄에 국한되는 반면 이익은 환율변동에 따라 무제한으로 커질 수 있는 비대칭적 손익구조를 가진다. 아울러 선물환이나 통화선물에 비해 거래비용이 적게 들고 여러 가지 옵션상품 등을 합성하여 고객의 헤지수요에 맞는 다양한 형태의 상품개발이 가능하다는 장점이 있다.

연관검색어 : 선물환거래

통화유통속도

통화유통속도(velocity of circulation of money)는 기본적으로 통화 한 단위가 일정 기간 동안 각종 거래를 매개하기 위해 몇 번 유통되었는지를 나타내는 지표를 말한다. 그런데 국민경제 전체의 거래규모를 측정할 수는 없으므로 소득이 거래액과 유사하게 변동한다는 가정 하에 연간 국민소득을 통화량으로 나누어 산출한다. 따라서 동 지표는 그 명칭과는 달리 시중에 돈이 얼마나 '유통' 되고 있는지 보다는 실물경제 활동에 비해 통화량이 얼마만큼 '존재' 하는지를 나타내는 지표에 가깝다고 할 수 있다. 통화유통속도는 장기적으로 생산의 우회도, 경제주체의 거래관습 등 경제 구조적인 원인에 의해 결정되나, 단기적으로는 통화보유의 기회비용에 영향을 미치는 시장금리, 예상물가상승률의 변화, 경기 변동 등 거시적 요인과 새로운 예금제도의 도입 등 금융여건 변화에 따라 변동하기도 한다.

연관검색어 : 마샬의 k

통화전쟁

환율은 수출입 규모의 변동을 초래해 경상수지는 물론 경제성장 등에 큰 영향을 미치게 되는데, 각국이 수출의 가격 경쟁력 제고를 위해 경쟁적으로 환율상승(각국 통화의 절하)을 도모하는 경우를 통화전쟁(currency war) 또는 환율전쟁이라고 한다. 이러한 용어는 학계에서 엄밀하게 정의되어 사용된다기보다는 저널리즘적(journalistic) 용어의 성격을 가지고 있다. 통화전쟁은 통화가치의 절하만을 통해 단순히 타국의 '수요'를 빼앗는 '근린궁핍화정책'(beggar-thy-neighbor policy)의 특성을 가지고 있으며 각국 간 극단적인 분쟁으로 비화될 경우 보호무역조치의 확산은 물론 국제금융시장에 부정적인 영향을 초래할 수 있다. 2015년 초 유럽중앙은행(ECB) 등 10개국 이상이 기준금리 인하 등 완화적 통화정책 기조를 강화함에 따라 일각에서는 글로벌 통화전쟁 가능성을 제기한 바 있다. 그러나 각국의 완화적 통화정책은 대출금리 인하, 신용확대, 자산가격 상승, 투자심리 개선 등을 통한 자국 내 경기회복 및 디플레이션 방지를 주목적으로 하는 것으로, 결과적으로 자국 통화가치가 절하되는 효과를 가져 오나 위에서 언급한 '근린궁핍화정책'과는 차이가 있다. 즉 완화적 통화정책으로 각국의 내수경기가 회복될 경우 글로벌 경기회복 및 수출 증대에 도움을 줄 수 있는 것이다.

연관검색어 : 평가절상, 평가절하

통화정책

통화정책이란 독점적 발권력을 지닌 중앙은행이 통화량이나 금리에 영향을 미쳐 물가안정, 금융안정 등을 달성함으로써 경제가 지속가능한 성장을 이룰 수 있도록 하는 정책을 말한다. 중앙은행이 처음부터 이와 같은 통화정책을 수행한 것은 아니었다. 초기 정부자금 관리나 은행제도 보호 등의 역할을 주로 하던 중앙은행이 경제상황 변화에 대응하여 적정 수준의 통화공급을 통해 거시경제의 안정을 도모하게 된 것은 1930년대 대공황을 계기로 많은 나라들이 금본위제도를 포기하면서부터라고 할 수 있다. 이때부터 중앙은행은 금과의 연계가 단절된 화폐를 발행하고 재량적으로 통화를 공급할 수 있게 되었다. 이러한 가운데 통화량과 물가가 밀접한 관계가 있다는 것을 알게 되면서 통화의 방만한 공급을 차단하여 물가를 안정시키는 것이 통화정책의 주된 목표로 일반화되고 보편적으로 받아들여지기 시작하였다. 특히 1970년대 두 차례의 석유파동으로 세계경제가 극심한 인플레이션의 폐해를 경험하면서 통화정책의 목표로서 물가안정의 중요성이 더욱 확고해지고 통화정책은 거시경제정책의 하나로 자리 잡게 되었다.

통화정책 운영체제(monetary policy regime)

중앙은행은 역사적으로 경제구조의 변화, 금융시장의 발달 정도 등에 따라 다른 형태의 통화정책 운영체제를 도입해 왔다. 통화정책 운영체제는 명목기준지표(nominal anchor)를 기준으로 구분하는 것이 일반적이다. 이는 통화정책체계의 구성요소 중에서 최종목표나 정책수단 등은 어느 나라에 있어서나 본질적으로 비슷하며 차이가 있다고 하더라도 대개 정도의 문제라 할 수 있지만, 통화정책 수행에 있어 어떤 명목기준지표가 적합한지는 각국의 경제구조와 금융시장 발달 정도 등에 따라 달라지므로 상당히 큰 차별성을 갖기 때문이다. 여기서 명목기준지표란 중앙은행이 최종목표와 연관성이 높다고 생각하여 중점 관리하는 명목변수를 의미한다. 통화정책 운영체제는 명목기준지표를 통화량, 환율, 물가상승률 중 어느 것으로 하는지에 따라 각각 통화량목표제(monetary targeting), 환율목표제(exchange rate targeting), 물가안정목표제(inflation targeting)로 나뉘어진다. 일각에서는 기존 통화정책 운영체제의 대안으로 명목GDP목표제(nominal GDP targeting) 등과 관련한 논의도 이루어지고 있다.

연관검색어 : 통화정책체계(monetary policy framework), 물가안정목표제

통화정책 커뮤니케이션

통화정책 커뮤니케이션이란 중앙은행이 통화정책 수행과정에서 가계, 기업, 정부 등 경제주체 및 시장과 행하는 일련의 소통행위를 말한다. 여기서 통화정책과 관련된 커뮤니케이션은 단순히 통화정책 관련 정보에 국한된 것이 아니라 시장의 경기인식, 경제주체들의 통화정책에 대한 반응, 정부와의 정보 및 의견 공유 등 피드백 과정을 모두 포함한다. 1980년대 후반 이후 금융시장의 규모가 커지고 금융기관과 금융상품이 다양해지면서 통화정책의 유효성 저하에 대한 우려가 증대됨에 따라 중앙은행은 통화정책의 내용과 의도를 분명하게 알려 시장 참가자들이 정책의도대로 움직이도록 유도할 필요가 있었다. 1990년대 들어 물가안정목표제를 도입한 중앙은행이 늘어나기 시작하면

서 중앙은행의 통화정책 커뮤니케이션은 더욱 강화되었다. 물가안정목표제에서는 중앙은행이 물가상승목표를 사전에 명시적으로 제시하고 중간목표 없이 경제주체의 인플레이션 기대를 유도함으로써 목표를 달성하고자 하기 때문이다. 한국은행은 정책금리 결정에 관한 금융통화위원회 회의 직후 이를 즉시 공표하고 있으며 한국은행 총재가 기자회견을 갖고 정책결정 내용 및 배경에 대하여 상세히 설명한다. 아울러 정책결정 과정에서 토의한 내용을 의사록에 충실히 기록한 후, 일정 기간이 지나 공개하고 있다. 또한 총재를 비롯한 금융통화위원 등은 연설, 강연, 인터뷰, 학술대회 참석 등을 통해 통화정책의 현안이나 향후 정책방향 등에 대하여 국민에게 알리고 있으며, 국회에 대해서도 1년에 2회 이상(현재 연 4회) '통화신용정책보고서'를 작성하여 제출함으로써 책임성(accountability)을 다하고 있다.

통화정책 파급경로

통화정책이 실물경제에 파급되는 경로에는 금리경로, 자산가격경로, 환율경로, 기대경로, 신용경로, 위험선호경로 등이 있다. 금리경로는 중앙은행이 정책금리를 인하하면 단기시장금리와 함께 장기시장금리, 은행 여수신금리도 하락하여 기업투자와 가계소비가 늘어나고 이는 생산 증대 및 물가 상승으로 이어진다. 자산가격경로의 경우 중앙은행이 정책금리를 인하하면 주식, 부동산 등 자산의 가격이 상승하고, 이에 따라 부(富)가 증가(wealth effect) 하면서 투자와 소비가 늘어나게 되고 이는 생산 증대 및 물가 상승으로 이어진다. 환율경로의 경우 중앙은행이 정책금리를 인하하면 국내금리가 하락하고 원화로 표시된 금융자산의 수익률이 떨어지게 되어 경제주체들이 상대적으로 수익률이 높은 달러화 표시 금융자산을 매입하고자 하게 되며 원화를 팔고 달러를 사게 된다. 이 때 달러화에 대한 초과수요로 원화가치가 하락(환율 상승)하면 수출이 증가하고 수입이 감소하여 경상수지가 개선되고 이는 생산 증대 및 물가 상승으로 이어지게 된다. 기대경로의 경우 중앙은행이 현 시점에서의 정책금리 조정뿐만 아니라 경제주체들의 미래 통화정책에 대한 기대, 경기전망 및 인플레이션 기대를 변화시킴으로써 소비 및 투자결정에 영향을 미치는 것을 말한다. 신용경로의 경우 중앙은행이 정책금리를 인하하면 기업과 가계에 대한 금융기관의 대출여력이 커져 투자가 증가하고 소비가 늘어나게 되어 이는 생산 증대 및 물가 상승으로 이어진다. 한편 위험선호경로의 경우 완화적 통화정책이 금융기관의 위험선호도 증대를 통해 고위험·고수익 대출 등을 중심으로 신용공급이 확대되면서 소비, 투자 등이 늘어나게 된다. 동 경로는 장기간 저금리 기조가 지속될 경우 금융기관의 과도한 위험추구와 신용공급 확대로 이어질 수 있다는 점을 지적하는 것으로 통화정책과 금융안정의 연관성을 보여주고 있다.

통화정책수단

중앙은행이 활용하고 있는 통화정책 수단으로는 지급준비제도, 공개시장운영, 중앙은행 여수신제도 등이 있다. 지급준비제도란 금융기관으로 하여금 예금 등과 같은 금융기관 부채의 일정 비율에 해당하는 금액을 중앙은행에 예치하도록 의무화하는 제도이다. 지급준비율을 변경하여 본원통화를 조절하면 승수효과를 통해 통화량에 영향을 주므로 지급준비정책은 중앙은행의 유동성조절수단이 된다. 공개시장운영은 중앙은행이 단기금융시장이나 채권시장과 같은 공개시장에서 금융기관을 상대로 국공채 등 증권을 매매하여 금융기관의 자금사정을 변화시키고 이를 통해 통화나 금리를 조절하는 정책수단이다. 중앙은행 여수신제도는 중앙은행이 금융기관과의 대출 및 예금거래를 통해 자금의 수급을 조절하는 정책수단을 말한다. 이와 같은 통화정책 수단은 시장 친화적 정책수단이라고 할 수 있다. 한편 일부 중앙은행의 경우 정책당국에 부여된 행정적 권한을 통해 은행 여수신금리를 규제하거나 은행대출규모를 일일이 통제하는 등 직접조절수단을 활용하기도 한다.

연관검색어 : 지급준비제도, 공개시장운영

통화정책체계(monetary policy framework)

중앙은행은 통화정책을 수행함에 있어 정책수단과 최종목표(물가안정, 금융안정 등)를 이어줄 수 있는 다양한 지표를 활용하는 것이 일반적이다. 우선 중앙은행은 통화정책의 최종목표와 밀접한 관계가 있는 통화량, 환율, 물가상승률 등의 지표 중에 하나를 선택하여 그 지표의 목표 수준을 결정한 다음, 이를 달성할 수 있도록 통화정책을 수행한다. 이렇게 선택된 지표를 명목기준지표(nominal anchor)라고 하며 이중 물가상승률을 제외한 통화량, 환율 등은 최종목표를 달성하기 위한 중간목표(intermediate target)로 활용된다. 그러나 통화량, 환율 등도 중앙은행이 직접 제어할 수 있는 지표가 아니다. 따라서 중앙은행이 다른 변수의 영향을 받지 않고 직접 제어하여 원하는 수준을 유지할 수 있는 지표가 필요한데 이를 운용목표(operating target)라고 하며 일반적으로 단기시장금리나 지급준비금이 사용된다. 중앙은행은 이러한 운용목표의 적정 수준을 설정하고 공개시장운영, 중앙은행 여수신제도, 지급준비제도 등의 정책수단(policy tool)을 활용하여 동 수준을 유지함으로써 궁극적으로 최종목표를 달성하기 위해 노력한다. 한편 통화정책의 결정과 집행에는 이를 뒷받침할 수 있는 제도가 필요한데 의사결정 및 집행기구, 외부압력으로부터의 독립성 확보장치, 정책수행 결과에 대한 책임성 제고방안, 그리고 통화정책의 신뢰성과 유효성 확보를 위한 투명성 증대 장치 등이 이에 포함된다. 이와 같은 최종목표, 명목기준지표, 운용목표, 정책수단, 의사결정 관련 제도 등을 모두 포괄하여 통화정책체계라고 한다.

연관검색어 : 통화정책 운영체제(monetary policy regime)

통화지표

한 나라의 경제가 건강하게 유지되려면 경제규모에 맞는 적정량의 통화가 필요하다. 경제규모에 비해 돈이 너무 많으면 인플레이션이, 너무 적으면 디플레이션이 발생하여 물가의 지속적 상승이나 실업 등의 문제가 발생하기 때문에 중앙은행은 경제에서 유통되는 화폐의 양을 적정 수준으로 관리해야 하는데 그러기 위해서는 우선 시중에서 유통되는 통화의 양을 정확하게 측정할 필요가 있다. 시중에 유통되고 있는 통화량을 나타내는 척도가 곧 통화지표이다. 통화지표는 통화를 어떻게 정의하는가에 따라 여러 가지가 있는데 우리나라에서는 M1과 M2를 통화지표로, Lf와 L을 유동성지표로 이용하고 있다. M1은 화폐의 지급결제수단으로서의 기능을 중시한 지표로 시중에 유통되는 현금에 예금취급기관의 결제성예금을 더한 것이다. M2는 M1에 예금취급기관의 각종 저축성예금, 시장성 금융상품, 실적배당형 금융상품, 금융채 및 거주자예금을 더한 것이다. 통화지표보다 포괄범위가 더 넓은 지표가 유동성지표인데 Lf는 M2에 예금취급기관의 만기 2년 이상의 정기예적금, 금융채, 금전신탁과 생명보험회사의 보험계약준비금 및 증권금융의 예수금 등을 포함한다. L은 Lf에 기업 및 정부 등이 발행한 기업어음, 회사채 및 국공채 등 유가증권을 포함한다. 한국은행은 외환위기 이전까지는 M2를 명목기준지표(target)로 하여 그 증가율을 정하고 이를 달성하고자 하는 통화량목표제를 시행하였다. 그러나 1990년대 후반부터 새로운 금융상품의 출현, 금융시장의 발전 등으로 통화량과 실물변수간의 관계가 약화됨에 따라 한국은행은 여건 변화에 부합하는 새로운 통화정책 운용체계인 물가안정목표제를 1998년 도입하여 지금까지 운영하고 있다. 물가안정목표제 도입 이후 통화량은 달성해야 하는 명목기준지표가 아니고 물가 및 경기 전망 등을 평가하는 정보변수로서 활용되고 있다.

투입계수

각 산업부문이 재화나 서비스의 생산에 사용하기 위하여 다른 산업으로부터 구매한 원재료, 연료 등 중간재별 투입액을 총투입액으로 나눈 것으로서 각 부문 생산물 1단위 생산에 필요한 중간재들의 단위를 나타낸다. 따라서 어떤 산업부문의 중간재 투입계수들을 모두 합하면 중간투입률이 되며 이와 같은 투입계수는 각 산업부문의 생산활동에서 생산기술구조, 즉 투입과 산출의 함수관계를 나타낸다고 할 수 있다. 한편, 투입계수를 산출함에 있어서는 물량단위에 의한 방법이 이상적이라고 할 수 있으나 모든 생산물의 공통적인 단위가 없으므로 금액에 의한 투입계수를 산출하는 것이 일반적인 방법이다.

연관검색어 : 최종수요/중간수요

투자율

투자율이란 일정 기간 동안 국민경제가 생산한 생산물 또는 수취한 소득에 대한 투자의 비율을 의미하는 것으로 투자액을 국민총처분가능소득으로 나누어 구한다. 총투자는 투자대상지역에 따라 국내총투자와 국외투자로 나누어지고 이들 국내총투자와 국외투자를 합한 총투자는 총저축과 일치하게 되며 이를 각각 국민총처분가능소득으로 나누어 백분율로 구한 값을 국내 총투자율, 국외투자율, 총저축률이라고 한다. 이들 간에는 다음과 같은 관계가 성립한다. 총저축률 = 총투자율 = 국내 총투자율 + 국외투자율.

연관검색어 : 총고정자본형성

투자은행

투자은행(investment bank)이란 상업은행(commercial bank)에 대비되는 개념으로 상업은행이 예금을 바탕으로 기업에 자금을 공급하는 전통적 은행업에 주력했다면 투자은행은 유가증권 인수를 통한 자금 공급을 주업으로 한다. 쉽게 말해서 증권회사와 유사한데 자본시장에서 유가증권 발행을 통한 자금조달 주선 업무를 주로 하는 딜러(dealer)나 브로커(broker)를 말한다. 당국의 엄격한 규제와 지원 하에 안정적으로 자산을 운용하는 상업은행과 대비되는 투자은행은 자기자본금을 활용하여 글로벌 금융시장에 과감히 투자했으며 자산관리, 모험자본, M&A 중개, 각종 파생상품 판매 등 비교적 리스크가 높은 다양한 업무를 수행하였다. 글로벌 금융위기 이후 미국의 리먼브러더스 메릴린치 베어스턴스 등 다수의 대표 투자은행들이 위기를 맞고 상업은행으로 합병 파산되었다. 한편 우리나라는 2011년 자본시장통합법 제정 이후 금융투자회사의 대형화를 추진해왔는데 2017년 11월 자기자본이 4조원을 넘는 5개를 초대형 투자은행으로 지정하고 제한적으로 일부 단기금융업무를 허용하는 조치를 취하였다. 초대형투자은행으로 지정되고 단기금융업 인가를 받으면 자기자본의 2배 한도 내에서 발행어음 업무를 할 수 있고 동 어음발행을 통해 조달한 자금의 50%는 기업금융에 투자하도록 하였다.

연관검색어 : 자본시장통합법

트리핀 딜레마(Triffin's dilemma)

로버트 트리핀(Robert Triffin : 1993년 81세를 일기로 사망) 예일대 교수는 미국의 무역수지 적자가 심각해진 1960년, 기축통화의 구조적 모순을 트리핀 딜레마라는 용어로 설명했다. 그는 1944년 출범한 브레튼우즈(Bretton Woods) 체제가 기축통화(key currency)라는 내적 모순을 안고 있다고 진단했다. 브레튼우즈 체제는 기존의 금 대신 미국 달러화를 국제결제에 사용하도록 한 것으로, 금 1온스의 가격을 35달러로 고정해 태환할 수 있도록 하고, 다른 국가의 통화는 조정 가능한 환율로 달러 교환이 가능하도록 해 달러를 기축통화로 만든 것이다. 한편, 달러화가 기축통화의 역할을 하기 위해서는 대외거래에서의 적자를 발생시켜 국외에 끊임없이 유동성을 공급해야 한다. 그러나 미국의 적자상태가 장기간 지속될 경우에는 유동성이 과잉돼 달러화의 가치는 흔들릴 수밖에 없다. 반면 미국이 대외거래에서 장기간 흑자상태를 지속하게 되면, 달러화의 가치는 안정시킬 수 있으나 국제무역과 자본거래를 제약할 수 있다. 적자와 흑자의 상황에도 연출될 수밖에 없는 달러화의 이럴 수도 저럴 수도 없는 모순을 가리켜 트리핀 딜레마라고 하는 것이다.

연관검색어 : 브레튼우즈체제

특별인출권(SDR)

1968년 4월 국제통화기금(IMF) 이사회의 결의에 따라 국제유동성 부족에 대처하기 위하여 1970년 도입된 일종의 국제준비통화이다. 1960년대 들어 미 달러화의 금태환에 대한 신뢰가 저하되면서 국제통화체제의 불안정이 초래되자 새로운 준비자산의 필요성이 대두되었으며 이에 대응하여 IMF가 1967년 SDR(Special Drawing Rights) 창출요강을 채택하고 이를 반영한 IMF 협정문 개정안을 1969년 7월 발효시킴에 따라 도입되었다. SDR의 가치는 도입 당시 미 달러화의 금 평가와 동일한 1SDR = 1.2635달러 = 금 0.888671그램(1/35온스)으로 설정되었으나 이후 미 달러화의 약세 지속으로 SDR의 가치를 미 달러화에 고정시키는 것이 불합리하게 되었다. 이러한 문제점을 시정하기 위해 1974년부터 SDR의 가치를 여러 나라의 통화에 연결시키는 바스켓방식을 도입하였으며 현재는 미 달러화, 유로화, 파운드화, 엔화, 위안화의 5개 통화가 바스켓을 구성하고 있다. SDR의 도입에 따라 IMF 회원국은 국제수지가 악화하였을 때 IMF로부터 무담보로 국제유동성을 인출할 수 있는 권리를 보유하게 되었다. SDR은 IMF 총회의 의결을 통해 창출 또는 말소되며, 창출된 SDR은 SDR에 관한 의무사항을 수락한 IMF 회원국에 배분된다. SDR의 배분은 IMF 쿼타 비중에 따라 배분하는 일반배분과 쿼타 비중과 상관없이 배분하는 특별배분으로 구분된다. 우리나라에 대한 SDR 누적배분액은 2009년 실시된 일반 및 특별배분에 따라 이전의 0.7억SDR에서 24억SDR로 증가하였다.

연관검색어 : 국제통화기금(IMF), 복수통화바스켓제도, IMF 쿼타

특수목적기구(SPV)

자산유동화증권(ABS; Asset-Backed Securities) 발행에는 자산보유자, 특수목적기구(SPV), 자산관리자 및 신용평가기관 등이 참가하게 된다. 이 경우 자산보유자는 기초자산의 법률적인 소유권을 SPV(Special Purpose Vehicle)에 양도하는 절차를 거치게 되는데 이는 자산보유자와 기초자산간의 법률적 관계를 분리하기 위한 것이다. 자산보유자는 기초자산을 모아서(pooling) 이를 SPV에 양도하며 SPV는 양도받은 기초자산을 담보로 발행한 ABS를 투자자에게 매각하고 매각대금을 자산보유자에게 자산양도의 대가로 지급한다. 현행 「자산유동화에 관한 법률」에 따르면 자산보유자는 금융기관, 한국자산관리공사, 한국토지주택공사 및 금융위원회가 인정한 법인 등이 될 수 있으며 특수목적기구

(SPV)는 유동화전문회사(SPC; Special Purpose Company), 신탁회사 및 자산유동화를 전문으로 하는 외국법인이 될 수 있다. 동 법률에 따른 SPC는 주식회사보다 설립이 간편한 유한회사의 형태로 설립되며 ABS의 발행 및 상환과 이에 부속된 업무만을 수행할 수 있다. SPC는 ABS를 한 번만 발행할 수 있기 때문에 자산보유자는 자산유동화를 실시할 때마다 별도의 SPC를 설립하여야 한다. 한편 신탁회사는 수익증권 형태의 ABS를 발행하는 경우 SPV로 활용된다. 즉 자산보유자가 신탁회사에 기초자산을 양도하면 이 자산으로부터 발생하는 현금흐름을 이용하여 원리금을 지급하는 수익증권을 발행하게 된다. 자산관리자는 실체가 없는 서류상의 회사인 SPC를 대신하여 기초자산에 대한 채권의 추심 또는 채무자 관리 등을 담당한다. 우리나라에서는 자산보유자, 신용정보업자 등이 자산관리자가 될 수 있는데 일반적으로 기초자산의 내용을 잘 파악하고 있는 자산보유자가 자산관리자가 된다.

연관검색어 : 자산유동화

Ⅱ

파레토최적

경제적 최적의 의미를 규정하는 개념의 하나이다. 자원배분이 가장 효율적으로 이루어진 상태여서 더 이상의 개선 여지가 없는 상황을 의미한다. 생산 측면에서는 어느 한 재화의 생산량을 증가시키기 위해서는 반드시 다른 재화의 생산을 감소시켜야 하는 상태에 있어야 한다. 교환 측면에서는 어느 소비자의 효용을 증가시키기 위해서는 반드시 다른 소비자의 효용을 감소시킬 수밖에 없는 상태에 있어야 한다. 이 두 가지 조건이 동시에 성립하고 있는 상황을 파레토 최적이라 한다. 그러나 파레토 최적은 소득분배에 대해서는 설명을 할 수 없으며, 파레토 최적의 상태 또한 유일하지 않다는 한계를 내포하고 있다.

연관검색어 : 한계비용, 한계효용

파생금융상품

파생금융상품(financial derivatives)은 그 가치가 통화, 채권, 주식 등과 같은 기초금융자산(underlying asset)의 가치변동에 의해 결정되는 금융상품을 말한다. 계약형태에 따라 크게 선도계약(forward contracts), 선물(futures), 옵션(options), 스왑(swaps) 등으로 구분된다. 계약형태별 파생금융상품의 특징을 보면, 먼저 선도계약과 선물은 기초금융자산을 미래 특정시점에 사고 팔기로 약정하는 계약이라는 점에서 동일한 성격을 가지나, 일반적으로 선도계약은 장외시장에서 거래당사자간에 직접 거래되거나 딜러나 브로커를 통해 거래가 이루어지는 데 반해, 선물은 정형화된 거래소를 통해 거래된다는 점에서 차이가 있다. 옵션은 기초자산을 미래의 특정시점에 특정 행사가격으로 매입(call)하거나 매각(put)할 수 있는 권리를 사고 파는 계약으로서, 기초자산 가격의 변화에 대해 비대칭적 손익구조(asymmetric payoffs)를 가진다. 옵션계약은 거래시점에 프리미엄을 지급한다는 점에서 선도계약이나 선물과 차이가 있다. 스왑은 일반적으로 두 개의 금융자산 또는 부채에서 파생되는 미래의 현금흐름을 교환하기로 하는 계약으로서, 서로 다른 통화표시 채무의 원리금 상환을 교환하기로 약정하는 통화스왑(currency swaps)과 변동금리채무와 고정금리채무간의 이자지급을 교환하기로 약정하는 금리스왑(interest rate swaps) 등이 있다.

연관검색어 : 옵션, 스왑

펀드

펀드(fund)란 다수의 투자자들로부터 자금을 모아 전문적인 운용기관인 자산운용사가 주식, 채권, 부동산 등 자산에 투자하여 운용한 후 그 실적에 따라 투자자에게 되돌려주는 금융상품이다. 「자본시장과 금융투자업에 관한 법률」상의 명칭은 '집합투자기구'이다. 펀드의 장점은 전문가가 대신 운용하므로 시간과 노력을 절약할 수 있고 소액의 자금으로도 분산투자가 가능하므로 위험을 줄일 수 있다는 점이다. 한편 수수료 등으로 인해 직접투자에 비해 거래비용이 크고 다른 사람이 운용함에도 투자로 인해 발생하는 위험은 투자자가 부담해야 하는 점은 단점으로 꼽히고 있다. 펀드에 관련된 금융기관을 보면 펀드를 판매하는 판매회사(증권사, 은행, 보험사), 투자운용을 지시하는 자산운용회사, 투자운용 지시를 실행하고 자금 및 자산을 관리하는 신탁회사 등으로 구성된다. 펀드를 구분하는 방법은 매우 다양하나 가장 일반적인 것은 투자대상에 따른 분류이다. 투자대상에 따라 증권펀드, 단기금융펀드(MMF), 부동산펀드, 특별자산펀드, 혼합자산펀드로 구분된다. 증권펀드는 주식형, 채권형, 혼합형(주식혼합형/채권혼합형), 파생형, 재간접형 등으로 세분된다. 이들 중 특별자산펀드는 증권이나 부동산이 아닌 여타 자산(상품, 원자재, 선박, 지적재산권 등)에 투자하는 펀드를 말하며, 혼합자산펀드는 투자대상에 제한 없이 시장상황에 따라 어떤 자산에라도 투자가 가능한 펀드를 말한다. 이 외에도 펀드는 근거 법률(국내법 또는 외국법)에 따라 역내펀드와 역외펀드로, 불특정 다수(50인 이상)의 투자자를 대상으로 하는지 여부에 따라 공모펀드와 사모펀드로, 투자자가 펀드에 투자한 후 환매를 청구할 수 있는지 여부에 따라 개방형펀드와 폐쇄형펀드로 각각 구분하고 있다.

페더럴펀드

페더럴펀드(federal funds)는 미 연방준비은행에 지급준비금 예치의무가 있는 예금은행이 지급준비금 과부족을 조절하기 위해 여타 예금은행, 정부보증기관(government-sponsored enterprises) 등으로부터 무담보로 차입한 자금을 말한다. 동 자금이 거래되는 시장을 페더럴펀드시장(federal funds market)이라고 한다. 페더럴펀드 거래 만기는 대부분 익일물이며, 기일물(term federal funds)의 경우 만기 제한은 없으나 통상 1년을 넘지 않는다. 미 연준의 지급준비금 부과대상인 상업은행, 저축대부조합(Savings and Loan Association), 상호저축은행(Mutual Savings Bank), 신용협동조합(Credit Union), 해외은행의 미국 지점 등은 페더럴펀드시장에서 자금 차입과 공급이 모두 가능하다. 반면 지준적립의무가 없는 정부기관, 정부보증기관, 국제기구 및 증권딜러(securities dealer) 등은 페더럴펀드시장에서 자금을 공급할 수는 있으나 차입할 수는 없다. 미 연준은 정책금리인 익일물 무담보 페더럴펀드금리가 목표범위에서 크게 벗어나지 않도록 페더럴펀드시장의 수요 및 공급규모, 금리 등 전반적인 시장상황을 실시간으로 확인하면서 공개시장운영(open market operation)을 실시한다. 미 연방준비제도 이사회가 페더럴펀드 목표금리를 변경하면, 페더럴펀드시장에 참가하는 상업은행 등이 재정거래를 하게 되고, 페더럴펀드금리가 동시에 변동한다. 이러한 단기금리의 변동은 채권시장에 영향을 미쳐 장기금리가 변동하게 된다.

평가절상

환율은 일반적으로 거래 대상물인 외국환(외국통화) 한 단위와 교환되는 자국통화의 양으로 정의되고 있는데 원화절상은 외환시장에서 외환의 공급이 수요를 초과하여 외환의 가치가 하락하고 원화의 가치는 상승하는 현상을 의미하며, 이때 환율이 하락하게 되는데 이를 평가절상이라고도 말한다. 그러나 평가절상(revaluation)이나 평가절하(devaluation), 또는 절상(appreciation)이나 절하(depreciation)의 의미는 일반적으로는 고정환율제도와 자유변동환율제도중 어느 환율제도를 채택하느냐에 따라 구분된다. 즉 평가절상(또는 평가절하)은 고정환율제도하에서 정부가 정책적 목적 등으로 자국통화의 대외가치인 환율을 인위적으로 일시에 조정하였을 경우 사용되며, 절상(또는 절하)은 일반적으로 자유변동환율제도하에서 환율이 외환시장의 수급기능에 의해 하락하였을 경우에 사용된다.

연관검색어 : 고정환율제도/자유변동환율제도, 평가절하, 외환시장

평가절하

환율은 일반적으로 거래 대상물인 외국환(외국통화) 한 단위와 교환되는 자국통화의 양으로 정의되고 있는데, 원화절하는 외환시장에서 외환의 수요가 공급을 초과하여 외환의 가치가 상승하고 원화의 가치는 하락하는 현상을 의미하며, 이때 환율이 상승하게 되는데 이를 환율상승 또는 평가절하라고도 말한다. 그러나 평가절상(revaluation)이나 평가절하(devaluation), 또는 절상(appreciation)이나 절하(depreciation)의 의미는 일반적으로는 고정환율제도와 자유변동환율제도중 어느 환율제도를 채택하느냐에 따라 구분된다. 즉 평가절상(또는 평가절하)은 고정환율제도하에서 정부가 정책적 목적 등으로 자국통화의 대외가치인 환율을 인위적으로 일시에 조정하였을 경우 사용되며, 절상(또는 절하)은 일반적으로 자유변동환율제도하에서 환율이 외환시장의 수급기능에 의해 상승하였을 경우에 사용된다.

연관검색어 : 고정환율제도/자유변동환율제도, 평가절상, 외환시장

표면금리

표면금리(coupon rate)란 채권의 액면가에 대한 연간 이자지급 비율을 채권표면에 표시한 것으로서 계약기간 동안 지급을 약속한 고정금리이다. 표면금리가 높을수록 채권매수자는 동일 액면가에 대해 더 많은 이자를 받게 된다. 채권가격은 표면금리와 시장의 실세금리에 의해 결정된다. 채권발행 당시에 표면금리(연1회 후불 지급을 가정)와 실세금리가 같으면 채권은 액면가로 거래된다. 이때 표면금리가 실세금리보다 낮으면 액면가 이하로, 높으면 액면가 이상으로 거래된다. 일반적으로 채권가격은 100을 중심으로 나타내는데 이 경우에 표면금리가 실세금리와 같다는 의미이다. 만일 실세금리가 하락한다면 채권의 내재가치는 100을 상회하게 되며 채권의 균형가격도 이에 따라 형성된다.

풋옵션

풋옵션(put option)이란 거래당사자들이 미리 정한 가격(행사가격, strike price)으로 만기일 또는 그 이전에 일정자산(기초자산)을 팔 수 있는 권리를 매매하는 계약이다. 거래대상이 되는 자산은 특정 주식, 주가지수, 통화, 금리 등 매우 다양하다. 풋옵션 매입자에게는 동 자산을 매도할 수 있는 권리가 부여되는 대신 풋옵션 매입자는 풋옵션 매도자에게 그 대가인 프리미엄을 지급한다. 그러나 옵션은 권리를 행사하지 않을 권리도 있기 때문에 풋옵션 매입자는 자신에게 유리할 때만 권리를 행사하고 불리하면 권리를 포기할 수 있다. 그러나 풋옵션 매도자는 일정한 대가(프리미엄)를 받기 때문에 상대방의 권리 행사에 반드시 응하여야 한다. 풋옵션 손익 구조를 보면 다음과 같다. 풋옵션 매입자는 기초자산의 현재 가격이 행사가격보다 낮은 경우 매도권리를 행사(기초자산 매도)함으로써 이익([행사가격-현재가격]-프리미엄)을 얻게 되며 풋옵션 매도자는 손실(프리미엄-[행사가격-현재가격])이 발생한다. 반면 기초자산의 현재 가격이 행사가격보다 높을 경우 풋옵션 매입자는 매도권리를 포기함으로써 지급한 프리미엄만큼 손실이 발생하고 풋옵션 매도자는 수취한 프리미엄만큼 이익을 얻게 된다.

연관검색어 : 콜옵션

프로그램매매

프로그램매매(program trading)란 주식시장에서 시장분석, 투자시점 판단, 매매 지시 등의 과정을 컴퓨터 프로그램을 통해 일괄 처리하여 다수의 종목을 동시에 거래하는 기법을 말한다. 우리나라에서 한국거래소는 1인이 KOSPI200종목 중 15개 이상을 동시에 거래하는 것을 프로그램매매로 규정하고 있으며 이를 '지수차익거래'와 '비차익거래'로 구분하고 있다. 차익거래는 현물과 선물(또는 옵션) 중 상대적으로 고평가된 것을 매도하고 저평가된 것을 매수하는 포지션을 취함으로써 차익을 얻는 거래를 말한다. 이 경우 현물과 선물의 가격이 동일해지는 선물 만기 시점에 차익을 실현하거나 그전에 양자간 상대가격의 변동을 감안하여 당초의 포지션을 뒤집는 반대매매를 통해 차익을 실현하게 된다. 우리나라의 경우 현물은 주로 KOSPI200 구성 종목이고 선물은 KOSPI200지수선물이 이에 해당된다. 비차익거래는 선물과 무관하게 일정수 이상의 종목(코스피 구성종목 중 15개 이상)을 일괄 매매하는 방식으로 주로 외국인 및 기관투자자들이 종목 바스켓(주식집단)을 구성하여 매매할 때 이용된다. 과거에 프로그램매매는 지수차익거래 위주로 이루어졌으나 최근에는 비차익거래가 대부분(2022년 상반기 중 거래대금 기준으로 96.6%)을 차지하고 있다. 이는 공모펀드 및 연기금(2010년)과 우정사업본부(2013년)에 대한 증권거래세 면제 혜택이 폐지되면서 차익거래가 급격히 위축된 반면 주가지수를 추종하는 ETF 증가 등으로 다수 종목의 주식집단을 일괄 매매하는 경우가 많아졌기 때문이다.

프로젝트 파이낸싱

프로젝트 파이낸싱(PF; Project Financing)이란 석유개발, 탄광채굴, 조선소, 발전소, 고속도로 건설 등 대규모 사업을 추진하는 경우 그 프로젝트에 필요한 대규모의 소요자금과 각종 금융수요를 충족하기 위해서 동원되는 다수의 금융수단이나 투자금융기법을 통칭하는 말이다. 실제로 프로젝트 파이낸싱은 다양한 형태로 설계 운용될 수 있는데 주요한 특징적 요소를 살펴보면 대체로 다음과 같다. 먼저 통상적인 금융기관의 신용공여가 차입자의 신용도나 보유자산을 담보로 하여 이루어지는데 비해 PF는 프로젝트 자체의 사업성 즉, 그 경제성이나 향후 가능성을 바탕으로 한다는 점에서 특징이 있다. 둘째로 프로젝트에 대규모의 장기자금이 소요되는 데다 사업의 수익성이 높지만 위험부담도 그만큼 크기 때문에 다수의 금융기관이 참여하는 협조융자 형태를 취하고 관련 금융기관이 출자를 통해 모기업과는 별도의 특수목적법인(SPC) 즉 프로젝트회사를 설립하여 동 회사에 자금을 지원하는 형태를 취하여 모기업과 프로젝트회사 간에 리스크를 분산시키는게 보통이다. 아울러 주도적인 금융기관은 단순한 자금공급원의 기능을 넘어 개발계획의 입안 및 사업성 검토, 입찰준비, 신용보강 등에 광범위하게 참여하고 다양한 유형의 직간접 금융기법을 결합시키는 투자금융서비스도 제공하게 된다. 유럽 미국 등지에서는 1960년대부터 많이 사용되어 왔고 우리나라에서는 지난 2000년대 이후 사회간접자본(SOC) 투자, 부동산 개발 등을 중심으로 많이 활용되는 모습을 보이고 있다.

피셔효과

1920년대 미국의 경제학자 어빙 피셔(Irving Fisher)가 발표한 이론으로, 피셔방정식(fisher equation)은 명목금리가 실질금리와 기대인플레이션의 합계와 같다고 표현한다. 시중의 명목금리가 상승했다면 그것은 실질금리의 상승이 원인일 수도 있고, 기대인플레이션의 상승이 원인일 수도 있는 것이다. 피셔효과(fisher effect)가 통화정책에서 나타나는 사례를 살펴보자. 중앙은행이 정책금리를 인상하면 즉각적으로 시중의 명목금리가 상승하지만, 중장기적으로는 오히려 명목금리가 하락할 수 있다. 이는 중앙은행이 통화긴축을 실시할 경우 물가안정에 대한 기대감이 높아져 기대인플레이션이 낮아지면서 명목금리가 하락하게 되기 때문이다. 한편, 국제피셔효과(international fisher effect)는 자본의 국제적 이동이 자유롭다(즉, 국가 간의 실질금리는 동일하다)는 가정 하에 양국간 명목금리의 차이는 양국통화간 기대되는 환율변동과 같아진다는 이론이다. 국제피셔효과는 피셔방정식과 구매력평가설을 함께 적용하여 설명할 수 있다. 완전한 자본이동성이 성립(양국간 실질금리는 동일)할 경우, 피셔방정식에 의하면 양국간 명목금리 차이는 양국간 기대인플레이션 차이와 같아진다. 여기에 구매력평가설(purchasing power parity)이 성립한다고 가정하자. 즉, 동일한 물품은 어떤 국가에서도 같은 가격에 구입한다는 일물일가(一物一價)의 법칙이 성립한다고 가정하자. 이 경우 자국의 물가수준은 외국의 물가수준에 양국간 환율을 곱한 값이 된다. 이 관계를 시간에 대해 미분하여 상대적 변화율을 구하면, 양국간 기대인플레이션의 차이는 양국간 기대되는 환율변동과 같게 된다. 따라서 피셔방정식과 구매력평가설이 동시에 성립한다면, 양국간 명목금리의 차이는 양국간 기대되는 환율변동과 같다.

연관검색어 : 기대인플레이션

피용자보수

한 나라 국민이 생산활동에 참여한 결과 발생한 소득은 노동, 자본, 경영 등의 생산요소를 제공한 경제주체에 나누어진다. 이 중에서 노동을 제공한 대가로 가계에 분배되는 것을 급여 즉 피용자보수(compensation of employees)라고 하고, 생산활동을 주관한 생산주체의 몫을 영업 잉여라고 한다.

연관검색어 : 노동소득분배율, 영업잉여

핀테크

핀테크(FinTech)는 '금융'(finance)과 '기술'(technology)의 합성어로 기존 디지털 기술혁신을 통해 금융서비스를 획기적으로 효율화하거나 새 금융서비스를 출시하는 것을 뜻한다. 이는 혁신의 정도에 따라 전통적(traditional) 핀테크와 신흥(emergent) 핀테크로 구분할 수 있다. 전통적 핀테크는 기존 금융서비스의 가치사슬 안에서 그 서비스의 효율을 높이는 역할을 한다. 즉 기존 금융서비스를 자동화하려는 금융회사가 가치사슬의 핵심에 위치하고 IT기업은 이를 보조하는 역할을 수행한다. 씨티은행이 블록체인 및 분산원장기술을 활용해서 디지털화폐(Citicoin)로 글로벌 본·지점을 연결하여 자금을 결제·청산하는 시스템을 예시로 들 수 있다. 반면 신흥 핀테크는 플랫폼을 제공하는 IT기업이 가치사슬의 핵심을 맡고 기존 금융서비스 전달체계를 변혁하여 파괴적(disruptive) 속성을 갖는다. 지점이 없는 인터넷전문은행이 공인인증서 없는 비대면 거래로 기존 관행을 파괴함으로써 단기간에 대규모 고객을 확보하거나, 대출금리와 송금수수료도 파격적으로 낮춤으로써 기존 은행의 금리 및 수수료를 인하시키는 것을 예시로 들 수 있다. 이외에도 핀테크 사례로서 인터넷뱅킹·모바일지급서비스·크라우드펀딩·P2P대출·로보어드바이저·스마트계약·바이오인증 금융거래 등을 들 수 있다.

연관검색어 : 블록체인, 분산원장기술, 전자화폐, 가상통화, 비트코인, 크라우드펀딩, P2P대출, 스마트계약, 바이오인증, 빅데이터

필립스곡선

임금상승률과 실업률 사이의 반비례 관계를 나타내는 곡선을 필립스 곡선이라 한다. 뉴질랜드 출신의 영국인 경제학자 필립스(W. Phillips)는 1958년 명목 임금상승률과 실업률이 역의 상관관계를 나타낸다는 것을 처음으로 관찰하였다. 즉 필립스는 1861년에서 1957년 사이의 영국의 통계자료를 이용하여 실업률이 낮은 해에는 명목 임금상승률이 높고, 반대로 실업률이 높은 해에는 명목 임금상승률이 낮다는 사실을 발견하였다. 일반적으로 명목 임금상승률과 물가상승률은 비슷한 움직임을 보이기 때문에 물가상승률과 실업률 간의 안정적인 반비례 관계를 나타내는 곡선을 필립스 곡선이라 부른다. 이러한 필립스 곡선은 단순히 경험적 관계로부터 도출되었지만, 완전고용을 이루면(실업률이 낮으면) 물가상승률이 높아지고(물가불안정), 완전고용에서 멀어지면(실업률이 높으면) 물가상승률이 낮아지는(물가안정) 완전고용과 물가안정 사이의 상충관계를 밝힘으로써 경제정책 분석에 크게 기여하였다.

연관검색어 : 실업률갭, 자연실업률

ㅎ

한계비용

한계비용은 재화나 서비스를 한 단위 더 생산하는데 들어가는 비용의 증가분을 의미한다. 즉 비용증가분을 생산증가분으로 나눈 값이다. 예를 들면, 생수 100병을 생산하는데 10,000원의 비용이 소요된다면 생수 1병의 평균생산비용은 100원이다. 추가로 생수 한 병을 더 생산하여 101병, 102병을 생산할 때 비용이 각각 10,080원, 10,150원이라면 생수 101병째의 한계비용은 10,080원 - 10,000원 = 80원, 102병째의 한계비용은 70원이 된다. 생산의 경제성을 분석하는 데에 있어 비용이 얼마나 소요되는가도(10,080원→10,150원) 중요하지만 생산을 늘림에 따라 증가하는 추가적 비용이 어떻게 변하는가를(80원→70원) 살피는 것도 매우 중요하다. 왜냐하면 생산의 목적이 이윤을 극대화하는 데 있다면 반드시 한계비용의 움직임을 살펴보아야 판단할 수 있기 때문이다. 이는 수학적으로 어떤 함수값(총비용)의 최소는 변수(생산규모)의 미분값이 0이 되는 곳에서 결정되는데, 한계의 개념은 바로 미분과 일맥상통한다는 것을 상기하면 이해될 수 있다. 일반적으로 생산이 증가하면서 한계비용은 점차 줄어들다가 어느 생산규모에 이르면 다시 늘어나기 시작한다.

연관검색어 : 수확체감의 법칙, 한계효용

한계소비성향

개인의 소득은 소비와 저축으로 나누어지는데, 소득 중에서 소비로 쓰이는 비율을 소비성향, 저축에 들어가는 비율을 저축성향이라고 한다. 한계소비성향은 새로 늘어난 소득 중에서 소비로 지출되는 비율을 가리킨다. 즉 소득의 증가분을 △Y, 소비의 증가분을 △C로 하여 △C/△Y로 나타낸다. 일반적으로 물가상승기에는 한계소비성향이 높고 또 저소득층은 고소득층에 비하여 한계소비성향이 높은 경향이 있다.

연관검색어 : 소비의 비가역성

한계효용

어떤 상품이나 서비스의 소비를 한 단위 늘림에 따라 추가로 증가한 효용을 한계효용이라 한다. 한계효용은 총효용의 변화분을 소비량의 변화분으로 나눔으로써 계산할 수 있다. 일반적으로 소비량이 증가함에 따라 전체 효용은 증가하지만, 한계효용은 그 크기가 점차 줄어든다(한계효용체감의 법칙).

연관검색어 : 파레토최적, 한계비용

한국은행

우리나라의 중앙은행인 한국은행은 1950년 6월 12일 「한국은행법」에 의하여 설립되었다. 한 나라의 중앙은행이 수행하는 통화정책에는 경제발전 과정에서 나타나는 시대적 과제가 반영되는 게 보통이다. 한국은행은 설립 이래 1950년대 전란극복과 금융체계 정비, 1960~70년대 공업화와 성장통화 공급, 1980~90년대의 물가안정 기반구축과 금융자유화, 2000년대의 경제의 글로벌화와 금융위기 극복 등 시대가 요구하는 중앙은행의 기능과 역할을 충실히 수행해 왔다. 그동안 여러 차례의 「한국은행법」 개정으로 제도가 정비되어 왔는데 2011년 제8차 개정으로 한국은행의 목적 조항에 물가안정과 함께 금융안정 책무가 명시되었다. 현행 「한국은행법」은 한국은행의 설립목적을 효율적인 통화신용정책의 수립 및 집행을 통해 물가안정을 도모하고 이 과정에서 금융안정에도 유의하는 것으로 규정하고 있다.

연관검색어 : 중앙은행, 금융안정, 물가안정목표제

한시적 근로자

근로기간이 정해져 있지 않는 상시 근로자와 달리 근로 기간이 정해져 있는 계약직, 일용직 등을 비정규직 근로자라 한다. 이에는 한시적 근로자, 시간제 근로자 및 비전형근로자가 있다. 한시적 근로자란 근로계약 기간을 정한 근로자(기간제 근로자) 또는 따로 정하지 않았으나 계약의 반복 갱신으로 계속 일할 수 있는 근로자와 비자발적 사유로 계속 근무를 기대할 수 없는 근로자(비기간제 근로자)를 말한다. 여기서 기간제 근로자는 일정 기간의 근로계약 기간을 정하여(구두 또는 묵시적 약속이나 계약을 포함하여) 근로를 제공하는 근로자를 말하며 계약 기간의 장·단, 계약 반복 갱신 여부, 계약직 촉탁직 임시직 계절근로자 등 명칭과는 관계가 없다. 시간제 근로자란 직장에서 근무하도록 정해진 소정의 근로 시간이 동일 사업장에서 동일 종류의 업무를 수행하는 근로자의 소정의 근로시간보다 1시간이라도 짧은 근로자로 평소 1주에 36시간미만 일하기로 정해져 있는 경우가 여기에 해당된다. 한편 비전형근로자는 파견근로자, 용역근로자, 가정내 근로자, 일일(단기) 근로자 등을 말한다. 참고로 임시근로자는 임금근로자로서 고용계약 기간이 1개월 이상 1년 미만인 경우, 고용계약 미설정자는 일정한 사업(완료기간이 1년 미만)의 필요에 의해 고용된 경우를 말한다.

연관검색어 : 정규직/비정규직

한은금융망(BOK-Wire+)

한국은행이 금융기관간 자금결제를 위하여 1994년 12월부터 가동 운영하고 있는 거액결제시스템으로 금융기관의 콜거래, 외환 및 증권매매 등에 따른 원화자금 결제는 대부분 한은금융망을 이용하여 한국은행에 개설된 당좌예금을 계좌이체하는 방식으로 처리한다. 한은금융망은 금융기관간 원화자금 이체 이외에 한국은행 대출금 지원 및 상환, 국고금 수납 등 한국은행과 금융기관간 자금결제를 처리하고 어음교환시스템, 지로시스템 등 소액결제시스템의 은행간 채권·채무 결제에도 이용된다. 한은금융망은 실시간총액결제방식에 양자간 및 다자간 동시결제(차액결제)방식을 추가한 혼합형결제방식으로 운영되고 있어 결제과정에서 신용리스크를 제거할 수 있음은 물론 일중 결제유동성도 절약할 수 있다. 이밖에 결제유동성을 효율적으로 관리하기 위하여 대기관리제도, 일중당좌대출제도 및 일중RP제도, 반일물콜거래제도 등을 운영하고 있다. 2022년

8월말 현재 20개 국내은행을 포함하여 34개 외국은행 국내지점, 71개 비은행금융기관 등 총 125개 기관이 한은금융망에 참가하고 있다.

연관검색어 : 거액결제시스템, 총액결제시스템, 혼합형결제시스템

할당관세제도

특정물품의 수입이 정부가 정한 일정수량에 이를 때까지는 저율의 관세가 부과되나 일정량을 초과하면 그 이후에는 고율의 관세가 부과되는 제도를 할당관세제도라고 하며 이때 부과되는 고율 또는 저율의 관세를 할당관세라 한다. 할당관세제도는 특정물품의 국내총생산량이 총수요량에 미치지 못하는 상황에서 수입을 억제하려는 국내 생산자 측의 요구와 그 물품을 싼값으로 구매하려는 수요자 측의 상반된 요구를 동시에 충족시키기 위한 수단으로 사용된다. 이 제도는 자유무역의 확대를 위해서는 바람직하지 않으나 국내산업보호를 위해서는 필요하다는 점에서 WTO에서도 무차별 적용을 조건으로 인정해 주고 있다.

연관검색어 : 상계관세

합계출산율

한 여성이 가임기간인 15세에서 49세 사이에 낳을 것으로 기대되는 평균 출생아 수를 측정하는 통계를 말하는데, 실제로는 5세 기준으로 구분한 연령별로 출산율을 계산한 후 이를 합한 개념이기 때문에 합계출산율(total fertility rate)이라고 부른다. 동 지표는 한 국가의 출산력 비교에 유용하게 쓰이고 있으며, 향후 인구는 물론 노동력의 변동을 가늠하는 데 매우 유용한 지표로 활용되고 있다. 유럽경제위원회(UNECE)는 선진국에서 현재의 인구를 그대로 유지하는 데 필요한 합계출산율이 최소 2.1명이어야 한다고 추산한 바 있다. 우리나라의 합계출산율은 1982년 2.39명을 정점으로 1983년 2.03명으로 낮아진 이후 계속 떨어져 2021년에는 0.81명의 매우 낮은 수준을 기록하였다. 앞으로도 합계출산율 수준이 현 수준보다 크게 높아지지 않는 한 우리나라 인구가 2030년 이후에는 빠르게 감소할 것으로 예상되고 있다.

연관검색어 : 인구고령화

헤지펀드

개인을 대상으로 모집한 자금을 고수익 또는 위험회피 등을 목적으로 국제증권시장이나 국제외환시장에 투자하는 사적투자조합 또는 투자계약을 말한다. 헤지란 본래 위험을 회피, 분산시킨다는 의미이지만 헤지펀드는 위험회피보다는 투기적인 성격이 더 강하다. 뮤추얼펀드가 다수의 소액투자자를 대상으로 공개모집하는 펀드인 데 반해, 헤지펀드는 소수의 고액투자자를 대상으로 하는 사모 투자자본이다. 또 뮤추얼펀드가 주식, 채권 등 비교적 안전성이 높은 상품에 투자하는 데 반해 헤지펀드는 주식, 채권만이 아니라 파생상품 등 고위험, 고수익을 낼 수 있는 상품에도 적극적으로 투자를 한다. 주로 100명 미만의 투자자들로부터 개별적으로 자금을 모아 파트너 쉽(partnership)을 결성한 뒤, 카리브 해의 버뮤다와 같은 조세회피지역에 위장 거점을 설치해 자금을 운영한다. 1백만•5백만 달러의 거액을 최소단위로 해 개인과 금융기관으로부터 자금을 모집하고 모집한 원금의 몇 배에 달하는 자금을 차입하여 선물이나 옵션 등 파생상품에 투자함으로써 투자규모를 몇십 배로 키우는 것이 특징이다. 현재 국제금융시장에서 활동 중인 헤지펀드는 3,000여 개로 추산되며 자산규모 200억 달러가 넘는 퀀텀펀드나 타이거펀드가 그 대표적인 예이다.

현금자동인출기(CD)공동망

현금자동인출기(CD)공동망은 금융공동망 중계센터인 금융결제원과 금융기관들의 전산시스템을 상호 연결하여 특정 금융기관 고객이 다른 금융기관의 CD 또는 ATM을 이용하여 현금인출, 계좌이체, 잔액조회 등의 서비스를 받을 수 있도록 구축된 시스템으로 1988년 7월 가동되었다. CD공동망의 가동으로 금융서비스의 장소적 제약이 제거되어 이용고객은 현금카드만으로 모든 참가기관의 CD/ATM을 이용하여 손쉽게 현금인출 등 각종 서비스를 이용할 수 있게 되었으며, 아울러 금융기관의 무인점포영업이 조기에 도입되는 계기가 마련되었다. CD공동망을 통하여 취급 가능한 업무는 현금인출, 신용카드 현금서비스, 계좌이체, 잔액조회, 지로대금 납부 등이며 이용대상 예금으로는 보통예금, 저축예금, 가계당좌예금, 기업자유예금, 신탁예금, 투자자예탁금 등이 있다.

연관검색어 : 소액결제시스템

현시비교우위지수(RCA)

현시비교우위지수(RCA; Revealed Comparative Advantage)란 특정 상품의 수출이 세계 수출에서 차지하는 비중으로 특정 국가에서 동 상품이 전체 수출에서 차지하는 비중을 나눈 값으로 정의된다. 따라서 동 지수의 크기가 1보다 크면 세계시장에서 특정 국가에서 수출하는 특정 상품이 다른 국가가 수출하는 특정 상품보다 비교우위를 가진 것으로 판단할 수 있다.

연관검색어 : 수출경합도지수

현지금융

현지금융이란 거주자(개인은 제외), 거주자의 국외지점 및 현지법인이 외국에서 사용하기 위하여 외국에서 외화자금을 차입(증권발행에 의한 경우 포함)하거나 지급보증을 받는 것을 말한다. 현지금융은 해외직접투자를 하려는 국내기업, 해외건설업자, 원양어업자 등이 주로 이용하고 있으며 외국에 있는 금융기관으로부터 자금을 차입하는 경우가 대부분이지만 외국회사 등 금융기관이 아닌 자로부터 자금을 차입하거나 지급보증을 받는 경우도 현지금융에 포함된다. 현지금융으로 조달한 자금은 국내로 유입될 경우 국내금융시장을 교란시킬 우려가 있기 때문에, 현지법인 등과 국내 거주자간의 인정된 경상거래에 따른 결제자금을 제외하고는 국내에 예치하거나 유입할 수 없다. 1980년대까지 현지금융제도는 여신지원 측면보다는 차입기업의 경영부실화 방지, 국내본사의 대지급 방지, 현지금융 차입자금의 국내 유입 및 전용 방지 등에 중점을 두고 운영되었으나 1990년대 이후부터는 기업의 국제경쟁력 강화를 위해 현지금융 한도 및 용도 제한을 완화하거나 폐지하는 방향으로 운영되었다.

연관검색어 : 현지법인

현지법인

현지법인이라 함은 거주자가 외국환거래규정에 의하여 신고 등을 하고 국외에서 해당국의 법에 따라 설립한 법인을 말한다. 현지법인은 어떤 기업이 해외시장을 확보하려고 할 때, 해외의 싼 인건비 등을 이용해 생산시설을 배치하려고 할 때 또는 현지의 선진 기술과 영업정보를 획득하고자 할 때 주로 설립된다. 현지법인은 법적으로 독립된 기업으로서 초기 해외 진출 형태인 해외 사무소나 지점·지사보다 영업범위가 넓고 그 설립과 운영에 있어 보다 큰 규모의 자금이 필요한 경우가 많다. 따라서 현지법인은 법적으로 보다 엄격한 관리가 필요하기 때문에 현지금융을 받거나 세금납부 등과 관련하여 일정한 규제를 받는 경우가 많다. 본국 기업들도 현지법인을 관리하기 위해 동 법인 및 파견 직원 관리에 관한 사항을 규정으로 정하는 것이 일반적이다. 동 규정에는 현지법인의 업무처리기준 및 예산 집행과 회계 등에 관한 사항이 주로 포함된다.

연관검색어 : 외국환거래법

혼합형결제시스템

혼합형결제시스템(hybrid settlement system)은 지급지시가 영업시간중에 실시간으로 결제되어 신용리스크가 제거되는 실시간총액결제방식의 장점과 결제유동성을 절약할 수 있는 차액결제방식의 장점이 결합된 지급결제시스템을 말한다. 혼합형결제방식은 차액결제를 영업시간이 끝난 이후 특정 시점으로 이연하지 않고 영업시간중에 수시로 수행함으로써 참가기관의 자금부담과 결제비용을 최소화하면서 일중에 결제완결성을 보장할 수 있는 특징이 있다. 혼합형결제시스템은 2000년대 들어 도입되기 시작하였는데 이는 금융 및 외환시장의 거래 규모가 확대되면서 금융기관들의 결제유동성 부담도 늘어나자 신용리스크 제거와 결제유동성 절약의 장점을 동시에 갖춘 혼합형결제방식이 새로운 거액결제방식으로 부각되었기 때문이다. 우리나라는 2005년 4월부터 본격적으로 한은금융망 재구축 사업에 착수하였으며 2009년 4월에 혼합형결제방식을 반영한 새로운 거액결제시스템을 가동하게 되었다.

연관검색어 : 총액결제시스템, 차액결제시스템

홀로그램

은행권 위조방지를 위한 장치의 하나로 사진용 필름과 유사한 표면에 3차원 이미지를 기록하여 기울여 보면 문양 변화 효과를 확인할 수 있다. 기술적으로는 두 개의 레이저광이 서로 만나 일으키는 빛의 간섭 효과를 통해 화상이나 색상의 변화를 보여주는 데, 은행권의 위조방지를 위해 활용되고 있다. 홀로그램은 복사할 경우 그 효과가 나타나지 않는다.

현재 우리나라 은행권에는 오만원권에 띠형 홀로그램이, 만원과 오천원권에는 패치형 홀로그램이 각각 적용되어 있다. 오만원권의 띠형 홀로그램은 앞면 왼쪽 끝 부분에 부착되어 있으며 보는 각도에 따라 상•중•하 3곳에서 ① 우리나라 지도 ② 태극 ③ 4괘 무늬가 같은 위치에 번갈아 나타나며, 그 사이에 액면 숫자 "50000"이 세로로 쓰여 있다. 띠형 홀로그램의 바탕에는 기하학적 무늬가 넣어져 있고, 홀로그램 왼쪽 끝에는 "BANK OF KOREA 50000"이 상•하 2곳에 세로로 새겨져 있다. 만원권에는 사각형 모양의 홀로그램이, 오천원권에는 원형의 홀로그램이 각각 부착되어 있는데, 보는 각도에 따라 ① 우리나라 지도 ② 액면숫자와 태극 ③ 4괘 무늬가 같은 위치에 번갈아 나타난다.

화폐교환

화폐교환이란 고객의 요구에 따라 다른 종류의 화폐로 바꾸어 주거나 훼손•오염 또는 마모 등의 사유로 손상된 화폐를 사용할 수 있는 화폐로 바꾸어 주는 것을 말한다. 손상된 화폐를 바꾸어 줄 때에는 일정한 기준이 있다. 앞뒷면을 모두 갖춘 은행권은 면적을 기준으로 3/4이상 남아있는 경우 액면금액의 전액을, 2/5이상 3/4미만인 경우 액면금액의 반액을 교환해 주나 2/5미만인 것은 무효로 교환이 불가하다. 여러 개로 조각난 은행권은 동일 은행권으로 인정되는 부분을 모두 합친 면적을 기준으로 교환하며 불에 탄 은행권은 불에 탄 재가 은행권에서 떨어지지 않고 원형에 붙어 있거나 재만 남은 은행권도 흩어지지 않고 붙어 있으면 그 재 부분까지 면적으로 판정하여 교환해 준다. 한편 주화는 모양을 알아볼 수 있고 진위를 판별할 수 있으면 액면금액으로 바꾸어 준다.

화폐발행/화폐발행액

화폐발행은 중앙은행인 한국은행의 독점적인 권한으로 금융시장에서 국공채 매입, 은행에 대출, 외환 매입, 금융기관의 예금 인출 요청 등의 형태로 화폐를 시중에 공급하는 것을 말한다. 이렇게 발행된 화폐는 민간이 보유하거나 금융기관이 예금인출에 대비하여 보유하게 된다. 따라서 화폐발행액은 민간보유현금(정부부문의 시재금 포함)과 금융회사의 시재금을 합친 것이다. 금융기관 등으로 부터 지급준비금 등의 형태로 다시 중앙은행에 환수되는 화폐가 있으면 화폐발행액은 줄어들게 된다.

연관검색어 : 화폐환수

화폐의 액면체계

화폐의 액면체계는 한 국가의 화폐를 구성하는 액면금액의 틀을 의미하는데, 보통 액면체계는 일상적인 거래 편의 도모라는 대원칙 아래 국가의 경제·사회적 여건과 국민의 화폐사용 습관의 영향을 받는다. 화폐의 액면체계는 대부분 기본수(1·5·10 등)에 10의 승수(10, 100, 1000...)를 곱하여 액면의 크기를 높여가는 방식으로 정해진다. 액면체계는 크게 [1,5]체계와 [1,2,5]체계로 구분할 수 있는데 [1,5]체계는 (1, 5, 10, 50, 100, 500) 등의 액면배열을 말하며 [1,2,5]체계는 (1, 2, 5, 10, 20, 50, 100, 200, 500) 등의 액면배열을 말한다. 특정액면에서 2 대신 2.5를 사용하는 [1,2.5,5] 체계도 있는데 보통 [1,2,5]체계로 분류한다. [1,5] 체계는 우리나라, 중국, 일본 등 주로 동아시아 국가에서 채택하고, [1,2,5] 체계는 유럽을 비롯하여 세계적으로 대종을 이루고 있다. 액면 종류가 적으면 사용자가 은행권 액면을 쉽게 식별하고 계산이 용이한 이점이 있는 반면에 현금거래에 필요한 은행권 수량이 상대적으로 많아 불편하고 화폐 제조비용도 많이 드는 단점도 있다.

화폐환수

한국은행이 발행하여 시중에서 유통되는 화폐는 예금 또는 세금 납부 등으로 금융기관으로 입금되며, 금융기관은 입금된 화폐 중 일부를 고객의 예금인출에 대비하여 시재금으로 보유하고 나머지는 한국은행에 예금지급준비금과 결제자금 등으로 입금하는데, 이처럼 한국은행에서 발행된 화폐가 다시 한국은행으로 되돌아 들어오는 것을 화폐의 환수라 한다. 한국은행은 환수된 화폐에 대해 다시 사용할 수 있는 사용화폐와 다시 사용할 수 없는 손상화폐로 구분하는 정사(整査) 과정을 거친 후 사용화폐는 금융기관을 통해 다시 시중에 발행하고, 손상화폐는 폐기한다.

연관검색어 : 화폐발행

환경계정

환경계정이란 1993년 UN이 경제활동과 환경 간의 상호 관계를 체계적으로 분석하기 위하여 국민계정의 위성계정 형태로 새로 도입한 「환경경제통합계정」(SEEA; System of Integrated Environmental and Economic Accounts)을 말한다. 환경계정은 기존 국민계정의 편제 대상이 시장에서 거래되는 경제자산에만 국한되어 환경오염이나 자원고갈 등으로 인한 경제 사회적 비용을 반영하지 못하는 한계를 보완해 주기 위한 것으로서 산림 지하자원과 같은 자연자산이나 물과 공기와 같은 환경자산도 경제자산과 마찬가지로 재화와 서비스의 생산에 이용되는 자산으로 취급하여 동 자산의 기초 및 기말 스톡과 기간 중 변동을 국민계정구조 형식에 따라 기록하도록 하고 있다. 즉 광물채굴 또는 산림벌채 등에 따른 자연자산의 감모나 환경오염에 따른 환경자산의 질적 악화 등 사회적 환경손실분을 화폐로 평가하여 이를 기존의 국민소득지표인 국내순생산(NDP)에서 차감하여 「환경요인 조정 국내순생산」(EDP; Environmentally Adjusted Net Domestic Product)을 추계하게 된다. 언론이나 일부 학계에서 사용하고 있는 Green GDP는 EDP에 가까운 개념이라 할 수 있다.

연관검색어 : 녹색GDP, 환경권

환경권

환경권(environmental rights)이란 모든 국민이 건강하고 쾌적한 환경 속에서 인간답게 살 수 있는 권리를 말한다. 헌법에 나와 있는 환경권의 정의에 따르면, 모든 국민은 건강하고 쾌적한 환경에서 생활할 권리를 가지며, 국가와 국민은 환경보전을 위하여 노력하여야 한다고 규정되어 있다(헌법 제35조 1항). 이는 환경권이 공해로 오염된 환경으로부터 보호받기 위한 생존권적 기본권으로 모든 국민은 자신의 건강을 지키기 위해 환경관련 행정기관이나 제3자에게 환경개선을 요구할 수 있음을 의미한다. 즉 환경권은 깨끗한 환경에서 건강하고 쾌적한 생활을 누릴 수 있는 포괄적 권리로 볼 수 있다. 따라서 이는 오염되고 불결한 환경으로부터 고통 받지 말아야 한다는 소극적인 권리와 함께 국가에 대해 깨끗한 환경을 보전하고 조성해 달라고 요구할 수 있는 적극적인 권리도 포함한다.

연관검색어 : 탄소배출권, 환경계정

환리스크

장래의 예상하지 못한 환율변동으로 인하여 보유한 외화표시 순자산(자산-부채) 또는 현금흐름의 가치가 변동될 수 있는 불확실성을 의미한다. 환리스크는 기본적으로 외환포지션의 보유형태와 규모, 장래의 환율변동 방향과 변동폭에 따라 결정된다. 일반적으로 환리스크에는 계약시점과 결제시점 간의 시간적 차이에서 발생하는 거래위험(transaction risk)과 대차대조표상의 자산과 부채의 가치를 환산하는 과정에서 발생하는 환산위험(translation risk)이 있다. 거래위험의 예로는 우리나라 기업이 물품을 수출입하는 경우 수출입대금결제 시 계약일로부터 결제일까지 환율변동에 따른 위험을 부담해야 하는 경우를 들 수 있다. 또한 환산위험의 예로는 외국에 자회사가 있는 본사의 연결재무제표에 외국 자회사의 자산과 부채를 자국 통화로 환산할 때 발생하는 환율변동위험이 있다.

관련검색어 : 외환결제리스크

환리스크헤지

장래의 예상하지 못한 환율변동으로 인하여 기업 등이 보유하고 있는 외화표시 순자산(자산-부채)의 가치 또는 현금흐름의 순가치가 변동될 수 있는 불확실성을 제거하는 것을 의미한다. 환율변동으로 인한 불확실성 즉, 환리스크를 제거하기 위해 선물환, 통화옵션, 통화선물, 외환 및 통화스왑, 한국무역보험공사의 환변동보험 등 다양한 수단이 이용되며, 기업의 자산 및 부채구조와 위험노출 정도, 현금흐름, 재무구조의 건전성 등에 따라 환리스크 헤지 방법이 달라진다.

연관검색어 : 환리스크, 외환결제리스크

환매조건부매매/RP/Repo

미래의 특정 시점에 특정 가격으로 동일한 증권을 반대방향으로 매수 및 매도할 것을 약정하고 이루어지는 증권의 매매거래를 말한다. 법적으로 RP거래는 약정기간 동안 대상증권의 소유권이 RP매도자에서 RP매수자로 이전되는 증권의 매매거래이지만 경제적 실질 측면에서 보면 RP매도자가 RP매수자에게 증권을 담보로 제공하고 자금을 차입하는 증권담보부 소비대차의 성격을 지닌다. 우리나라에서 RP거래는 거래주체를 기준으로 금융기관과 일반고객 간에 이루어지는 '대고객 RP', 금융기관 간에 이루어지는 '기관간 RP' 그리고 한국은행의 공개시장운영 수단으로서 한국은행과 금융기관 간에 이루어지는 '한국은행 RP'로 구분된다.

연관검색어 : 공개시장운영

환어음

환어음은 발행인이 직접 어음금액을 지급하지 아니하고 제3자인 지급인에게 일정한 금액의 지급을 위탁하는 형식의 지급위탁증권이다. 따라서 환어음은 발행인 이외에 지급인이 있어야 하며 지급채무를 확정짓기 위해서는 별도로 지급인의 인수를 필요로 한다는 점에서 약속어음과 차이가 있다. 그러나 엄격한 요식증권으로서 어음법상의 어음요건을 갖추어야 한다는 점에서는 약속어음과 동일하다.

연관검색어 : 지급수단

환율조작국

1988년에 제정된 미국의 종합무역법에서 규정된 개념으로 동 법은 현저한 대미 무역흑자 및 상당한 경상수지 흑자를 보인 국가를 환율조작국으로 지정할 수 있다. 한편 2015년에 제정된 교역촉진법에 의거 미 재무부는 대미 무역흑자 200억 달러 초과, 국내총생산(GDP) 대비 경상흑자 비율 3% 초과, 정책당국이 연간GDP 대비 2%를 초과하는 달러를 순매수하고 순매수가 12개월 중 8개월 이상 지속되는 등의 세 가지 요건이 모두 해당되는 국가를 심층분석대상국으로 지정할 수 있다. 따라서 교역촉진법상의 심층분석대상국이 종합무역법에서의 환율조작국과 동일한 의미로 사용되고 있다. 미국 재무부는 종합무역법, 교역촉진법에 의해 매년 4월 및 10월 반기별로 주요 교역국의 외환 정책 보고서(환율보고서)를 작성하여 의회에 제출한다. 환율조작국으로 지정되면 미국은 해당국에 환율저평가 및 지나친 무역흑자 시정을 요청하며 1년이 지나도 개선되지 않으면 해당국에 대한 미국 기업들의 투자 제한, 해당국 기업들의 미국 연방정부와의 조달계약 체결제한, 국제통화기금(IMF)에 추가적인 감시 요청 등의 구체적인 제재를 할 수 있다. 한편 상기 세 가지 요건 중 두 가지 요건에 해당된 국가는 관찰대상국(monitoring list)으로 분류된다. 한국은 2016년 4월 이후 2022년 9월 현재까지 환율관찰대상국으로 분류되고 있다.

연관검색어 : 스무딩오퍼레이션

환전영업자(환전상)

환전영업자는 외국통화의 매입, 매도 또는 외국에서 발행한 여행자수표의 매입을 업으로 영위하는 자를 말한다. 매입할 수 있는 대상은 외국통화와 여행자수표에 한하며 외화송금수표 환어음 등은 매입할 수 없다. 환전영업자는 원칙적으로 외환매입만 가능하고 외환매도는 지정거래외국환은행을 통해서만 가능하다. 다만, 비거주자의 재환전에 의하여 환전영업자의 외환 매도가 가능하고 2천달러 이하 금액은 비거주자에게 매도할 수 있다. 환전영업은 1999년 4월부터 인가제에서 등록제로 전환되었는데, 이에 따라 필요한 시설을 갖춘 자는 누구든지(개인 포함) 관세청장에게 등록하면 환전영업에 종사할 수 있다. 환전영업자가 환전을 할 때에는 금액과 관계없이 주민등록증, 여권, 사업자등록증, 납세번호증 등 실명확인증표를 통해 상대방의 인적사항을 확인하여야 한다.

환차손/환차익

환위험은 크게 회계적 환위험(또는 환산환위험)과 거래적 환위험으로 나누는데, 이중에서도 회계적 환위험이란 해외지사 및 자회사의 재무제표를 모기업의 재무제표와 연결시키기 위해 자산과 부채의 가치를 동일한 통화로 환산하는 과정에서 발생하는 환위험을 말한다. 환차손/환차익은 회계적 환위험과 관련되는 것으로, 한 경제주체가 외화 자산 또는 부채를 보유하고 있을 때 환율변동에 따라 자국 통화로 평가한 자산(부채)의 가치가 변동하게 되는 바, 환율 변동에 따라 이익이 발생하면 환차익이라고 하고 반대로 손실이 발생하면 환차손이라고 한다. 예를 들어 외화자산이 외화부채보다 많은 경우(외환매입초과포지션, over-bought positions 또는 long positions) 환율이 상승(하락)하면 환차익(손)이 발생하고 반대로 외화부채가 외화자산보다 많은 경우(외환매도초과포지션, over-sold positions 또는 short positions) 환율이 상승(하락)하면 환차손(익)이 발생한다. 환차손이 발생할 위험을 관리하는 방법으로는 리드앤드래그, 매칭, 자산부채관리 등 기업내부적으로 환위험을 최소화하는 내부적 관리기법과 은행과의 외환파생상품을 이용한 대응거래 등을 통해 환위험을 커버하는 외부적 관리기법이 있다.

연관검색어 : 외국환포지션

황금낙하산

적대적 기업인수합병(M&A)으로 인수대상 기업의 최고경영자가 사임하게 될 때를 대비, 사전에 이에 대한 충분한 보상을 보장하는 계약을 말한다. 거액의 퇴직금, 저가에 의한 주식매입권(stock option), 잔여임기 동안의 급여 및 상여금 지급 등이 그 예이다. 고용계약에 황금낙하산의 규정을 만들어 두는 것은 경영자의 신분을 보장하는 동시에 적대적 M&A 과정에서 매수비용을 크게 인상하게 하므로 적대적 M&A에 대한 방어책으로 사용될 수 있다.

연관검색어 : M&A

회사채

회사채란 민간기업이 비교적 장기로 불특정 다수로부터 설비투자 자금 등 거액의 자금을 조달하기 위하여 정해진 이자와 원금의 지급을 약속하면서 발행하는 채권을 말한다. 공모발행(public offering)의 경우 인수기관인 증권사, 산업은행 등이 총액을 인수하여 발행하며 정보의 투명성 제고를 통한 투자자 보호를 위하여 증권신고서를 금융위원회에 제출하여야 한다. 사모발행(private placement)의 경우 발행기업이 최종매수자와 발행조건을 직접 협의하여 발행한다. 만기는 보통 1, 2, 3, 5, 10년 등으로 발행하는데 신용위험 때문에 대체로 3년 이하가 주종을 이루고 있다. 발행금리는 동일만기 국고채 금리에 일정한 가산금리(신용스프레드)를 붙여 발행한다. 경제가 호황이여서 기업의 신용위험이 줄어든 경우에는 가산금리도 줄어드는 반면 반대의 경우에는 가산금리가 확대된다. 한편 회사채에는 신용평가기관이 신용등급을 부여하여 투자자에게 원리금 회수 가능성 정도의 정보를 제공하는데 이와 같은 신용평가제도는 회사채 발행금리(결과적으로는 가산금리에 영향)에 결정적인 영향을 미친다. 회사채는 원리금 지급능력이 양호한 투자적격등급(AAA~BBB)과 지급능력이 의문시되는 투기등급(C~D)으로 구분되며 투자적격등급은 우량등급(AAA~A)과 비우량등급(BBB)으로 구분된다. 발행기업은 신용평가 수수료 부담에도 불구하고 신용등급이 좋을수록 발행금리를 낮춰 자금조달 비용을 절감할 수 있기 때문에 좋은 신용등급을 받기 위해 재무구조 개선 등의 노력을 하게 된다.

연관검색어 : 신용스프레드

회수의문

회수의문은 차주 채무상환능력이 현저히 악화되어 채권회수에 심각한 위험이 발생한 여신 및 3개월 이상 12개월 미만의 연체대출금 보유 차주의 여신 등의 회수예상가액 초과부분을 말한다.

연관검색어 : 자산건전성 분류, 고정분류여신, 고정이하여신비율

후방연쇄효과

생산유발계수를 이용하여 각 산업 간의 상호의존관계의 정도를 전산업의 평균치를 기준으로 한 상대적 크기로 표시한 것이 영향력계수와 감응도계수이다. 후방연쇄효과는 영향력계수를 이용하여 파악한다. 영향력계수는 어떤 산업부문의 생산물에 대한 최종수요가 한 단위 증가하였을 때 전 산업부문에 미치는 영향, 즉 후방연쇄효과의 정도를 전산업 평균에 대한 상대적 크기로 나타낸 계수로서 당해 산업의 생산유발계수의 열합계를 전산업의 평균으로 나누어 구한다. 예를 들어 자동차의 수요는 엔진, 타이어 등의 생산을 유발하는데 영향력계수란 이러한 자동차 수요에 의한 생산유발의 정도를 전산업 평균과 비교한 것으로 자동차 수요에 의한 생산유발의 정도를 전산업 평균으로 나누어 구한다. 따라서 철강, 전기, 전자 등과 같이 생산유발효과가 큰 부문일수록 영향력계수도 커지게 된다.

연관검색어 : 생산유발효과, 전방연쇄효과

후순위금융채

BIS 자기자본비율을 산정할 때 보완자본의 일종으로 분류되는 채권이다. 은행 파산 시 예금 채권자 등 선순위채권자(unsubordinated creditors)에 대해 원리금이 전액 지급된 후에야 원리금의 지급이 가능한 점에서 자기자본의 성격을 지닌다. 한편, BIS에서는 다음과 같은 일정한 조건을 갖춘 채권을 보완 자본으로 인정하고 있다. ① 무담보 및 후순위특약 요건 ② 원 계약기간이 5년 이상이고 잔존만기가 5년 이내가 될 경우 매년 기한부 후순위채무의 20%씩을 보완자본에서 차감 ③ 파산 등의 사태가 발생할 경우 선순위채권자가 채권 전액을 지급받을 때까지 상계권이 허용되지 않음

연관검색어 : BIS 자기자본비율, 보완자본(Tier 2)

후행종합지수

개별 경제지표로는 파악하기 어려운 국민경제의 총체적인 경기수준을 파악하기 위하여 경기종합지수를 작성한다. 경기종합지수는 선행종합지수, 동행종합지수, 후행종합지수 3개가 작성되고 있으며, 기준년도 수치가 100이 되도록 하여 산출하고 있다. 후행종합지수는 재고, 소비지출 등 실제 경기순환에 후행하여 변동하는 개별지표를 가공·종합하여 만든 지표로서 현재 경기의 사후확인에 이용한다. 현재 우리나라 경기종합지수 후행종합지수의 구성 지표는 현재 상용근로자수 생산자제품재고지수 도시가계소비지출(실질) 비재수입액(실질) 회사채유통수익률 등 5개 지표이다.

연관검색어 : 경기종합지수, 동행종합지수, 선행종합지수

ABC

Beyond GDP

인간의 복지(well-being)와 후생, 사회적 발전을 제대로 반영한 측정지표를 의미한다. 지금까지 널리 이용해 온 GDP(국내총생산)는 한 국가의 거시경제 성과를 파악하기 위해 고안된 경제지표이지 인간의 후생복지를 측정하기에는 여러 가지 한계가 있다는 지적을 받아 왔다. 사실 GDP는 인간의 복지나 행복에 중요한 여가, 건강, 직업의 안정성, 사회 안전과 자연환경 등의 요소를 감안할 수 없다. 이러한 GDP의 문제점을 보완하기 위해 국제적으로 GDP를 넘어선(beyond) 지표 즉, Beyond GDP의 개발이 이슈화되었다. 2004년 OECD World Forum부터 Beyond GDP에 대한 논의가 본격화되면서 학계와 국제기구를 중심으로 지속적(sustainable)이고 평등한(equitable) 복지에 대한 측정방법의 개발에 착수하였다. 현재는 유럽위원회 등을 중심으로 논의가 진행 중에 있다. Beyond GDP의 개발과 관련하여 가장 큰 어려움은 대상지표의 선정과 설득력 있는 측정지표의 작성방법을 마련하는 것이다. Beyond GDP가 만들어 진다고 해도 현재의 핵심 경제지표인 GDP의 유용성은 여전할 것으로 보이며 Beyond GDP는 보조지표로서의 역할을 할 것이라고 보는 견해가 우세하다.

연관검색어 : 경제후생지표, 국내총생산(GDP)

BIS 자기자본비율

1988년 6월 바젤은행감독위원회(BCBS)가 발표한 「바젤자기자본협약」(Basel Capital Accord)에 따른 자본규제(바젤 I) 비율을 의미한다. 위험가중자산 대비 자기자본비율로 산출하며 은행이 유지해야 할 최저 수준은 8%이다. 1988년 발표된 기준은 위험가중자산 산정시 신용리스크만을 고려하는 한계가 있었으나 1996년 1월 시장리스크를 반영토록 하였다. 2004년 6월 BCBS는 「바젤II : 자기자본 측정 및 자기자본에 대한 국제적인 통일기준 개정체계」를 발표하였다. 바젤II 자기자본비율은 신용 및 시장리스크 외에 운영리스크도 신규 반영하였다. 그러나 글로벌 금융위기를 거치면서 규제자본의 질이 하락하고 8% 자기자본비율이 위기시 대규모 손실을 흡수하기에는 불충분하다는 우려가 제기되었다. BCBS는 G20 정상회의, 금융안정위원회(FSB) 등의 결정을 반영하여 2010년 12월 「바젤III : 은행부문의 복원력 강화를 위한 글로벌 규제체계」를 발표하였다. 바젤III는 규제자본의 질을 제고하기 위해 즉각적으로 손실 흡수가 가능한 보통주자본 중심으로 자본규제를 재편하고 非자본증권의 규제자본 인정범위를 엄격히 제한하였다. 또한 가장 양질의 자본인 보통주자본과 기본자본을 각각 4.5% 및 6% 이상 유지하도록 의무화하였다. 규제자본의 양적 확충 측면에서는 최저자기자본비율에 더하여 2.5%의 보통주자본을 추가 적립하도록 하는 자본보전완충자본을 도입하고 거시건전성 요인을 고려하여 경기대응완충자본과 시스템적 중요 은행에 대한 추가 자본을 부과하여 은행별·국가별로 자본을 추가 적립하도록 하였다.

CAMEL-R시스템/ROCA시스템/CACREL시스템

은행의 경영실태평가방식으로는 CAMEL-R, ROCA 및 CACREL 시스템이 있는데, 일반은행 본점 및 현지법인에 대해서는 CAMEL-R시스템, 외은지점 및 국내은행 국외지점에 대해서는 ROCA시스템, 특수은행에 대해서는 CACREL시스템에 의해 평가한다. CAMEL-R방식은 경영평가부문을 자본 적정성(C), 자산 건전성(A), 경영관리의 적정성(M), 수익성(E), 유동성(L), 리스크 관리(R) 등 6개 부문으로 구분·평가하고, ROCA방식은 리스크 관리(R), 경영관리 및 내부통제(O), 법규준수(C), 자산 건전성(A) 등 4개 부문으로 구분 평가한다. CACREL방식은 CAMEL-R의 적정성(M)과 리스크 관리(R)부문이 법규준수(C)와 위험관리(R)로 대체된 평가방식이다.

CLS은행

CLS은행은 외환결제리스크 감축에 관한 국제결제은행(BIS)의 권고에 따라 1999년 주요 국제 상업은행들이 세계 외환거래의 동시결제를 구현할 목적으로 설립한 국제외환결제전문은행이다. 동 은행이 운영하는 CLS시스템을 이용하여 외환거래를 결제하면 각 통화별 중앙은행에 개설된 CLS은행 계좌를 통해 양 거래통화의 동시결제(PVP)가 이루어지므로 원금리스크를 제거할 수 있으며 다자간상계에 따른 결제유동성 절감효과도 거둘 수 있다. CLS은행은 스위스 취리히에 소재한 CLS그룹지주회사(CLS Group Holdings)의 자회사로서 1999년 11월 미국 뉴욕에 설립되었으며, 2022년 9월 현재 전세계 70개국 이상의 결제회원은행과 약 30,000개의 제3자고객을 대상으로 원화 등 총 18개국 주요국 통화간 외환거래 등에 대해 결제서비스를 제공하고 있다.

연관검색어 : Herstatt 리스크, 외환동시결제(PVP)

CMO

CMO(Collateralized Mortgage Obligation)는 미국에서 발행되는 주택담보대출 증권의 일종으로서 pass-through 및 모기지를 기초자산으로 하여 투자자의 다양한 선호에 부합되도록 기초자산으로부터 유입되는 현금흐름이 만기, 이자율 및 조기상환 민감도가 상이한 몇 개의 tranche로 나누어 구조화한 상품이다. 대표적인 CMO 상품으로는 sequential, PAC, stripped MBS 등을 들 수 있다. sequential CMO는 기초자산에서 발생하는 현금흐름을 사전에 정해진 순서에 따라 각 tranche에 순차적으로 지급하는 상품으로, 선순위 Tranche에 가장 먼저 원금 상환이 이루어지며 이후 차순위 tranche의 원금 수령이 이어지는 구조로 선순위의 원금 상환 전 단계에서는 차순위 tranche에 이자만이 지급된다. 듀레이션 측면에서 선순위 tranche의 듀레이션이 후순위 tranche보다 작으며 이러한 점은 투자기간이 짧은 투자자에게 투자유인으로 작용한다. PAC(Planned Amortization Class)는 조기상환 속도에 대한 상한 및 하한을 사전에 지정하여 조기상환 속도 변화에 따른 현금흐름의 불확실성을 완화하는 상품이다. 조기상환 속도가 지정된 범위 내에 있을 경우 PAC tranche가 예정된 원리금을 수령하게 되며, Support tranche가 초과되는 현금흐름을 흡수함으로써 PAC으로 유입되는 현금흐름을 안정화시킨다. stripped MBS는 pass-through에서 발생하는 원금과 이자를 별도의

tranche로 각각 분리한 상품이다.

연관검색어 : 부채담보부증권(CDO), 주택저당증권(MBS)

DebtRank

특정 금융업권(은행)의 부도 충격이 거래상대방과의 상호거래 익스포저를 통해 순차적으로 확산되어 나타나는 손실 합계가 전체 금융(은행)부문 운용 자산에서 차지하는 비중(Battiston et al,. 2012)으로, 이 값이 클수록 부도충격의 전염도가 높아짐을 의미한다.

연관검색어 : 시스템 리스크, 금융시스템 상호연계성

EC방식

중앙은행은 통화정책수단을 사용하여 금리나 통화량에 영향을 미치고 나아가 물가안정, 금융안정 등을 달성함으로써 경제가 지속 가능한 성장을 이룰 수 있도록 한다. 그런데 통화정책을 수행함에 있어 금리와 통화량 가운데 어느 것을 보다 중시할 지에 대해서는 시대에 따라 변해왔다. 보다 긴 시각에서 본다면 중앙은행은 대체로 가격지표인 금리를 중시한 통화정책을 수행해왔다고 평가된다. 하지만 지난 1970년대 석유파동 등으로 높은 인플레이션을 겪는 가운데 각국은 물가안정을 위해 양적인 지표인 통화량을 보다 중시하고 통화량을 안정적으로 관리하기 위한 노력을 한층 강화한 바 있다. EC방식이란 1972년 EC(European Community)에서 각 회원국에 채택할 것을 권고한 적정 통화공급규모 산정방식이다. 이론적으로는 통화와 실물경제 간의 일반적 균형조건을 나타내는 Fisher의 교환방정식 즉 MV=PY에 근거를 두고 있는데 여기서 M은 통화공급량, V는 통화유통속도(V=PY/M), P는 물가수준, Y는 총거래량 또는 실질국민총생산을 나타낸다. 이 방정식을 미분개념(변화율)으로 바꾸어 표시하면 다음과 같다. dM/M = dY/Y + dP/P - dV/V. 이 방식에 의하면 적정 통화증가율은 경제성장률에 물가상승률을 더하고 통화의 유통속도 변동률을 차감하여 산정한다. 예를 들어 경제성장률이 3%, 물가상승률이 1%, 통화의 유통속도 변동률이 -5%라고 추정된다면 적정 통화증가율은 9%[=3%+1% -(-5%)]가 된다.

연관검색어 : 통화유통속도

FTSE 지수

영국의 FTSE 인터내셔널사가 작성, 발표하는 세계 주가지수를 말하며 'FT 지수'라고도 한다. 전 세계를 대상으로 투자하는 대형 펀드, 주로 유럽계 펀드의 운용에 중요한 기준이 되는 투자 지표이며 미국의 MSCI 지수와 더불어 세계 양대 투자지표로 꼽힌다. FTSE 인터내셔널사는 영국의 파이낸셜 타임스지(FT)와 런던증권거래소(LSE)가 공동으로 설립한 회사로 FTSE 지수를 개발하고 관리하는 사업을 수행한다. FTSE 인터내셔널사는 매일 증권, 채권관련 지수를 산출하고 있으며 이중에서도 런던국제증권거래소에 상장된 100개의 우량주식으로 구성된 'FTSE 100지수', 첨단기술주 중심의 'FTSE 테크마크', 세계 주요국 우량주식을 포괄한 'FTSE 올월드인덱스' 등이 많이 사용된다. FTSE 올월드인덱스는 선진시장, 선진신흥시장, 신흥시장의 3개 그룹으로 구성되며 우리나라는 2009년 9월 선진 신흥시장에서 선진시장으로 편입되었다.

연관검색어 : MSCI 지수

G2(Group of Two)

세계에서 경제적으로 영향력이 큰 두 국가라는 의미로서 미국과 중국을 가리키는 비공식적인 용어이다. G2라는 용어는 2000년대 들어 중국이 급속한 경제발전을 토대로 국제사회에서 경제적 위상이 크게 높아지면서 2006년경 처음 등장한 것으로 알려져 있다. 특히 2009년 G20 정상회의 기간 중 오바마 미국 대통령과 후진타오 중국 국가주석이 만나 관계를 강화하기로 합의한 이후 빈번히 사용되고 있다. 중국이 미국에 버금가는 경제대국으로 성장한 만큼 기존의 초강대국인 미국과 더불어 글로벌 리더로서 경제위기·중동사태·기후변화·핵확산 등 각종 국제문제의 해결에 앞장서야 하는 시대가 왔음을 의미하기도 한다. 중국 내에서는 중국에게 능력 이상의 책임을 지우는 빌미가 될 수 있다고 경계하는 견해도 있다. 정기적으로 회의를 개최하는 국제적인 회의체는 아니라는 점에서 G7, G20과는 차이가 있다.

연관검색어 : G7(Group of Seven), G20(Group of 20)

G20(Group of 20)

G7에 속하는 7개국, 신흥시장국 12개국 및 유럽연합을 포함한 20개국의 국제회의체이다. G7이 1999년 재무장관·중앙은행총재회의에서 국제 금융경제 현안에 관한 논의 등 정책협력 대상을 주요 신흥시장국으로 확대하기로 합의함에 따라 G20 재무장관·중앙은행총재회의가 개최되기 시작하였다. 2008년 글로벌 금융위기를 계기로 G20 정상회의가 처음으로 개최된 후 2011년부터 정례화되면서 G20는 세계경제 협력을 위한 최상위 포럼 역할을 하게 되었다. 이에 따라 금융위기 극복 및 정책정상화, 포용적이며 지속가능한 성장체계 구축, 금융규제 개혁, 글로벌 금융안정망 구축, 글로벌 불균형 완화 및 국제금융기구 개편 등에 관한 논의를 진전시키고 있다. G20 회의는 정상회의를 정점으로 재무장관·중앙은행총재회의, 의장국단회의, 재무차관·중앙은행부총재회의, 실무그룹 및 전문가그룹 회의로 구성되어 있다. 재무장관·중앙은행총재회의는 의장국의 재무장관과 중앙은행총재가 공동의장을 수임하며 회원국 재무장관 및 중앙은행총재와 국제기구 및 초청국 대표가 참가한다. 재무장관·중앙은행총재회의는 통상 연 3~4회 개최된다. G20 회의는 법적 구속력이 있는 투표권이나 결의문이 없기 때문에 권고안이나 조치에 대해서는 합의를 도출하는 것이 원칙이다. 우리나라는 1999년부터 G20 회의에 적극적으로 참여하고 있으며 2010년에는 서울에서 정상회의를 개최한 바 있다.

연관검색어 : G7(Group of Seven), 유럽연합(EU)

G7(Group of Seven)

미국, 일본, 영국, 프랑스, 독일, 이탈리아, 캐나다 등 7개 선진국의 모임을 지칭한다. 이들 국가의 모임은 1973년 1차 오일쇼크에 대한 대책 마련을 위해 미국, 영국, 프랑스, 서독, 일본의 5개국 재무장관이 모인 G5 회의로 시작되었으며 이후 이탈리아(1975년)와 캐나다(1976년)가 참여하면서 G7이 되었다. 냉전 종식과 함께 러시아가 회의에 정식으로 참여(1997년)하며 G8이 결성되었으나 2014년 크림반도 위기로 러시아의 G8 참가자격이 일시 정지되었고, 2017년 1월에는 러시아가 G8 탈퇴를 선언함에 따라 서방선진 7개국(G7) 체제를 다시 갖추게 되었다. 재무장관·중앙은행총재회의와 정상회담을 개최하고 있는데 재무장관·중앙은행총재회의는 각국의 재무장관과 중앙은행 총재가 참여하는 회의로 매년 세계 경제 및 금융에 관한 주요 이슈와 각국간 경제정책 협조 등을 논의하고 있다. 정상회담은 각국 대통령과 총리가 참가하는 가운데 1년에 한번 개최되며 세계의 주요 의제 등을 논의한다. 이 모임은 당초에는 세계 경제의 당면과제 해결방안 모색에 주안점을 두고 있었으나 소련-아프카니스탄 전쟁 발발(1979.12월) 후 1980년 이탈리아 회의에서 서방 세계가 단결하여 소련에 맞설 것을 논의하였는데, 이것이 계기가 되어 경제 외에도 정치와 외교 분야로까지 의제 분야가 확대되었다.

연관검색어 : G2(Group of Two), G20(Group of 20)

GDP갭

한 나라의 생산요소인 노동과 자본을 모두 동원(완전고용)하여 달성할 수 있는 최대수준의 GDP를 잠재GDP라고 한다. 한편으로는 인플레이션을 가속하지 않으면서 달성 가능한 최대GDP로 정의하기도 한다. GDP갭은 실제GDP에서 잠재GDP를 뺀 차이로 정의되는바, 동 수치가 양(+)이면 경제활동이 정상수준을 넘어서 과도한 수준에서 이루어지면서 초과수요가 발생하게 되어 인플레이션이 높아진다. 반대로 GDP갭이 음(-)이면 총수요가 총공급을 밑돌게 되어 경제활동이 위축되면서 인플레이션도 낮아진다. 참고로 GDP갭률은 GDP갭을 잠재GDP로 나눈 백분율(%)로서 GDP갭과 같은 개념이다.

연관검색어 : 실업률갭

GDP디플레이터

명목GDP를 실질GDP로 나누어 얻어지는 값을 GDP디플레이터라 한다. GDP를 추계할 때는 생산자물가지수(PPI)나 소비자물가지수(CPI)뿐만 아니라 수출입물가지수, 임금 등 각종 가격지수가 종합적으로 활용된다. 따라서 GDP디플레이터는 한 나라 경제에서 생산되는 모든 재화와 서비스의 집합물이라 할 GDP의 가격을 측정하므로 모든 물가요인을 포괄하는 가장 종합적인 물가지수이다. 한편 소비, 투자, 수입 부문별로 명목GDP를 동일 부문의 실질GDP로 나누면 개별 부문에서의 물가지수(예를 들면 소비디플레이터, 투자디플레이터 등)를 얻을 수 있다.

연관검색어 : 국내공급물가지수, 생산자물가지수(PPI), 소비자물가지수(CPI)

Herstatt 리스크

외환결제과정에 내재된 리스크 중의 하나로서 외환거래 후 매도통화를 지급하였으나 거래상대방이 파산하여 매입통화를 수취하지 못하는 리스크, 즉 원금리스크를 Herstatt 리스크라고도 부른다. 1974년 6월 26일 오후 3시 30분(프랑크푸르트 시간) 막대한 영업손실이 발생한 독일의 Herstatt은행에 대해 독일 법원이 파산결정을 내렸는데 당시 이 은행과 외환매매 거래를 한 미국소재 은행들은 독일소재 환거래은행을 통하여 Herstatt은행에 독일 마르크화를 이미 지급하였으나 상대 미국 달러화는 결제지역 간 시차로 인해 아직 수취하지 못한 상태였다. 그러나 독일에서 파산결정이 난 바로 그 시간 뉴욕에서 미국 달러화 지급이 중지됨에 따라 결국 거래은행들은 미국 달러화를 받지 못하게 되어 큰 손실을 보게 되었다. 가장 대표적인 원금리스크 발생 사례로서 이후 외환결제와 관련된 원금리스크를 Herstatt 리스크라고 부르게 되었다.

연관검색어 : 외환결제리스크, 외환동시결제(PVP)

IC카드

IC(Integrated Circuit)카드는 신용카드 크기의 플라스틱카드에 마이크로프로세스와 IC 메모리가 내장된 IC칩을 탑재한 카드를 말한다. IC카드는 기존 자기띠(MS; Magnetic Stripe)카드보다 기억용량이 크고 카드 자체에서 연산처리를 통해 정보의 암호화가 가능하여 보안성이 높다. IC카드는 현금·신용·선불·직불카드 및 전자화폐 등에 이용할 수 있고, CD/ATM기에서는 IC카드 사용이 의무화 되어 있다. IC카드에 개인정보를 저장해 신분증 대용으로도 사용할 수 있다. IC카드는 카드에 내장된 IC칩과 카드단말기와의 물리적인 접촉여부에 따라 접촉식, 비접촉식 및 콤비카드로 구분된다. 접촉식 카드는 칩이 단말기의 접점에 직접 접촉되었을 때 작동하는 형태이며, 비접촉식 카드는 물리적인 접촉 없이 카드에 내장되어 있는 안테나의 무선주파수를 이용하여 작동하는 형태로 RF(radio frequency) 카드라고도 한다. 콤비카드는 하나의 카드에 접촉식과 비접촉식을 모두 구현한 카드이다.

IMF 스탠드바이협약

국제통화기금(IMF) 회원국은 단기적인 국제수지문제 발생시 쿼타(quota)의 600%까지 IMF로부터 자금을 인출할 수 있는데 국제수지 개선을 위해 노력하겠다는 약속만으로 쿼타의 25%까지는 인출이 가능하며 자국 쿼타의 25%를 초과하는 융자를 받기 위해서는 IMF와 스탠드바이협약(SBA; Stand-by Arrangement)을 맺고 이 협약에서 정한 신용공여 조건 및 관련 프로그램을 이행하여야 한다. SBA에 의한 융자기간은 일반적으로 12~24개월로 최대 36개월을 넘길 수 없으며 상환기간은 3년 3개월~5년이다.

연관검색어 : IMF 쿼타, 국제통화기금(IMF)

IMF 쿼타

국제통화기금(IMF)에 대한 회원국의 출자금으로서 IMF 회원국의 국제수지 불균형 조정 등을 위한 신용공여 재원으로 사용될 뿐 아니라 투표권을 산출하고 IMF 신용이용한도와 특별인출권(SDR) 배분규모를 결정하는 기준이 된다. 회원국별 쿼타 산출을 위하여 쿼타공식(quota formula)을 마련하고 있지만 창설 회원국의 실제 쿼타가 회원국간 정치적 협상에 의해 결정됨에 따라 쿼타공식에 의해 산출된 계산 쿼타와 실제 쿼타는 출발부터 큰 괴리를 보였다. IMF 쿼타의 증액은 일반증액 또는 특별증액으로 이루어지는데 일반증액은 5년을 초과하지 않는 기간마다 쿼타정책 전반을 점검하는 일반검토의 결과에 따른 증액이고, 특별증액은 개별 회원국의 요청에 의한 증액이다. 특별증액의 경우 창설 당시 지나치게 낮게 책정되었던 일부 국가들의 쿼타를 현실화하기 위해 초기에는 빈번히 이루어졌으나 1970년대 이후에는 예외적으로만 실시되어 왔다. 이후 신흥시장국의 경제성장으로 계산 쿼타와 실제 쿼타 간의 괴리가 확대됨에 따라 2006년 9월 이러한 괴리가 두드러진 한국, 중국, 터키, 멕시코에 대한 특별증액이 이루어진 바 있다. 2022년 9월 현재 쿼타 총액은 4,762.7억SDR로 미국(비중 17.4%), 일본(6.5%) 등 G7과 중국(6.4%)이 거의 절반을 차지하고 있고 한국의 쿼타 규모와 비중은 각각 85.8억SDR, 1.8%이다.

연관검색어 : 국제통화기금(IMF), 특별인출권(SDR)

IMF 포지션

국제통화기금(IMF) 회원국 쿼타에서 IMF가 보유하고 있는 해당 회원국 통화를 차감한 부분을 말하며 IMF 리저브포지션(Reserve Position) 또는 리저브트란셰(Reserve Tranche)라고도 한다. IMF 포지션 인출은 국제수지상의 필요성이 전제되기는 하지만 IMF로부터의 여타 신용인출과 달리 IMF가 인출조건을 부과하지 않기 때문에 회원국은 자국의 국제수지 사정에 따라 사실상 자유롭게 인출할 수 있다. 이에 따라 IMF 포지션은 회원국의 입장에서는 언제든지 인출이 가능한 청구권이므로 해당국의 외환보유액에 포함된다. 회원국이 IMF 포지션을 인출하는 경우에는 그에 상응하는 자국통화를 납입하여야 하며 그만큼 IMF 포지션은 줄어들게 된다. IMF 포지션은 IMF 재원의 일종이므로 IMF는 회원국별 리저브포지션의 일정 부분에 대하여 재원조달 수수료에 해당하는 보상금을 지급하고 있다.

연관검색어 : 국제통화기금(IMF), 특별인출권(SDR)

J커브효과

이론적으로 환율이 상승할 경우 수출은 늘어나고 수입은 줄어들어 경상수지가 개선된다. 그러나 현실에서는 초기에 경상수지가 악화되다가 어느 정도의 시간이 지난 후에야 경상수지가 개선되는 효과가 나타나는데, 이를 J커브효과라고 한다. 이는 환율의 상승으로 경상수지가 실질적으로 개선되기까지는 어느 정도의 시간이 소요되기 때문이다. 환율 상승으로 국내 수출품 가격이 하락하더라도 이러한 가격 하락에 대응하여 수출물량이 증가하기까지는 시간이 소요될 수밖에 없다. 이에 따라 단기적으로는 수출가격에 물량을 곱한 수출금액이 오히려 감소하면서 경상수지가 악화될 수 있다.

연관검색어 : 수출입물가지수

KIKO

환율이 특정 구간(barrier)에 도달하는 경우 옵션이 발효(KI; Knock-In)되거나 소멸(KO; Knock-Out)되는 조건이 부과된 비정형적인 통화옵션 거래의 일종이다. 수출기업의 경우 옵션기간 중 환율이 KI 상한 이상으로 상승하면 콜옵션(매도)이 발효되고 KO

하한 이하로 하락하면 풋옵션(매입)이 소멸되는 구조를 가진다. 시장 환율이 콜 옵션의 KI 수준에 도달하지 않는 한 행사환율보다 높은 환율로 수출대금을 매도할 수 있다. 그러나 시장 환율이 KI 상한을 상회하면서 콜옵션이 발효되고 환율상승세가 지속될 경우 기업은 옵션 만기 시 수출대금의 2배 이상을 시장 환율보다 낮은 행사환율로 매도해야 하기 때문에 거액의 손실이 발생할 수 있으며 시장 환율이 KO 하한을 하회하면 풋옵션이 소멸되어 환리스크에 노출 된다. 예를 들어 행사환율이 1,100원/달러이고 KI 상한이 1,200원/달러, KO 하한이 900원/달러라고 하면 수출업자는 옵션 만기 시에 환율이 950원/달러일 경우 달러당 150원(1,100-950)의 이득을 본다. 그러나 만일 1,300원/달러인 경우 약정수출대금의 2배(예: 1백만 달러)를 달러당 1,100원에 수취하여 총 (1,300-1,100) × 1백만달러 = 2억 원의 손실을 보며, 만기 환율이 800원/달러인 경우 은행이 풋옵션을 1,100원/달러에 수출기업에 행사하여 수출기업은 달러당 300원(1,100-800)의 손실을 보게 된다.

연관검색어 : 환리스크헤지

LIBOR

국제금융 중심지인 런던금융시장에서 은행 간 단기자금(보통 3개월 만기 기준) 거래 시 적용하는 금리(offer rate)를 가리킨다. 미국 IBA(Intercontinental Exchange Benchmark Administration)가 은행 간 차입금리 정보를 수집·평균하여 매일 전 세계 5개 통화(USD, EUR, GBP, JPY, CHF)에 대해 발표한다. LIBOR(London Inter-Bank Offered Rates)는 국제 단기금융거래의 기준 금리로 활용되는바, 우량은행 간 거래뿐만 아니라 현지은행 간, 현지은행과 외국은행 간 및 은행과 우량고객 간 거래에도 적용된다. 차입자의 신용도가 낮을 경우 LIBOR에 일정률의 가산금리(이를 스프레드라 한다)가 붙는다. LIBOR 중에서 Euro dollar LIBOR가 특히 중요성을 가지고 있으며, 유로달러시장은 같은 달러를 사용하는 미국 금융시장과 경쟁 관계에 있기 때문에 미국의 대출 및 예금금리에 상응하여 결정된다. 유로 은행들은 미국 은행과의 경쟁에서 이기기 위하여 통상 대출금리는 미국 은행들의 대출금리보다 낮게 책정하고, 예금금리는 미국 예금금리보다 높게 책정한다.

연관검색어 : 유로달러(Euro Dollar), 유로마켓(Euro Market), 유리보(EURIBOR)

M&A

기업경영의 효율성 제고와 시너지효과 창출 등을 위해 외부경영자원을 활용하는 것으로 우리나라에서는 '인수합병'으로 불리고 있다. M&A(Mergers & Acquisitions)의 방법으로는 일반적으로 주식인수, 기업합병, 기업분할, 영업양수도 등이 거론된다. 주식인수는 매수대상 회사의 주식을 인수하여 지배권을 획득하는 방법이다. 기업합병은 2개 이상의 회사가 계약에 의해 청산절차를 거치지 않고 하나의 경제적, 법적 실체로 합쳐지는 것을 의미한다. 기업분할은 특정 사업부문의 자산과 부채를 포괄적으로 이전하여 별도의 회사를 설립하는 것을 말한다. 영업양수도는 특정 사업부문의 자산과 부채, 조직 및 인원, 권리와 의무 등이 포괄적으로 이전되는 것으로 사업부문의 동일성을 유지하면서 경영주체만을 교체하는 것을 의미한다.

MSCI 지수

미국의 모건스탠리 캐피털 인터내셔널(Morgan Stanley Capital International)사가 작성, 발표하는 세계 주가지수를 말한다. MSCI 지수는 MSCI Barra(MSCI는 2004년에 Barra를 인수해 MSCI Barra(바라)로 불리고 있음)가 작성해 발표하는 모델 포트폴리오의 주가지수로 전 세계를 대상으로 투자하는 대형 펀드, 특히 미국계 펀드의 자산운용에 주요한 기준이 된다. 이 중 MSCI ACWI(All Country World Index)는 전 세계 49개국의 투자비중을 정해 놓은 지수로 국가별 시가총액 비중이나 유동성을 고려하여 산출되며, 이 지수를 통해 세계 증시 흐름을 한 눈에 파악할 수 있다. 지역별, 업종별로 3,000여 개의 지수도 함께 발표된다. 미국을 대표하는 지수가 MSCI 지수라면 유럽을 대표하는 것이 바로 FTSE 지수이다. FTSE 지수란 영국 유력 일간지 파이낸셜타임스와 런던증권거래소가 1995년 공동 설립한 FTSE 인터내셔널이 발표하는 지수를 말한다.

연관검색어 : FTSE 지수

N-B SRS

N-B SRS(Network-Based Systemic Risk Scoring)은 특정은행의 도산확률이 여타 은행과의 상호거래 익스포저를 통해 확대되어 나타나는 리스크 총량으로, 개별은행의 도산확

률과 거래상대방과의 상호거래 규모를 곱한 값의 제곱근으로 정의한다(Das, 2015).

연관검색어 : 금융시스템 상호연계성, 시스템 리스크

P2P대출

P2P대출(peer-to-peer lending)은 온라인상에서 자금공급자(투자자)와 자금수요자(차입자) 간 전통적인 금융회사의 중개 없이 자금중개가 이뤄지는 금융활동의 하나이다. P2P(peer-to-peer)는 원래 인터넷망을 통해 개인 간에 자신의 음악·동영상·사진 등의 파일을 공유하는 서비스인데 이 개념을 금융에 접목한 것이다. 초기에는 개인 사이의 대출 중개에 집중하였으나 최근에는 기업에 대한 대출 중개 및 다른 금융서비스 제공까지 그 업무영역을 확장하고 있다. 이러한 대출 형태는 나라마다 조금씩 차이가 있는데 미국의 경우 P2P대출 중개업자는 온라인으로 대출을 신청한 차입자의 관련 어음(notes)을 산업대부회사(ILC; Industrial Loan Company)로부터 매입하여 투자자에게 제공한다. 증권거래위원회(SEC)가 이 어음을 '증권'(securities)으로 해석하여 규제하고, 투자자는 이 증권을 유통시장에서 매도하여 중간에 투자금액을 회수할 수도 있다. 이에 기관투자가까지도 투자자로 참여함에 따라 P2P대출은 시장형 대출(marketplace lending)로도 표현된다. 반면 영국의 경우 소비자신용업이 가능한 P2P대출 중개업자가 투자자들에게서 모금한 자금을 차입자에게 '대출금'으로 집행하므로 미국의 ILC같은 여신금융기관은 별도로 없다. 그래서 금융행위감독청(FCA)이 중개업자들의 자본건전성을 규제한다. 우리나라의 경우 대체로 'P2P대출정보' 중개업자는 자회사인 대부업체로부터 매입한 '원리금수취권리'를 투자자에게 매도하고, 대부업체에게서 대출받은 차입자가 원리금을 상환하면, 이것이 다시 투자자에게 돌아간다. 그래서 대부업관련 법률을 적용받는다. 금융위원회는 투자자·차입자 등을 보호하기 위해 'P2P대출 가이드라인'(2017.2.27)을 마련하여 개인당 P2P대출정보 중개업자별 투자한도(1천만원) 설정, P2P업체 자산과 투자자 예치금의 분리 예치, 과장광고 금지 등을 규제하고 있다.

연관검색어 : 크라우드펀딩

PF-ABCP

유동화를 목적으로 설립된 특수목적회사(SPC; Special Purpose Company)가 부동산

개발사업 PF(Project Financing) 대출을 기초자산으로 하여 발행한 기업어음(Asset-Backed Commercial Paper)을 말한다. 부동산 개발사업 시행사가 PF-ABCP를 이용할 경우 금융기관이 아닌 투자자로부터 자금을 조달하는 효과가 있어 투자자 확보가 용이하고 조달비용을 절감할 수 있는 장점이 있다. 투자자 입장에서도 시공사의 연대보증과 증권사 등에 의한 신용보강(매입보장, 매입확약 등)이 있기 때문에 직접 대출에 비해 리스크가 줄어드는 이점을 누릴 수 있다. 한편 PF-ABCP는 상법에 근거한 회사형태의 SPC를 통해 발행되므로 법인세 납부의무와 이자소득세 원천징수 의무가 있다.

연관검색어 : 특수목적기구(SPV)

SWIFT

SWIFT(Society for Worldwide Interbank Financial Telecommunication)는 금융거래 관련 메시지를 안전하고 효율적으로 주고받기 위해 유럽 및 미주지역 은행들이 1973년 5월 브뤼셀에 설립한 금융통신망이다. 금융기관간 자금이체, 고객송금, 신용장 개설 및 통지, 외환거래, 추심, 유가증권, 신디케이트, 화환신용장 및 지급보증서, 여행자수표 등에 관한 메시지 송수신에 주로 이용되며, CLS은행 등 국가간 결제시스템은 물론 일부 국가의 중앙은행 거액결제시스템 통신망으로도 활용되고 있다. 2022년 8월 현재 전세계적으로 200여개국 11,000여개 금융기관이, 우리나라는 123개 기관이 SWIFT를 이용 중이다.

TED 스프레드

TED 스프레드는 원래 미국 단기국채(T-Bill) 선물금리와 유로달러 선물금리 간 차이로, 영문 약어 TED는 T-bill의 'T'와 유로달러 선물을 의미하는 'ED'에서 유래하였다. 1987년 미국 시카고상업거래소(CME; Chicago Mercantile Exchange)가 미국 단기국채 금리선물의 상장을 폐지한 이후에는 미국의 3개월 국채금리와 3개월 LIBOR간 차이를 TED 스프레드로 부르고 있다. 3개월 국채금리가 위험이 없는(risk-free) 것으로 인식되는 반면 LIBOR는 은행의 신용리스크를 반영하므로 동 스프레드는 경제 전반의 신용리스크를 나타내는 지표로 활용된다. 주가 급락, 신용 불안 등으로 신용리스크에 대한 민감도가 높아지면 은행 간 대출에 적용되는 LIBOR가 상승하는 반면 3개월 국채금리는 안전자산 선호로 낮아지므로 동 스프레드가 확대된다. 스프레드는 bp(basis point) 단위로 표시되는데 1bp는 0.01% 포인트를 의미한다. 예를 들어 TED 스프레드는 T-Bill의 금리가 3.2%이고 ED금리가 3.5%이면 TED 스프레드는 30bp이다. 글로벌 금융위기가 최고조에 달했던 2008년 10월 사상 최고인 463bp를 기록한바 있으며 그 이후에는 20~50bp의 안정적인 수준에 머물고 있으며 2022년 1월 현재 14bp를 나타내고 있다.

연관검색어 : LIBOR, Treasury Bill(T/B)

Treasury Bill(T/B)

Treasury Bill(T/B)은 미국 재무성이 발행하는 만기 4주(1개월), 13주(3개월), 26주(6개월), 52주(1년) 등 1년 이하의 국채로서 이자지급이 없는 할인채(zero coupon bond)의 형태로 발행된다. 단기금융시장의 여타 투자대상보다 수익률은 다소 낮지만, 이자소득에 대한 주세(州稅)가 면제되며, 파산위험이 거의 없고 공급량도 많은 데다 상환기간도 다양하여 단기금융시장(money market)에서 투자자들에게 가장 안전하고 유동성이 높은 투자수단의 하나로 이용되고 있다. T/B의 유통은 이자의 지급 없이 발행당시에 할인되었던 가격으로 매매되고, 만기에 액면가격을 지급받는 방식으로 이루어진다. 금융시장의 조건에 의해 할인율이 결정되므로 T/B의 할인율은 시장금리를 나타내는 지표로 이용되며, 여타 채권의 벤치마크 기능, 위험 헤지 수단, 국제채권시장 동향지표 등으로 널리 활용되고 있다. T/B 이외의 미국 정부채로는 T-Notes, T-Bonds, 물가연동채, 변동금리채 등이 있다.

VAN사업자

통신사업자로부터 회선을 대여 받아 고도의 통신처리기능으로 부가가치를 높여 서비스를 제공하는 통신회사를 말한다. 부가가치 통신망(VAN; Value Added Network)의 본래 의미는 전화 또는 텔렉스통신 서비스 기능을 첨가한 데이터 통신망을 지칭하는 개념으로 창출되는 부가가치는 일반적으로 프로토콜, 부호, 형태, 미디어, 속도 등의 변환을 전송에 부가하여 행하는 통신처리에 있다. 지급결제분야에서 VAN사업자는 부가가치 통신망을 이용하여 금융회사 또는 전자금융회사를 위하여 전자금융거래를 보조하는 업무를 하거나 결제중계시스템을 운영하는 자를 말하며 신용카드 VAN사업자가 대표적이다. 신용카드 VAN사업자는 신용카드 가맹점에 단말기를 구축하고 통신망을 통해 신용카드 거래의 승인 및 조회, 매출전표의 수집 및 청구 대행 등 신용카드 지급결제와 관련된 다양한 부수업무를 하는 회사를 말한다. 가령 신용카드 거래가 발생하면 VAN사업자는 거래 승인을 위해 신용카드사에 거래내역을 전송하고 승인 및 조회결과를 수신한 후 이를 가맹점에 전송한다. 또한 VAN사업자는 가맹점이 신용카드사에 전표를 제출하여 대금을 청구하는 업무를 대신하기 위하여 가맹점을 방문하여 전표실물을 수거하거나 전표 데이터를 수집한다.

연관검색어 : 지급결제시스템, 전자금융

VaR(Value at Risk)

주어진 신뢰수준 하에서 일정 기간 동안 발생할 수 있는 '최대 손실금액'으로 금융기관의 잠재적인 손실을 측정하는 지표이다. 예를 들어 목표기간 1년, 신뢰수준 95%에서 산출된 VaR가 10억 원이라면 이는 1년 동안 발생할 수 있는 손실금액이 10억 원보다 작을 확률이 95%라는 것을 의미한다.

연관검색어 : 예상손실

VIX

미국 주식시장의 단기 변동성에 대한 시장의 기대치를 나타내는 지수로 시카고옵션거래소(CBOE)에서 제공되며, 정식명칭은 CBOE Volatility Index이다. VIX는 향후 30일 동안의 S&P 500 지수의 변동성에 대한 시장의 기대치로서, 지수의 변동성이 클 것으로 예상될 경우 옵션가격이 높아지는 점에 착안하여 CBOE에 상장된 다양한 행사가격의 S&P 500 지수 옵션들의 가격을 활용하여 산출된다. VIX는 일반적으로 기초자산 가격과 음(-)의 상관관계가 있다. 예를 들어 주가지수가 상승할 때 하락하고 주가지수가 하락할 때는 상승한다. 이에 따라 VIX의 상승은 투자자들의 불안심리가 증대하는 것을 의미하므로 공포지수라고도 부른다. 1993년 Robert E. Whaley 교수의 논문에서 처음 소개된 이후 시장의 변동성과 투자자들의 심리를 나타내주는 주요한 지표로 널리 활용되고 있다. 이 외의 대표적인 주식시장 변동성 지수로는 유럽의 VSTOXX 등이 있다. VSTOXX는 유럽의 대표 주가지수인 Euro STOXX의 변동성 지수로 Euro STOXX 50 지수 옵션가격으로부터 산출되며 Euro Exchange에서 편제·발표한다. 우리나라도 KOSPI 200 지수의 변동성지수인 VKOSPI가 2009년 도입되었다.

「경제금융용어 700선」 집필자

경제교육실	실장	황 성
	부실장	신창식
	팀장	박승환 이병희
	부국장	박향수 이헌승
	주임교수	배재수 오호일
	경제교육교수	김관철 김대수 김영설 오동철 윤영식 이규인 이문형 이홍기 전도희 정영택 최원형 최창복 한상섭

경제금융용어 700선

발행인 이창용
편집인 김명철
발행처 한국은행(www.bok.or.kr)
서울특별시 중구 남대문로 39(남대문로3가)
발행일 2018년 1월(1판), 2020년 8월(1판 2쇄), 2020년 9월(1판 3쇄),
2020년 10월(1판 4쇄), 2021년 2월(1판 5쇄), 2021년 11월(1판 6쇄)
2022년 10월(1판 7쇄), 2023년 2월(1판 8쇄), 2023년 6월(1판 9쇄),
2023년 9월(1판 10쇄), 2023년 11월(1판 11쇄), 2024년 1월(1판 12쇄),
2024년 5월(1판 13쇄), 2024년 10월(1판 14쇄), 2024년 12월(1판 15쇄),
2025년 9월(1판 16쇄), 2025년 12월(1판 17쇄),
인 쇄 ㈜제일프린테크

- 본 자료는 한국은행 홈페이지(http://www.bok.or.kr>경제교육>온라인학습>일반인)에서 다운로드 받으실 수 있습니다.

- 동 책자에 대한 문의는 한국은행 경제교육실 경제교육기획팀(02-759-5316)으로 연락하여 주시기 바랍니다.

- 「경제금융용어 700선」은 정부간행물판매센터(02-734-6818, http://gpcbooks.co.kr) 또는 유명 서점 온·오프라인 등에서 매권당 8,000원에 판매하고 있습니다.

ISBN 979-11-5538-393-3 03320